Vermessungskunde

II

Winkel- und Streckenmeßgeräte, Polygonierung, Triangulation und Trilateration, Satellitengeodäsie

von

Heribert Kahmen

Vierzehnte, neubearbeitete und erweiterte Auflage

mit 198 Figuren

1986

Walter de Gruyter · Berlin · New York

SAMMLUNG GÖSCHEN 2161

Dr.-Ing. *Heribert Kahmen*
O. Universitätsprofessor an der Technischen Universität Wien

CIP-Kurztitelaufnahme der Deutschen Bibliothek

Kahmen, Heribert:
Vermessungskunde / von Heribert Kahmen. – Berlin ; New York : de Gruyter
(Sammlung Göschen ; . . .)
Früher u. d. T.: Grossmann, Walter: Vermessungskunde
2. Kahmen, Heribert: Winkel- und Streckenmessgeräte, Polygonierung, Triangulation und Trilateration, Satellitengeodäsie. – 14., neubearb. u. erw. Aufl. – 1986

Kahmen, Heribert:
Winkel- und Streckenmessgeräte, Polygonierung, Triangulation und Trilateration, Satellitengeodäsie / von Heribert Kahmen. – 14., neubearb. u. erw. Aufl. – Berlin ; New York : de Gruyter, 1986.
(Vermessungskunde / von Heribert Kahmen; 2)
(Sammlung Göschen ; 2161)
8.–13. Auflage. u.d.T.: Grossmann, Walter: Winkel- und Streckenmessgeräte, Polygonierung, Triangulation und Trilateration
ISBN 3-11-010860-7
NE: 2. GT

– Printed in Germany – Satz und Druck: Arthur Collignon GmbH, 1 Berlin 30 – Buchbinder: Lüderitz & Bauer, Buchgewerbe GmbH, 1 Berlin 61

Meiner Frau Mechthild
und meinen Kindern
Ansgar, Henriette und Benedikt

Vorbemerkung

Verfasser der 1. bis 7. Auflage (1910 bis 1949) dieses Bandes II „Vermessungskunde“ war Prof. Dr.-Ing. *Paul Werkmeister.* 1959 erschien eine vollständige Neubearbeitung (8. Aufl.) von Prof. Dr.-Ing. *Walter Großmann,* die im Zuge der Neuauflagen von 1963, 1967, 1971, 1975 um alle wichtigen Neuerungen erweitert worden ist. Nach dem Tode von Prof. Großmann bearbeitete Prof. Dr.-Ing. *Heribert Kahmen* die 13. Auflage völlig neu (1983) und übernahm die wissenschaftliche Betreuung des Bandes für nachfolgende Neuauflagen (1986).

Die Gesamtdarstellung umfaßt noch folgende Bände:

Band I: Fehlerlehre, Vermessungen und Berechnungen für großmaßstäbige Karten und Pläne, Nivellieren 16. völlig neu bearbeitete und erweiterte Auflage 1985 (Sammlung Göschen Band 2160).

Band III: Trigonometrische und barometrische Höhenmessung, Tachymetrie und Abstecken von Geraden und Kurven; Ingenieurgeodäsie 11., erweiterte Auflage 1979. (Sammlung Göschen Band 2162).

Die Bände Vermessungskunde I, II und III sind so geschrieben, daß sie für eine Einführung in das Vermessungswesen und nachfolgend für ein vertieftes Studium verwendet werden können. In erster Linie dienen sie als Fachliteratur für Studierende der Fachbereiche Vermessungswesen, Kartographie, Bauingenieurwesen, Architektur, Raum- und Landesplanung, Geographie und weiterer Geowissenschaften. Bei der schnellen Fortentwicklung von Techniken und Methoden sollen sie all denjenigen eine Hilfe sein, die um ihre Fort- und Weiterbildung bemüht sind.

Besonderer Dank gebührt: Dr.-Ing. *Heinz Watermann* für zahlreiche Diskussionen und die Bearbeitung vieler praktischer Beispiele, Dipl.-Ing. *Werner Weise* für die Bearbeitung von Aufgaben aus dem Bereich der Ausgleichungsrechnung, *Hans-Jürgen Kramer* für das Anfertigen vieler neuer Zeichnungen.

Inhalt

Symbolverzeichnis		11
1.	Der Theodolit und das Messen von Richtungen und Winkeln	13
1.1	Richtungen, Horizontal-, Vertikal- und Positionswinkel	13
1.2	Der Theodolit	14
1.2.1	Der äußere Aufbau	14
1.2.2	Die Achsen	15
1.2.2.1	Die Vertikal- oder Stehachse	15
1.2.2.2	Die Horizontal- oder Kippachse	18
1.2.2.3	Die Ziellinie des Fernrohres	19
1.2.2.4	Vertikalstellen der Stehachse	19
1.2.3	Die Kreise	20
1.2.3.1	Der Horizontalkreis	20
1.2.3.2	Der Vertikal- oder Höhenkreis	21
1.2.4	Klemme, Feintrieb, Kreistrieb	23
1.2.5	Kreisablese- und Kreisabtastvorrichtungen	27
1.3	Optische Theodolite	27
1.3.1	Die Kreisablesevorrichtungen	27
1.3.2	Die Ablesemikroskope	28
1.3.2.1	Das Strichmikroskop	30
1.3.2.2	Das Skalenmikroskop	31
1.3.2.3	Das Strichmikroskop mit optischem Mikrometer	32
1.3.2.4	Das Koinzidenzmikroskop	34
1.3.3	Klassifizierung der optischen Theodolite	41
1.3.3.1	Theodolite niederer Genauigkeit	42
1.3.3.2	Theodolite mittlerer Genauigkeit	42
1.3.3.3	Theodolite hoher Genauigkeit	43
1.3.3.4	Theodolite höchster Genauigkeit	44
1.4	Elektronische Theodolite	48
1.4.1	Vorrichtungen für die elektronische Kreisabtastung	48
1.4.2	Steuerung und Überwachung elektronischer geodätischer Meßgeräte	49
1.4.3	Analog-Digital-Wandlung der Winkel	52
1.4.3.1	Elektronische Interpolatoren mittlerer Genauigkeit	54
1.4.3.2	Elektronische Interpolatoren hoher Genauigkeit	55
1.4.4	Klassifizierung der elektronischen Theodolite	60

1.5 Horizontieren und Zentrieren der Meßgeräte 61
1.5.1 Horizontieren und Zentrieren mit einem Schnurlot 61
1.5.2 Horizontieren und Zentrieren mit einem starren Lot 63
1.5.3 Horizontieren und Zentrieren mit einem optischen Lot .. 64
1.5.4 Zwangszentrierung 66
1.6 Untersuchung und Berichtigung des Theodolits 69
1.6.1 Die Achsenfehler 69
1.6.1.1 Der Zielachsenfehler 70
1.6.1.2 Der Kippachsenfehler 72
1.6.1.3 Gemeinsame Korrektion von Ziel- und Kippachsenfehlern . 74
1.6.1.4 Der Stehachsenfehler 74
1.6.2 Die Exzentrizitätsfehler 75
1.6.2.1 Kreisteilungsexzentrizität und Zeigerarmknickung 75
1.6.2.2 Exzentrizität der Zielachse 77
1.6.3 Die Kreisteilungsfehler 78
1.6.4 Die mechanischen Fehler in der Praxis 78
1.7 Die Horizontalwinkelmessung 79
1.7.1 Allgemeine Regeln 79
1.7.2 Die einfache Winkelmessung 79
1.7.3 Die Richtungs- oder Satzmessung 80
1.7.4 Die Repetitionswinkelmessung 82
1.7.5 Besondere Winkelmeßverfahren 83
1.7.5.1 Die Winkelmessung mit Horizontschluß 83
1.7.5.2 Die Winkelmessung in allen Kombinationen 84
1.7.5.3 Die Sektorenmethode 84
1.8 Orientierung mit Vermessungskreiseln 85
1.8.1 Die Grundlagen 85
1.8.2 Der Pendelkreisel 86
1.8.3 Der mechanische Aufbau 88
1.8.4 Beobachtungsverfahren bei Aufsatzkreiseln 90
1.8.5 Gerätekonstante und Meridiankonvergenz 92

2. Distanzmessung mit Distanzmeßgeräten 94
2.1 Grundlagen der Distanzmessung mit elektromagnetischen Wellen 95
2.1.1 Prinzip der Impulsverfahren 95
2.1.2 Prinzip der Phasenvergleichsverfahren 96
2.1.3 Träger und Modulation der Träger 100
2.1.4 Vereinfachte Modelle elektrooptischer Distanzmesser ... 101
2.1.5 Ein vereinfachtes Modell der Mikrowellen-Distanzmesser 104
2.1.6 Bausteine elektronischer Distanzmesser 105
2.2 Instrumentelle Fehlerquellen; Kalibrierung 113

2.3 Brechungsindex und Refraktionskoeffizient 116
2.4 Korrektionen wegen Ausbreitungsgeschwindigkeit 118
2.5 Geometrische Reduktionen 119
2.5.1 Reduktionsformel bei bekanntem Höhenunterschied 121
2.5.2 Reduktion der Schrägstrecke mittels Zenitwinkeln 124
2.6 Spezielle Refraktionsmodelle für Mikrowellen 128
2.7 Elektrooptische Distanzmesser 129
2.7.1 Elektrooptische Distanzmesser des Nahbereichs und mittlerer Reichweite 129
2.7.2 Elektrooptische Distanzmesser größerer Reichweite 138
2.7.3 Reflektoren und sonstiges Zubehör 141
2.8 Mikrowellendistanzmesser 143
2.8.1 Reichweite, Genauigkeit, Aufbau der Geräte 143
2.8.2 Ausgesuchte Mikrowellendistanzmeßgeräte 145
2.9 Indirekte Streckenmessung mit Basislatte 148
2.9.1 Grundlagen 148
2.9.2 Einrichtung und Aufstellung der Basislatte 149
2.9.3 Parallaktische Winkelmessung mit dem Theodolit 150
2.9.4 Die Anordnung der Messung 150
2.9.4.1 Basis am Ende 150
2.9.4.2 Basis in der Mitte 151

3. Elektronische Tachymeter 152
3.1 Unterscheidungsmerkmale der elektronischen Tachymeter 152
3.2 Elektronische Tachymeter und interaktive Vermessungs- und Kartiersysteme 161

4. Grundaufgaben der ebenen Koordinatenrechnung, Koordinatensysteme 162
4.1 Rechtwinklige Koordinaten, Polarkoordinaten 162
4.1.1 Berechnung rechtwinkliger Koordinaten aus Polarkoordinaten (Erste Grundaufgabe) 164
4.1.2 Berechnung von Polarkoordinaten aus rechtwinkligen Koordinaten (Zweite Grundaufgabe) 165
4.2 Koordinatentransformation 166
4.2.1 Ähnlichkeitstransformation 166
4.2.2 5-Parameter-Transformation 171
4.3 Systeme rechtwinkliger Koordinaten 171
4.3.1 Die Soldnerschen Koordinaten 172
4.3.2 Die Gaußschen Koordinaten 173
4.3.3 Reduktion gemessener Größen auf ihren Wert in der Gaußschen Abbildung 175

4.3.4 Die Gauß-Krügerschen Meridianstreifensysteme 181
4.3.5 Das Universal Transverse Mercator Grid System (UTM-System) 183

5. Bestimmung von Lagepunkten 184
5.1 Arten der Punktbestimmung 184
5.1.1 Arten der numerischen Punktbestimmung 184
5.1.2 Arten der technischen Hilfsmittel 185
5.2 Unsicherheiten bei der Bestimmung und Definition von Lagepunkten 188
5.3 Vorbereitende Berechnungen 190
5.3.1 Zentrieren beobachteter Richtungen und Strecken 190
5.3.2 Orientieren beobachteter Richtungen 198
5.4 Punktbestimmung durch Richtungsmessungen 200
5.4.1 Vorwärtseinschneiden 201
5.4.2 Vorwärtseinschneiden durch polares Anhängen und Geradenschnitt 201
5.4.3 Mehrfaches Vorwärtseinschneiden durch eine Ausgleichung 204
5.4.4 Genauigkeit des Vorwärtseinschneidens 208
5.4.5 Rückwärtseinschneiden als Schnitt von drei Geraden ... 208
5.4.6 Mehrfaches Rückwärtseinschneiden durch Ausgleichung . 212
5.4.7 Genauigkeit des Rückwärtseinschneidens 215
5.5 Punktbestimmung durch Distanzmessungen 216
5.5.1 Einfacher Bogenschnitt 217
5.5.2 Mehrfacher Bogenschnitt durch eine Ausgleichung 219
5.5.3 Genauigkeit des einfachen Bogenschnitts 223
5.6 Punktbestimmung durch kombinierte Richtungs- und Distanzmessungen 225
5.6.1 Eindeutige Punktbestimmung mit Hilfe der Ähnlichkeitstransformation 226
5.6.2 Punktbestimmung mit Hilfe der Helmerttransformation . 227
5.6.3 Genauigkeit der mit Richtungen und Strecken berechneten Punkte 230
5.7 Polare Aufnahme von Objektpunkten 231
5.7.1 Polare Aufnahme von einem Festpunkt aus 233
5.7.2 Polare Aufnahme bei freier Stationierung und zwei angemessenen Festpunkten 234
5.7.3 Polare Aufnahme bei freier Stationierung und mehr als zwei angemessenen Festpunkten 235
5.7.4 Genauigkeit der polar aufgenommenen Punkte 237
5.8 Polygonometrische Punktbestimmung 239
5.8.1 Anlage und Messen von Polygonnetzen 240

5.8.1.1 Ringpolygone, Polygonzüge, Polygonnetze 240
5.8.1.2 Auswahl der Neupunkte 241
5.8.1.3 Messen der Seiten und Winkel 242
5.8.2 Berechnen der Polygone 243
5.8.2.1 Beidseitig angeschlossene Polygonzüge 244
5.8.2.2 Berechnung des Ringpolygons 251
5.8.2.3 Einseitig angeschlossene und freie Polygonzüge 254
5.8.3 Auffinden grober Beobachtungsfehler 254
5.8.4 Die Genauigkeit der Polygonierung 255
5.8.4.1 Die Fehlertheorie des gestreckten Zuges 255
5.8.4.2 Die größten zulässigen Abweichungen (amtliche Fehlergrenzen 257
5.8.5 Sonderfälle der Polygonierung 258
5.8.5.1 Anschluß an unzugängliche Punkte 258
5.8.5.2 Ausschalten kurzer Seiten 259
5.9 Punktbestimmung in Netzen 261
5.9.1 Gestaltung von Netzen 261
5.9.2 Näherungsverfahren für die Berechnung kleinerer durch Richtungs- und Distanzmessungen bestimmter Netze ... 262

6. Punktbestimmung durch Satellitenverfahren 265
6.1 Bahnen künstlicher Erdsatelliten 265
6.2 Satellitensysteme für Positionsbestimmungen und Navigation 269
6.2.1 Das Transit Navigation Satellite System 270
6.2.2 Das Satellitensystem NAVSTAR/GPS 273
6.3 Beobachtungsgleichungen für die Punktbestimmung 279
6.3.1 Punktbestimmung durch Pseudoentfernungsmessung zwischen Satelliten und Bodenstationen 279
6.3.2 Punktbestimmung durch Messen von Pseudoentfernungsdifferenzen (Doppler) 283
6.3.3 Ergänzungen zur Modellbildung 284
6.4 Auswertemodelle für absolute und relative Punktbestimmungen 289

7. Grundlagen der Landesvermessung 292
7.1 Ältere Lagefestpunktfelder 293
7.2 Neuere Lagefestpunktfelder 298

Anhang 303

A. Kurze Einführung in die Matrizenrechnung 303
B. Ausgleichungsalgorithmus für vermittelnde Beobachtungen 306

Literaturverzeichnis 312

Sachverzeichnis 316

Symbolverzeichnis

1. Meßwerte

R	Richtungen
Z	Zenitwinkel
D^A	am Entfernungsmesser abgelesene Distanz
T, T'	Temperatur des trockenen bzw. feuchten Thermometers
p	Luftdruck

2. Abgeleitete bzw. reduzierte Meßergebnisse

r	Richtungen
r^o	orientierte Richtung
t	Richtungswinkel
z	Zenitwinkel
z'	Zenitwinkel (beeinflußt durch Refraktion)
D	geometrische Weglänge
S^R	Schrägstrecke
S^0	Strecke in Meereshöhe
S	ellipsoidische Länge
s	Strecke im Gauß-Krüger-Koordinatensystem
H	Höhe über NN
ΔH	Höhendifferenz
β	Brechungswinkel (Polygonzug)

3. Koordinaten

	rechtwinklige Koordinaten
x, y, z	in nordorientierten Abbildungssystemen
x', y'; ξ, η	in örtlichen Systemen
X, Y, Z	in äquatorialen Systemen
	Polarkoordinaten
s, t	in nordorientierten Abbildungssystemen
s', t'	in örtlichen Systemen

4. Statistik

$s^2(\cdot)$	empirische Varianz
$\sigma^2(\cdot)$	theoretische Varianz
$s(\cdot)$	empirische Standardabweichung
$\sigma(\cdot)$	theoretische Standardabweichung
σ_p	Standardabweichung eines Punktes

1. Der Theodolit und das Messen von Richtungen und Winkeln

1.1 Richtungen, Horizontal-, Vertikal- und Positionswinkel

Für viele Aufgaben im Vermessungswesen sind Punkte P_1, P_2, ... in einem kartesischen Koordinatensystem durch Koordinatenberechnungen zu bestimmen. Die Koordinaten werden aus gemessenen Richtungen und Distanzen berechnet (Abb. 1.1).

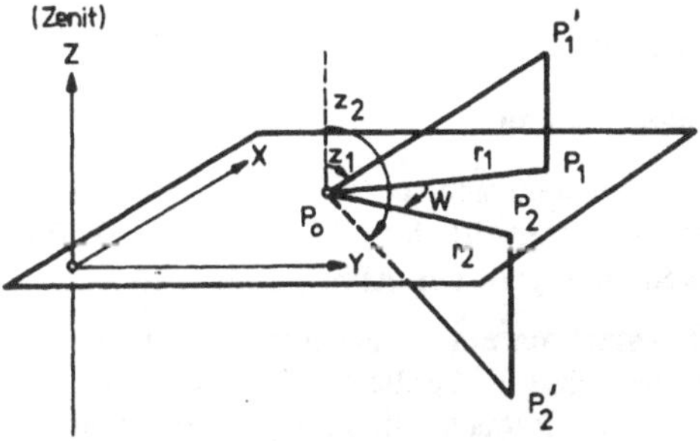

Abb. 1.1. Horizontal- und Vertikalwinkel

Die gemessenen Richtungen sollen sich möglichst einfach auf die Koordinatenachsen beziehen. Die Lotrichtung können Geräte sehr einfach anzeigen. In der Geodäsie läßt man daher die z-Achse mit der Lotrichtung zusammenfallen, die xy-Bezugsfläche ist dann eine Horizontalebene. Für die Orientierung horizontaler Richtungen $r_1 r_2$, ... in bezug auf die x-Achse gibt es rechnerische [5] und instrumentelle Verfahren [1.8].

Winkel berechnen sich aus der Differenz zweier Richtungen. Je nach Lage in einer horizontalen oder vertikalen Ebene unterscheidet man zwischen Horizontal- und Vertikalwinkeln. In Abb. 1.1. bilden die Projektionen der Geraden P_0P_1' und P_0P_2' auf die Horizontalebene den Horizontalwinkel w. Bei den Vertikalwinkeln unterscheidet man zwischen Zenitwinkeln und Höhenwinkeln. Die Strahlen zu den Zielpunkten $P_1'P_2'$, . . . bilden mit der durch den Standpunkt P_0 gehenden Richtung zum Zenit die Zenitwinkel z. Die Strahlen zu den Zielpunkten und ihre Projektionen auf die Horizontalebene durch P_0 schließen Höhenwinkel $(\pi/2 - z)$ ein.

Der Winkel $P_1'P_0P_2'$ heißt Positionswinkel; dieser wird mit einem Sextanten gemessen. Für die Geodäsie hat dieser Winkel keine Bedeutung.

1.2 Der Theodolit

1.2.1 Der äußere Aufbau

Das Instrument, mit dem sich sowohl Horizontal- wie Vertikalrichtungen messen lassen, ist der Theodolit. Der Aufbau eines einfachen Theodoliten geht aus Abb. 1.2 hervor.

Der Theodolit besteht aus einem festen und einem um eine vertikale Achse – Stehachse – drehbaren Teil. Der bewegliche Teil ist eine Stütze, die die Stehachse und Kippachse miteinander verbindet. Letztere ist in Kippachslagern der Stütze gelagert. Sie trägt das Fernrohr und den mit einer Altgrad- oder Gonteilung versehenen Vertikalkreis. Die Stehachse ist ein Teil der Stütze. Die Stehachsbuchse verbindet den Theodoliten mit dem horizontierbaren Unterbau – z. B. einem Dreifuß oder Kugelfuß – und trägt den ebenfalls mit einer Altgrad- oder Gonteilung ausgestatteten Horizontalkreis. Die Ableseeinrichtungen für den Horizontal- und Vertikalkreis befinden sich in der Stütze. Der Unterbau ist über Dreifußschrauben mit einer Libelle horizontierbar. Die Verbindung zwischen der Stehachsbuchse und dem Dreifuß kann fest sein oder in einer Zwangszentrierung abnehmbar [1.5.4].

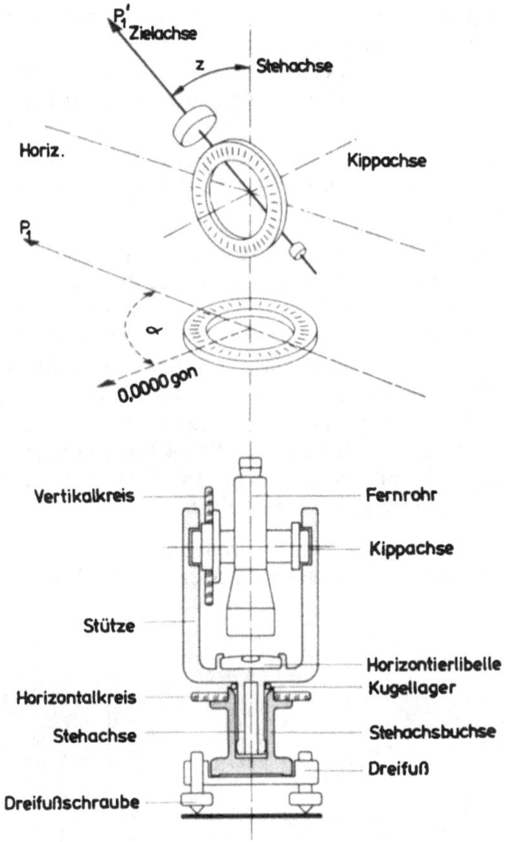

Abb. 1.2. Darstellung eines einfachen Theodolits

1.2.2 Die Achsen

1.2.2.1 Die Vertikal- oder Stehachse

Die Stehachse hat zwei Aufgaben: sie nimmt das Gewicht der Stütze auf und bewirkt, daß die Drehachse der Stütze mit dem

Zentrum der Teilung des Horizontalkreises zusammenfällt. Die Stehachse hat in unterschiedlichen Theodoliten verschiedene Formen. Ältere Theodolite haben konische Achsen, welche individuell angepaßt und häufiger gereinigt und geölt werden müssen; neuere sind ausschließlich mit Zylinderachsen ausgestattet, die sich besser für die Serienherstellung eignen und praktisch wartungsfrei sind. Die Achsen werden im allgemeinen aus gehärtetem Stahl hergestellt.

Günstige Reibungsverhältnisse ergeben sich durch Verkleinern der Berührungsflächen zwischen Achse und Buchse sowie durch Stützen und Führen der Achse mit Kugellagern. Es gibt Theodolite, bei denen ein unterer und oberer Führungsring das Zentrum der Stehachse und ihre Winkellage festlegen (Abb. 1.3). Das Gewicht der Stütze nimmt bei diesem System ein Stützkugellager am unteren Ende der Achse auf. Bei anderen Theodoliten werden die Winkellage und das Zentrum der Stehachse durch einen unteren Führungsring und ein Kugellager zwischen Achsbuchse und Achsflansch am oberen Ende festgelegt.

Das Kugellager nimmt dann gleichzeitig das Gewicht auf (Abb. 1.4). In dem Achssystem von Abb. 1.5 legt ein Planlager die Win-

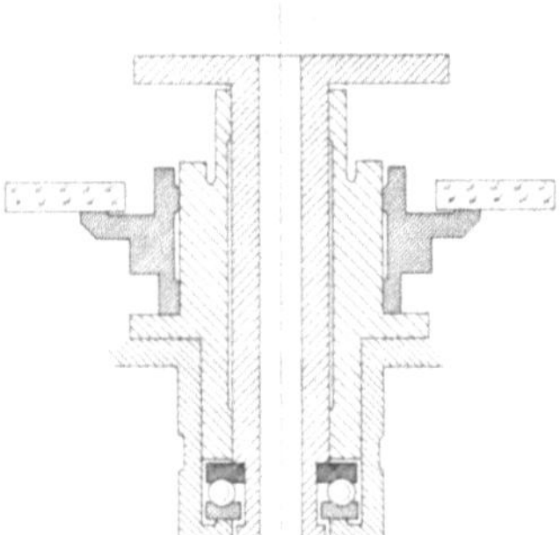

Abb. 1.3. Achssystem mit zwei Führungsringen und Stützkugellager (Beispiel *Zeiss* Th 42)

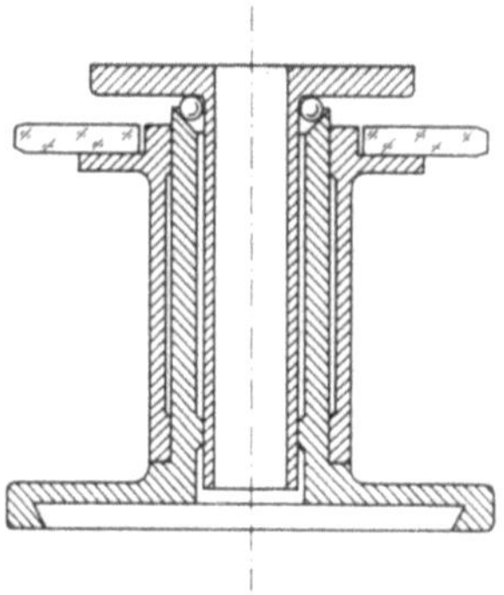

Abb. 1.4. Achssystem mit einem Führungsring und einem Kugellager (Beispiel *Wild* T2)

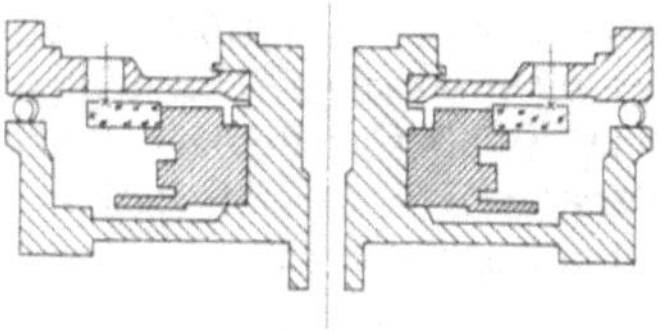

Abb. 1.5. Achssystem mit einem Planlager und Achszapfen (Beispiel *Kern* DKM 2)

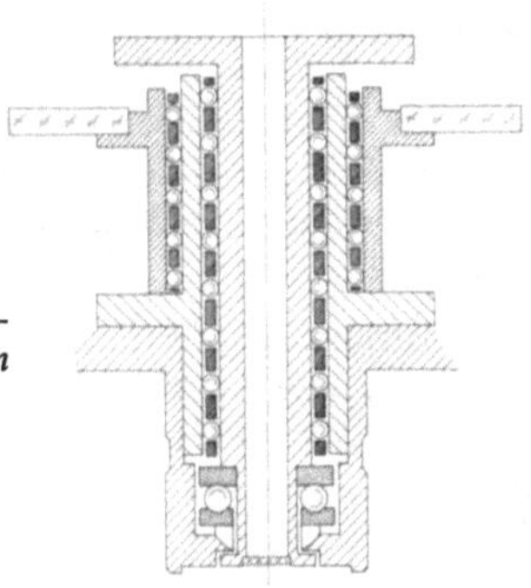

Abb. 1.6. Achssystem mit Kugelführungsachse (Beispiel *Zeiss*)

kellage fest und ein zusätzlicher Achszapfen das Zentrum; auch hier nimmt das Kugellager das Gewicht der Stütze auf. Die Kugelführungsachse (Abb. 1.6) ist im Gegensatz zur Zylinderachse kein gleitendes, sondern ein rollendes Achssystem. Das System ist absolut spielfrei, da der Durchmesser der Kugeln um wenige μm größer ist als der Spalt zwischen Achse und Buchse.

Im Hinblick auf die Anordnung der Stehachsen unterscheidet man ein- und zweiachsige Systeme. Bei Einachsern sind die Stehachsbuchse und der Teilkreis fest miteinander verbunden (Abb. 1.2). Bei zweiachsigen Systemen (Abb. 1.3 . . . 1.6) ist die feste Verbindung von Stehachsbuchse und Teilkreis aufgegeben. Der Kreis ist mit einer Kreisbuchse versehen und um die Stehachsbuchse drehbar; die Kreisbuchse und die Stehachse berühren sich dabei nicht. Die Buchse des Horizontalkreises wird so angepaßt, daß die Stehachse und die Kreisachse zusammenfallen. Ein verstellbarer Horizontalkreis bietet zusammen mit speziellen Meßanordnungen folgende Vorteile:

- kurzperiodische Teilungsfehler lassen sich weitgehend herabsetzen und grobe Ablesefehler aufdecken [1.7.3]
- unvermeidbare Schätzfehler bei der Ablesung werden durch Repetitionswinkelmessung verkleinert [1.7.4]
- bei Absteckungsarbeiten kann man bestimmte Meßwerte vorgeben.

Optische Theodolite höherer Genauigkeit haben normalerweise einen verstellbaren Teilkreis. Bei elektronischen Theodoliten sind die Vorteile der mechanischen Teilkreisverstellung durch elektronische Schaltvorgänge ersetzbar; elektronische Präzisionstheodolite haben daher nicht immer einen verstellbaren Horizontalkreis.

Bei Instrumenten für die Zwangszentrierung [1.5.4] bilden Stütze, Kreise und Achssystem ein in sich zusammenhängendes Teil, das mittels einer Klemmvorrichtung im Unterbau festgehalten und nach Lösen der Klemme herausgehoben werden kann (Abb. 1.51 . . . 1.54).

1.2.2.2 Die Horizontal- oder Kippachse

Sie trägt den Vertikalkreis und ermöglicht das Auf- und Abwärtskippen des Fernrohres in der Vertikalen; sie ist senkrecht zur optischen Achse des Fernrohres angeordnet. Die zylindrischen Achszapfen der Kippachse ruhen normalerweise in V-Lagern (Abb. 1.7). Die Kippachse liegt dann auf zwei – um 45° von der Senkrechten entfernten – erhabenen Stellen auf. Die Achsführung ist spielfrei, da der wegen der kleinen Auflagefläche relativ hohe Druck den Fettfilm des Schmierfettes gleichmäßig verteilt.

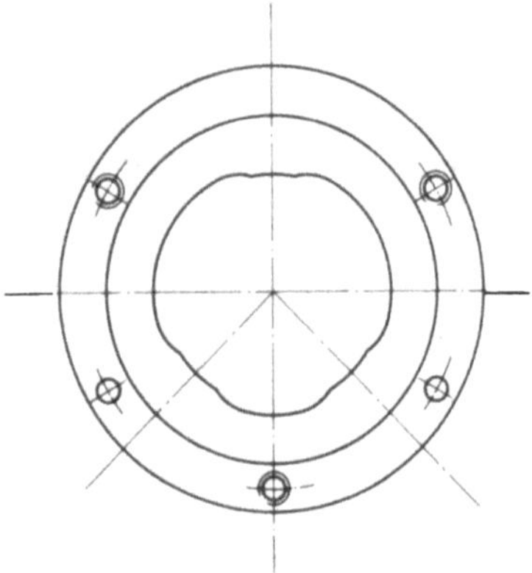

Abb. 1.7. Kippachslager (*Kern* DKM 2-A)

Bei vielen Instrumenten ist eines der Lager gegenüber der Stütze um kleine Beträge zu heben oder zu senken, damit die Kippachse senkrecht zur Stehachse eingestellt werden kann. Bei anderen Geräten läßt sich der Winkel zwischen Steh- und Kippachse durch einen keilförmigen Stehachsflansch verändern. Bei neueren Instrumenten kann nur der Hersteller die Kippachse einstellen.

Das Meßfernrohr befindet sich in der Mitte der Kippachse. Die Fernrohrstützen sollen so hoch sein, daß man das Fernrohr durchschlagen kann. Bei einigen speziellen Instrumenten ist das Fernrohr am Ende der Kippachse außerhalb der Lager befestigt [1.6.2.2].

Im Innern sind die Kippachsen normalerweise hohl, damit sie den optischen Strahlengang für die Teilkreisablesungen aufnehmen können.

1.2.2.3 Die Ziellinie des Fernrohres

Sie ist die Gerade durch den Schnittpunkt des Strichkreuzes und den Mittelpunkt des Objektivsystems. Die Definition gilt bei Einstellung auf ∞ [Band I, 52.3]. Ihre Lage kann durch Justieren in beschränktem Umfang verändert werden [1.6.11].

1.2.2.4 Vertikalstellen der Stehachse

Zum Horizontieren des Theodolits befinden sich auf der Stütze normalerweise eine oder zwei Flüssigkeitslibellen; einige elektronische Theodolite haben elektronische Libellen [Band I, 51]. Bei einer Winkelmeßgenauigkeit von 0,1 bis 2 mgon ist die Stehachse mit einer Toleranz von 1 mgon vertikal zu stellen. Normalerweise wird zunächst mit einer Dosenlibelle grob horizontiert. Das Feinhorizontieren erfolgt anschließend mit einer senkrecht oder parallel zur Kippachse angeordneten Präzisionslibelle. Bei Theodoliten mit einer elektronischen Libelle ist das Feinhorizontieren mit den Dreifußschrauben nur begrenzt erforderlich, wenn ein geräteinterner Rechner die Fehlereinflüsse der restlichen Stehachsschiefe korrigiert.

1.2.3 Die Kreise

1.2.3.1 Der Horizontalkreis

Er besteht entweder aus Glas oder bei einfachen Theodoliten aus Metall oder Kunststoff. Die Teilung ist im Uhrzeigersinn beziffert. In den meisten Ländern und bei astronomischen Messungen nutzt man Kreise mit Gradteilung. In den deutschsprachigen Ländern, Frankreich und einigen anderen Ländern werden für Vermessungsarbeiten Kreise mit Gon-Teilung bevorzugt. Die Teilung der Kreise stellt man mit speziellen Kreisteilmaschinen als Positiv oder Negativ her. Von diesem Original – auch Mutterkreis genannt – stellt man weitere Gebrauchskreise durch Kontaktkopien her. Für ein Negativ seien die Arbeitsgänge erläutert: Eine auf den Kreis aufgebrachte fotoempfindliche Lackschicht wird durch das Negativ belichtet und anschließend die Teilung und Bezifferung aus der Lackschicht gelöst. Danach bedampft man die glasblanken Stellen mit Chrom und wischt die restlichen Lackflächen ab; das Ergebnis ist ein Positiv von Teilung und Bezifferung. Die Teilstriche sind bei Glaskreisen einige μm breit.

Je größer der Durchmesser der Teilung ist, um so weniger wirken sich etwaige Teilungsfehler aus; der Teilkreisdurchmesser wird daher vielfach als Gütemerkmal für einen Theodoliten angesehen. Feldmeßtheodolite haben Kreisdurchmesser von 60 mm ... 100 mm, wobei die Kreise meistens in 20′ oder 30′ oder in 0,5 gon unterteilt sind. Ablesemikroskope oder elektronische Abtastsysteme ermöglichen genauere Ablesungen durch Interpolation zwischen benachbarten Teilstrichen. Teilstrichfehler lassen sich durch besondere Anordnungen der Teilstriche, durch spezielle Abtastverfahren und besondere Meßanordnungen klein halten.

Die Abb. 1.8a, b, c zeigen Ausschnitte von Teilkreisen einiger Theodolite mit visueller Ablesung. Es gibt z. B. einfache Teilungen (a), Doppelkreisteilungen (b) und Doppelkreisteilungen mit Einzel- und Doppelstrichen (c). Die Abb. 1.9a, b, c zeigen Ausschnitte der Kreise elektronischer Theodolite; sie haben anstelle arabischer Ziffern binär codierte Ziffern oder keine Ziffern.

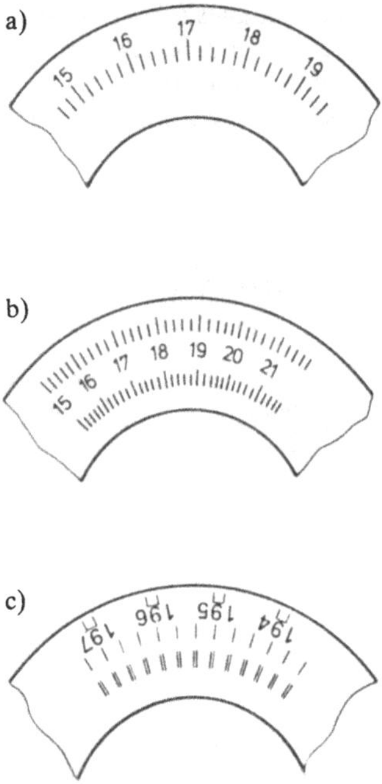

Abb. 1.8. Ausschnitte von Teilkreisen einiger Theodolite mit visueller Ablesung (*Kern*)

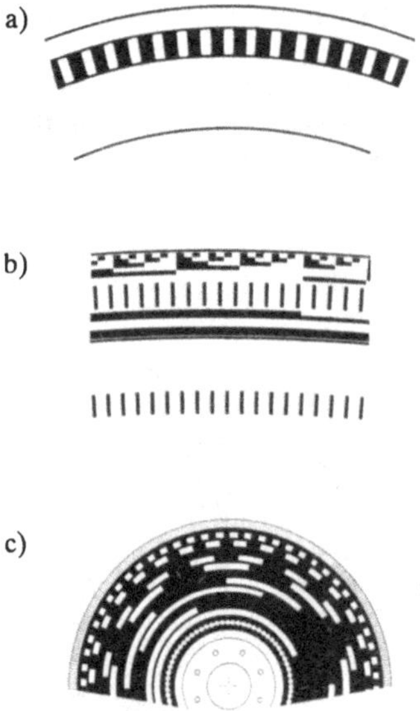

Abb. 1.9. Ausschnitte von Teilkreisen einiger Theodolite mit elektronischer Kreisabtastung
a) *Wild* TC1, *Kern* E1, *Wild* T 2000, . . .
b) *Zeiss Elta* 2
c) *Hewlett Packard* HP 3820

1.2.3.2 Der Vertikal- oder Höhenkreis

Er steht senkrecht auf der Kippachse; das Zentrum seiner Teilung liegt in ihr. Er wird wie der Horizontalkreis hergestellt; bei einigen Theodoliten hat er einen kleineren Durchmesser als der Horizontalkreis. Während bei der Horizontalwinkelmessung der Teilkreis feststeht und die Stütze sich bewegt, sitzt der Höhenkreis fest auf der Kippachse und macht alle Bewegungen des Fernrohres mit. Die Ablesevorrichtung ist stützenfest angebracht. Da sich die Vertikalwinkel auf die Richtung zum Zenit beziehen (Abb. 1.1), liegen der Ableseindex und das Zentrum des Kreises auf einer in Lotrichtung zeigenden Verbindungslinie. Eine vereinfachte Darstellung einer von Hand einstellbaren Ableseeinrichtung zeigt Abb. 1.10. Der Höhenkreis ist meistens rechtsläufig von 0 bis 400 gon geteilt und so beziffert, daß Zenitwinkel abgelesen werden [1.1].

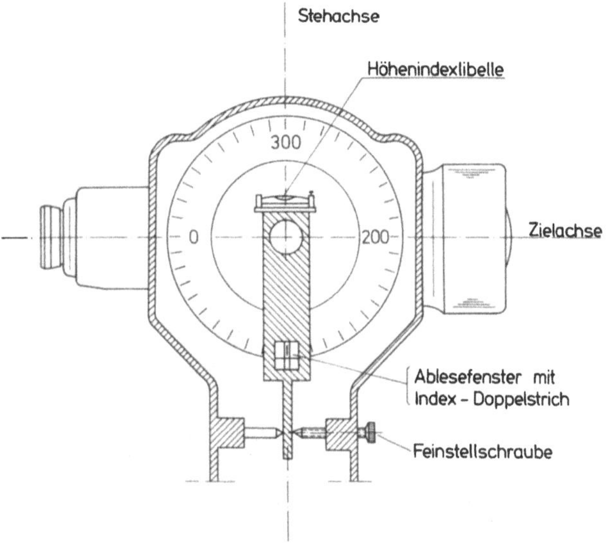

Abb. 1.10. Vereinfachte Darstellung der Höhenkreisablesung

In der schematischen Zeichnung (Abb. 1.10) besteht die Ablesevorrichtung aus einem Rahmen, der den Ableseindex und eine Höhenindexlibelle trägt. Mit einer Feinstellschraube kann der Rahmen geringfügig um eine Achse bewegt werden, die mit der Kippachse zusammenfällt. Bei richtig justierter Höhenindexlibelle verläuft die Linie durch den Ableseindex und das Zentrum des Kreises in Richtung zum Zenit, wenn die Höhenindexlibelle von dem Beobachter mit der Feinbewegungsschraube eingestellt ist. Bei den meisten neuen Instrumenten stellt der Ableseindex sich mit einem der Schwerkraft gehorchenden Kompensator automatisch in die Ausgangslage ein [Band III, 12.3]. Der Höhenkreis ist meistens, wie Abb. 1.10 zeigt, so geteilt, daß nicht Höhenwinkel, sondern Zenitwinkel abgelesen werden [1.1].

Wie Abb. 1.1 und 1.10 zeigen, liegt das Zentrum der Vertikalwinkel in dem Schnittpunkt von Steh-, Kipp- und Zielachse. Bei Höhenberechnungen muß daher der lotrechte Abstand der Kippachse von dem Bodenpunkt berücksichtigt werden.

1.2.4 Klemme, Feintrieb, Kreistrieb

Um das Fernrohr genau ausrichten und bestimmte Kreislagen einstellen zu können, müssen die gegeneinander drehbaren Teile des Theodolits fest miteinander gekoppelt und zusätzlich mit einem Feintrieb um kleine Winkel gegeneinander verstellbar sein.

Diese Vorgänge lassen sich unter anderem mit

- Klemmen und Feintrieben
- einer Kreisklemme oder
- einem Kreistrieb mit Zahnrad und Ritzel

ausführen.

Während der Horizontalwinkelmessung befestigt man zeitweilig die Stütze mit einer Klemme an der Stehachsbuchse. Über einen Feintrieb läßt sich die Stütze dann noch um kleine Winkel um die Stehachse drehen. Eine einfache Ausführung zeigt Abb. 1.11. Mit einer Schraube *S* und einem Klemmstücke *K* wird ein mit einem Ausleger versehener Ring *R* fest an die Achsbuchse gepreßt. Die Feinbewegungsschraube *F* und ihre Gegenfeder *G* schließen einen Zapfen *Z* ein, der mit der Stütze verbunden ist. Der Feintrieb ermöglicht kleine Drehungen der Stütze. Bei Instrumenten höherer Genauigkeit läßt sich die Einstellgenauigkeit durch eine zusätzliche Hebelübertragung steigern. In einigen neueren Geräten sind die Klemme und der Feintrieb koaxial angeordnet. Ein Beispiel zeigt Abb. 1.12. Durch Drehen der Klemmschraube *S* preßt sich das Klemmstück *K* gegen die Stehachsbuchse *Stb*. Beim Drehen des Feintriebs *F* drückt ein Bolzen *B* gegen den Hebelarm *H*, dessen Bewegung sich mit einem weiteren Bolzen *Bo* auf die Stütze überträgt.

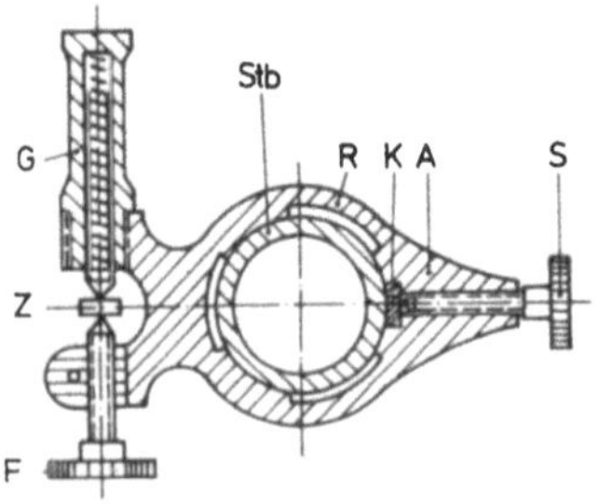

Abb. 1.11. Klemme mit Seitenfeintrieb

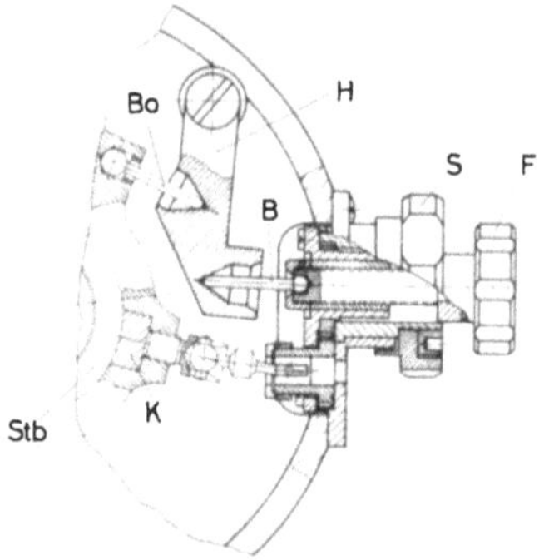

Abb. 1.12. Klemme mit koaxialem Feintrieb (*Breithaupt*)

Die Höhenklemme legt die Kippachse gegenüber der Stütze fest. Der Höhenfeintrieb ermöglicht das genaue Einstellen vertikaler Richtungen. Im Prinzip entsprechen die Konstruktionen denen, die der Horizontalwinkelmessung dienen. Unterschiedliche Ausführungen zeigen die Abb. 1.13, 1.23.

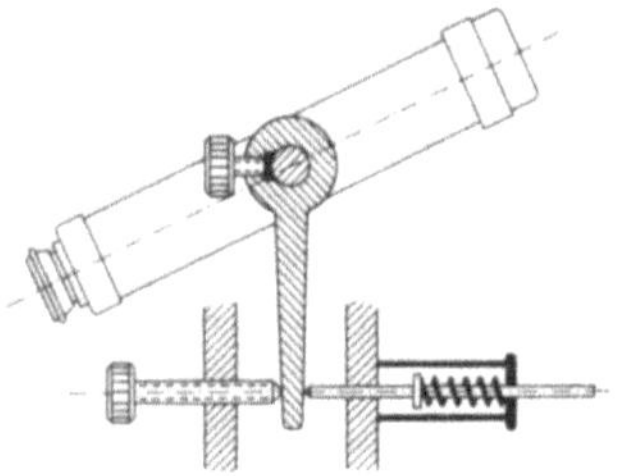

Abb. 1.13. Höhenklemme mit Höhenfeintrieb

Zweiachser bieten zusätzliche Möglichkeiten der Kreisverstellung. Es gibt unterschiedliche Anordnungen. Bei einfachen Theodoliten lagert vielfach die Kreisbuchse unter Reibung auf der Stehachsbuchse. Zum Verstellen koppelt man den Kreis vorübergehend mit einer Kreisklemme an die Stütze. Ein Beispiel für eine

Klemme zeigt Abb. 1.14. Die Klemme ist an der Stütze angebracht. Mit dem Kreis ist eine Scheibenmembran verbunden, die man durch einen an der Stütze sitzenden Hebel vorübergehend an der Stütze befestigen kann; der Kreis nimmt dann an der Bewegung der Stütze teil.

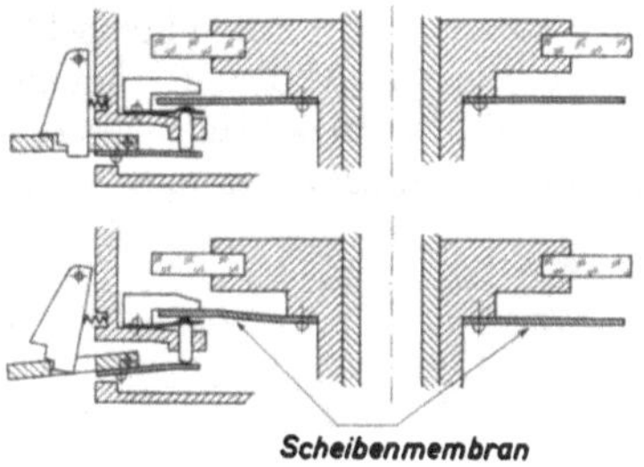

Abb. 1.14. Kreisklemme (*Jenoptik*)

Aufwendigere Theodolite haben zwei Klemmen je mit einem Feintrieb. Mögliche Anordnungen zeigt die Abb. 1.15. Bei einigen Instrumenten des Typs a) kann der Beobachter die Stütze mit dem Kreislager sowie mit der Achsbuchse koppeln und je fein dagegen verstellen; ist die Anordnung b) gegeben, so kann er die Stütze an dem Kreislager sowie das Kreislager an der Achsbuchse befestigen und je die einzelnen Teile gegeneinander bewegen.

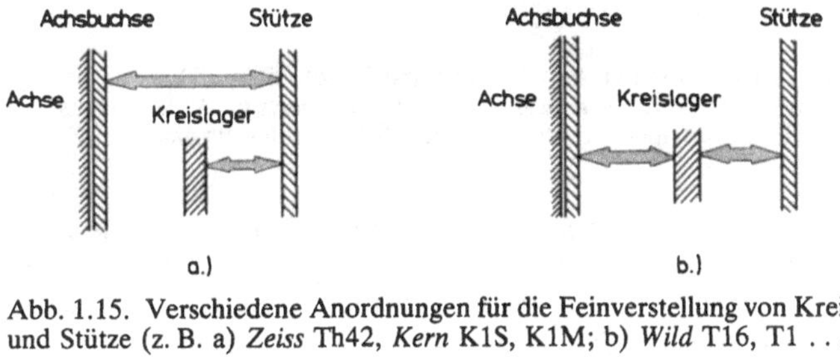

Abb. 1.15. Verschiedene Anordnungen für die Feinverstellung von Kreis und Stütze (z. B. a) *Zeiss* Th42, *Kern* K1S, K1M; b) *Wild* T16, T1 . . .)

Die zuvor beschriebenen Konstruktionen mit Kreisklemmen ermöglichen:

- das Nullen oder Orientieren des Horizontalkreises
- die repetitive Winkelmessung.

Theodolite mittlerer, hoher und höchster Genauigkeit haben einen Kreistrieb mit Zahnrad und Ritzel, durch den sich der Horizontalkreis bei fester Verbindung zwischen Stütze und Stehachsbuchse drehen läßt. In der Konstruktion von Abb. 1.16 trägt die Kreisbuchse ein Zahnrad, in welches das Ritzel des Einstellknopfes greift. In der Ruhestellung wird das Ritzel durch eine Feder von der Scheibe weggedrückt.

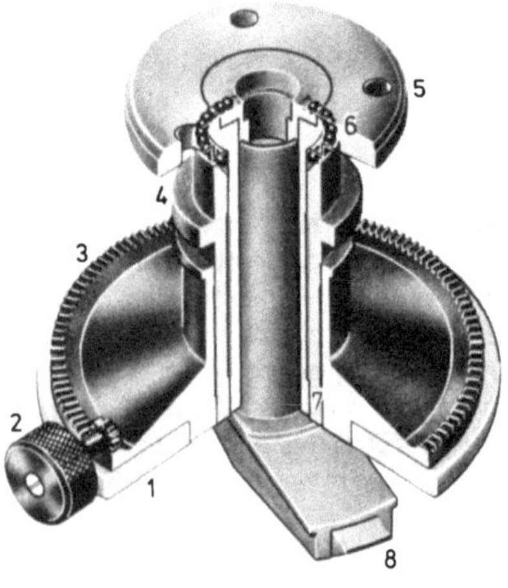

Abb. 1.16. Kreistrieb mit Zahnrad und Ritzel (*Wild* T2)
1 Horizontalkreis; 2 Einstellknopf; 3 Kreisbuchse; 4 Achsbuchse; 5 Stehachse; 6 Kugellager; 7 Gleitlager; 8 Kreisableseprisma

In elektronischen Theodoliten können die Vorteile der mechanischen Teilkreisverstellung durch elektronische Abtast- und Schaltvorgänge ersetzt werden; elektronische Theodolite haben daher teilweise feste Teilkreise.

1.2.5 Kreisablese- und Kreisabtastvorrichtungen

Die Richtungen der Zielachse lassen sich an den Kreisen mit einem Ablesemikroskop ablesen oder elektronisch abtasten. Die Art der Meßwerterfassung ist für die nachfolgende Meßwertverarbeitung von entscheidender Bedeutung. Obwohl die Theodolite von ihrem mechanischen Aufbau her weitgehend ähnlich sind, erscheint es daher zweckmäßig, zwischen *optischen Theodoliten* (Theodoliten mit optischer Kreisablesung) und *elektronischen Theodoliten* (Theodoliten mit elektronischer Kreisabtastung) zu unterscheiden. Mit elektronischen Theodoliten läßt sich von der Meßwerterfassung bis zur Datenverarbeitung und Dokumentation ein automatischer Datenfluß erzeugen; zusammen mit elektronischen Entfernungsmessern setzt man sie bevorzugt für großflächige Aufgaben mit umfangreichem Datenmaterial ein. Optische Theodolite sind erheblich preisgünstiger zu erwerben, andererseits jedoch weniger automationsfreudig; sie werden vorteilhaft für weniger umfangreiche Aufgaben eingesetzt.

1.3 Optische Theodolite

1.3.1 Die Kreisablesevorrichtungen

Sie sind allgemein als Meßmikroskop ausgebildet. Nur bei sehr einfachen Theodoliten dienen zum Ablesen ein Indexstrich und eine Lupe. Die Prinzipien der Ablesevorrichtungen beeinflussen weitgehend den Aufbau und die Genauigkeit der Theodolite. Bei den Meßmikroskopen unterscheidet man im wesentlichen zwischen:

- Strichmikroskopen
- Skalenmikroskopen
- Strichmikroskopen mit optischem Mikrometer und
- Koinzidenzmikroskopen mit optischem Mikrometer.

Während bei den ersten drei Vorrichtungen eine Ablesung nur eine Teilkreisstelle erfaßt, ermöglicht das Koinzidenzmikroskop das gleichzeitige Ablesen und Mitteln zweier Kreisstellen. In neueren Theodoliten verdrängen zunehmend elektronische

Kreisabtastsysteme [1.4] die optisch-mechanischen Ablesevorrichtungen.

1.3.2 Die Ablesemikroskope

Sie erhöhen die Auflösung der nur einige hundertstel bis zehntel Millimeter breiten Teilungsintervalle. Die optischen Systeme sind meistens in der Stütze und einem Tubus neben dem Fernrohr untergebracht (Abb. 1.17, 1.23).

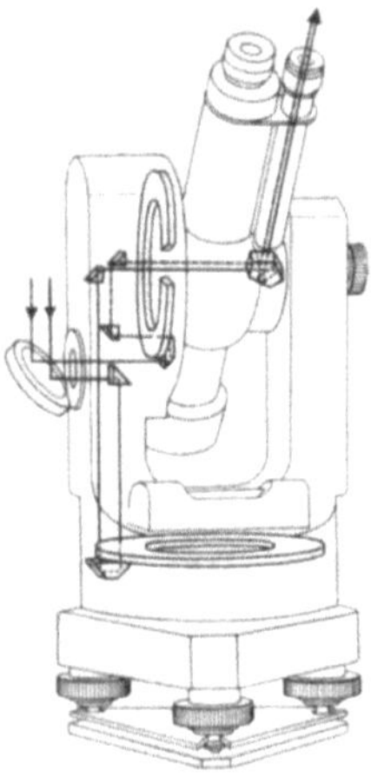

Abb. 1.17. Strahlengang eines Ablesemikroskops bei Theodoliten mit einer Ablesestelle

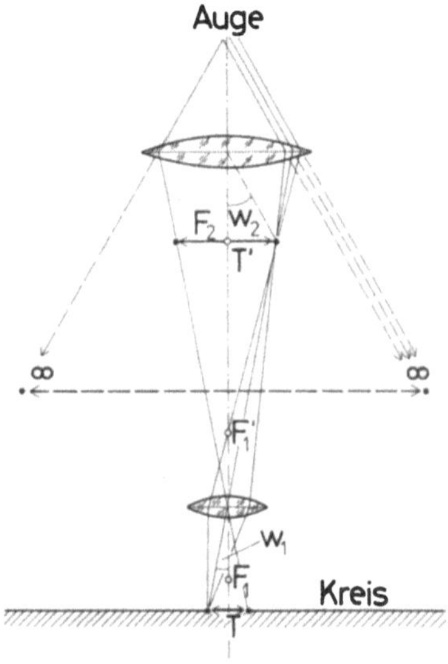

Abb. 1.18. Strahlengang im Ablesemikroskop

Zielen und Ablesen erfolgt schnell und einfach, wenn sich das Mikroskopokular neben dem Fernrohrokular befindet und beide Kreisbilder in jeder Beobachtungslage gleichzeitig sichtbar sind. Bei einigen Theodoliten haben die Bilder der Kreise unterschiedliche Farben. Die Ablesungen an Horizontal- und Vertikalkreis sind dann klar zu unterscheiden und Verwechslungen praktisch ausgeschlossen. In der Regel sorgt ein Drehspiegel an einer Seite der Fernrohrstütze für die Beleuchtung. Bei Nachtbeobachtungen oder z. B. in Schächten benötigt man eine künstliche Lichtquelle; viele Theodolite haben hierfür als Zubehör eine elektrische Ansteckleuchte.

Neuere Theodolite haben in der Regel nur ein Ablesemikroskop. Der Strahlengang des Mikroskops (Abb. 1.18) entspricht weitgehend dem des Fernrohres; das Objektiv ist allerdings kurzbrennweitig. Der Gegenstand, ein Ausschnitt der Kreisteilung, befindet sich zwischen der einfachen und doppelten Brennweite. In der Bildebene des Mikroskops ist anstelle des Strichkreuzes eine Ablesemarke zu sehen, deren Abstand von dem vorhergehenden Teilstrich der Kreisteilung bestimmt werden muß. Die Ablesemarke kann ein Indexstrich, die Nullmarke einer Skala oder das Bild eines diametral liegenden Teilstriches sein.

Damit die Mikroskope einwandfreie Ablesungen ermöglichen, haben sie mehrere optische Bedingungen zu erfüllen. Es müssen infolgedessen entsprechende Justiermöglichkeiten vorhanden sein.

a) Damit ein scharfes Bild des Kreisausschnittes in der Ebene der Ablesemarke entsteht, muß der Abstand der Bildebene vom Objektiv – d.h. die Bildweite – geändert werden können.

b) Befindet sich in der Bildebene außer dem Nullstrich eine Skala, so muß, damit diese genau mit dem Bild eines entsprechenden Teilungsintervalls zusammenpaßt, die Gegenstandsweite geändert werden können. Ein etwaiger Unterschied zwischen der Skalenausdehnung und dem Bild des zugehörigen Teilungsintervalls wird als Maßstabsfehler (Run) bezeichnet. Das Erfüllen der Bedingung b) heißt daher auch Maßstabsfehlerbeseitigung (Runbeseitigung).

Mängel zu a) und b) können bei den heutigen Kompaktinstrumenten nur in den Werkstätten beseitigt werden.

Neben diesen beiden für die Justierung erforderlichen – objektiven – Einstellungsmöglichkeiten tritt noch eine subjektive Forderung: Der jeweilige Beobachter muß, um die Ablesemarke in die für sein Auge günstigste Sehweite zu bringen, das Okular in der Okularfassung verschieben können.

1.3.2.1 Das Strichmikroskop

Das einfache Strichmikroskop Abb. 1.19 hat als Ablesemarke einen Strich, der normalerweise auf eine Glasplatte aufgedampft ist. Bei der Justierung braucht nur die erste der in 1.3.2 genannten Bedingungen erfüllt zu werden. Der Teilkreis eines Strichmikroskoptheodolits ist in der Regel in 10′ oder 10 cgon eingeteilt. Zur Ablesung hat man lediglich den Abstand des Ablesestriches von den nächsten Teilstrichen auf $^1/_{10}$ des Teilkreisintervalls zu schätzen. Die Ablesegenauigkeit ist nicht sehr hoch; doch kann man sehr schnell und sicher ablesen. Abb. 1.20 a zeigt das Gesichtsfeld zweier Theodolite, in denen sowohl die Ablesungen am Vertikalkreis wie die am Horizontalkreis erscheinen.

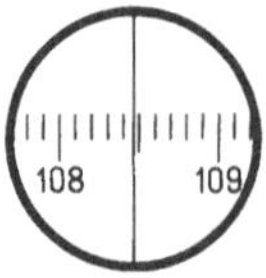

108,47 gon

Abb. 1.19. Ablesung eines einfachen Strichmikroskops

a)

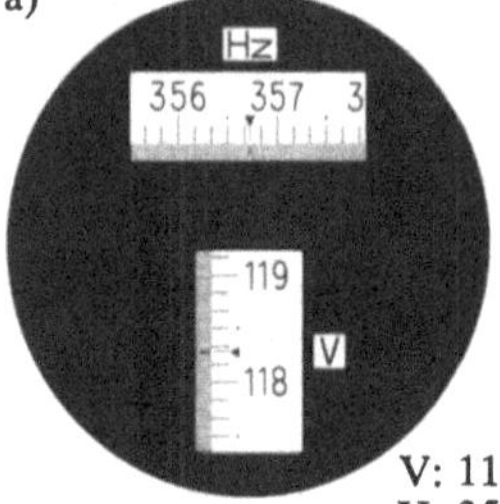

V: 118° 17′
H: 356° 43′

b)

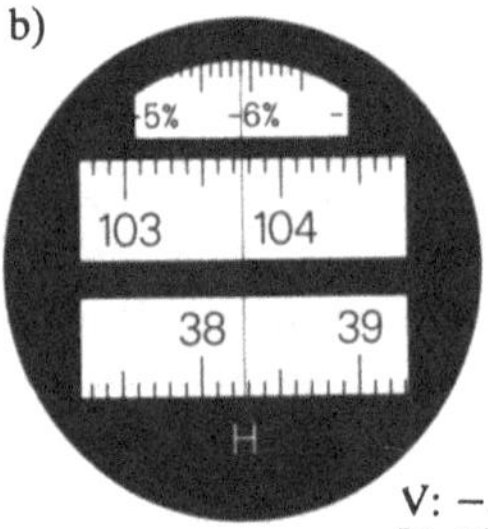

V: − 5, 90%
V: 103,75 gon
H: 38,28 gon

Abb. 1.20. Sehfelder von Strichmikroskopen mit Horizontal- und Vertikalkreisablesung a) *Wild* T05 b) *Kern* K0-S

Der Vertikalkreis des Beispiels b) trägt im Bereich von − 15% bis + 15% zusätzlich eine Prozentteilung, die das Festlegen und Kontrollieren von Neigungen ermöglicht.

Wird eine höhere Ablesegenauigkeit erstrebt, so muß der Abstand des Ablesestrichs von dem vorangehenden Strich der Kreisteilung mit einer Skala oder mit einem optischen Mikrometer gemessen werden.

1.3.2.2 Das Skalenmikroskop

Es hat in der Mikroskopbildebene eine Skala, deren Länge bei richtiger Justierung dem Strichabstand des abgebildeten Teilkreises entspricht. Die von der Nullmarke ausgehende Bezifferung verläuft in der Regel entgegengesetzt zu der des Teilkreises. Den Abstand der Nullmarke von dem vorhergehenden Teilstrich liest der Beobachter an der Skala ab.

Das Teilungsintervall der Kreise beträgt bei neueren Theodoliten normalerweise 1 gon oder 1° und das der Skala 10 mgon oder 0,5′ bzw. 1′. Geschätzt werden je nach Instrument 1 bis 2 mgon oder 0,1′. Abb. 1.21 zeigt unterschiedliche Ablesebeispiele.

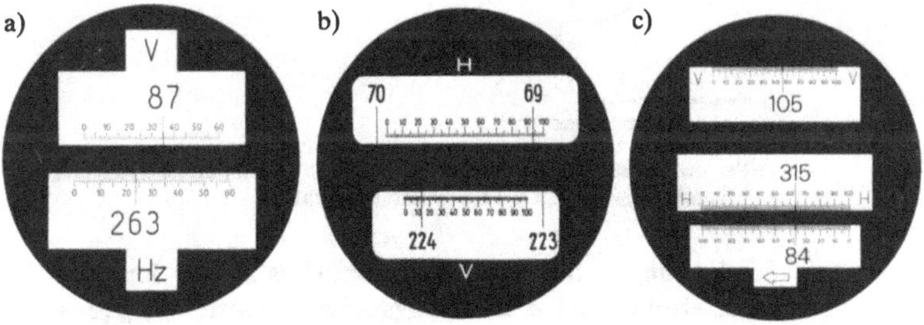

a)	b)	c)
V: 87° 35,2′	V: 69,936 gon	V: 105,565 gon
H: 263° 23,8′	H: 224,132 gon	H: 315,635 gon (r. l.)
		H: 84,365 gon (l. l.)

Abb. 1.21. Sehfelder von Skalenmikroskopen a) *Zeiss* Th42 b) *Jenoptik* Theo 020 B c) *Kern* K1-S

In den Sehfeldern a) und b) erscheinen die Bilder des Horizontal- und Vertikalkreises in unterschiedlichen Farben; sie sollen zusätzlich Ablesefehler vermeiden helfen. In dem Sehfeld c) trägt der Horizontalkreis außer der normalen rechtsläufigen Bezifferung eine zusätzliche linksläufige. Damit entfallen die zeitraubenden und fehleranfälligen Berechnungen der Komplementärwinkel, die bei gewissen Absteckungsarbeiten auftreten.

1.3.2.3 Das Strichmikroskop mit optischem Mikrometer

Es hat neben dem Abbildungssystem ein bewegliches Ablenkelement, mit dem das Bild des Kreisausschnittes relativ zur Ablesemarke meßbar verschoben werden kann. Als Ablenkelement dient in der Regel eine um eine feste Achse drehbare Planplatte (Abb. 1.22).

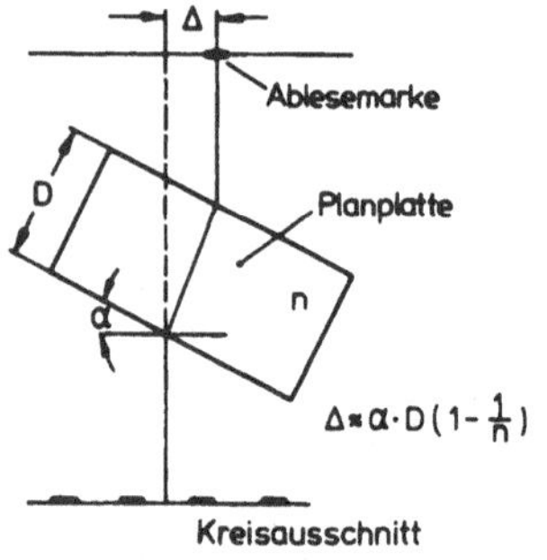

Abb. 1.22. Planplatte als Ablenkelement optischer Mikrometer (n: Brechungsindex, D: Dicke der Planplatte)

Die Verschiebung Δ des Kreisausschnittbildes ist bei der Planplatte dem Drehwinkel α näherungsweise proportional [Bd. I, 5.2.3.5]. Der Beobachter bewegt das Bild so lange, bis der vorangehende Teilstrich und die Ablesemarke koinzidieren. Als Ablesemarke eignet sich besonders ein Doppelstrich. Der Betrag der Verschiebung Δ erscheint im Winkelmaß an einer im Mikroskopgesichtsfeld erscheinenden Mikrometerteilung. Abb. 1.23 zeigt an einem Beispiel das Funktionsprinzip eines optischen Planplattenmikrometers und die Beleuchtung der Teilkreise. Über einen Drehspiegel fällt Licht auf die Ablesestelle des Vertikalkreises. Prismen, ein Flüssigkeitskompensator und ein Linsensystem bilden den Ausschnitt des Vertikalkreises in die Ebene der Teilung des Horizontalkreises ab. Weitere Prismen und Linsen projizieren die Bilder beider Ablesestellen in die Ebene der Ablesemarken. Das Bild in der Ebene der Ablesemarken läßt sich nach einer weiteren Strahlumlenkung mit einem zum Fernrohr parallel liegenden Mikroskop beobachten. In der Ebene der Ablesemarken befinden sich zum Ablesen der beiden Kreise zwei Fenster mit je einem Doppelstrich. Durch ein weiteres Fenster mit einer

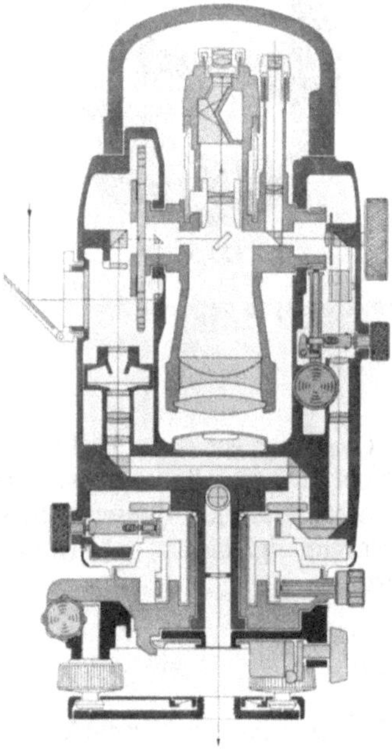

Abb. 1.23. Strahlengang in einem Theodoliten mit optischem Mikrometer (*Wild* T1)

keilförmigen Marke beobachtet man die fest mit der Planplatte verbundene Skala. Die Planplatte ist über einen Hebel mit einer Mikrometerschraube verbunden. Dreht man die Planplatte mit der Mikrometerschraube, so zeigt das dritte Fenster mit seiner Keilmarke die Verschiebungsbeträge der Kreisstrichbilder im Winkelmaß der Teilung an. Mit dem Mikrometer lassen sich nacheinander Horizontal- und Vertikalkreis ablesen.

Das Teilungsintervall der Kreise beträgt normalerweise 1 gon oder 1°. Direkt ablesen lassen sich Intervalle von 1 mgon . . . 1 c-gon bzw. 3″ . . . 20″.

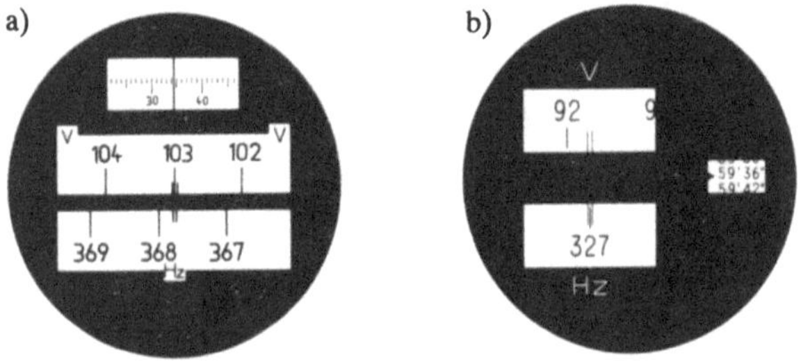

V: 103,345 gon H: 327,59′ 38″

Abb. 1.24. Sehfelder von Strichmikroskopen mit optischem Mikrometer
a) *Breithaupt* TEAUT
b) *Wild* T1

Bei einigen Instrumenten mit weniger genauer Direktablesung erhält man durch Schätzen kleinste Intervalle von etwa 1 mgon bzw. 3″. Abb. 1.24 zeigt unterschiedliche Ablesebeispiele: in Beispiel a) ist nur die Grobablesung digitalisiert, in b) ist die Ablesung weitgehend digitalisiert.

1.3.2.4 Das Koinzidenzmikroskop

Die Konstruktion beruht auf folgendem Grundgedanken: Zwei um 200 gon (180°) voneinander abstehende Kreisstellen sollen so in der Bildebene des Meßmikroskops erscheinen, daß sich die

Einzelablesungen mit einem Blick leicht automatisch mitteln lassen. Ein solches Mikroskop ist zuerst von der Firma *Carl Zeiss* in Jena gebaut worden. Inzwischen haben sich unterschiedliche Abbildungssysteme durchgesetzt. Je nach Theodolit werden die Teilstriche so zusammengebracht, daß ihre Bilder im Mikroskop

- längs einer Trennkante aneinanderstoßen und sich gegenläufig bewegen (Abb. 1.26)
- sich überdecken und gegenläufig bewegen (Abb. 1.31b)
- sich überdecken und gleichläufig bewegen (Abb. 1.31a).

Gegenläufigkeit entsteht, wenn beispielsweise in den Strahlengang ein Dachkantprisma eingebaut ist, Gleichläufigkeit, wenn nur einfache Umlenkprismen vorhanden sind. Grundsätzlich sind zwei Abbildungsvorgänge zu unterscheiden:

- beide Bilder lassen sich symmetrisch zusammenführen und dann im Mikroskop abbilden (Abb. 1.25, 1.27)
- eine Ablesestelle läßt sich auf die gegenüberliegende abbilden und dann zusammen mit dieser in die Bildebene des Mikroskops (Abb. 1.29, 1.30).

Die Teilkreise haben entweder Einfach- oder konzentrische Doppelteilungen (Abb. 1.8).

Einen ersten Einblick in das Verfahren gibt die vereinfachte Darstellung in Abb. 1.25. Ein symmetrisches Abbildungssystem (1) bildet zwei gleichwertige Bilder gegenüberliegender Teilkreisausschnitte (2) in die Bildebene des Meßmikroskops ab. Es entsteht

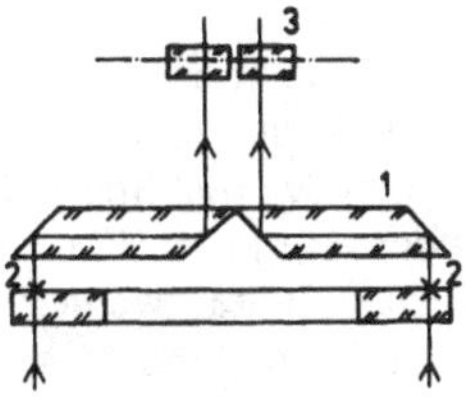

Abb. 1.25. Zusammenspiegeln zweier Ablesestellen mit symmetrischen optischen Systemen

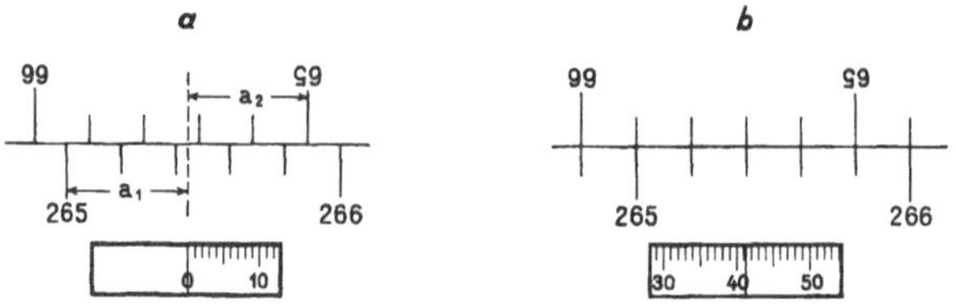

Abb. 1.26. Koinzidenzmikroskop vor und nach Betätigung des Mikrometers

die Abb. 1.26, die die eine Kreisstelle aufrecht, die andere auf dem Kopf stehend längs einer Trennkante erscheinen läßt. Ist eine Ablesemarke vorhanden, so muß diese – in Abb. 1.26 gestrichelt dargestellt – gleichen Abstand von den um 200 gon (bzw. 180°) auseinanderliegenden Ziffern haben. Die Ablesung kann sich dann folgendermaßen gestalten:

Man gehe aus von der in der linken Hälfte des Ablesefensters erscheinenden aufrecht stehenden Gonzahl und nehme für den Augenblick an, es sei im Gesichtsfeld die gestrichelt angedeutete Ablesemarke vorhanden. Dann hätte man abzulesen:

an der aufrechten Kreisstelle 265 gon + a_1,

an der umgekehrten Kreisstelle 65 gon + a_2,

woraus sich als Mittel ergibt 265 gon + $\dfrac{a_1 + a_2}{2}$.

Man erhält also die Dezimalbeträge des Gon, indem man den scheinbaren Abstand der Kreisstriche 265 und 65 halbiert. Um automatisch auf den halbierten Betrag zu kommen, lese man folgendermaßen ab: Man nehme als Ableseindex den Strich der um 200 gon abweichenden Gonzahl und bewerte jeden 20 cgon-Abschnitt der Kreisteilung mit 10 cgon. Dann lautet, wenn man die letzte Dezimale zunächst schätzt, die Ablesung 265,44 gon. Die gestrichelte Nullmarke wird also zur Ablesung nicht gebraucht; sie fehlt deshalb meistens. Damit hat man gewissermaßen ein Koinzidenzmikroskop ohne Mikrometer.

Die meisten Koinzidenztheodolite sind jedoch mit optischen Mikrometern versehen. In solchen Instrumenten werden die beiden letzten Stellen nicht geschätzt, sondern es wird der Abstand zwischen den direkt gesehenen und den gespiegelten Teilstrichen mikrometrisch gemessen. Das Mikrometer besteht in einer einfachen Form aus zwei sich gegenläufig drehenden Planplatten (3) Abb. 1.25, die mittels einer Mikrometerschraube so lange bewegt werden, bis die Teilstriche beider Kreisstellen koinzidieren. Dann entnimmt man nach dem oben geschilderten Verfahren die Gonzahl und die 1. Dezimale der Hauptteilung; den die vollen 10 cgon Einheiten überschießenden Betrag findet man, und zwar sogleich halbiert, in der Hilfsteilung. Die genaue Ablesung ist also 265,4412 gon.

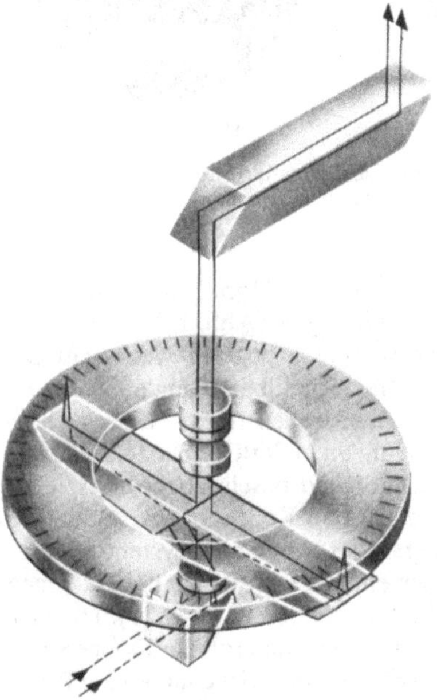

Abb. 1.27. Optischer Strahlengang der Horizontalkreisablesung (Beispiel *Wild* T2)

Nach dem zuvor beschriebenen Prinzip ist z.B. das Ablesesystem des Theodolits Th2 von *Zeiss* Oberkochen aufgebaut. Auch der Theodolit T2 von *Wild* hat einen ähnlichen Strahlengang (Abb. 1.27). Die Sehfelder beider Theodolite sind allerdings so weit digitalisiert, daß man bei der 400 gon Ablesung nur noch die 0,1 mgon und bei der 360° Ablesung die 1'' Intervalle an einer Skala abliest (Abb. 1.28).

a) b)

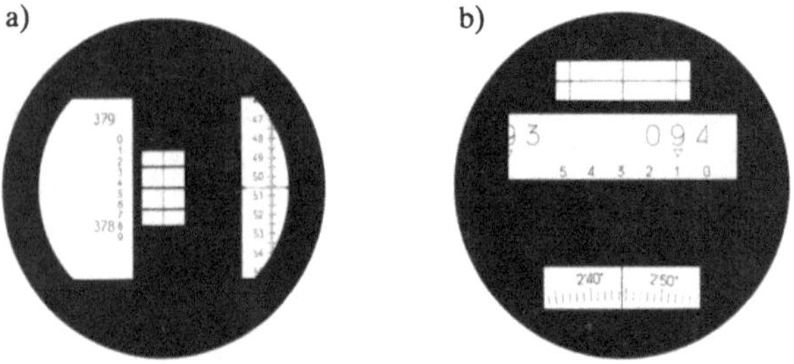

H: 378,8506 gon H: 94° 12' 44''

Abb. 1.28. Sehfelder von Koinzidenzmikroskopen, in denen die Teilstriche längs einer Trennkante aneinanderstoßen
a) *Zeiss* Th2; b) *Wild* T2

Bei einigen Theodoliten tragen der Horizontal- und Vertikalkreis zwei konzentrische Kreisteilungen (Abb. 1.29, 1.30). In diesen Doppelkreistheodoliten wird zunächst ein Ausschnitt der einen Teilung so auf den diametral gegenüberliegenden der anderen abgebildet, daß beide sich überdecken; dieses Bild erscheint nach weiteren Abbildungsvorgängen in der Gesichtsfeldblende des Mikroskops. Wie zwei nachfolgend beschriebene Beispiele zeigen, gibt es für die Abbildungen und Koinzidenzdarstellungen unterschiedliche Lösungswege. Das Abbildungssystem kann die Striche eines Doppelkreises einfacher Teilungen leicht gegeneinander verschoben gleichläufig abbilden (Abb. 1.29). Die Striche erscheinen dann als fest einander zugeordnete Doppelstriche. Für die Feineinstellung sind die Doppelstriche mit einem Planplattenmikrometer symmetrisch zu einem festen Indexstrich einzustellen (Abb. 1.31a).

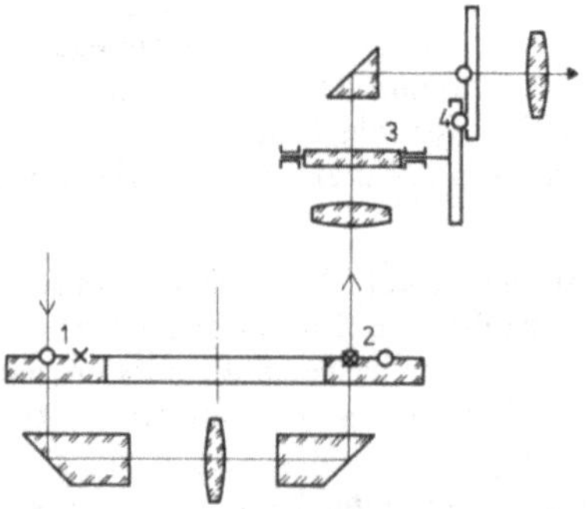

Abb. 1.29. Doppelkreistheodolit mit einfachen Kreisteilungen (Beispiel DKM 1 *Kern*)
1. äußere Kreisteilung; 2. innere Kreisteilung; 3. Mikrometer-Planplatte; 4. Mikrometerskala

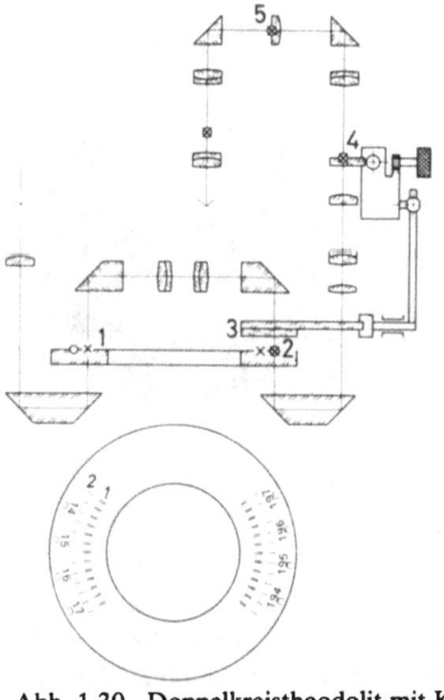

Abb. 1.30. Doppelkreistheodolit mit Kreisteilungen aus Einfach- und Doppelstrichen (Beispiel DKM 2A *Kern*)
1. innere Teilung; 2. äußere Teilung; 3. Mikrometer-Planplatten; 4. Mikrometerschlitten mit Skala; 5. Teilung des Skalenmikroskops; ⊗ Zwischenbild

Dieses mehr einfache Ablesesystem mit einer Ablesegenauigkeit von 0,5 mgon/1'' ermöglicht kleine Abmessungen und ein geringes Gewicht des Theodolits. Der sehr kleine Reise- und Expeditionstheodolit DKM 1 von *Kern* besitzt z.B. diese Ableseeinrichtung.

Bei einem anderen Instrument (Abb. 1.30) trägt die eine Teilung Einfach-, die andere Doppelstriche. Ein optisches System bildet einen Ausschnitt der einen Teilung gegenläufig auf den diametral gegenüberliegenden Ausschnitt der anderen ab. Das Mikrometer besteht aus einer Meßplanplatte im Strahlengang zwischen den diametralen Kreisstellen für die Feinablesungen und einer zweiten Planplatte zwischen der bezifferten Kreisstelle und der Gesichtsfeldblende für die Grobablesung. Der Beobachter bewegt für die Feinmessung die Meßplanplatte so lange, bis die im Mikroskop sichtbaren Striche der einen Teilung symmetrisch zwischen denen der anderen Teilung liegen (Abb. 1.31b).

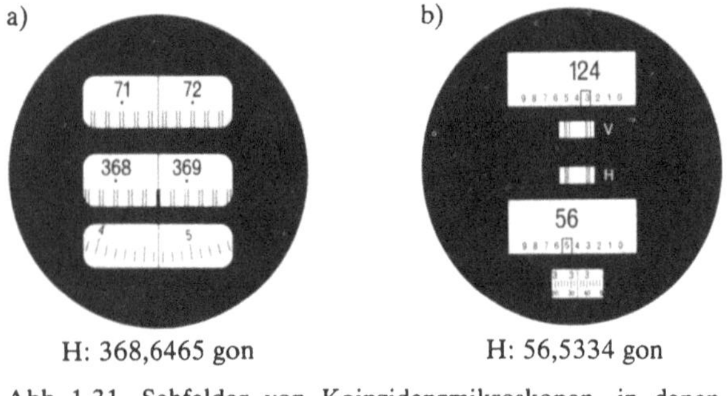

Abb. 1.31. Sehfelder von Koinzidenzmikroskopen, in denen sich die Teilstriche überdecken
a) *Kern* DKM 1 b) *Kern* DKM 2A

Die Ableseoptik arbeitet gleichzeitig auch als Skalenmikroskop, das die 10'/10 cgon-Ziffern erfaßt. Die Teilung des Skalenmikroskops besteht nur aus einer Ziffernreihe. Die zweite Planplatte führt das gemeinsame Bild der zwei diametralen Kreisstellen derart über eine Ziffernreihe in der Gesichtsfeldblende, daß die gesuchten Zehntelgrad der Grobablesung direkt unter dem bezifferten Teilstrich stehen (Abb. 1.31b). Der Rahmen um die abzulesenden Ziffern ist eine ösenförmige Verlängerung des bezifferten Teilstrichs. Die Bildversetzung durch die Hilfsplanplatte braucht nur so genau zu sein, daß der Rahmen näherungsweise um die abzulesende Ziffer zentriert ist.

Das Koinzidieren der Teilstriche gelingt bei den meisten Instrumenten nach einiger Übung auf etwa 1'' oder 0,2 bis 0,3 mgon. Das Ergebnis ist frei von Auswirkungen einer Exzentrizität der Kreisteilung [1.6.2.1], da bei der Ablesung zwei um 200 gon voneinander abstehende Kreisstellen benutzt werden.

1.3.3 Klassifizierung der optischen Theodolite

Im Hinblick auf die Genauigkeit unterscheidet man Theodolite niederer, mittlerer, hoher und höchster Genauigkeit (*Deumlich* 1980).

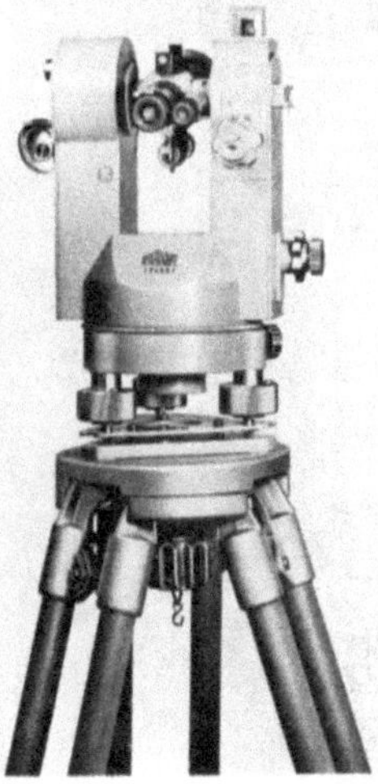

Abb. 1.32. Theodolit mit Strichmikroskop, *Breithaupt* TEKAT

1.3.3.1 Theodolite niederer Genauigkeit

Als Theodolite niederer Genauigkeit, bzw. Bautheodolite oder Minutentheodolite, bezeichnet man gewöhnlich die einfachsten für Baumessungen und einfache Geländeaufnahmen bestimmten Theodolite. Soweit diese Theodolite Mikroskopablesung haben, handelt es sich um einfache Strich- oder Skalenmikroskope ohne Mikrometer. Allgemein kann der Beobachter Intervalle von 10′ bzw. 10 cgon direkt ablesen und endgültige Richtungen mit einer Genauigkeit von 30″ bzw. 0,5 bis 1 cgon schätzen (Abb. 1.32, 1.19, 1.20). Die Durchmesser der Kreise liegen zwischen 50 und 80 mm; die Fernrohre haben 15- bis 20fache Vergrößerung. Ein Höhenkreis ist nicht immer vorhanden. Siehe Tab. 1.1, S. 46.

1.3.3.2 Theodolite mittlerer Genauigkeit

Theodolite mittlerer Genauigkeit, für die gelegentlich auch die Bezeichnung Zehn-Sekunden-Theodolit bzw. Ingenieurtheodolit

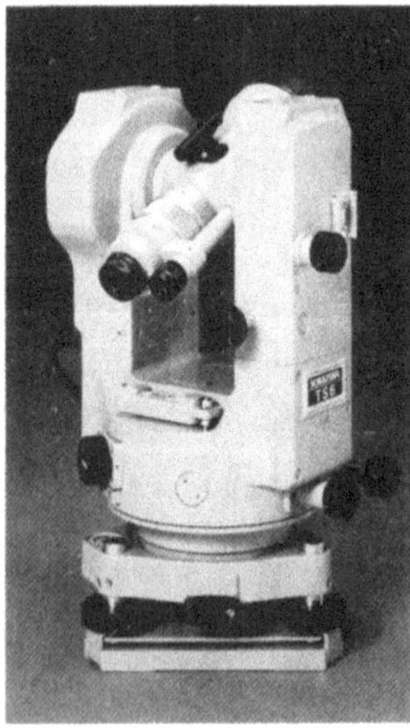

Abb. 1.33. Theodolit mit Skalenmikroskop, *SOKKISHA* TS6

gebraucht wird, sind Instrumente, die in erster Linie für die Polygonierung und für Absteckungsarbeiten bestimmt sind. Siehe Tab. 1.1 S. 47. Sie besitzen ein Repetitionssystem und eine Einrichtung zur optischen Streckenmessung mit Reichenbachschen Distanzfäden [Bd. III, 32]. Die Horizontalkreise haben Durchmesser von 70–100 mm. Die Höhenkreise sind manchmal etwas kleiner; bei den neueren Typen werden sie überwiegend an einer automatisch sich einstellenden Marke abgelesen; vgl. Bd. III, 12. Die Theodolite haben unterschiedliche Ablesemikroskope:

a) *Skalenmikroskope.* An den Skalen können durchweg volle Minuten (1′ bzw. 1 cgon) abgelesen und 0,1′ bzw. 1 mgon geschätzt werden. (Abb. 1.33 und 1.21).

b) *Strichmikroskope* mit optischem Mikrometer. In der Regel ist eine weitgehend oder voll digitalisierte Ablesung gegeben. Direkt ablesen oder schätzen lassen sich 1 mgon bzw. 3″ (Abb. 1.34, 1.24).

c) *Koinzidenzmikroskope* mit einfachem Mikrometer. Nach diesem Prinzip hat *Kern,* den sehr kleinen und leichten Doppelkreistheodolit DKM 1 gebaut, an dem sich 0,1′ bzw. 1 mgon ablesen und Bruchteile schätzen lassen (Abb. 1.31).

1.3.3.3 Theodolite hoher Genauigkeit

Die Theodolite hoher Genauigkeit, vielfach auch Sekundentheodolite genannt, sind vor allem für Punktbestimmungen im trigonometrischen Festpunktfeld und für Feinabsteckungen bestimmt. Sie haben keine Repetitionseinrichtung. Der Kreisdurchmesser beträgt etwa 80–100 mm, der des Höhenkreises 70–90 mm. Siehe Tab. 1.1 S. 47.

Die neueren Feinmeßtheodolite (vgl. Abb. 1.35) weisen fast ausnahmslos Koinzidenzmikroskope mit optischen Mikrometern auf. In diesen sieht man entweder gegenläufige Teilungen ohne Indexstrich, die koinzidiert werden müssen, oder gleichlaufende Teilungen, bei denen ein Indexstrich zwischen die Doppelstriche der Teilung zu bringen ist (Abb. 1.28 und 1.29). In neueren Konstruktionen ist die Ablesung weitgehend digitalisiert. Das Ablesesystem des Höhenkreises besitzt in der Regel einen Kompensator; die Ablesungen beziehen sich dann automatisch auf die Richtung zum Zenit.

Abb. 1.34. Theodolit mit Strichmikroskop und optischem Mikrometer (*Kern* K1-M) sowie aufgesetztem Entfernungsmesser

Die Standardabweichung einer Ablesung, die durch den Einstellfehler am Mikrometer gegeben ist, liegt bei den gängigen Ausführungen bei 1'' oder 0,2 bis 0,3 mgon; bei älteren Instrumenten ist sie etwas größer.

1.3.3.4 Theodolite höchster Genauigkeit

Theodolite höchster Genauigkeit sind Spezialausführungen für Triangulierungen der I. Ordnung, Tunnelabsteckungen und dgl. (z.B. *Wild* T 3, *Kern* DKM 3, *Jenoptik* Theo 002). In diesen Instrumenten läßt sich die Standardabweichung einer Ablesung auf 0,05 bis 0,01 mgon bzw. 0,1'' herabdrücken. Siehe Tab. 1.1.

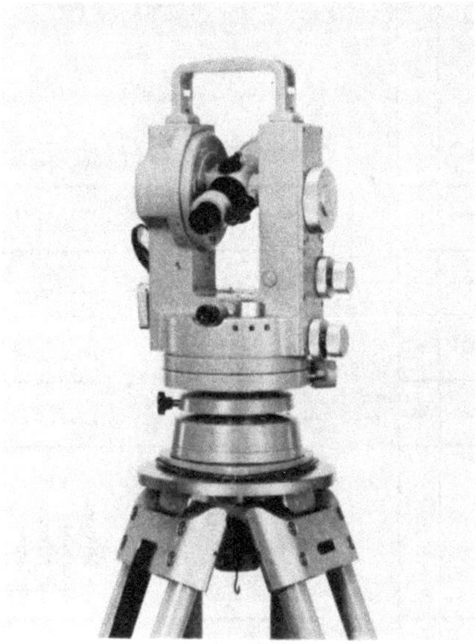

Abb. 1.35. Theodolit mit Koinzidenzmikroskop (*Zeiss* Th 2)

Damit reicht die Ablesegenauigkeit bereits weit in die Größenordnung der Refraktionseinflüsse hinein. Sie noch zusätzlich zu steigern, wäre wenig sinnvoll.

Tab. 1.1. Optische Theodolite* (Auswahl)**

Hersteller	Type	Fernrohr		Kreisdurchmesser		Ableseeinrichtungen in gon					AH = autom. Höhenzeiger DK = Doppelkreis KF = Kugelfuß
		Vergrößerung	Obj.-Öffnung mm	horiz. mm	vert. mm	Art	Horiz.-Kreis Abl.	Horiz.-Kreis Schätz.	Vert.-Kreis Abl.	Vert.-Kreis Schätz.	
1	2	3	4	5	6	7	8	9	10	11	12
(1) Theodolite niederer Genauigkeit							gon · 10^{-2}				
Breithaupt, Kassel	Tekat	18	30	65	47	Skalenmikr.	5	0,5	5	1	
Ertel, München	BTU	24	30	80	60	Strichmikr.	10	1	10	1	
Fennel, Kassel	FTS	19	25	80	60	Skalenmikr.	2	0,5	5	1	
Jenoptik, Jena	Theo 080	16	32	61	61	Strichmikr.	10	1	10	1	
Kern, Aarau	KO-S	19	24	79	69	Skalenmikr.	10	1	10	1	
Wild, Heerbrugg	T 05	19	25	67	50	Strichmikr.	10	1	10	1	
(2) Theodolite mittlerer Genauigkeit											
Breithaupt, Kassel	TEAUT	28	40	78	50	opt. Mikrom.	1	0,1	1	0,1	AH
Fennel, Kassel	FT 1 A	30	40	90	70	Skalenmikr.	1	0,2	1	0,2	AH
Jenoptik, Jena	015 B	30	40	86	86	opt. Mikrom.	0,2	0,1	0,2	0,1	AH
Kern, Aarau	K 1 S	30	45	89	70	Skalenmikr.	1	0,2	1	0,2	AH
Kern, Aarau	K 1 M	30	45	89	70	opt. Mikrom.	0,2	0,1	0,2	0,1	AH, KF

* Zahlenangaben nach Firmenprospekten ** Weitere Informationen findet man in (*Deumlich* 1980, *Schlemmer* 1985)

1	2	3	4	5	6	7	8	9	10	11	12
noch (2) Theodolite mittlerer Genauigkeit							gon · 10^{-2}				
Kern, Aarau	DKM 1	20	30	50	50	Koinzm. m. Mikr.	0,1	0,05	0,1	0,05	
Nikon, Japan	NT-2 A	30	45	84	84	Skalenmikr.	0,5	0,05	0,5	0,05	AH
Nikon, Japan	NT-2 C	30	45	84	84	Skalenmikr.	0,5	0,05	0,5	0,05	AH
Sokkisha, Japan	TS 6	30	45	95	85	Skalenmikr.	1	0,1	1	0,1	AH
Sokkisha, Japan	TM 20 E	30	40	80	70	Opt. Mikrom.	0,5	0,1	0,5	0,1	AH
Wild, Heerbrugg	T 1	28	40	73	65	Strichmikr. mit Mikrom.	0,2	0,1	0,2	0,1	AH
Wild, Heerbrugg	T 16	28	40	79	79	Skalenmikr.	1	0,1	1	0,1	
Zeiss, Oberkochen	Th 4	25	35	98	85	Skalenmikr.	1	0,2	1	0,2	AH, KF
Zeiss, Oberkochen	Th 42	30	40	98	85	Skalenmikr.	1	0,2	1	0,2	AH, KF
(3) Theodolite hoher Genauigkeit							gon · 10^{-4}				
Jenoptik, Jena	010 B	30	40	86	86	Koinz. Mikrom.	1		1		AH
Kern, Aarau	DKM 2 A	32	45	80	74	Koinz. Mikrom.	1	0,5	1	0,5	AH, KF
Nikon, Japan	NT-5	30	45	94	74	Koinz. Mikrom.	1''		1''		AH
Sokkisha, Japan	TM 1 A	30	40	94	80	Koinz. Mikrom.	1		1		AH
Wild, Heerbrugg	T 2	30	40	90	70	Koinz. Mikrom.	1		1		AH
Zeiss, Oberkochen	Th 2	30	40	100	85	Koinz. Mikrom.	1		1		AH, KF
(4) Theodolite höchster Genauigkeit							gon · 10^{-4}				
Jenoptik, Jena	Theo 002	38-75	65	250	200	Koinz. Mikr.	0,2''		0,2''		gebr. Fernrohr
Kern, Aarau	DKM 3	27, 45	72	100	100	Koinz. Mikr.	0,5	0,1	0,5	0,1	Spiegell. DK; KF
Kern. Aarau	DKM 3 A	27, 75	72	100	100	Reg. Mikrom.	0,5''	0,1''	0,5''	0,1''	Astron-Variante des DKM 3
MOM, Budapest	Te-B 23	30	45	93	60	mit Mikrom.	1''		1''		
Wild, Heerbrugg	T 3	24-40	60	135	90	mit Mikrom.	1	0,5	1	0,5	AH; KF
Wild, Heerbrugg	T 4	60-80	70	240	135	mit Mikrom.	0,1''		0,2''		gebr. Fernrohr

1.4 Elektronische Theodolite

1.4.1 Vorrichtungen für die elektronische Kreisabtastung

Vom mechanischen Aufbau her weisen die Winkelmeßsysteme in den herkömmlichen und elektronischen Theodoliten weitgehende Ähnlichkeit auf. Grundbaustein ist in beiden Instrumentengruppen ein Teilkreis mit einer oder zwei auf eine Achse zentrierten Teilungen. Für die Teilung lassen sich Teilstriche oder andere Muster wie z.B. sinusförmig begrenzte Spuren verwenden (Abb. 1.9).

Die Ablesemikroskope sind durch Abtastsysteme ersetzt, die in der Regel mit optoelektronischen Bausteinen arbeiten. Bei den Abtastvorgängen kommen Code- und Inkrementalverfahren zum Einsatz. Diese Verfahren liefern die gemessenen Größen in Form von Dualzahlen, die von einem Rechner verarbeitet und auf einen elektronischen Speicher gegeben werden können. Über einen Codewandler und eine Ziffernanzeigeeinheit lassen sie sich dezimal anzeigen.

Für Dualzahlen benötigt man zwei Symbole, wie z.B.: die Ziffern 0 und 1, ein helles und ein dunkles Feld (Abb. 1.36, 1.37). Meßgeräte stellen sie mit Hilfe zweier Zustände dar, wie: Spannung und Nullspannung, Strom und Nullstrom . . .

	2^3	2^2	2^1	2^0
0	0	0	0	0
1	0	0	0	1
2	0	0	1	0
3	0	0	1	1
4	0	1	0	0
5	0	1	0	1
6	0	1	1	0
7	0	1	1	1
8	1	0	0	0
9	1	0	0	1
10	1	0	1	0
11	1	0	1	1
12	1	1	0	0
13	1	1	0	1
14	1	1	1	0
15	1	1	1	1

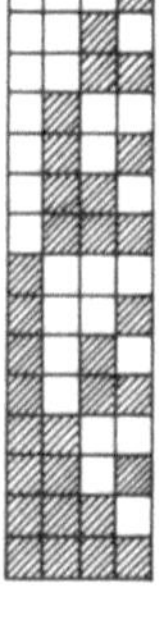

Abb. 1.36. Dual-Code

	2^1	2^2	2^1	2^0
0	0	0	0	0
1	0	0	0	1
2	0	0	1	0
3	0	0	1	1
4	0	1	0	0
5	0	1	0	1
6	0	1	1	0
7	0	1	1	1
8	1	1	1	0
9	1	1	1	1

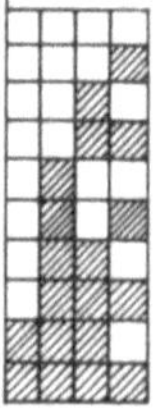

Abb. 1.37. 1-2-4-2 Code

Für den Verkehr mit dem Menschen benötigt man das Ergebnis wegen der größeren Anschaulichkeit in Form von Dezimalzahlen. Dual-und Dezimalzahlen lassen sich einander über einen Code zuordnen. Je nach Verwendung der Meßgeräte sind unterschiedliche Codes gebräuchlich. Der einfachste Code ist der Dual-Code (Abb. 1.36). Wie Abb. 1.36 zeigt, lassen sich mit vier Dualstellen, deren Wertigkeiten je einer Potenz von 2 entsprechen, 16 Dezimalzahlen darstellen. Für elektronische Zählvorgänge hat der 1-2-4-2 Code (Abb. 1.37) Vorteile. Die instrumentelle Arbeitsweise bei Zählvorgängen ist u.a. bei *Borucki/Dittmann* 1971 und *Kahmen* 1986 beschrieben.

1.4.2 Steuerung und Überwachung elektronischer geodätischer Meßgeräte

Zentrale Einheit für die Steuerung und Überwachung neuerer geodätischer Meßgeräte ist ein Mikroprozessor bzw. Prozeßrechner. Ihre Arbeitsweise bestimmt auch die der Meßgeräte. Um die Funktionsabläufe der Meßgeräte besser erläutern zu können, soll daher zunächst kurz auf die Funktionen eines Mikroprozessors und Prozeßrechners eingegangen werden.

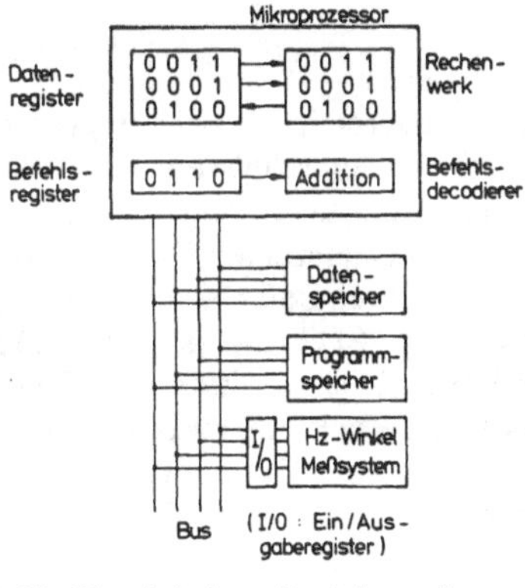

Abb. 1.38. Vereinfachtes Funktionsschema eines Mikroprozessors

Ein Mikroprozessor besteht im wesentlichen aus Zwischenspeichern, dem Datenregister und dem Befehlsregister, der arithmetisch logischen Einheit (dem Rechenwerk) und dem Steuerwerk (Befehlsdecodierer), Abb. 1.38. Die Daten und Befehle können heute durchschnittlich mit einer Taktfolge von einer Mikrosekunde (1000000 Wörter/s) vom Mikroprozessor aufgenommen und verarbeitet werden.

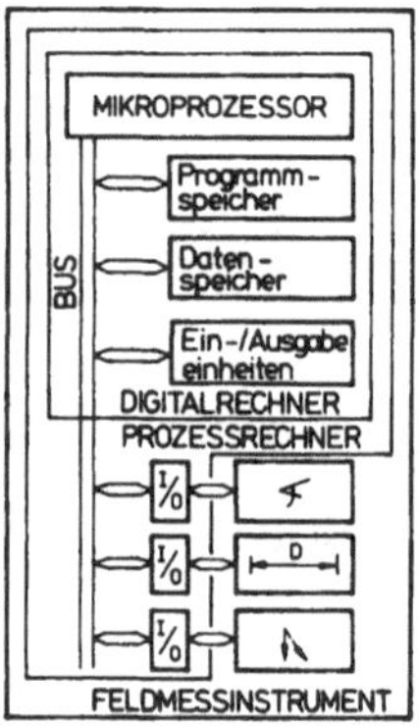

Abb. 1.39. Vereinfachtes Funktionsschema eines prozeßrechnergesteuerten Meßgerätes

Daten und Befehle werden zunächst in Zwischenregistern zwischengespeichert. Das Steuerwerk entschlüsselt die in das Befehlsregister gerufenen Befehle und übernimmt je nach Bedeutung der Befehle die Steuerung der einzelnen Einheiten des Mikroprozessors, z. B. bei arithmetischen Befehlen die Verknüpfung der Daten des Datenregisters im Rechenwerk. Abb. 1.38 verdeutlicht den Vorgang am Beispiel der Addition. Die Ergebnisse werden anschließend wieder in Registern zwischengespeichert und nach einem weiteren Takt über den Datenbus beispielsweise in den Datenspeicher gespeichert. Bei Ein-/Ausgabebefehlen übernimmt das Steuerwerk die Übertragung der Daten zwischen Zwischenspeicher und Ein-/Ausgaberegistern. Über die Ein-/

Ausgaberegister werden Daten an periphere Module (Winkelmeßsysteme, Distanzmesser, Richtungsfühler für die Überprüfung der Stehachse) weitergegeben, oder es werden von dort Informationen eingeholt. Durch Ein-/Ausgabebefehle werden jedoch nicht nur Meßwerte übertragen, sondern auch logische Informationen, die den Meßablauf der einzelnen Meßsysteme steuern.

Aus der Kombination von Mikroprozessor, Speicher und Ein-/Ausgabeeinheiten entsteht ein Digitalrechner (bzw. Mikrocomputer). Abb. 1.39 verdeutlicht an einem Beispiel, wie die peripheren Rechnermodule – Speicher Ein-/Ausgabeinheiten – über einen BUS mit dem Mikroprozessor verbunden werden können. Ein BUS ist eine vieladrige Verbindungsleitung, auf der sich Informationen übertragen lassen. Das Strukturdiagramm zeigt außerdem am Beispiel eines geodätischen Feldmeßinstrumentes, wie zusätzliche periphere Einheiten – das Horizontal- und Vertikalwinkelmeßsystem, das Streckenmeßsystem und ein Richtungsfühler für die Überprüfung der Stehachsenrichtung – über den BUS mit dem Mikrocomputer verbunden werden können. Auf diese Weise ist der Digitalrechner unmittelbar mit dem Prozeß gekoppelt und erfüllt zusätzlich wesentliche Funktionen eines Prozeßrechners.

Der Begriff Prozeßrechner wird heute vorzugsweise auf frei programmierbare Digitalrechner einer bestimmten Bauform angewendet, die sich unmittelbar an einen Prozeß (z. B. Meßprozeß) koppeln lassen und die Prozeßdaten in Echtzeit (real-time) verarbeiten können. Ein weiteres typisches Merkmal der Prozeßrechner ist die Möglichkeit der Vorrangunterbrechung, wodurch der Programmablauf in eine bestimmte Richtung beeinflußt werden kann.

Prozeßrechner haben in neueren geodätischen Instrumenten die Aufgaben übernommen, den gesamten Meßvorgang sowie die Daten-Ein- und Ausgabe zu steuern und zu kontrollieren, Korrekturwerte zu ermitteln und schon im Feld aus den Meßwerten bestimmte gewünschte Parameter (Horizontaldistanz, Höhenunterschied, ...) zu berechnen (*Kahmen* 1986).

1.4.3 Analog-Digital-Wandlung der Winkel

Die gemessenen Winkel liegen zunächst als analoge Größen vor. Ein Analog-Digital-Wandler stellt sie in Form binärer Zahlen dar, damit sie der zuvor beschriebene Prozeßrechner verarbeiten kann.

Die Analog-Digital-Wandlung der Winkel erfolgt nach dem Code- oder Inkrementalverfahren. *Codeverfahren* nutzen codierte Teilkreise, durch die jedem Teilstrich eindeutig ein codiertes Ausgangssignal zugeordnet wird (Abb. 1.9, 1.40). Neuere Instrumente arbeiten mit elektrooptischen Abtastsystemen.

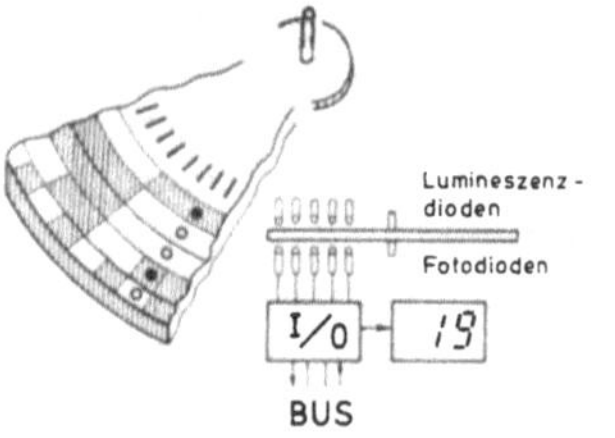

Abb. 1.40. Prinzip der Winkelabtastung mit codierten Teilkreisen

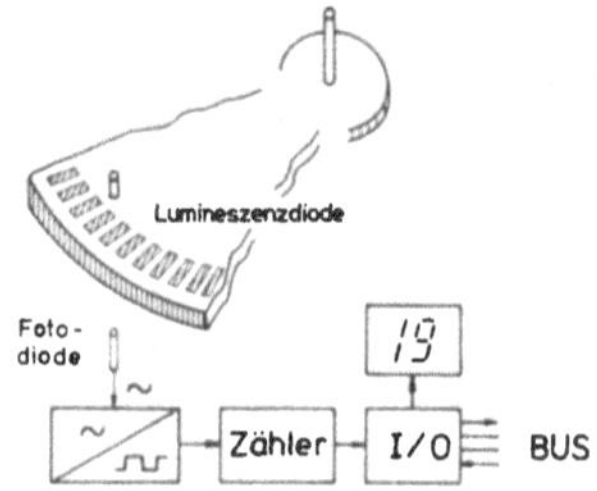

Abb. 1.41. Prinzip der Winkelabtastung nach dem Inkrementalverfahren

Abb. 1.40 zeigt eine mögliche technische Lösung. Die Codespuren bestehen aus durchleuchtbaren und nicht durchleuchtbaren Feldern. Oberhalb jeder Spur ist eine Lumineszenzdiode angeordnet, die infrarot strahlt. Unterhalb der Lumineszenzdioden befinden sich Fotodioden, die Lichtsignale in elektrische Signale umwandeln [2.1.6]. Je nachdem, ob sich jetzt vor den Fotodioden ein durchsichtiges oder ein nicht durchsichtiges Feld befindet, erzeugen sie eine Spannung oder ein Nullsignal. Die so einem jeden Teilstrich zugeordnete Dualzahl gelangt über ein Leitungssystem (BUS) zum Rechner und Speicher. Bevor sie dezimal angezeigt wird, muß der Rechner sie noch weiter aufbereiten. Mit der Codescheibe der Abb. 1.9 b) lassen sich z. B. Intervalle von 0,25 gon auflösen.

Inkrementalverfahren nutzen Teilkreise mit radialen Strichrastern, die eine stets wachsende Folge von Hell-Dunkel-Feldern (Inkrementen) darstellen (Abb. 1.41). Man bezeichnet die Felder auch als Ja-Nein-Elemente. Mit diesem Verfahren kann der Beobachter keine absoluten Richtungen bestimmen; es lassen sich nur Richtungsänderungen messen, indem die von einem Abtastsystem überstrichene Anzahl von Hell-Dunkel-Feldern gezählt wird. In neueren Instrumenten verwendet man elektrooptische Abtastsysteme. Die Ja-Nein-Elemente können dann aus durchleuchtbaren und nicht durchleuchtbaren Feldern bestehen. Befindet sich z. B. – wie in Abb. 1.41 – oberhalb des Rasters eine Lumineszenzdiode, so strahlt diese unterhalb des Rasters verschieden stark, je nachdem ob sie sich ganz, teilweise oder nicht über einem durchleuchtbaren Feld befindet. Bewegt sich der Teilkreis relativ zu der Diode, so erfährt ihre Strahlung eine näherungsweise sinusförmige Intensitätsmodulation. Jedes Ja-Nein-Element erzeugt eine Periode eines solchen Sinussignals. Die Fotodiode (oder ein Fototransistor) unterhalb des Kreises und der Lumineszenzdiode erzeugt aus dem Lichtsignal ein elektrisches Sinussignal. Ein weiterer elektronischer Baustein wandelt das Sinussignal in ein Rechtecksignal um. Der Zähler zählt die Anzahl der bei einer Drehung erzeugten Signalperioden. Das Zählergebnis gelangt über einen Bus zum Rechner und Speicher und läßt sich nach weiterem Aufbereiten dezimal anzeigen.

Bei sehr feinen Rastern bereitet es Schwierigkeiten, die an einem Abtastsystem vorbeiwandernden Striche einzeln zu erfassen. Fehlertheoretisch ist es günstiger, die Intensitätsmodulation mit einer Gruppe von Teilstrichen zu erzeugen. In elektronischen Theodoliten gibt es für diesen Mittelungsvorgang unterschiedliche Lösungswege.

Für Teilkreise mit Durchmessern von 70 . . . 100 mm lassen sich Raster von 25000 Strichen herstellen. Die kleinste Zähleinheit entspricht dann bei einfachen Abtastsystemen 0,016 gon.

In den zuvor beschriebenen Anordnungen liefern die Winkelmeßsysteme eine Genauigkeit, die im allgemeinen für geodätische Aufgabenstellungen nicht ausreicht. Bei Teilkreisdurchmessern von 70 ... 100 mm läßt sich eine ausreichende Genauigkeit erzielen, wenn zusätzlich

- elektronische Interpolatoren eingesetzt werden
- bei eventuell vorhandenen Teilkreisexzentrizitäten diametral

abgetastet wird (*Kahmen* 1978, 1979, 1986).

1.4.3.1 Elektronische Interpolatoren mittlerer Genauigkeit

Elektronische Theodolite mittlerer Genauigkeit nutzen im allgemeinen für das Abtasten der Teilkreise Inkrementalverfahren. Im einfachsten Fall erzeugt der Abtastkopf beim Drehen der Stütze für je ein Hell-Dunkel-Feld des Teilstrichrasters eine Periode eines elektrischen Sinussignals (Abb. 1.42). Bei der Grobmessung zählt ein elektronischer Zähler die Anzahl der Signalperioden.

Die Länge einer Signalperiode ist 2π, bzw. λ. Allen Schwingungszuständen lassen sich Bruchteile von 2π, Phasenwinkel φ_1, φ_2, φ_3 ... zuordnen. Diese Phasenwinkel sind ein Maß für die Feinmessung. Bei einfachen Abtastsystemen kann ein zugeschalteter elektronischer Interpolator innerhalb einer Signalperiode 8 Signalabschnitte durch unterschiedlich große Phasenwinkel voneinander unterscheiden (Abb. 1.42). Durch diese Interpolation im Verhältnis 1 : 8 wird bei einem Strichraster von 25000 Inkrementen eine Richtungsauflösung von 0,002 gon erzielt (Beispiel: Elta 46, *Zeiss*).

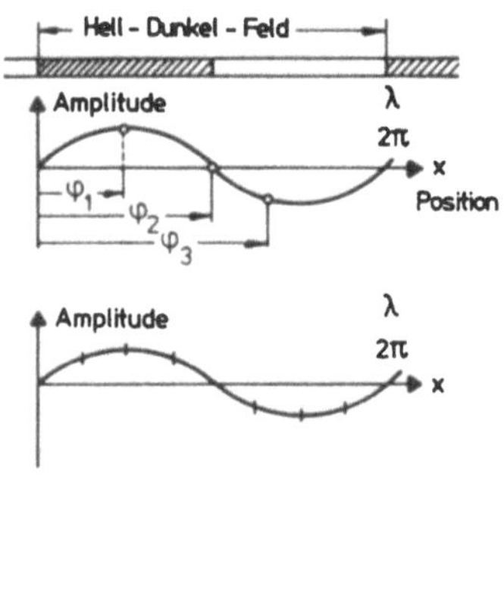

Abb. 1.42. Darstellung der Grob- und Feinmessung bei der Winkelabtastung

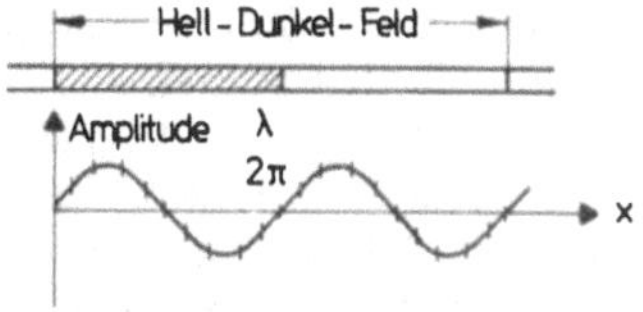

Abb. 1.43. Interpolator 1:16

Über spezielle Abbildungsverfahren lassen sich zwei Signalperioden für ein Hell-Dunkel-Feld erzeugen (Abb. 1.43). Unterscheidet der elektronische Interpolator innerhalb einer Periode 10 verschiedene Schwingungszustände durch Zuordnen von Phasenwinkeln, so läßt sich ein Hell-Dunkel-Feld im Verhältnis 1:20 unterteilen. Bei einem Raster von 20000 Strichen ist jetzt eine Richtungsauflösung von 0,001 gon gegeben (Beispiel: Theodolit E 1, *Kern*).

Eine noch weiterreichende Unterteilung in Zählschritte ist gegeben, wenn zwei diametral angeordnete Abtastsysteme je ein Hell-Dunkel-Feld in 16 Abschnitte unterteilen. Die Anzahl der Teilungsintervalle ist jetzt um den Faktor 32 vergrößert, wenn die Nulldurchgänge beider Signale um $^1/_{32}$ einer Signalperiode gegeneinander verschoben sind. Diese Anordnung ermöglicht schon bei einem Strichraster von 12500 Inkrementen eine Richtungsauflösung von 0,001 gon (Beispiel: Tachymat TC1, *Wild*).

Die Steuerung der Meßvorgänge sowie das Bilden des endgültigen Ergebnisses besorgt ein Mikroprozessor.

1.4.3.2 Elektronische Interpolatoren hoher Genauigkeit

Elektronische Theodolite hoher Genauigkeit nutzen für die Grobabtastung das Inkremental- oder Codeverfahren. Bei der Feinabtastung kann man im wesentlichen zwischen Koinzidenzverfahren, Verfahren mit mathematischer Interpolation und Phasenvergleichsverfahren unterscheiden.

Die *Koinzidenzverfahren* werden z.B. beim Tachymeter Elta 2 (*Zeiss*) angewendet. Sie beruhen auf den in Abb. 1.29 und 1.30 dargestellten Prinzipien. Das Verfahren der Abb. 1.29 dient der Vertikalwinkelmessung, das der Abb. 1.30 der Horizontalwinkelmessung. Die Positionen der Teilstriche (Abb. 1.9 b)) werden allerdings durch Abtasten von Codespuren bestimmt [1.4.3]. Symmetrische Koinzidenz der Teilstriche stellt ein optoelektronisches Meßsystem fest. Eine Unterteilung jedes Teilungsintervalls in mehr als 1000 Schritte ist möglich. Die Ergebnisse der Grob- und Feinmessung gelangen über ein Leitungssystem zu einem geräteinternen Mikroprozessor, der die Teilergebnisse zum endgültigen Ergebnis zusammensetzt.

Die Feinmessung kann auch durch *mathematische Interpolation* erfolgen. Der Theodolit E2 der Firma *Kern* arbeiten z.B. nach diesem Prinzip*. Diese Verfahren basieren auf inkrementaler Winkelmessung. Für die Richtungsmessung bildet man mit einer Lichtquelle einen Ausschnitt von Teilstrichen (z.B. ca. 200 Striche) gegenläufig auf einen entsprechenden diametral gegenüberliegenden ab (Abb. 1.44a). Da die Abbildung mit einem Vergrößerungsfaktor von 1,005 erfolgt, bildet sich ein Moiré-Muster mit sinusartiger Hell-Dunkel-Variation (Abb. 1.44b). Dreht man die Stütze des Theodolits, so wird folglich die Strahlung der Lichtquelle sinusförmig moduliert; pro Hell-Dunkel-Feld entstehen wegen der Gegenläufigkeit der Abbildung zwei

a. b.

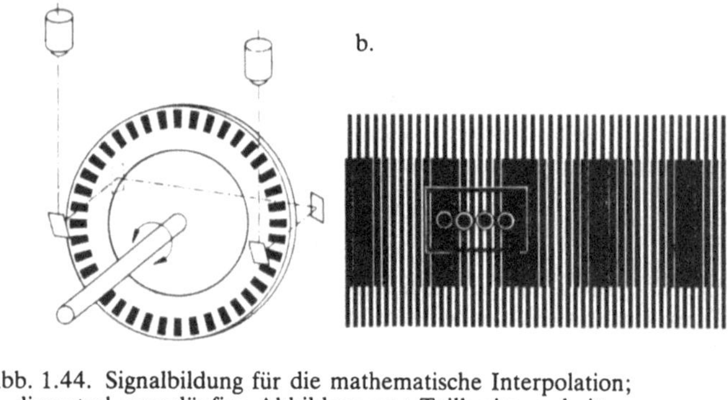

Abb. 1.44. Signalbildung für die mathematische Interpolation;
a. diametral gegenläufige Abbildung von Teilkreisausschnitten,
b. Abtastung von vier phasenverschobenen Signalen

* Auch der Theodolit E1 (*Kern*) verwendet dieses Prinzip, allerdings mit geringerer Auflösung; vgl. [1.4.3.1].

Signalperioden. Das Moiré-Muster wird noch optisch zweifach nachvergrößert und auf ein System von vier Fotodioden abgebildet, die gleichmäßig über eine Moiré-Periode verteilt sind. Beim Drehen der Stütze erzeugen die Fotodioden vier um 90° gegeneinander verschobene elektrische Signale (Abb. 1.45).

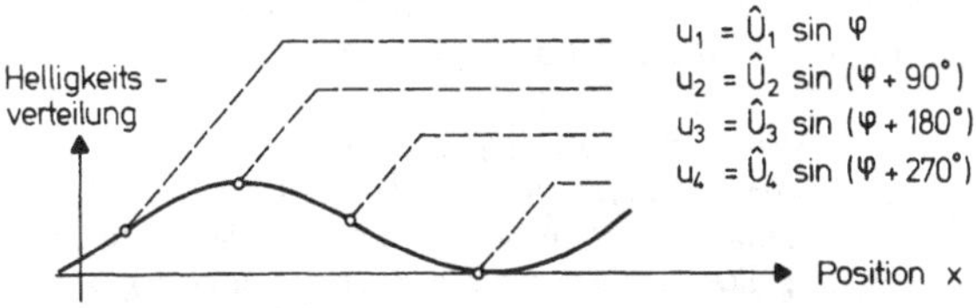

Abb. 1.45. Signalwandlung zur mathematischen Interpolation

Für die Grobmessung wird die Anzahl der beim Drehen der Stütze erzeugten Moiré-Perioden gezählt. Bei der Feinmessung ermittelt man den Phasenwinkel, d.h. die Lage des Diodensystems innerhalb der abgebildeten Moiré-Periode durch folgende Signalauswertung:

$$u_1 - u_3 = \hat{U}_1 \sin\varphi - \hat{U}_3 \sin(\varphi + 180°) = (\hat{U}_1 + \hat{U}_3)\sin\varphi$$
$$u_2 - u_4 = \hat{U}_2 \sin\varphi - \hat{U}_4 \sin(\varphi + 270°) = (\hat{U}_2 + \hat{U}_4)\cos\varphi.$$

Die Amplituden werden abgeglichen, so daß gilt:

$$\hat{U}_1 = \hat{U}_2 = \hat{U}_3 = \hat{U}_4.$$

Den Phasenwinkel φ berechnet dann der Mikroprozessor des Theodolits nach:

$$\tan\varphi = \frac{(\hat{U}_l + \hat{U}_3)\sin\varphi}{(\hat{U}_2 + \hat{U}_4)\cos\varphi},$$
$$\varphi = \operatorname{arc}\tan\varphi.$$

Eine Signalperiode kann auf diese Weise in etwa 100 Schritte aufgeteilt werden. Es muß noch geprüft werden, in welchem Quadranten φ liegt. Dies läßt sich eindeutig mit dem Vorzeichen des cos-Signals festlegen. Die Theodolite E1 und E2 (*Kern*) haben

Glaskreise mit 20000 Strichen. Aufgrund der gegenläufigen diametralen Abbildung entstehen bei einer vollen Umdrehung der Stütze 40000 Signalperioden. Folglich werden bei der Grobmessung Richtungen mit einer Genauigkeit von 0,01 gon aufgelöst. Da der Interpolator des E2 eine Signalperiode im Verhältnis 1:100 auflöst, können Richtungen insgesamt mit einer Genauigkeit von 0,1 mgon aufgelöst werden. (Der Interpolator des E1 löst eine Periode im Verhältnis 1:10 auf vgl. [1.4.3.1].)

Die Orientierung des Vertikalkreises erfolgt bei den Theodoliten E1 und E2 mit einer gerätefesten und einer mit dem Vertikalkreis beweglichen Strichmaske. Der operationelle Ablauf ist sehr einfach: man braucht nur das Fernrohr ohne spezielles Zielen durch den Horizont zu bewegen. Die Orientierung des Horizontalkreises erfolgt durch Nulltastung oder mechanisches Verstellen des Teilkreises. Außerdem ist die softwaregesteuerte Orientierung möglich, z.B. im Rahmen der freien Stationierung [vgl. 5.7]. Auswirkungen restlicher Steachsneigung erfolgt bei dem Theodolit E1 durch einen einachsigen, beim Theodolit E2 durch einen zweiachsigen elektronischen Kompensator. [1.2.2.4]. Die Kompensatoren befinden sich außerhalb des Strahlenganges der Abtasteinrichtung und können daher ausgeschaltet werden.

Die *Phasenvergleichsverfahren* beruhen auf inkrementellen Verfahren, bei denen die Teilschritte innerhalb einer Signalperiode durch einen Phasenvergleich entstehen. Der Theodolit Theomat T 2000 (*Wild*) arbeitet z.B. nach diesem Prinzip. Die Winkelabtastsysteme bestehen je aus einem sich drehenden Glaskreis, zwei diametral angeordneten (um 180° auseinanderliegenden) feststehenden Lichtschranken L_s und zwei diametral angeordneten sich mit der Stütze des Theodolits drehenden Lichtschranken L_R. Auf den Kreis sind gleichabständige Teilstriche aufgeprägt. Der Einfachheit halber soll zunächst ein Abtastsystem mit nur einer beweglichen und einer festen Lichtschranke betrachtet werden (Abb. 1.46). Die Lichtschranke L_s repräsentiert die Nullrichtung der „Kreisorientierung". Ein von dieser Nullrichtung und der zweiten Lichtschranke L_R eingeschlossener Winkel entspricht der an einem Display angezeigten Richtung.

Wesentliche Bestandteile einer Lichtschranke sind eine Sende- und eine Empfangsdiode. Bei der Drehung des Teilkreises wird

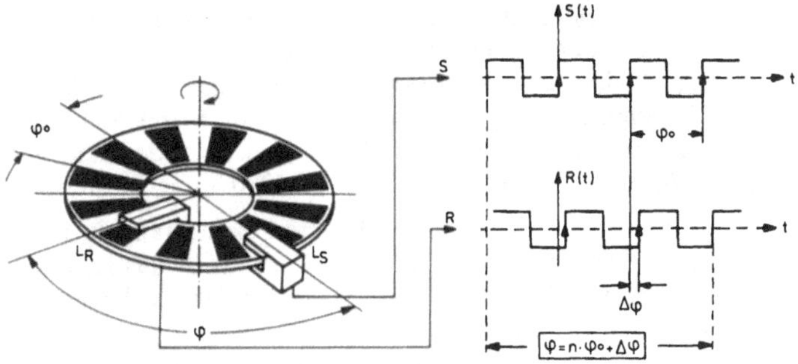

Abb. 1.46. Feinabtastung von Teilkreisen mit einem Phasenvergleichsverfahren (*Wild* Theomat T 2000)

das Licht der Sendediode sinusförmig moduliert [1.4.3]. In der Empfangsdiode entsteht aus dem Lichtsignal ein elektrisches Signal. Dieses analoge Signal wird zur weiteren Verarbeitung in ein Rechtecksignal umgewandelt. Der Winkel φ ist dann durch die Phasendifferenz

$$\varphi = n \cdot \varphi_0 + \Delta\varphi$$

beider Signale gegeben. Die Richtungsmessung erfolgt in zwei Schritten: bei der Grobmessung wird die ganze Anzahl n der Signalperioden $\varphi_0 = 2\pi$ bestimmt und bei der Feinmessung die Phasendifferenz zwischen zwei ansteigenden Flanken beider Signale.

Ein spezieller Mikroprozessor (Winkelprozessor) steuert die Grob- und Feinmessung. Er veranlaßt, daß der Teilkreis in Rotation versetzt wird und löst nach erreichter Solldrehzahl die Grob- und Feinmessung aus. Für die Grobmessung enthält die Teilung spezielle Referenzmarken. Sobald eine Lichtschranke eine Referenzmarke erkennt, beginnt ein Zähler die Signalperioden zu zählen. Die zweite Referenzmarke stoppt den Vorgang. Zur Kontrolle werden zwei Grobmessungen gemacht. Für die Feinmessung werden 512 Phasenvergleichsmessungen ausgeführt. Jeder zweite

Teilstrich ist an der Feinmessung beteiligt. Nach jeder Elementarmessung wird auf die diametral gegenüberliegenden Lichtschranken umgeschaltet. Die Feinmessung ist das arithmetrische Mittel aller Elementarmessungen und damit praktisch frei von Teilstrich- und Exzentrizitätsfehlern. Eine Signalperiode kann mit diesem Verfahren etwa im Verhältnis 1:4000 aufgelöst werden.

Hat der Winkelprozessor die Grob- und Feinmessung zu einer vollständigen Messung kombiniert, so überträgt er das Ergebnis an einen Zentralprozessor. Von dort aus werden die Daten zur Anzeige gebracht oder abgespeichert.

Bei dem Theodalit T 2000 (*Wild*) haben die Teilkreise 1024 Striche, wodurch eine Auflösung von ca. 0,4 gon erzielt wird. Der Interpolator löst die Signalperioden etwa im Verhältnis 1:4000 auf. Die Richtungsauflösung beträgt dann etwa 0,1 mgon. Um die V-Winkelmessung wegen restlicher Stehachsschiefe zu korrigieren, werden die Lichtwege der V-Kreis Lichtschranken über einen Flüssigkeitskompensator geleitet.

Mit elektronischen Interpolatoren hoher Genauigkeit lassen sich Richtungen mit einer Genauigkeit von 0,1 . . . 0,2 mgon auflösen.

1.4.4 Klassifizierung der elektronischen Theodolite

Im Hinblick auf die Genauigkeit kann man – ähnlich wie bei den optischen Theodoliten – zwischen Instrumenten mittlerer und hoher Genauigkeit unterscheiden. Die Instrumente hoher Genauigkeit lösen Richtungen mit einer Genauigkeit von 0,1–0,2 mgon auf, die Instrumente mittlerer Genauigkeit mit einer Genauigkeit von 1–2 mgon.

Die elektronischen Theodolite werden in der Regel in Kombination mit elektronischen Distanzmessern eingesetzt; sie sind dann eine Komponente eines elektronischen Tachymeters. Weitere Einzelheiten und technische Angaben werden daher in [3] behandelt.

1.5 Horizontieren und Zentrieren der Meßgeräte

Die Verlängerung der Drehachse eines Theodolits oder Entfernungsmessers soll parallel zur Lotrichtung durch das Zentrum der Bodenmarke verlaufen. Nur wenn diese Bedingungen erfüllt sind, mißt man die in [1.1] definierten Richtungen, Horizontal- und Vertikalwinkel und die in [2] definierten Distanzen. Das *Ausrichten der Meßgeräte* erfolgt durch Horizontieren und Zentrieren. Zum Horizontieren benutzt man Libellen [Band I, 51], zentriert wird durch seitliches Verschieben (Abb. 1.47).

Je nach Genauigkeitsanforderung stellt man die Verbindung zwischen dem Endpunkt der Drehachse und der Bodenmarke mit einem Schnurlot, einem starren Lot oder einem optischen Lot her.

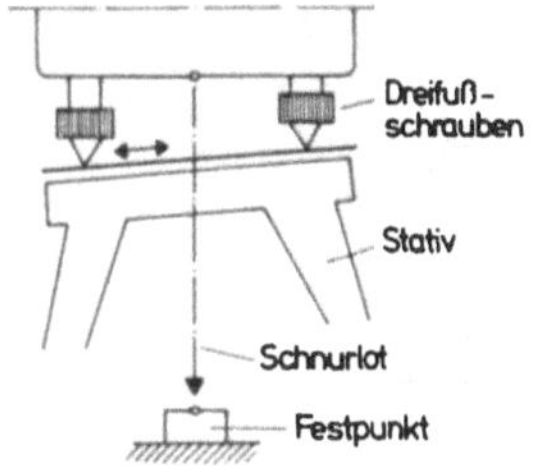

Abb. 1.47. Zentrieren eines Dreifußes durch seitliches Verschieben

1.5.1 Horizontieren und Zentrieren mit einem Schnurlot

Das Schnurlot verwendet man bei einfachen Feldmessungen. Der Beobachter befestigt die Schnur an einem Punkt, der in der Verlängerung der Drehachse des Meßgerätes liegt. Der Dreifuß wird zunächst durch Verschieben zentriert und anschließend – z. B. mit der Röhrenlibelle eines aufgesetzten Theodolits – horizontiert.

Wie die Abb. 1.48 zeigt, bringt man die Libelle zunächst parallel zu den Dreifußschrauben *A* und *B* durch gegenläufiges Drehen der Fußschrauben zum Einspielen. Anschließend wird sie um 100 gon gedreht und erneut in der Fußschraube *C* zum Einspielen gebracht. Zur Kontrolle wiederhole man den ersten Vorgang.

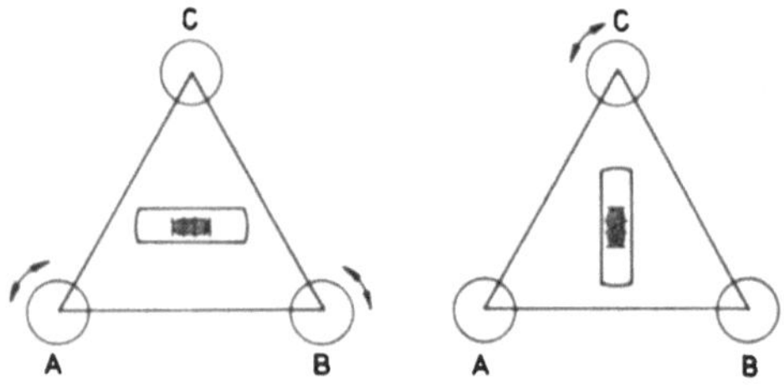

Abb. 1.48. Horizontieren eines Dreifußes

Beim Verstellen der Dreifußschrauben treten Zentrierfehler auf; deren Größenordnung läßt sich nach Abb. 1.49 folgendermaßen abschätzen:

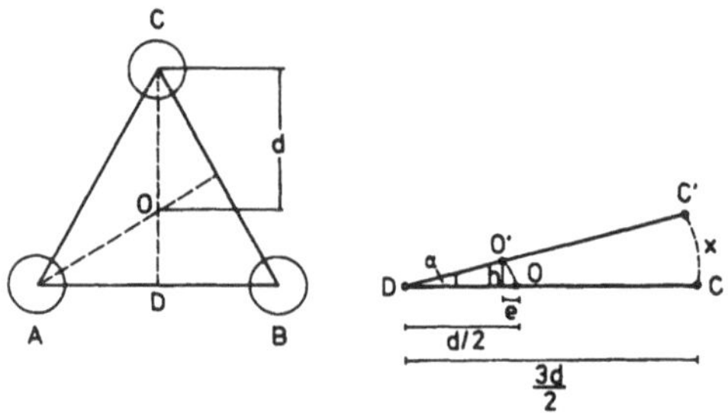

Abb. 1.49. Abschätzen der beim Horizontieren auftretenden Zentrierfehler

Wird die Dreifußschraube C gedreht, so wandert der Punkt 0 – der in der Verlängerung der Stehachse liegt – nicht vertikal, sondern auf einem Bogen. Dabei entsteht der Zentrierfehler e.

$$e = \frac{d}{2} - \frac{d}{2}\cos\alpha = \frac{d}{2}(1 - \cos\alpha)$$

$$e = \frac{d}{2}\left(1 - 1 + \frac{\alpha^2}{2!} - \ldots\right) = \frac{d}{2} \cdot \frac{\alpha^2}{2!}.$$

Da

$$\alpha = \frac{2x}{3d}$$

gilt

$$e = \frac{x^2}{9d}$$

Zahlenbeispiel:

$x = 10$ mm, $d = 50$ mm
$e = 0{,}2$ mm

Die Zentrierung gelingt mit einem Schnurlot, falls der Bodenpunkt scharf bezeichnet ist, bei Windstille auf ± 3 . . . 5 mm. Der Zentrierfehler e ist daher normalerweise vernachlässigbar.

1.5.2 Horizontieren und Zentrieren mit einem starren Lot

Für genaueres Messen empfiehlt sich – vor allem bei Wind – ein starres Lot, ein ausziehbares, am unteren Ende mit einer Spitze versehenes Leichtmetallrohr. Eine Konstruktion zeigt Abb. 1.50. Der Beobachter braucht den Stativteller (3) nur grob zu horizontieren. Den Zentrierstock (6) stellt er mit seiner Spitze über dem Zentrum der Bodenmarke auf. Dieser trägt an seinem oberen Ende einen rechtwinklig angeordneten Instrumenten-Aufnahmeteller (1), der auf einem Kugelkopf gleiten kann; der Kugelkopf kann sich relativ zum Stativteller bewegen.

Beim Zentrieren wird der Aufnahmeteller so lange über den Kugelkopf und dieser wiederum über den Stativteller geschoben, bis der Zentrierstock, kontrolliert durch eine Dosenlibelle (5) senkrecht steht. Aufnahmeteller, Kugelkopf und Stativteller lassen sich dann über einen Klemmgriff (4) fest miteinander verbinden. Der Beobachter zentriert und befestigt anschließend Meßinstrument und Dreifuß mit einem Schnellverschlußhebel auf dem Aufnahmeteller (Abb. 1.50). Das Gerät ist mit den Dreifußschrauben normalerweise geringfügig nachzuhorizontieren.

Ist die Dosenlibelle des Zentrierstocks dejustiert, so muß die Blase auf den Spielpunkt gebracht werden, den man durch Drehen des Lotes um 200 gon bestimmt. Die Zentriergenauigkeit mit einem starren Lot liegt bei etwa ± 1 mm.

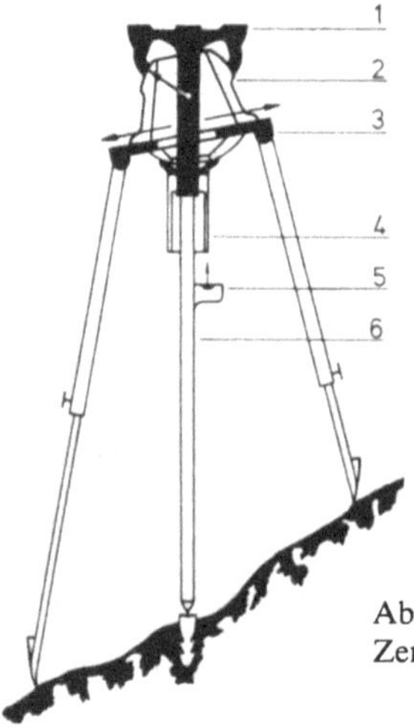

Abb. 1.50. Konstruktionsprinzip eines Zentrierstativs (*Kern*)

1.5.3 Horizontieren und Zentrieren mit einem optischen Lot

In genauere Theodolite sind vielfach optische Lote eingebaut. Ein solches besteht aus einem in die Vertikalachse des Theodolits eingelassenen kleinen Fernrohr, in das der Beobachter über ein Reflexionsprisma von der Seite her einblicken kann (Abb. 1.51).

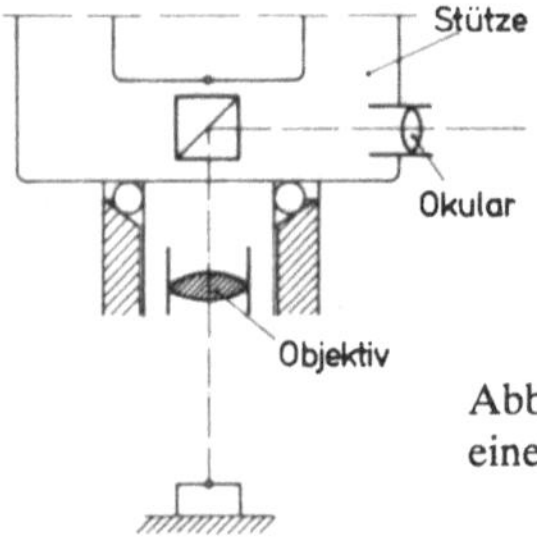

Abb. 1.51. Optisches Lot in der Stütze eines Theodolits

Man stellt das Stativ schon möglichst gut horizontiert und zentriert über der Bodenmarke auf. Anschließend blickt man durch

Abb. 1.52. First- und Bodenlot (*Wild* ZBL) im Dreifuß

das optische Lot und stellt dessen Strichkreuz durch Drehen der Dreifußschrauben auf die Bodenmarke. Danach zentriert man die Dosenlibelle durch Ein- und Ausfahren der Stativbeine, horizontiert mit Fußschrauben und Alhidadenlibelle und korrigiert die Zentrierung, falls notwendig, durch geringes Verschieben des Instrumentes auf dem Stativteller.

Es gibt auch Dreifüße oder Zieltafelträger, die mit einem optischen Lot ausgerüstet sind; außerdem bieten einige Hersteller optische Lote als eigene Instrumenteneinheit an. Es gibt Zenitlote, Nadirlote und kombinierte Geräte (Abb. 1.52). Typische Einsatzmöglichkeiten sind: Zentrieren eines Dreifußes über einem Bodenpunkt oder unter einem Firstpunkt, Lotungen an großen Bauwerken wie Hochhäusern, Hochkaminen, Brücken, Staumauern, ...

Das Zentrieren von Bodenpunkten gelingt mit einfachen optischen Loten bis auf ± 0,5 mm. Selbständige Präzisionsgeräte erreichen Genauigkeiten von ± 0,5 mm/100 m.

Optische Lote sind regelmäßig zu überprüfen; dies gilt insbesondere für optische Lote in Dreifüßen, da man mit diesen nur in einer Lage beobachtet. Mit einem Bleistift zeichnet man hierfür die Umrißlinie der angeklemmten Dreifußgrundplatte auf den Stativteller, bringt die Dosenlibelle zum Einspielen und markiert den Lotungspunkt am Boden auf Millimeterpapier. Nach Lösen der Klemmschraube wird der Dreifuß noch zweimal um 120° gedreht, in die Umrißlinie eingepaßt und je der Lotungspunkt markiert. Fallen alle Markierungen zusammen, so ist das Lot richtig justiert; ansonsten justiert man das Strichkreuz auf den Schwerpunkt der drei Lotungspunkte.

1.5.4 Zwangszentrierung

Die Zwangszentrierung garantiert eine gleichbleibende Zentrierung auch in den Fällen, in denen wie z. B. beim Messen eines Polygonzuges Theodolit, Entfernungsmesser, Reflektor und Zieltafel ausgetauscht werden. Der zentrierte Dreifuß bleibt auf einer Station bis zum Abschluß sämtlicher Messungen fest mit dem Stativ verbunden. Unter den Geräten sind ein oder drei Zentrierzapfen. Diese kann man in sehr genau vorgefertigte Passungen des Dreifußes einführen und dort während der Messungen fest verriegeln. Je nach Fabrikat erfolgt die Klemmung über eine seitliche Klemme oder einen zentral gelagerten Drehverschluß. Abb. 1.53 zeigt die Zwangszentrierung mit einem zentralen Zapfen und seitlicher Klemme. Mit dieser Art der Zentrierung sind z. B. Geräte

Abb. 1.53. Zwangszentrierung mit zentralem Flansch und seitlicher Klemme

von *Breithaupt, Jenoptik* und *Zeiss* Oberkochen ausgestattet. Der Zapfen wird mit hoher Genauigkeit in ein V-Lager gedrückt. Die Systeme der Firmen *Wild* und *Kern* z. B. arbeiten mit einer zentralen Verriegelung. Bei der Zwangszentrierung der Firma *Kern* (Abb. 1.54) greifen durch Drehen eines Verschlußhebels drei Klauen eines Zentralverschlusses in die Grundplatte des Instruments und verbinden dieses fest mit dem Aufnahmeteller. In dem System der Firma *Wild* (Abb. 1.55) verriegelt ein zentral gelagerter Drehverschluß die drei Zapfen des Zentrierflansches in der Zentrierbuchse des Dreifußes. Die Genauigkeit der Zentrierung hängt davon ab, wie genau der Zapfen des Zentrierflansches in die Zentrierbuchse paßt.

Die Zwangszentrierung gewährleistet Zentriergenauigkeiten von 0,03 . . . 0,1 mm.

Abb. 1.54. Zwangszentrierung mit Zentralverschluß (*Kern*)

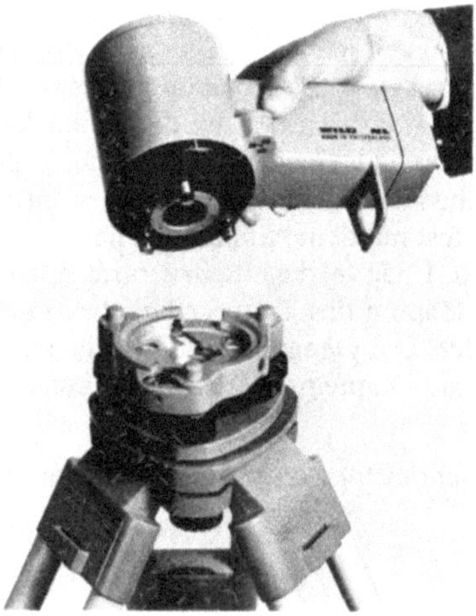

Abb. 1.55. Zwangszentrierung mit zentralem Drehverschluß (*Wild*)

Für die Vermessung dreidimensionaler Präzisionsnetze benötigt man eine Zwangszentrierung mit konstanter Instrumentenhöhe. Diese Forderung wird erfüllt, wenn eine der drei Fußschrauben beim Horizontieren stets

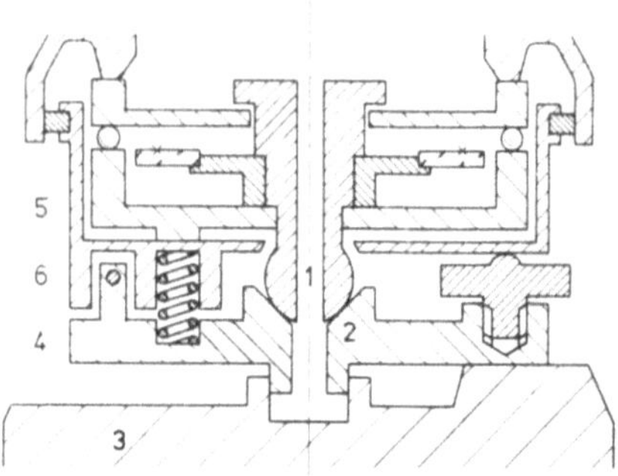

Abb. 1.56. Zwangszentrierung mit konstanter Instrumentenhöhe (1 Kugel, 2 Konus, 3 Auflageplatte mit Vorrichtung für Zwangszentrierung, 4 Bodenplatte des Theodolits, 5 Unterteil, 6 Druckfeder)

unverändert bleibt; da das Horizontieren mit einer festgehaltenen Fußschraube mühsam ist, sind Spezialzentrierungen entwickelt worden. Eine Konstruktion der Firma *Kern* zeigt Abb. 1.56. Damit die Instrumentenhöhe beim Horizontieren unverändert bleibt, ist einer der drei Auflagepunkte in die Stehachse gelegt und gegenüber der Punktversicherung festgehalten.

Die mechanische Lösung ermöglicht ein Gelenk in der Stehachse, das aus einer Kugel im Unterteil und einem Konus in der Bodenplatte des Theodolits besteht. Mit zwei rechtwinklig zueinander angeordneten Fußschrauben kann der Beobachter die Stehachse des Instrumentes um das Zentrum der Kugel kippen. Die azimutale Führung des Unterbaus besorgt eine spezielle Druckfeder (*Aeschlimann*, 1975).

1.6 Untersuchung und Berichtigung des Theodolits

Auch bei sorgfältigster Arbeit gelingt es dem Mechaniker nicht, die mathematische Konstruktionsidee beim Bau des Theodolits voll zu verwirklichen. Die einzelnen Bauteile können ferner durch die Beanspruchung beim Gebrauch, durch Temperatureinwirkungen und dgl. ihre Sollage ein wenig verändern. Beide Tatsachen haben Fehler zur Folge, die entweder durch Justierung beseitigt oder durch die Anordnung der Messung eliminiert werden müssen. Die wichtigsten dieser Fehler sind Achsenfehler, Exzentrizitätsfehler und Teilungsfehler. Eingehende Darstellungen findet man z. B. in (*Jordan/Eggert/Kneißl*, Band II 1963, *Scheel* 1955, *Matthias* 1961, *Soltau* 1961).

1.6.1 Die Achsenfehler

Man unterscheidet beim Theodolit die Vertikal- oder Stehachse VV, die Horizontal- oder Kippachse HH, die Kollimations- oder Zielachse ZZ; dazu kommen noch die Achsen der Libellen.

Sollen Horizontalwinkel gemessen werden, so muß die Zielachse sich beim Kippen des Fernrohres in einer Vertikalebene bewegen. Das ist der Fall, wenn

a) die Zielachse ZZ normal zur Kippachse HH ist,

b) die Kippachse HH normal zur Stehachse VV liegt,

c) die Stehachse VV streng lotrecht steht.

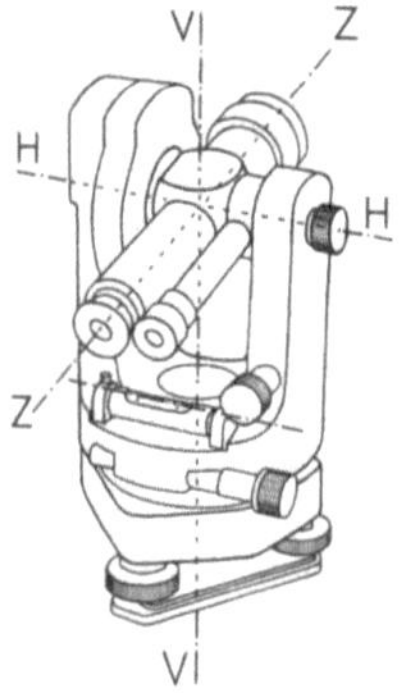

Abb. 1.57. Theodolitachsen (schematisch)

Ist eine dieser Bedingungen nicht erfüllt, so spricht man vom Zielachsen-, Kippachsen- bzw. Stehachsenfehler.

1.6.1.1 Der Zielachsenfehler

Der Zielachsenfehler ist der Winkel *c*, den die Zielachse mit der Normalen zur Kippachse bildet.

Er läßt sich auf mehrfache Art sichtbar machen und beseitigen:

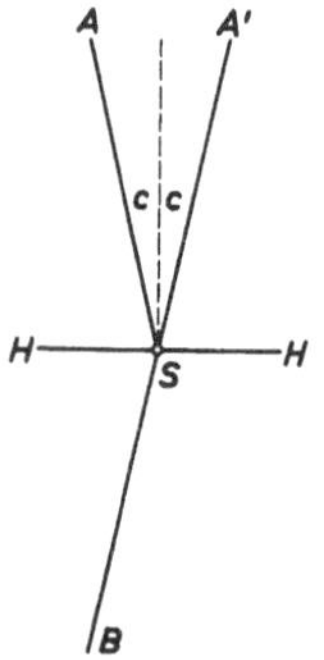

Abb. 1.58. Bestimmung eines Zielachsenfehlers

a) Die Bestimmung des Zielachsenfehlers muß bei horizontaler Visur erfolgen, damit der Einfluß eines eventuell vorhandenen Kippachsenfehlers [1.6.1.2] entfällt. Man zielt im Standpunkt *S* Abb. 1.58 einen etwa in Höhe der Kippachse liegenden Punkt *A* an und liest die zugehörige Kreisstelle ab.

Anschließend schlägt man das Fernrohr durch, so daß es in Richtung nach *B* weist und dreht die Stütze mittels der Kreisteilung um genau 200 gon weiter. Das Fernrohr weist dann nach *A'*. Der Winkel $A'SA = 2c$ ist der doppelte Zielachsenfehler. Man beseitigt den Zielachsenfehler, indem man mit den seitlich wirkenden Justierschrauben des Strichkreuzes die Hälfte des Winkels *ASA'* fortschafft. Dieses Verfahren wendet man bei Theodoliten mit geringerer Ablesegenauigkeit an.

b) Statt wie bei a) die Stütze um 200 gon zu drehen, kann man das Fernrohr auf *A* zurückführen und eine zweite Kreisablesung machen. Die Differenz von Anfangs- und Schlußablesung vermindert um 200 gon ist der doppelte Zielachsenfehler im Winkelmaß. Beseitigung wie oben. Dieses Verfahren kann man bei Theodoliten mit höherer Ablesegenauigkeit anwenden.

c) Auf eine mechanische Korrektion kann man verzichten, wenn man diese rechnerisch ausführt. Die Korrektion in der Fernrohrlage I wegen der Zielachsenfehler lautet:

$$kc^{\mathrm{I}} = \frac{c}{\sin z^{\mathrm{I}}} \qquad (1.1)$$

Dabei ist z^{I} der wegen Indexabweichung korrigierte Zenitwinkel in Lage I. Die Bestimmung von *c* muß bei horizontaler Visur erfolgen:

$$c = \frac{R^{\mathrm{II}} - 200\,\mathrm{gon} - R^{\mathrm{I}}}{2}.$$

R^{I} und R^{II} sind die Ablesungen am Horizontalkreis in der ersten und zweiten Fernrohrlage, wenn Punkt *A* angezielt wird, (vgl. Absch. b).

d) Tabelle 1.2 zeigt Beträge von Zielachsenfehlern, die in Abhängigkeit von Zenitwinkel und Strecke eine lineare Querabweichung von 0,005 m hervorrufen.

e) Eine aus beiden Fernrohrlagen gemittelte Ablesung einer Richtung ist frei von den Auswirkungen des Zielachsenfehlers, denn $kc^{\mathrm{I}} = -kc^{\mathrm{II}}$. Bei horizontalen Visuren ist $kc = c$.

Tab. 1.2 Zielachsenfehler in [mgon], die eine Querabweichung von 0,005 m hervorrufen.

Zenitwinkel [gon]		Strecke [m] 100	200	300	400	500
99	101	3.2	1.6	1.1	0.8	0.6
98	102	3.2	1.6	1.1	0.8	0.6
95	105	3.2	1.6	1.1	0.8	0.6
90	110	3.1	1.6	1.0	0.8	0.6
80	120	3.0	1.5	1.0	0.8	0.6

1.6.1.2 Der Kippachsenfehler

Er liegt vor, wenn die Kippachse, wie in Abb. 1.59, bei lotrechter Stehachse den Winkel i mit der Horizontalen bildet. Man erkennt ihn meistens daran, daß das Strichkreuz, das man auf das oberste Ende einer senkrechten Hauskante gerichtet hat, sich beim Herunterkippen in die Horizontale von der Hauskante entfernt. Zur genaueren Untersuchung gibt es mehrere Wege:

a) Man richtet das Fernrohr, nachdem der Zielachsenfehler beseitigt ist, auf einen hochliegenden Punkt A, kippt es bis in die Horizontale herunter und macht an einem Maßstab, der in einiger Entfernung vom Instrument

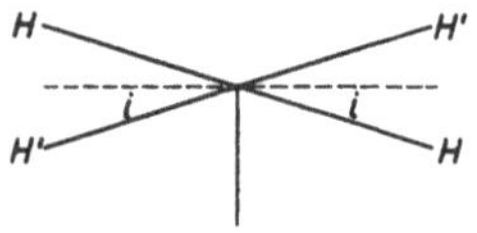

Abb. 1.59. Kippachsenfehler

horizontal und rechtwinklig zur Visur niedergelegt ist, die Ablesung a_1 (Abb. 1.60). Darauf schlägt man das Fernrohr durch, richtet es wieder auf A, kippt es abermals herunter und macht am Maßstab die Ablesung a_2. Dann hat man in dem Stück $(a_2 - a_1)$ die verdoppelte Auswirkung des Kippachsenfehlers.

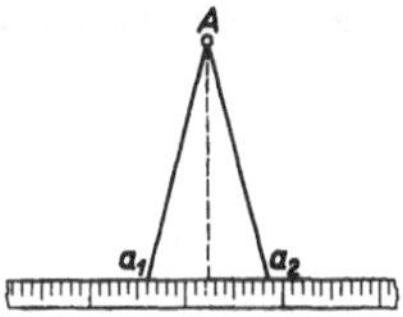

Abb. 1.60. Bestimmung des Kippachsenfehlers

Um den Kippachsenfehler zu beseitigen, richtet man das Fernrohr auf den Punkt $1/2\,(a_1 + a_2)$ des Maßstabs, kippt das Fernrohr nach oben, bis A im Gesichtsfeld erscheint und hebt oder senkt ein Achslager mit Hilfe der in [1.2.2.2] beschriebenen Justiereinrichtungen so lange, bis der Punkt A sich genau in der Strichkreuzmitte befindet. Bei den heute üblichen Instrumenten mit verkapselter Kippachse kann das nur in einer mechanischen Werkstatt geschehen.

b) Man erhält den verdoppelten Einfluß des Kippachsenfehlers im Winkelmaß – wiederum nachdem der Zielachsenfehler beseitigt ist –, wenn man den Punkt A in beiden Fernrohrlagen anzielt und die Differenz der zugehörigen Kreisablesungen vermindert um 200 gon bildet. Man berichtigt den Kippachsenfehler, indem man das Mittel der beiden Kreisablesungen einstellt und wie unter a) verfährt.

c) Zur rechnerischen Bestimmung von i zielt man wie in Abschnitt b) den Punkt A in beiden Fernrohrlagen an und macht dabei die Richtungsablesungen R^{I}, R^{II}; außerdem bestimme man den wegen Indexabweichung korrigierten Zenitwinkel z^{I} in Lage I. Es gilt dann:

$$i = \left(\frac{R^{\mathrm{II}} - 200\,\mathrm{gon} - R^{\mathrm{I}}}{2} - \frac{c}{\sin z^{\mathrm{I}}} \right) \tan z^{\mathrm{I}}$$

mit $c/\sin z^{\mathrm{I}}$ Einfluß des Zielachsenfehlers. Die Korrektion wegen Kippachsenneigung lautet dann:

$$\begin{aligned} ki^{\mathrm{I}} &= i \cot z^{\mathrm{I}} \\ &= \frac{R^{\mathrm{II}} - 200\,\mathrm{gon} - R^{\mathrm{I}}}{2} - kc^{\mathrm{I}}\,. \end{aligned} \tag{1.2}$$

d) Tabelle 1.3 zeigt Beiträge von Kippachsenfehlern, die in Abhängigkeit von Zenitwinkel und Strecke eine lineare Querabweichung von 0,005 m hervorrufen.

Tab. 1.3 Kippachsenfehler in [mgon], die eine lineare Querabweichung von 0,005 m hervorrufen.

Zenitwinkel [gon]		Strecke [m] 100	200	300	400	500
99	101	202.6	101.3	67.5	50.6	40.5
98	102	101.3	50.6	33.8	25.3	20.2
95	105	40.4	20.2	13.5	10.1	8.1
90	110	20.1	10.0	6.7	5.0	4.0
80	120	9.8	4.9	3.3	2.4	2.0

e) Eine aus beiden Fernrohrlagen gemittelte Ablesung einer Richtung ist frei von den Auswirkungen des Kippachsenfehlers, denn $ki^{I} = -ki^{II}$. Nach (1.2) übt der Kippachsenfehler auf die Richtungen nach Zielen, die im Horizont liegen ($z = 100$ gon), keinen Einfluß aus.

1.6.1.3 Gemeinsame Korrektion von Ziel- und Kippachsenfehlern

Bei Tachymetervermessungen in einer Fernrohrlage wird man die Korrektionen wegen Ziel- und Kippachsenfehlern insbesondere dann rechnerisch vornehmen, wenn der Theodolit elektronisch die Richtungen bestimmt. Die Korrektionen werden dann entweder von dem Mikroprozessor des Meßgerätes oder von dem Bürorechner im Rahmen der Gesamtauswertung automatisch vorgenommen. Für eine korrigierte Horizontalrichtung in Lage I gilt:

$$r^{I} = R^{I} + kc^{I} + ki^{I}.$$

1.6.1.4 Der Stehachsenfehler

Der Stehachsenfehler v ist kein Instrumental-, sondern ein Aufstellfehler, der daher rührt, daß die Stehachse schief steht. Man vermeidet ihn, indem man die Stehachse durch Spielpunktbestimmungen nach Band I 5.1.3.2 streng lotrecht stellt.

Um die Auswirkungen (v) eines etwaigen Stehachsenfehlers v auf eine gemessene Richtung angeben zu können, verstehe man unter

z den Vertikalwinkel, unter dem das Ziel erscheint, und unter α den Winkel, den die Richtung nach dem Ziel mit der Vertikalebene bildet, die die schiefe Stehachse enthält. Dann ist

$$(\nu) = \nu \cdot \sin \alpha \cot z. \tag{1.3}$$

Im Gegensatz zu den Zielachsen- und Kippachsenfehlern läßt sich (ν) nicht durch Beobachtung in zwei Fernrohrlagen tilgen. Da (ν) mit dem Cotangens des Zenitwinkels zunimmt, hat man die Stehachse um so sorgfältiger lotrecht zu stellen, je stärker der Zielstrahl geneigt ist.

Es gibt Theodolite und elektronische Tachymeter, die zusätzlich mit einem Kippachsenmikrometer (*Aeschlimann* 1979) oder einer elektronischen Libelle (*Münch* 1983) ausgerüstet sind, mit denen die Restneigung der Stehachse erfaßt wird. Die Meßwerte dieser zusätzlich eingebauten Instrumente gestatten es, den Einfluß der Stehachsenneigung auf die Horizontalrichtungen zu korrigieren.

1.6.2 Die Exzentrizitätsfehler

Damit an der Kreisteilung der Horizontalwinkel abgelesen werden kann, um den die Zielachse des Fernrohrs gedreht ist, müssen der Mittelpunkt der Kreisteilung und die Stehachse zusammenfallen, und es muß eine im Mittelpunkt der Kreisteilung errichtete Normale die Zielachse des Fernrohrs treffen. Ist das nicht der Fall, so liegt eine Exzentrizität der Kreisteilung bzw. des Fernrohrs vor.

1.6.2.1 Kreisteilungsexzentrizität und Zeigerarmknickung

Wenn der Mittelpunkt L der Kreisteilung nicht identisch ist mit dem Mittelpunkt A der Drehung der Stütze (in ihrer Buchse), so sind auch die „Kreisablesungen“ für die Schenkel von Winkeln nicht identisch mit der Drehung der Stütze. Es ist in Abb. 1.61 φ ein Winkel, dessen linker Schenkel zufällig in die Richtung AL der Exzentrizität e bzw. deren Verlängerung CC' fällt, während sein rechter Schenkel in die Richtung AZ_1 weist. Um φ wird die Stütze beim Zielen gedreht.

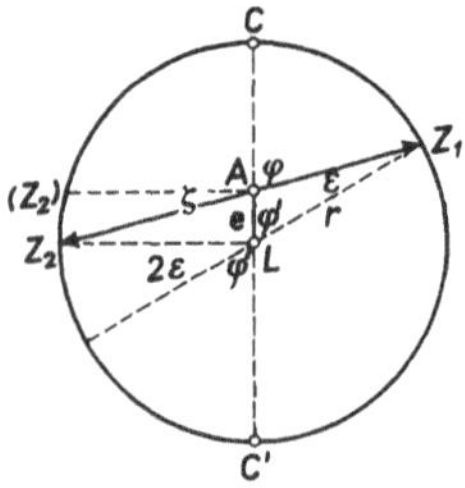

Abb. 1.61. Kreisteilungsexzentrizität

Die Kreisablesungen geben dann für φ an der Ablesestelle Z_1 nicht CAZ_1, sondern

$$CLZ_1 = \varphi' = \varphi - \varepsilon$$

und an der Ablesestelle Z_2 nicht $C'AZ_2$, sondern

$$C'LZ_2 = \varphi'' = \varphi + \varepsilon .$$

Da der Unterschied der beiden ε um eine Größenordnung kleiner ist als ε, ergibt sich durch Mitteln

$$\frac{\varphi' + \varphi''}{2} = \varphi .$$

Man erhält also bei Ablesung an zwei gegenüberliegenden Ablesestellen und Mittelbildung den Drehwinkel φ unverfälscht. Wenn, wie bei neueren Theodoliten mittlerer Genauigkeit [1.3.3.2], nur *eine* Ablesestelle vorhanden ist, wird die Kreisteilungsexzentrizität erst durch Mittelung der Ablesungen in beiden Fernrohrlagen eliminiert.

Bei Instrumenten mit zwei Ablesestellen kommt meistens noch eine „Zeigerarmknickung ζ" hinzu, so daß in Abb. 1.61 der zweite „Zeiger" nicht nach Z_2, sondern nach (Z_2) weist.

Während aber der durch die Exzentrizität hervorgerufene Fehler ε aufgrund der Gleichungen

$$\sin \varepsilon = \frac{e}{r} \sin (200^g - \varphi) \text{ oder } \varepsilon = \frac{e \cdot 200/\pi}{r} \sin \varphi$$

von der Größe des Winkels φ abhängt und daher alle Werte von Null bis zum Maximalbetrag $\varepsilon_{max} = (e \cdot 200/\pi)/r$ annehmen kann, ist ζ konstant. ζ verfälscht also die Ablesung für beide Schenkel eines Winkels stets um den gleichen Betrag; ζ fällt daher beim Bilden der Differenz von rechtem minus linkem Schenkel heraus. Im übrigen wird ζ auch beim Durchschlagen eliminiert.

Selbst eine kleine Exzentrizität hat einen sehr großen Einfluß auf die Ablesung. Es ist bei einem Theodoliten mit einem Kreisteilungsdurchmesser von 10 cm $e = 0{,}01$ mm; dann ist nach der Formel $\varepsilon_{max} = (e \cdot 200\,000/\pi)/r$

$$\varepsilon_{max} = \frac{0{,}01 \cdot 63\,662}{50} = 12{,}7 \text{ mgon.}$$

Die Firmen sind daher bemüht, den Exzentrizitätsfehler möglichst unter 1 μm herunterzudrücken.

1.6.2.2 Exzentrizität der Zielachse

Es sei in Abb. 1.62, in dem L den Mittelpunkt der Teilung des Teilkreises darstellt, die Richtung nach dem Zielpunkt P zu be-

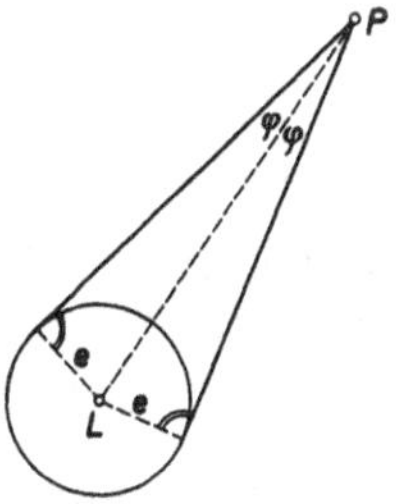

Abb. 1.62. Exzentrizität der Zielachse

stimmen. Hat nun die Zielachse die Exzentrizität e, so ist sie bei ihren Drehungen stets Tangente an einen Kreis um L mit dem Radius e. Dadurch wird in beiden Fernrohrlagen die gleiche Richtungsabweichung φ, jedoch mit entgegengesetztem Vorzeichen verursacht, so daß das Mittel aus beiden Lagen durch die Exzentrizität der Zielachse nicht beeinflußt ist. Das gilt auch mit aller Strenge, wenn das ganze Fernrohr nicht auf der Mitte der Kippachse, sondern exzentrisch angebracht ist.

1.6.3 Die Kreisteilungsfehler

Wenn ein Theodolit mit einem Teilkreisdurchmesser von 10 cm in $^1/_5$ gon eingeteilt ist, so hat er insgesamt 2000 Teilstriche, die nur 0,16 mm voneinander abstehen. Jeder dieser Striche muß, um eine Ablesegenauigkeit von 0,5 mgon zu garantieren, auf 0,4μm richtig liegen. Diese Genauigkeit wird trotz feinster Teilmaschinen auch bei höchster Sorgfalt des Mechanikers nicht immer erreicht, sondern es treten regelmäßige und unregelmäßige Teilkreisfehler auf. Die genaue Ermittlung dieser Fehler liegt außerhalb des Rahmens dieses Buches. Über die Theorie und praktische Untersuchungen berichten u.a. (*Heuvelink* 1913, *Roelofs* 1965, *Hallermann/Witte* 1967, *Deumlich* 1980). Man sucht die Kreisteilungsfehler zu eliminieren, indem man ein und denselben Winkel – je nach der angestrebten Genauigkeit – an mehreren symmetrisch auf den Kreis verteilten Stellen des Teilkreises mißt. Dadurch werden erfahrungsgemäß die regelmäßigen Teilungsfehler eliminiert und die Auswirkungen der unregelmäßigen Teilungsfehler so weitgehend gemindert, daß sie bei den gängigen Aufgaben der Praxis vernachlässigt werden können.

1.6.4 Die mechanischen Fehler in der Praxis

Exzentrizitäts- und Kreisteilungsfehler sind in neueren Geräten normalerweise vernachlässigbar klein. Ein Überprüfen der Instrumente auf Ziel- und Kippachsenfehler sollte man vor Meßeinsätzen insbesondere dann vornehmen, wenn diese durch das Meßverfahren – z.B. bei Messungen in nur einer Fernrohrlage – nicht beseitigt werden.

1.7 Die Horizontalwinkelmessung

1.7.1 Allgemeine Regeln

Man unterscheidet bei der Horizontalwinkelmessung die einfache Winkelmessung und die Richtungsmessung; für bestimmte Aufgaben werden daneben die Repetitionswinkelmessung, die Winkelmessung mit Horizontschluß, die Winkelmessung in allen Kombinationen und die Sektorenmethode benutzt. Bei jedem dieser Verfahren beobachtet man im Hinblick auf Zielachsen-, Kippachsen- und Exzentrizitätsfehler in beiden Fernrohrlagen.

1.7.2 Die einfache Winkelmessung

Sie ist das einfachste Verfahren zur Beobachtung des Winkels zwischen zwei Richtungen. Zuerst wird das Instrument zentriert und horizontiert. Dann stellt man das linke Ziel ein, liest ab und notiert den Wert. Entsprechend verfährt man mit dem rechten Ziel und erhält in der Differenz Ablesung rechts minus Ablesung links den Winkel in der I. Fernrohrlage. Alsdann wird das Fernrohr durchgeschlagen und die Messung in der II. Fernrohrlage in derselben Weise – jedoch beginnend mit dem rechten Ziel – wiederholt; schließlich wird das Mittel aus beiden Fernrohrlagen gebildet, womit die 1. Messung des Winkels beendet ist. Soll der

Zahlenbeispiel: Messung eines Winkels

Ziel	Fernrohrlage I	Fernrohrlage II	Winkel Lage I	Winkel Lage II	Mittel
1	2	3	4	5	6
	gon	gon	gon	gon	gon
71	0,577	200,579			
22	55,618	255,623	55,041	55,044	55,042

Winkel zur Erhöhung der Genauigkeit ein 2., 3. oder n-tes Mal beobachtet werden, so wird der Teilkreis vor jeder Wiederholung um $200/n$ gon weitergedreht und das Mittel aus allen Beobachtungen als endgültiger Wert angehalten.

1.7.3 Die Richtungs- oder Satzmessung

Sie findet Anwendung, wenn von einem Punkt aus mehr als zwei Richtungen oder Strahlen ausgehen. Man zielt bei feststehendem Teilkreis alle Zielpunkte von links nach rechts der Reihe nach an und macht die zugehörigen Ablesungen; dann wird das Fernrohr durchgeschlagen, und es werden in der II. Fernrohrlage alle Ziele in umgekehrter Reihenfolge angezielt und die Mittel gebildet. Anschließend werden die gemittelten Richtungen auf den Anfangsstrahl bezogen (reduziert), indem man von jeder Richtung den für den Anfangsstrahl erhaltenen Richtungswert abzieht. Eine solche Messungsreihe heißt ein Satz oder auch ein voller Satz, während eine Beobachtung in nur einer Fernrohrlage als Halbsatz bezeichnet wird. Zur Beobachtung weiterer Sätze wird der Teilkreis wie in 1.7.2 um $200/n$ gon verstellt. Am Schluß werden durch Mitteln der reduzierten Satzmittel die endgültigen Richtungen gebildet. Mittelung und Reduktion sind durch Summenproben zu sichern; siehe Zahlenbeispiel S. 81.

Die für die II. Fernrohrlage vorgeschriebene Umkehrung der Zielfolge soll eine etwaige Pfeilerdrehung eliminieren. Bei sehr feinen Messungen soll man ferner die Stütze grundsätzlich nur im Uhrzeigersinne herumdrehen und die letzte Drehung an den Feinstellschrauben stets rechtsläufig, d. h. gegen den Druck der Gegenfeder machen. Längstens nach drei Sätzen soll die Horizontierung des Instruments überprüft werden.

Für die Berechnung der Genauigkeitsmaße (*Gotthard* 1978, *Wolf* 1975) werde angenommen, es sei ein Richtungsbüschel mit s Strahlen in n Sätzen beobachtet worden. Man ermittelt zunächst für jede Richtung die Differenz d zwischen dem Satzmittel und der endgültigen Richtung, bildet in *jedem Satz* $[d]$ und errechnet damit für jede gemessene Richtung die Verbesserung $v_i = d_i - [d]:s$, wobei die Probe besteht, daß $[v]$ bis auf die

Zahlenbeispiel: Messung von Richtungen

	Fern-rohr-lage I	Fern-rohr-lage II	Mittel aus I und II	Red. Mittel	Endg. Rich-tung	*d*	*v*	*vv*
1	2	3	4	5	6	7	8	9
	gon	gon	gon	gon	gon	0,1 mgon		
			1. Satz					
71	0,577	200,579	0,5780	0,0000	0,0000	0	+ 2	4
22	55,618	255,623	55,6205	55,0425	55,0420	− 5	− 3	9
2	95,341	295,345	95,3430	94,7650	94,7640	−10	− 8	64
53	266,489	66,491	266,4900	265,9120	265,9127	+ 7	+ 9	81
					187	− 8	0	
			2. Satz		$[d]_1 : s =$	− 2		
	67,506	267,513	67,5095	0,0000		0	+ 2	4
	122,548	322,553	122,5505	55,0410		+10	+12	144
	162,270	362,279	162,2745	94,7650		−10	− 8	64
	333,422	133,424	333,4230	265,9135		− 8	− 6	36
						− 8	0	
			3. Satz		$[d]_2 : s =$	− 2		
	134,150	334,158	134,1540	0,0000		0	− 4	16
	189,194	389,199	189,1965	55,0425		− 5	− 9	81
	228,913	28,919	228,9160	94,7620		+20	+16	256
	0,064	200,069	0,0665	265,9125		+ 2	− 2	4
	592	652	6220	560	: 3 = *187*	+17	+ 1	763
				4×780=120	$[d]_3 : s =$	+ 4		
				4×095=380				
	622			4×540=160				
				220				

$$s(r) = \sqrt{\frac{763}{(3-1)(4-1)}} = 1{,}1 \text{ mgon}$$

$$s(\hat{r}) = \frac{11{,}3}{\sqrt{3}} = 0{,}6 \text{ mgon}$$

Abrundungsfehler Null ergeben muß. Dann ergbibt sich als Standardabweichung einer in einem Satz beobachteten Richtung

$$s(r) = \sqrt{\frac{[vv]}{(n-1)(s-1)}}, \tag{1.4}$$

und als Standardabweichung einer aus n Sätzen gemittelten Richtung $\hat{r}$

$$s(\hat{r}) = \frac{s(r)}{\sqrt{n}} = \sqrt{\frac{[vv]}{n(n-1)(s-1)}}. \tag{1.5}$$

1.7.4 Die Repetitionswinkelmessung

Bei Theodoliten niederer und mittlerer Genauigkeit gelingt die Einstellung des Ziels auf 0,3 bis 0,5 mgon, die Ablesung dagegen nur auf 1 bis 2 mgon. Die Schärfe der Zieleinstellung geht also durch die Ungenauigkeit der Ablesung verloren. Um diesem Mangel entgegenzuwirken, werden beim Repetitionsverfahren k aufeinanderfolgende Messungen eines Winkels auf dem Teilkreis mechanisch addiert (repetiert), so daß die Differenz zwischen Anfangs- und Schlußablesung den k-fachen Winkel ergibt. Bei der dann zum Übergang auf den einfachen Winkel erforderlichen Division durch k gehen auch die Ablesefehler auf den k-ten Teil ihrer ursprünglichen Größe zurück und erhalten damit die Größenordnung des Einstellfehlers. Man wird also, wenn die obigen Genauigkeitsverhältnisse vorliegen, in jeder Lage 4 bis 6mal repetieren.

Zahlenbeispiel: Repetitionswinkelmessung

Ziel	Zahl der Rep. k	Fernrohrlage I	Fernrohrlage II	k-facher Winkel Lage I	k-facher Winkel Lage II	Satzmittel
1	2	3	4	5	6	7
25	0	0,522	200,529			
(27)	1	(187,92)		187,4032	187,4016	187,4024
27	5	137,538	327,537	937,016	937,008	(1874,024)

5-fache Repetition in jeder Lage verlangt folgende Griffe:

a) Fernrohr auf linkes Ziel einstellen und Anfangsablesung A_a notieren,

b) bei feststehendem Teilkreis Klemme der Stütze lösen und Fernrohr auf rechtes Ziel einstellen (und zweckmäßig Rohablesung machen),

c) Stütze festklemmen, Teilkreis lösen und Fernrohr auf linkes Ziel stets rechtsdrehend zurückführen,

d) wiederholen des Hin- und Hergangs bis zur fünften Einstellung des rechten Ziels und Endablesung A_e notieren; $(A_e - A_a):5$ gibt einen einfachen Winkel in I. Lage,

e) durchschlagen, Kreisklemme lösen und beginnend mit rechtem Ziel Schritte a) bis d) wiederholen,

f) k-fachen Winkel aus beiden Lagen addieren und durch $2k$ dividieren (hier $2k = 10$).

Die Repetitionswinkelmessung hat, seitdem die Theodolite hoher Genauigkeit gebaut werden, an Bedeutung verloren. Sie bleibt aber ein schätzenswertes Hilfsmittel, wenn man – etwa zur Messung eines parallaktischen Winkels [2.9.3] – mit einfacheren Instrumenten hohe Genauigkeiten erzielen möchte. Unbestritten ist ferner ihr methodischer Wert.

1.7.5 Besondere Winkelmeßverfahren

Wenn die Ziele sehr weit entfernt sind, sind sie selten alle gleichzeitig sichtbar. Man muß dann anstatt voller Sätze einzelne Winkel messen. Dabei unterscheidet man folgende Verfahren (*Gotthard* 1978, *Höpke* 1980, *Wolf* 1975):

1.7.5.1 Die Winkelmessung mit Horizontschluß

Man beobachtet alle Winkel zwischen je zwei aufeinanderfolgenden Zielen, bis der Horizont geschlossen ist, und verteilt den Widerspruch gegen 400 gon gleichmäßig auf alle beobachteten Winkel. Diese Beobachtungsanordnung ist auch bei kürzeren Zielweiten zu empfehlen, wenn die Beobachtungspfeiler sich unter dem Einfluß der Sonne drehen oder aus anderen Gründen nicht sehr fest stehen.

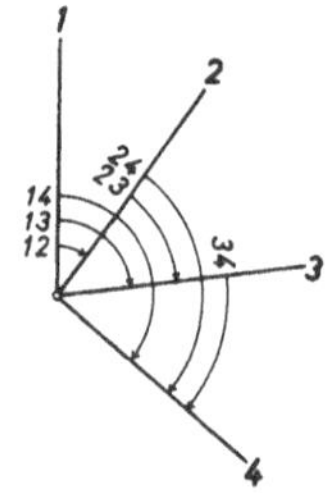

Abb. 1.63. Winkelmessung in allen Kombinationen

1.7.5.2 Die Winkelmessung in allen Kombinationen

Um eine noch bessere Fehlerverteilung zu erzielen als in 1.7.5.1, werden in einem Richtungsbüschel mit s Strahlen die $s(s-1)/1 \cdot 2$ möglichen Winkel zwischen den Zielpunkten gemessen, im Falle der Abb. 1.63 also die 6 Winkel 12, 13, 14, 23, 24, 34. Zur Beseitigung der Widersprüche berechnet man für die Winkel 12, 13 und 14, die den Anfangsstrahl als linken Schenkel haben, als günstigsten Wert das allgemeine arithmetische Mittel [Band I, 1.4.3] aus der direkten Messung des betreffenden Winkels mit dem Gewicht 2 und den ihn bildenden Summen und Differenzen jeweils mit dem Gewicht 1. Also ist, wenn z.B. (12) einen ausgeglichenen, 12 einen beobachteten Winkel darstellt:

$$(12) = {}^1/_4 \{2 \cdot 12 + 1 \cdot (13 - 23) + 1 \cdot (14 - 24)\},$$
$$(13) = {}^1/_4 \{2 \cdot 13 + 1 \cdot (12 + 23) + 1 \cdot (14 - 34)\},$$
$$(14) = {}^1/_4 \{2 \cdot 14 + 1 \cdot (12 + 24) + 1 \cdot (13 + 34)\}.$$

Diese Methode kam in der Regel in Hauptdreiecksnetzen [7.1] zur Anwendung.

1.7.5.3 Die Sektorenmethode

Sie wird angewandt, wenn von einem Punkt mehrere Strahlen verschiedener Ordnungen ausgehen. Bei der viel benutzten Schweizer Sektorenmethode wählt man drei bis fünf möglichst gleichmäßig über den Horizont verteilte Hauptrichtungen und bestimmt die von ihnen gebildeten Winkelräume bei Haupttriangulationen etwa mit dem Gewicht 8 – also durch 8-fache Beobachtung jedes einzelnen Winkels – und stimmt die gemittelten Winkel nach dem Verfahren 1.7.5.1 auf den Horizont, d.h. auf 400 gon ab. Anschließend werden die innerhalb der Sektoren liegenden Winkel der ersten, zweiten und dritten Verdichtungsstufe mit etwa den Gewichten 6, 4 und 2 beobachtet und nach den gleichen Grundsätzen in die Winkelräume zwischen den vorher bestimmten Hauptrichtungen eingeschaltet.

1.8 Orientierung mit Vermessungskreiseln

1.8.1 Die Grundlagen

Der Kreisel wird aufgrund der Vorarbeiten von Anschütz-Kiel und Schuler-Göttingen im Markscheidewesen bereits seit den 20er Jahren dieses Jahrhunderts als Kreiselkompaß oder Meridianweiser benutzt und hat in den beiden letzten Jahrzehnten auch in die Vermessungstechnik Eingang gefunden. Dort wird er insbesondere zur Richtungsorientierung langer oder nicht angeschlossener Polygonzüge und zu Richtungsangaben bei Ingenieurmessungen benutzt. Dafür haben einige Firmen zunächst sogenannte „*Kreiseltheodolite*" gebaut, d.h. Instrumente, in denen Theodolit und Kreisel eine Einheit bilden. Neuerdings werden, schon aus preislichen Gründen, vorwiegend „*Aufsatzkreisel*" angeboten, die direkt oder mit Hilfe von Adaptern auf marktgängige Theodolite aufmontiert werden können (*Deumlich* 1980, *Fabeck von* 1980, *Magnus* 1971, *Pollmann* 1969–1971).

Als Kreisel kann jeder um eine Achse rotierende starre Körper angesehen werden, der – im Regelfall – durch einen schnell laufenden Motor in Drehung versetzt wird. Physikalisch bedeutsame Merkmale des Kreisels sind sein Beharrungsvermögen (= Trägheit) und die Verschwenkung durch eine auf seine Rotationsachse einwirkende äußere Kraft (= Präzession). Für technische Zwecke erhält der Kreiselkörper meistens eine symmetrische Form. Geodätisch interessant ist von den verschiedenen Kreiselarten in erster Linie:

1.8.2 Der Pendelkreisel

Hierbei handelt es sich um einen Kreisel, der an einem dünnen, aber kräftigen und elastischen Metallband hängt und in der Luft frei schwingt.

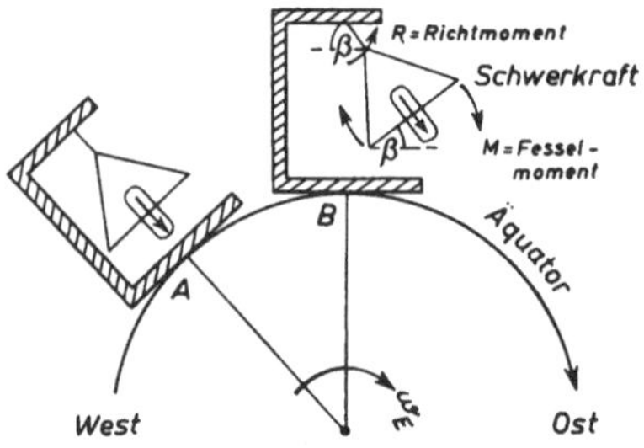

Abb. 164. Kreisel im Äquator

Ein Kreisel, der symmetrisch zu seinem Schwerpunkt möglichst reibungsfrei gelagert ist, wird „freier Kreisel" genannt, da die Schwerkraft auf ihn kein Drehmoment ausüben kann. Bei Verdrehung der Lagerung um die drei Raumachsen behält die Kreiselachse ihre Richtung im Raum bei. Wird ein Kreisel jedoch oberhalb seines Schwerpunktes aufgehängt, beeinflußt die Schwerkraft die Stellung der Kreiselachse; man spricht dann von einem „schweregefesselten Kreisel".

Das Verhalten eines solchen Kreisels ist besonders einfach, wenn er im Äquator aufgestellt wird (Abb. 1.64). In einer Anfangsstellung *A* möge die Kreiselachse horizontal und in Ost-West-Richtung verlaufen. Infolge der Erdrotation erreicht der Kreisel kurz darauf die Stellung *B*. Die Kreiselachse versucht dabei, ihre Richtung im Raum beizubehalten; infolgedessen wird der Kreiselschwerpunkt aus der Lotrichtung des Aufhängepunktes herausgedrückt. Dem daraus resultierenden Fesselmoment *M* weicht der Kreisel durch Verschwenkung seiner Achse um die Lotrichtung, d.h. durch eine Präzessionsbewegung, aus. Diese dem Kreisel aufgezwungene Bewegung währt so lange, bis die Rotationsachse des Kreisels parallel zur Erdachse verläuft und somit in die geographische Nordrichtung weist (Abb. 1.65).

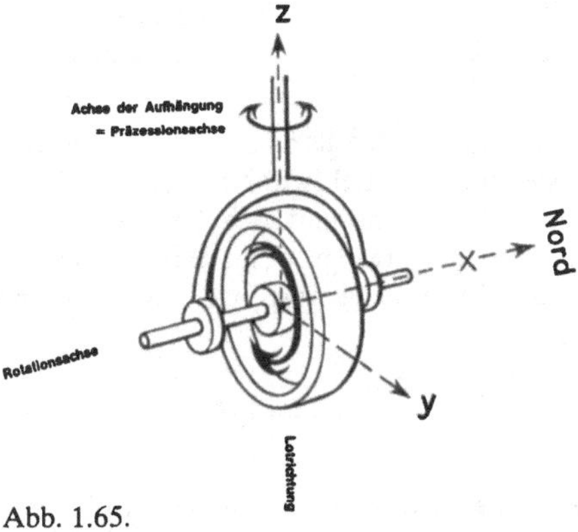

Abb. 1.65.
Nordsuchender Kreisel

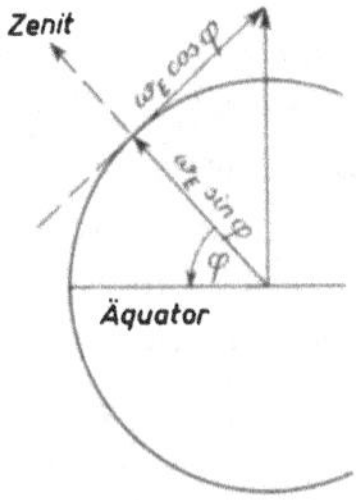

Abb. 1.66.
Kreisel in der Breite φ

Versteht man unter

- θ_K das Trägheitsmoment des Kreisels,
- ω_K die Winkelgeschwindigkeit des Kreisels,
- ω_E die Winkelgeschwindigkeit der Erde,
- α den Winkel der Horizontalprojektion der Kreiselachse gegen den Meridian, also schlicht ihr Azimut,

so ist das Richtmoment R des Kreisels

$$R = \theta_K \omega_K \omega_E \sin\alpha = J_\omega \omega_E \sin\alpha, \tag{1.6}$$

worin $J_\omega = \theta_K \omega_K$ den Drehimpuls des Kreisels bedeutet. Befindet der Kreisel sich in der Breite φ, so wird (Abb. 1.66) die Winkelgeschwindigkeit ω_E der Erdrotation aufgespalten in

$$\begin{aligned} \omega_E \sin\varphi &= \text{Rotation um die Lotrichtung} \\ \omega_E \cos\varphi &= \text{Rotation um den Meridian.} \end{aligned} \tag{1.7}$$

Für die Größe des Richtmomentes ist die Rotation um den Meridian bestimmend. Mithin ist das Richtmoment in der Breite φ

$$R_\varphi = \theta_K \omega_K \omega_E \cos\varphi \sin\alpha = J_\omega \omega_E \cos\varphi \sin\alpha \tag{1.8}$$

Demnach erreicht R das Maximum in der Breite $\varphi = 0$, also am Äquator, und das Minimum in der Breite 90°, mithin am Pol. Im Azimut wirkt das Richtmoment um so stärker, je größer die Auslenkung α gegen den Meridian ist. Im Meridian selbst weist der Kreisel wegen $\sin\alpha = 0$ kein Richtmoment auf; er befindet sich in der Ruhelage.

An sich müßte die Rotationsachse des Kreisels sich bald in die Nord-Süd-Richtung einstellen. Angesichts der geringen auf ihn einwirkenden ablenkenden Kräfte kommt der Kreisel jedoch nicht gleich zur Ruhe, sondern er schwingt, wenn M das durch die Schwerebeschleunigung der Erde hervorgerufene *Fesselmoment* ist, mit der Schwingungszeit

$$T = 2\pi \sqrt{\frac{I_\omega}{M(\omega_E \cos\varphi + D_B/I_\omega)}} \approx \frac{T_o}{\sqrt{\cos\varphi}}, \tag{1.9}$$

wobei D_B das Rückstell- oder Torsionsmoment des Aufhängebandes und T_o die Schwingungszeit im Äquator bedeutet. Die Schwingungszeit nimmt also mit wachsender Breite zu. Praktische Werte für T_o und T sind

$$T_o = 7 \text{ min.}; \quad T_{60°} = 9{,}5 \text{ min.}; \quad T_{75°} = 13{,}5 \text{ min.}$$

Die Rotationskomponente der Erde um die Lotrichtung bewirkt, daß die Kreiselachse sich erheben, d.h. parallel zur Erdachse stellen möchte (Abb. 1.64). Dem Elevationsmoment

$$E = J_\omega \omega_E \sin\varphi \tag{1.10}$$

wirkt jedoch das Fesselmoment M entgegen, so daß der Elevationswinkel $\beta = E/M$ zwar mit der Breite wächst, aber nicht größer als einige Bogenminuten wird.

1.8.3 Der mechanische Aufbau

Üblicherweise werden die Bauelemente des Pendelkreisels eingeteilt in das tragende, das richtunggebende und das richtungnehmende System. Bei dem in der schematischen Abb. 1.67 links skizzierten Kreiseltheodoliten besteht das tragende System aus dem äußeren Gehäuse (4) nebst einer Konstruktion, die den

Theodolit, also das richtung*nehmende* System (3), trägt. Der Kreisel, das richtung*gebende* System (1), ist bei horizontaler Rotationsachse mit Hilfe eines dünnen elastischen Metallbandes wie ein Torsionspendel aufgehängt und vollführt aufgrund der Erddrehung Schwingungen um den Meridian. Richtunggebendes und richtungnehmendes System sind optisch (2) durch die Hohlachse des Theodolits hindurch über mehrere Prismen mit dem am Kreiselmast befindlichen Autokollimationsspiegel verbunden. Durch die Autokollimationseinrichtung werden die Kreiselschwingungen verfolgt, und aus den Beobachtungsergebnissen wird auf die gesuchte Mittellage geschlossen.

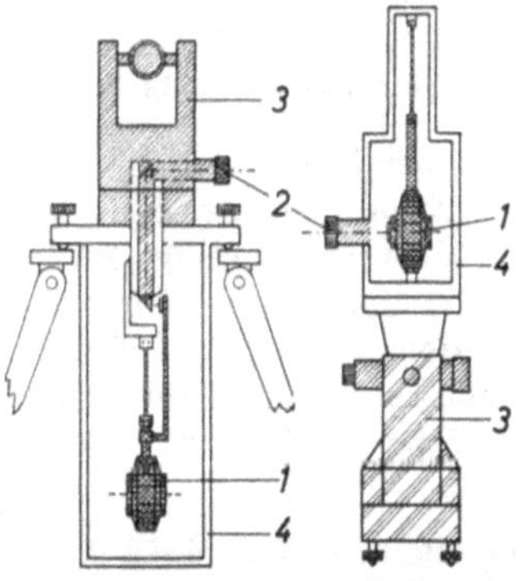

Abb. 1.67. Kreiseltheodolit und Aufsatzkreisel

Der in Abb. 1.67 rechts wiedergegebene Aufsatzkreisel (1) ist mit der Stütze des Theodolits fest verbunden. Daher sind bei ihm die drei Systeme nicht so klar voneinander zu trennen. Hier übernimmt der Theodolit einen Teil der Funktionen des tragenden Systems, in dem er das Kreiselgehäuse (4) trägt. Das richtungnehmende System besteht aus zwei getrennten Bauelementen, und zwar aus der Vorrichtung zur Beobachtung der Schwingungen (2) und aus dem Theodoliten (3) selbst. Nur die Funktion des Kreisels als richtunggebendes System (1) entspricht der gleichen Aufgabe beim Kreiseltheodoliten.

Die bandaufgehängten Kompaktgeräte, in denen Kreisel und Theodolit eine Einheit bilden, haben ohne Stativ und Stromversorgung eine Masse von 10–30 kg. Die Kreiselmotoren erhalten von einem batteriegespeisten Transistor-Drehstrom-Generator den Strom mit etwa 110 V und 400 Hz, wodurch der Kreisel eine Umdrehungsgeschwindigkeit von rund 24000/min erhält. Aufsatzkreisel mit 2 kg Masse werden über eine Brücke auf dem Theodoliten befestigt und mittels Kabel aus einer gesonderten Batterie- und Konvertereinheit gespeist.

Eine kleine Auswahl aus dem Kreiselprogramm bekannter Spezialfirmen ist mit einigen technischen Daten auf der Seite 91 zusammengestellt.

1.8.4 Beobachtungsverfahren bei Aufsatzkreiseln

Nach dem Aufstellen schwingt der Kreisel, wie bereits bei Gl. (1.9) erwähnt ist, infolge der Trägheit seiner Masse schwach gedämpft symmetrisch zum Meridian. Die jeweilige Richtung der Kreiselachse wird mittels eines mit dem Kreiselsystem verbundenen Lichtzeigers (Autokollimationseinrichtung) auf eine im Gesichtsfeld erscheinende gerätefeste Hilfsskala projiziert, an der die Bewegung des Kreisels und speziell deren Amplituden abgelesen werden können.

Vor der eigentlichen Messung muß der Kreisel auf 10–30 cgon vororientiert werden. Dazu verfolgt man die Schwingung des Kreisels mit der Stütze, indem man den Lichtzeiger stets auf dem in der Skalenmitte befindlichen Nullpunkt der Hilfsskala hält. Im Zeitpunkt der Umkehr steht der Lichtzeiger einen Augenblick still. Diesen Augenblick benutzt man, um den Horizontalkreis abzulesen und des Ergebnis zu notieren. Ebenso verfährt man an den nächsten Umkehrpunkten U_2 und ggf. U_3. Dann erhält man als Vororientierung für die Nordrichtung die Näherungswerte

$$(N)_1 = {}^1/_2\,(U_1 + U_2) \quad \text{oder} \quad (N)_2 = \frac{{}^1/_2\,(U_1 + U_3) + U_2}{2}\,.$$

Der endgültige Wert für geographisch Nord ergibt sich entweder durch Beobachtung einer Folge von Umkehrpunkten nebst Able-

Übersicht über einige Vermessungskreisel*

Hersteller	Type	Kreisel-art	Halb-Schwingzeit T/2	Hochlaufen	Meßdauer	Masse Instrument	Masse Gesamt-ausrüstung	Standardabw. einer Messung	Besonderheiten
			[sec]	[min]	[min]	[kg]	[kg]	['']	
a) *Kreiseltheodolite*									
Fennel, Kassel	KT 3	Band in Luft	240	2	20	8	42	20	
MOM, Budapest	GiB 1	Band in Luft	270	2	35	11	55	15	
b) *Aufsatzkreisel*									
Fennel, Kassel	TK 4	Band in Luft	240	2	25	4	18	30	
MOM, Budapest	GiC 2	Band in Luft	220	2	25	9,3	18	20	Koinzidenzeinstellung des Objekts. Abb. 1.69
Wild Heerbrugg	GAK 1	Band in Luft	240	1,5	20	1,8	13,3	30	Abb. 1.68
Wild Heerbrugg	ARK 1	Band in Luft	210	1,5	10	5,5	27,4	20	Richtkreisel

In dieser Zusammenstellung sind die von den Herstellern angegebenen Massen unsicher, weil die näheren Umstände nicht bekannt sind. Die in der letzten Spalte angegebenen Standardabweichungen sind Sexagesimalsekunden; solche Genauigkeiten sind aber nur unter äußerst günstigen Umständen zu erreichen.

sung der zugehörigen Horizontalkreisanzeigen und abschließende Mittelung für jeden Umkehrpunkt oder durch Messung der Durchgangszeiten und Amplituden der Schwingungen, bezogen

* Auszug aus (*Deumlich* 1980)

auf eine nach Nord vororientierte Bezugsrichtung. In beiden Fällen muß allerdings noch die Eichwertkorrektur [1.8.5] berücksichtigt werden. Weitere Einzelheiten entnehme man den Bedienungsanleitungen der Herstellerfirmen.

1.8.5 Gerätekonstante und Meridiankonvergenz

Die *Gerätekonstante* E ist eine bei der Richtungsermittlung erforderliche Korrektur der Zeigerablesung am Horizontalkreis des Theodolits, die von der Fabrik vor der Auslieferung auf einer Eichstrecke mit bekanntem Azimut bestimmt wird. Der Sache nach ist E der Winkel zwischen der Zielachse des Theodolits und der Achse des Autokollimationssystems des Kreisels, also eine Art Zielachsenfehler. Das Vorzeichen von E wird so gewählt, daß E von der mit dem Kreisel für die Nordrichtung auf dem Horizontalkreis des Theodolits ermittelten Zeigerablesung Z abgezogen werden muß, um auf den richtigen Wert N zu kommen.

Das mit Kreisel und Theodolit bestimmte Azimut α vom jeweiligen Standpunkt S zu einem vorgegebenen Punkt P ist daher, wenn als Richtung nach geographisch Nord am Horizontalkreis des Theodolits (Abb. 1.68) die vom Kreisel auf den Horizontalkreis übertragene Richtung Z als Nord betrachtet wird und r die Richtung nach dem Punkt P ist,

$$\alpha = r - (N - E) = r - N + E.$$

Bei Aufsatzkreiseln sollte die Gerätekonstante E wegen der relativ labilen Verbindung zwischen Theodolit und Kreisel von Zeit zu Zeit überprüft werden.

Eine weitere Korrektur, nämlich die wegen der *Meridiankonvergenz*, wird erforderlich, wenn die mit dem Kreisel bestimmte Nordrichtung für Arbeiten in einem rechtwinkligen geodätischen Koordinatensystem, z.B. in einem der in Deutschland eingerichteten Gauß-Krügerschen Meridianstreifensysteme nutzbar gemacht werden soll. Die Abszissenachsen dieser Systeme fallen bekanntlich zusammen mit dem 3., 6., 9., 12. usw. Längengrad östlich Greenwich, die dann als Hauptmeridiane des betreffenden Systems bezeichnet werden.

Die Ausgangsrichtung für ein geodätisches Azimut oder den Richtungswinkel t nach einem beliebigen Punkt P ist jetzt nicht wie beim astronomischen Azimut α die Richtung N nach geographisch Nord, sondern die in den Gauß-Krügerschen Meridianstreifensystemen auch als Gitter-Nord bezeichnete Parallele zum nächstgelegenen Hauptmeridian. Der Winkel aber, den in unse-

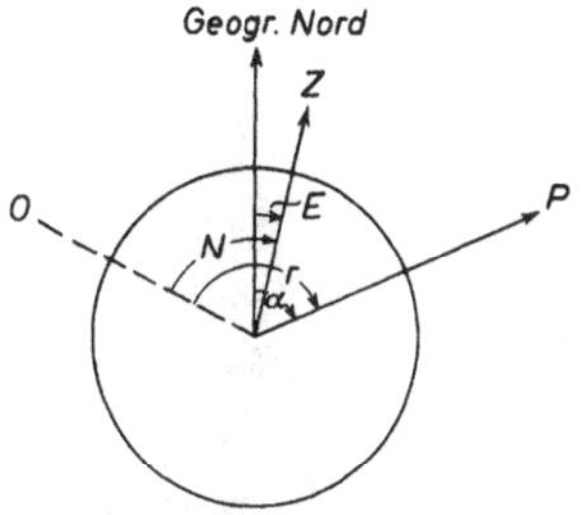

Abb. 1.68. Eichkonstante E

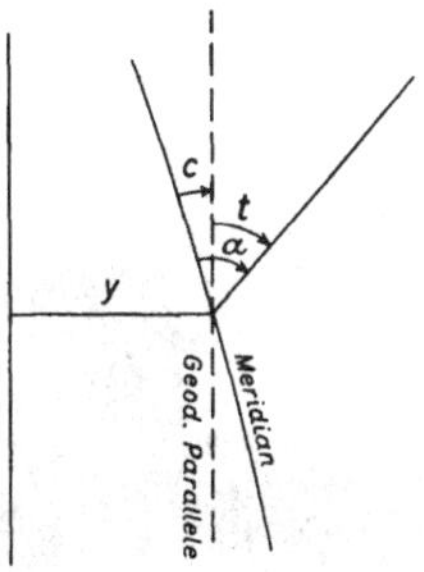

Abb. 1.69. Meridiankonvergenz

rem Standpunkt S die beiden Richtungen nach geographisch Nord und Gitter-Nord miteinander bilden, heißt die Meridiankonvergenz. Diese wird in den Gauß-Krügerschen Systemen mit c bezeichnet und beginnend im Ortsmeridian des Standpunktes im Uhrzeigersinne genommen. Also ist gemäß Abb. 1.69 ostwärts des Meridians

$$\alpha = t + c \quad \text{oder} \quad t = \alpha - c.$$

Dabei ist genau genug $c = l \sin\varphi = \frac{(200/\pi)y}{R} \tan\varphi$, worin l der Längenunterschied zwischen Hauptmeridian und Ortsmeridian ist und y die geodätische Ordinate des Standpunktes in Beziehung auf den Hauptmeridian bedeutet. R ist der Krümmungshalbmesser der Erde im Meridian.

Werden Eichkorrektur und Meridiankonvergenz in einer Gleichung zusammengefaßt, so wird

$$t = r - N + (E - c).$$

Westlich eines Meridians ist die Meridiankonvergenz negativ. Man erkennt das leicht, wenn man in Abb. 1.69 den Punkt *P* westlich des Hauptmeridians annimmt.

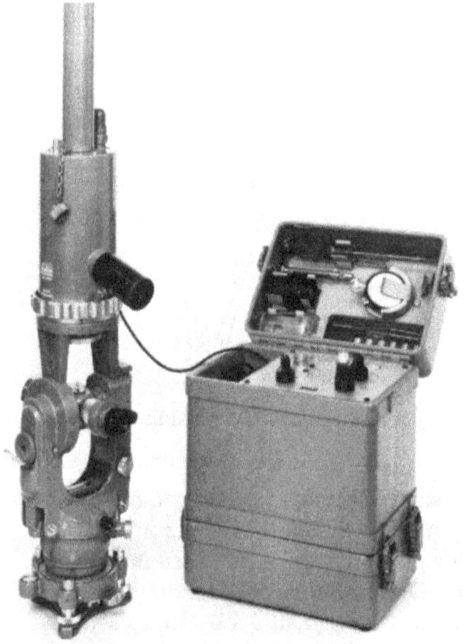

Abb. 1.70. Aufsatzkreisel GAK 1 von *Wild*

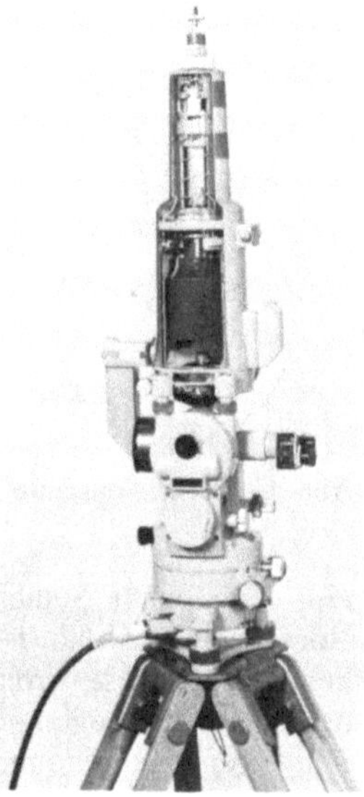

Abb. 1.71. Aufsatzkreisel Gi C 2 von *MOM*

2. Distanzmessung mit Distanzmeßgeräten

In der Kataster-, Landes- und Ingenieurvermessung mißt man Distanzen vorwiegend mit Bändern, Drähten oder elektronischen Distanzmessern. Meßbänder benutzt man z.B. häufig, wenn kleinere Gebiete nach dem Rechtwinkelverfahren oder Einbindeverfahren [Band I, 3.1] vermessen werden. Elektronische Distanzmesser verwendet man vorwiegend, wenn längere Distanzen oder eine größere Anzahl von Distanzen zu messen sind; in der Regel sind sie jedoch nicht geeignet, kurze Distanzen mit hoher Genauigkeit zu bestimmen. Ersatzweise kann man in dem Fall Meßbänder und Meßdrähte hoher Präzision oder indirekte Streckenmeßverfahren einsetzen.

Wie Distanzen mit Bändern oder Drähten zu messen sind, erläutert Kap. 2.4 in Band I. Die nachfolgenden Kapitel behandeln die elektronische Distanzmessung und die indirekte Streckenmessung [2.9].

2.1 Grundlagen der Distanzmessung mit elektromagnetischen Wellen

Bei der Distanzmessung mit elektromagnetischen Wellen unterscheidet man zwischen Impuls- und Phasenvergleichsverfahren. Geräte, die man für Aufgaben der Kataster-, Ingenieur- oder Landesvermessung einsetzt, arbeiten vorwiegend mit Phasenvergleichsverfahren. Bei der Positionsbestimmung mit Satelliten [6] wendet man u.a. Impuls- und Phasenvergleichsverfahren an.

2.1.1 Prinzip der Impulsverfahren

Die Geräte bestehen im wesentlichen aus einem Sender, Empfänger und Laufzeitmesser (Abb. 2.1). Befinden sich diese Kompo-

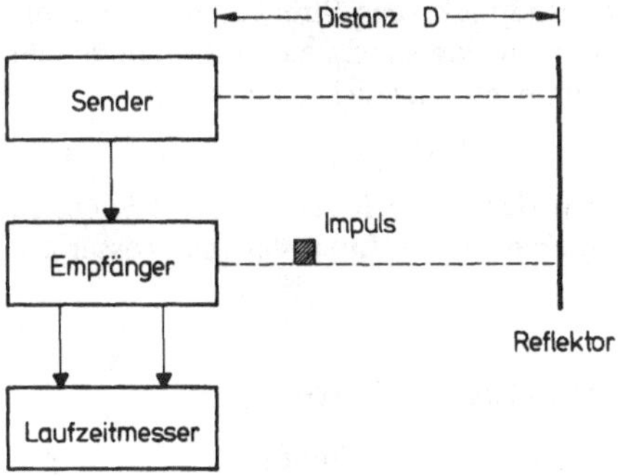

Abb. 2.1. Vereinfachtes Prinzip eines Impulsverfahrens

nenten auf der gleichen Station, so benötigt man auf dem Zielpunkt einen Reflektor. Der Sender sendet einen Impuls (z.B. Licht- oder Mikrowellenimpuls) aus, der zwischen den Endpunkten der zu messenden Strecke hin- und zurückläuft. Zu dem Empfänger gelangt ein geringer Anteil des ausgesendeten Impulses unmittelbar und außerdem der über die Strecke gelaufene Impuls. Der von einer sehr genauen Uhr gesteuerte Laufzeitmesser bestimmt die Differenz der Laufzeit beider Impulse. Diese entspricht der Zeit t, die der externe Impuls für das zweimalige Durchlaufen der Distanz D benötigt. Die Distanz erhält man aus

$$D = k_0 + c\frac{t}{2}, \tag{2.1}$$

wobei c die mittlere Ausbreitungsgeschwindigkeit längs der Strecke ist. Eine Nullpunktskorrektur k_0 ist hinzuzufügen, wenn der elektrische Nullpunkt des Signalweges $2D$ nicht mit der Stehachse des Meßgerätes zusammenfällt. Die Nullpunktskorrektur kann man mit unterschiedlichen Verfahren bestimmen [2.2].

Nun ist die Ausbreitungsgeschwindigkeit c elektromagnetischer Wellen aber sehr groß; daher ist der zu messende Zeitabschnitt sehr klein. Man muß, um D auf 0,5 cm zu ermitteln, die Zeit auf 0,03 Nanosekunden (*ns*) erfassen.

Für Positionsbestimmungen verwendet man auch Entfernungsmeßsysteme, bei denen der Sender auf dem Anfangspunkt und der Empfänger auf dem Endpunkt der Strecke steht. Für die Laufzeitmessung benötigt man dann auf beiden Stationen sehr genaue Uhren. Die Distanz berechnet sich dann nach

$$D = k_0 + c \cdot t. \tag{2.2}$$

Mit Impulsverfahren lassen sich große Reichweiten erzielen, da man einzelne Impulse mit einer hohen Impulsleistung aussenden kann.

2.1.2 Prinzip der Phasenvergleichsverfahren

Die Geräte bestehen aus einem Sender, Empfänger und Phasenmesser (Abb. 2.2).

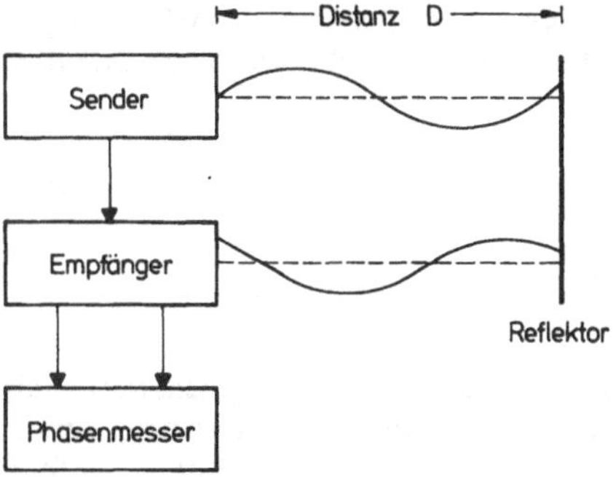

Abb. 2.2. Vereinfachtes Prinzip eines Phasenvergleichsverfahrens

Befinden sich diese Komponenten auf einer Station, so benötigt man auf dem Zielpunkt einen Reflektor. Der Sender erzeugt ein sinusförmiges Meßsignal

$$y_s = A \sin \omega t, \quad (2.3)$$

dessen Wellenlänge

$$\lambda = \frac{c_0}{n \cdot f} \quad (2.4)$$

von der Ausbreitungsgeschwindigkeit ($c_0 = 299792{,}5$ km/s) elektromagnetischer Wellen im Vakuum, dem mittleren Brechungsindex n längs der Strecke und seiner Frequenz f abhängt. Zu dem Empfänger gelangt ein geringer Anteil des gesendeten Signals unmittelbar und außerdem das über die Strecke gelaufene Signal. Das Streckensignal erfährt in Abhängigkeit von der Länge des durchlaufenen Weges eine Phasenverschiebung. Am Empfänger hat es die Form:

$$y_E = \hat{A} \sin (\omega t + \Phi) \quad (2.5)$$

mit

$$\Phi = a \cdot 2\pi + \Delta\varphi. \quad (2.6)$$

2π entspricht der Länge eines vollen Wellenzuges, a beschreibt die Anzahl der vollen Wellenzüge und $\Delta\varphi$ ist die Phasendifferenz vom Ende des letzten vollen Wellenzuges bis zum Empfänger. Der Empfänger bestimmt nur die Phasendifferenz $\Delta\varphi$. Damit ist die Reststrecke

$$r = \frac{\Delta\varphi}{2\pi} \cdot \lambda \tag{2.7}$$

vom Ende des letzten vollen Wellenzuges bis zum Empfänger bekannt.

Die Distanz D ist eindeutig bestimmbar, wenn sie nicht größer als die halbe Wellenlänge ist. Phasenmesser haben allerdings nur eine begrenzte Genauigkeit; diese beträgt etwa $\lambda/4000$ bis $\lambda/8000$. Arbeitet das Gerät z. B. mit einer Wellenlänge von 20 m und hat der Phasenmesser z. B. eine Genauigkeit von $\lambda/4000$, so löst er die Reststrecke mit einer Genauigkeit von 5 mm auf. Eindeutige Ergebnisse und eine hohe Genauigkeit lassen sich daher nur erzielen, wenn man den Meßvorgang in einzelnen Schritten, jedoch je mit einer größeren Wellenlänge ausführt. Die Messung mit der kleinsten Wellenlänge bezeichnet man als *Feinmessung*, die weiteren als *Grobmessung*. Ein Beispiel soll die schrittweise auszuführenden Messungen verdeutlichen:

	Meßfrequenz	Wellenlänge	Reststrecken	
3. Messung	150 kHz	2000 m	789	Grob-
2. Messung	1,5 MHz	200 m	882	messungen
1. Messung	15 MHz	20 m	8437	Feinmessung
			788,437 m	

Das Ergebnis erhält man schließlich, indem man zu der Feinmessung je die erste Ziffer der Grobmessungen hinzufügt. Es ist leicht zu erkennen, daß es jetzt völlig unbedeutend ist, wenn die einzelnen Messungen bei zunehmender Wellenlänge je um eine Zehnerpotenz ungenauer werden.

Da das Signal die Strecke zweimal durchläuft, erhält man zunächst als Ergebnis die zweifache Distanz; die einfache erhält man nach Division durch 2 oder wenn man in (2.7) λ durch $\frac{\lambda}{2} = U$ ersetzt. U wird als *Maßstab* bezeichnet. Je nach Meßfrequenz nennt man den kleinsten Maßstab *Feinmaßstab* und die übrigen Maßstäbe *Grobmaßstäbe.*

Da die Parameter der Bauelemente temperaturabhängig sind, driftet die Phasenlage der Signale; es läßt sich daher mit einer Phasendifferenzmessung kein fester Anfangspunkt für die gemessene Distanz definieren. Man wiederholt daher den Phasenvergleich auf einer inneren Eichstrecke, indem ein geräteinterner Reflektor (Prisma) in den Strahlengang geschaltet wird (Abb. 2.3). Berechnet man anschließend die Distanz D als Differenz

$$D' = D_2' - D_1' \tag{2.8}$$

des äußeren Weges D_2' und inneren Weges D_1', so wirkt sich das Driften praktisch nicht mehr aus, wenn die Zeitspanne zwischen der äußeren und der inneren Messung sehr kurz ist.

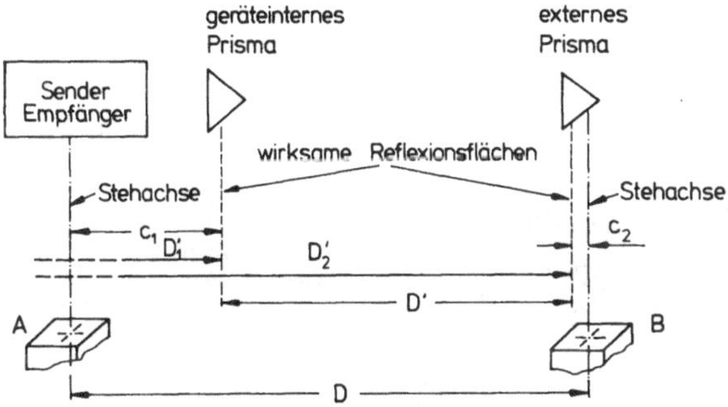

Abb. 2.3. Definition der Nullpunktskorrektur

Fällt die wirksame Reflexionsfläche des geräteinternen Prismas nicht mit der Stehachse des Meßgerätes zusammen und liegt die wirksame Reflexionsfläche des externen Prismas nicht in seiner Stehachse, so bilden die Abweichungen c_1 und c_2 die Nullpunktskorrektur:

$$k_0 = c_1 + c_2. \tag{2.9}$$

Kapitel 2.2 beschreibt, wie sich die Nullpunktskorrektur bestimmen läßt.

In der Regel steuert ein Mikroprozessor [1.4.2] die einzelnen Meßvorgänge, bildet aus den Teilergebnissen ein Gesamtergebnis und versieht dieses mit der Nullpunkts- und Maßstabskorrektur. Das endgültige Ergebnis kann man dann auf einer Reihe von Ziffernanzeigeeinheiten ablesen.

2.1.3 Träger und Modulation der Träger

Will man Distanzen mit einer Genauigkeit von wenigen mm oder cm messen, so kann der Sender die Meßsignale nicht unmittelbar aussenden, da sich ihre Ausbreitungseigenschaften nur ungenau erfassen lassen. Mit ausreichender Genauigkeit kann man die Ausbreitungseigenschaften elektromagnetischer Wellen höherer

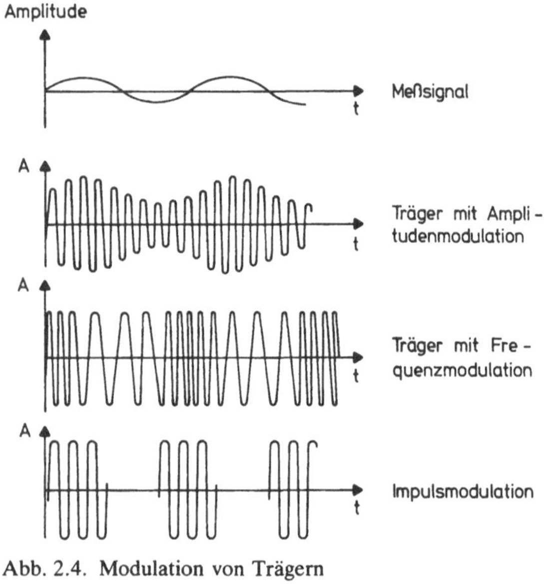

Abb. 2.4. Modulation von Trägern

Frequenzen bestimmen. Man prägt daher die Meßsignale hochfrequenten Wellen – in diesem Zusammenhang *Träger* genannt – auf. Dieses geschieht durch Amplituden-, Frequenz- oder Impulsmodulation. Bei der *Amplitudenmodulation* ändert sich die Amplitude und bei der *Frequenzmodulation* die Frequenz des Trägers im Rhythmus des Meßsignals. *Impulsmodulation* ist gegeben, wenn der Sender den Träger in konstanten Zeitabständen immer wieder für eine sehr kurze Zeit sendet (Abb. 2.4).

Als Träger eignen sich elektromagnetische Wellen aus dem Bereich des Infrarots, des sichtbaren Lichtes und der Mikrowellen. Ihr geometrischer Verlauf wird nur durch die Refraktion beeinflußt. Die Signalwege lassen sich für Distanzen bis zu 10 km genau genug durch eine Gerade und für größere Distanzen durch einen Kreisbogen beschreiben [2.5].

Die Ausbreitungsgeschwindigkeit der Träger des optischen Bereichs läßt sich mit größerer Genauigkeit bestimmen als die der Mikrowellen. Nachteilig für Geräte mit Trägern des optischen Bereichs ist allerdings, daß ihre Reichweite erheblich durch Dunst, Regen und Luftflimmern beeinflußt wird. Die Reichweite der Mikrowellen-Distanzmesser ist von der Witterung weitgehend unabhängig. Da die Träger der Meßsignale die Eigenschaften der Meßgeräte wesentlich beeinflussen, unterscheidet man zwischen elektrooptischen Distanzmessern und Mikrowellen-Distanzmessern.

2.1.4 Vereinfachte Modelle elektrooptischer Distanzmesser

Nach [2.1.3] eignen sich als Träger der Meßsignale elektromagnetische Wellen aus dem Bereich des Infrarots oder sichtbaren Lichtes. Zu einem technisch verhältnismäßig einfachen Geräteaufbau kommt man, wenn man als Träger die infrarote Strahlung wählt und sich auf Entfernungen bis zu 15 km beschränkt. Die Geräte lassen sich dann sehr leicht, klein und preisgünstig bauen. Nutzt man Laser als Träger, so lassen sich Reichweiten bis zu 60 km erzielen. Diese Geräte sind schwerer, von größerem Volumen und kostspieliger.

Das nachstehende Blockschaltbild (Abb. 2.5) läßt die wesentlichen Bauteile eines Distanzmessers erkennen, der mit einem infraroten Träger arbeitet. Die infrarote Strahlung entsteht in einer Ga-As-Diode.

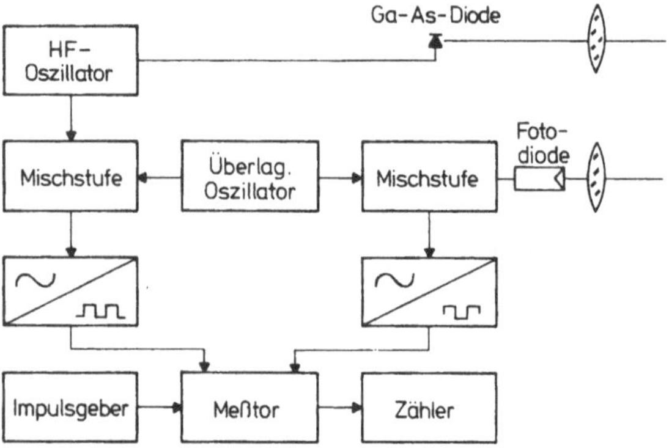

Abb. 2.5. Vereinfachtes Blockschaltbild eines Distanzmessers des Nahbereichs oder mittlerer Reichweite

Das Meßsignal erzeugt ein Hochfrequenz (HF)-Oszillator in Form einer sinusförmigen Wechselspannung. Die Wechselspannung hoher Frequenz (z. B. 15 MHz) steuert die Ga-As-Diode. Dadurch wird die Intensität der Infrarotstrahlung so verändert, daß sie beim Verlassen der Diode im Takt der angelegten Wechselspannung zu- und abnimmt (Hell-Dunkeleffekt). Das Licht wird anschließend in einer Sendeoptik ausgerichtet und über die zu messende Strecke zunächst zu einem am Endpunkt der Strecke aufgestellten Reflektor geleitet und von da zu dem Sendegerät am Anfangspunkt der Strecke zurückgesandt. Dort gelangt es über eine Empfangsoptik auf eine Fotodiode, welche die Intensitätsschwankungen des Lichtes in Spannungsschwankungen der gleichen Frequenz umsetzt. Diese werden als Meßsignal einem Phasenmesser zugeführt, der aus einem Impulsgeber, einem Meßtor und einem Zähler besteht. Ein geringer Anteil des vom Oszillator erzeugten Signals wird außerdem direkt als Referenzsignal zum Phasenmesser geleitet. Der Phasenmesser kann die hochfrequenten Signale nicht unmittelbar verarbeiten. Sie müssen zuvor über Mischstufen in niederfrequente Signale und über weitere Schaltungen in Rechtecksignale umgewandelt werden.

Da das von dem modulierten Licht gebildete Meßsignal die zu messende Strecke hin- und zurück durchlaufen hat, schwingen Meß- und Referenzsignal im Regelfall nicht phasengleich. Der Phasenunterschied ist nach [2.1.2] das eigentliche Meßergebnis und wird vom Phasenmesser bestimmt.

Der Meßvorgang wiederholt sich auf einem inneren Lichtweg und anschließend mehrfach mit abgewandelten Frequenzen, bis schließlich die Strecke aus den Phasendifferenzen eindeutig berechnet werden kann. Mit Hilfe zusätzlicher Schaltungen erzeugt der HF-Oszillator diese weiteren Frequenzen. Die Steuerung der Messungen und die Auswertungen übernimmt ein Mikroprozessor. Je nach Fabrikat gibt es Abweichungen von dem in Abb. 2.5 dargestellten Aufbau. Man kann z. B. auf den Impulsgeber, den Überlagerungsoszillator und die linke Mischstufe verzichten, wenn die Zählfrequenz, die Referenzfrequenz und die Überlage-

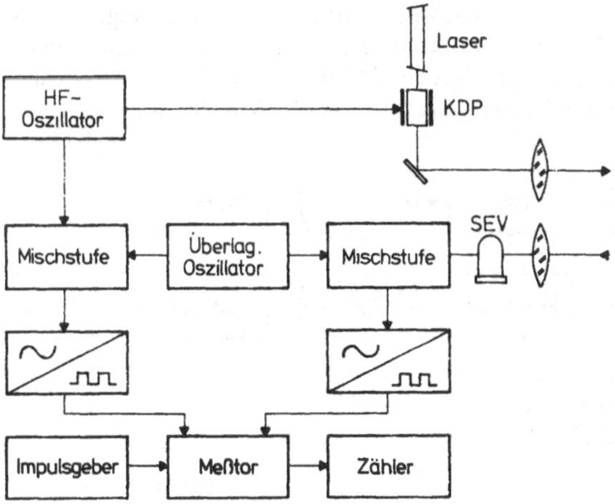

Abb. 2.6. Vereinfachtes Blockschaltbild eines Distanzmessers großer Reichweite

rungsfrequenz mit Zusatzschaltungen unmittelbar aus dem HF-Oszillator gewonnen werden.

Abb. 2.6 zeigt das vereinfachte Blockschaltbild eines Distanzmessers großer Reichweite. Den Träger erzeugt ein Laser. Dem Laser wird indirekt über einen KDP-Modulator das Meßsignal aufgeprägt. Das Lasersignal durchläuft die Strecke. Anschließend wandelt ein Sekundärelektronenvervielfacher (SEV) dieses in ein elektrisches Signal um. Die weitere Signalverarbeitung und anschließende Phasenvergleichsmessung erfolgt wie bei dem in Abb. 2.5 dargestellten Entfernungsmesser.

Neben dem in Abb. 2.5 dargestellten Entfernungsmesser gibt es noch weitere, die mit einem analogen Phasenmesser arbeiten. Die Umwandlung der NF-Signale in Rechtecksignale entfällt dann. Der Phasenmesser besteht aus einer Resolverschaltung und einem Phasendetektor (Abb. 2.15).

2.1.5 Ein vereinfachtes Modell der Mikrowellen-Distanzmesser

Entfernungsmesser, die Mikrowellen als Träger nutzen, benötigen eine Hauptstation (Master) und eine aktive Gegenstation (Remote); Master- und Remote-Station haben je eine Sende- und Empfangsanlage. Das Funktionsprinzip eines Mikrowellen-Distanzmessers ist vereinfacht in Abb. 2.7 dargestellt.

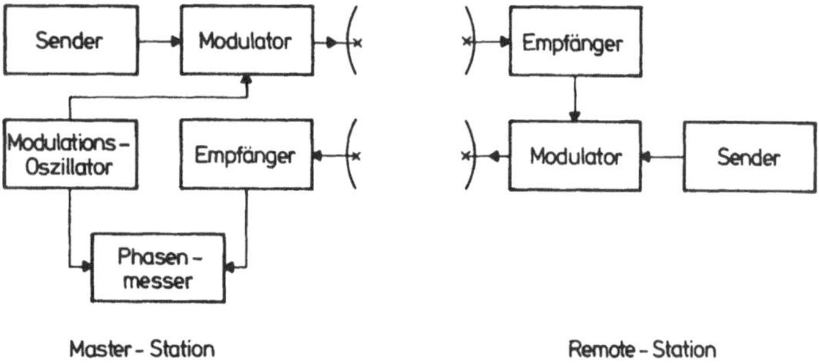

Abb. 2.7. Vereinfachtes Prinzipschaltbild eines Mikrowellen-Distanzmessers

Der Träger wird im Sender von einem Reflexklystron oder einer Gun-Diode erzeugt. Diesem wird durch Frequenzmodulation das Meßsignal aufgeprägt. Die Modulation steuert ein Quarzoszillator. Das modulierte Trägersignal wird über eine Antenne abgestrahlt, vom Empfänger der Remote-Station empfangen und dort demoduliert. Das demodulierte Meßsignal wird verstärkt und erneut durch Frequenzmodulation dem Träger der Gegenstation aufgeprägt. Über die Antennen gelangt es zurück in die Hauptstation, wo es wiederum demoduliert wird. Das demodulierte Signal gelangt zu einem Phasenmesser, der seine Phase mit der eines direkt vom Oszillator abgeleiteten Referenzsignals vergleicht. Die Phasenvergleichsmessung führt je nach Meßgerät entweder ein analoger Phasenmesser (eine Resolverschaltung) oder ein digitaler Phasenmesser aus. Zur eindeutigen Bestimmung langer Strecken wird der Vorgang mit abgeänderten Modulationsfrequenzen wiederholt. Aus den jeweils bestimmten Phasendifferenzen bildet man wie in [2.1.2] die eindeutige Distanz. Eine ausführliche Beschreibung findet man u. a. in (*Kahmen* 1983).

2.1.6 Bausteine elektronischer Distanzmesser

Wie bereits in [2.1.3] gezeigt, werden dem kurzwelligen Licht durch die Modulation periodische Signale aufgeprägt, deren Laufzeit der zu messenden Strecke proportional ist. Dabei können entweder die von der Lichtquelle ausgestrahlten Lichtstrahlen moduliert werden (indirekte Modulation), oder das Licht kann durch Beeinflussung am Ort der Entstehung, also in der Lichtquelle selbst, die gewünschte Modulation erfahren (direkte Modulation).

Distanzmesser mit Reichweiten bis zu 15 km erzeugen die optischen Meßsignale mit einer Lumineszenzdiode (Ga-As-Diode) durch *direkte Modulation*. Die Bauelemente lassen sich auf kleinstem Raum unterbringen und die Spannungsversorgung ist unproblematisch. Meßgeräte dieses Typs lassen sich daher mit geringem Gewicht und kleinen Abmessungen bauen.

In der *Lumineszenzdiode* (Abb. 2.8) sind zwischen zwei Kontakten Halbleiter (Gallium – Arsenid) angeordnet. Durch Einlage-

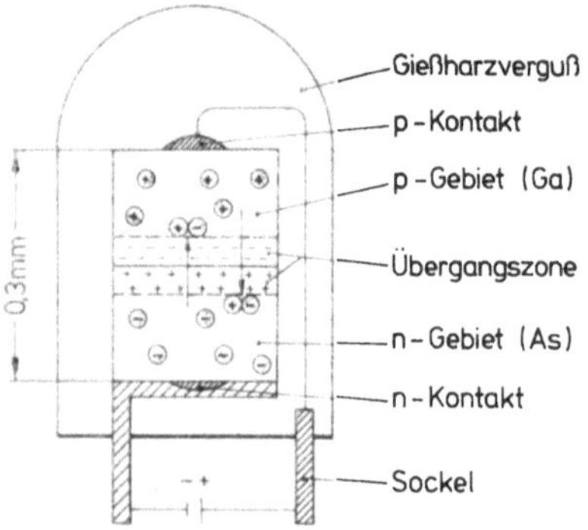

Abb. 2.8. Wirkungsweise der Lumineszenzdioden

rung von Fremdatomen wird in der einen Hälfte der Diode ein Elektronenüberschuß (*n*-Gebiet) und in der anderen ein Elektronenmangel (*p*-Gebiet) erzeugt. In der etwa 10 μm starken Übergangszone haben sich freie Elektronen und Löcher vereinigt; die Übergangsschicht wirkt also als Sperrschicht. Wird nun eine Spannung im eingezeichneten Sinne angelegt, so bekommen die Elektronen und Löcher eine höhere Energie und werden in die Übergangsschicht geschwemmt, ein Vorgang, der als *Energieinjektion* bezeichnet wird. Die Ladungsträger vereinigen sich hauptsächlich an den Rändern der Übergangsschicht und geben die aus

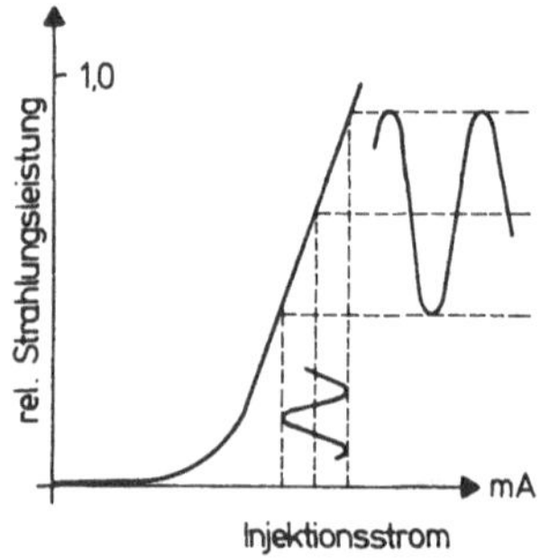

Abb. 2.9. Kennlinie einer Lumineszenzdiode

der Spannungsquelle stammende Energie in Form von Wärme und – hier von Interesse – als Lichtquanten ab. Die entstehende Lumineszenzstrahlung liegt im nahen Infrarot bei etwa 900 nm Wellenlänge. Liegen an der Diode unterschiedliche Spannungen, so fließen durch die Diode unterschiedliche Injektionsströme. In Abhängigkeit von der Stärke des Injektionsstroms entstehen unterschiedliche Strahlungsleistungen. Diesen Zusammenhang beschreibt die in Abb. 2.9 dargestellte Kennlinie der Diode. In einem bestimmten Bereich verläuft die Kennlinie geradlinig. Erzeugt die angelegte Wechselspannung Injektionsströme, die innerhalb des geradlinigen Bereichs der Kennlinie liegen, so werden die Spannungen linear in Intensitätsschwankungen des infraroten Trägers umgesetzt. Sinusförmige Spannungsschwankungen erzeugen sinusförmige Stromschwankungen und diese wiederum eine sinusförmige Amplitudenmodulation des Trägers.

Leider ist die Strahlung nicht sichtbar. Dadurch wird die Ausrichtung des Gerätes auf den Reflektor erschwert.

Elektrooptische Distanzmesser großer Reichweite haben als Strahlungssender einen Laser. Die Laserstrahlung kann man mit einem KDP-Modulator *indirekt modulieren*. Ein *KDP-Modulator* besteht aus einem KDP-Kristall, Polarisator und Analysator (Abb. 2.10). Der KDP-Kristall befindet sich zwischen zwei Elektroden. Legt man an diese eine Spannung, so wird der Kristall doppelbrechend; d. h. das einfallende Licht wird in zwei rechtwinklig zueinander angeordnete Komponenten zerlegt. Dieser elektrooptische Effekt wird zur Modulation des Lichtes folgendermaßen ausgenutzt:

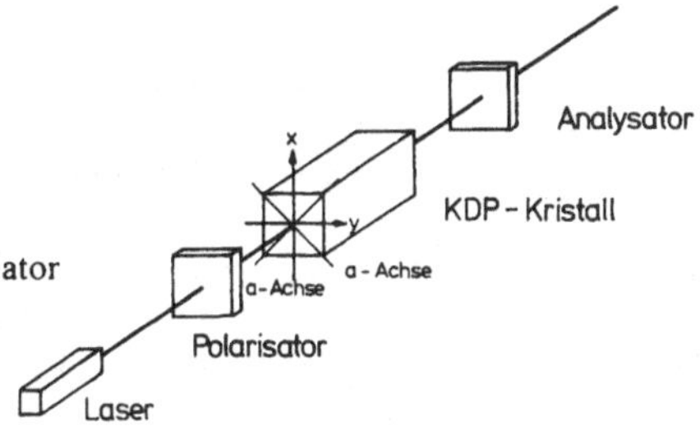

Abb. 2.10. KDP-Modulator

Das von dem Laser gesendete Licht wird durch den Polarisator parallel zu einer *a*-Achse linear polarisiert. Es trifft dann auf den KDP-Kristall, in dem das Licht durch den elektrooptischen Effekt in zwei Komponenten zerlegt wird; diese fallen mit den Hauptachsen *x* und *y* des Kristalls zusammen. Das parallel zur *x*-Achse schwingende Licht durchläuft den Kristall mit einer anderen Geschwindigkeit als das parallel zur *y*-Achse polarisierte. Beim Verlassen des Kristalls ist das Licht daher elliptisch polarisiert. Die Achsen der Ellipse fallen mit den *a*-Achsen zusammen. Überlagert man der Gleichspannung an den Elektroden eine schwächere Wechselspannung, so ändert sich die Form der Ellipse im Rhythmus der Spannungsschwankungen. Durch den Analysator fällt nur Licht einer Schwingungsrichtung. Liegt der Analysator mit seiner Polarisationsrichtung parallel zu einer Achse der Polarisationsellipse, so erreicht die Intensität des Lichtes hinter dem Analysator Höchstwerte. Die Eigenschaften des Modulators beschreibt seine Kennlinie in Abb. 2.11. Handelt es sich bei der Wechselspannung um eine sin-Spannung, so entsteht am Ausgang des Modulators ein sinusförmig amplitudenmoduliertes Lichtsignal.

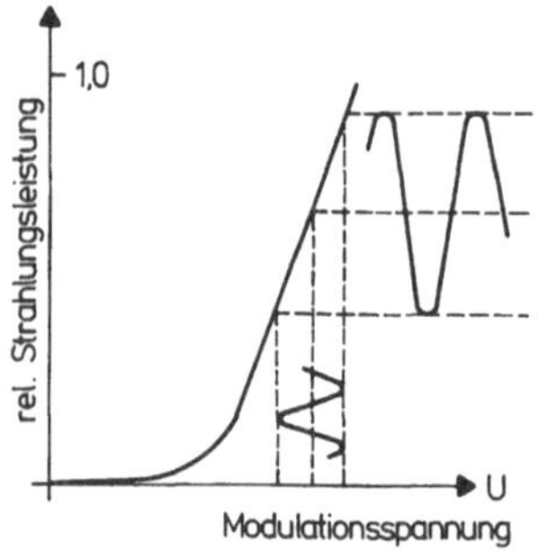

Abb. 2.11. Kennlinie des KDP-Modulators

Das über die Strecke gelaufene Meßsignal wird durch *Demodulation* von dem Träger getrennt und in ein elektrisches Signal umgewandelt. In Nahbereichsentfernungsmessern und Entfernungsmessern mittlerer Reichweite werden vorzugsweise als Demodulatoren, Fotodioden und Sekundärelektronenvervielfacher eingesetzt. *Fotodioden* sind Halbleiterbauelemente (Abb. 2.12). Die Spannung wird an die *pn*-Elemente in Sperrichtung gelegt. Ohne Lichteinfall hat die Diode einen großen Widerstand und läßt praktisch keinen Strom fließen. Bei Lichteinfall entstehen durch Absorption von Lichtquanten Elektronen-Lochpaare. Diese werden durch das innere elektrische Feld der Übergangszone und die anliegende Spannung getrennt und erzeugen in dem äußeren Kreis einen Strom. Einen besonders hohen Wirkungsgrad haben Avalanche-Fotodioden.

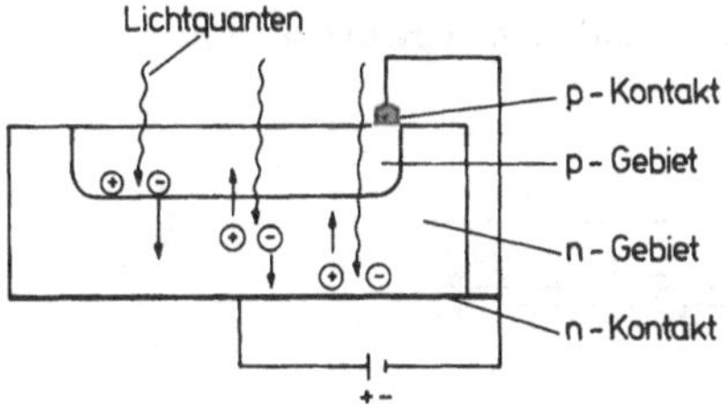

Abb. 2.12. Wirkungsweise einer Fotodiode

Die Kennlinie einer Fotodiode zeigt Abb. 2.13. Sie verläuft in einem größeren Bereich weitgehend geradlinig. Fotodioden können daher weitgehend linear sinusförmig amplitudenmodulierte Lichtsignale in elektrische Signale umwandeln.

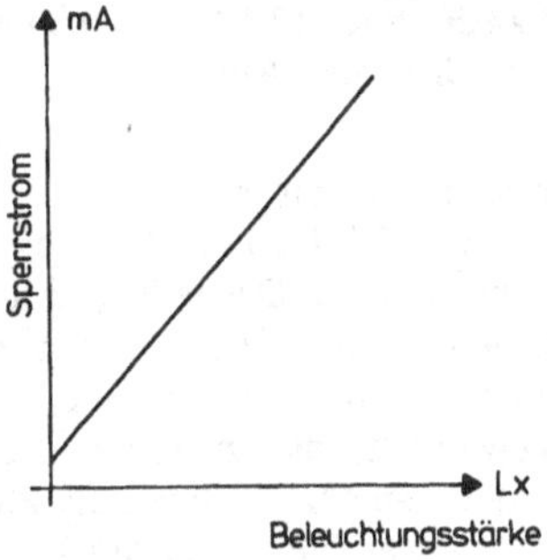

Abb. 2.13. Kennlinie einer Fotodiode

In Distanzmessern großer Reichweite verwendet man *Sekundärelektronenvervielfacher (SEV)* für die Demodulation. Diese sind empfindlicher als Fotodioden. SEV bestehen aus einem Vakuumrohr, in dem sich eine Katode, eine Anode und Dynoden befinden (Abb. 2.14). Durch Lichteinfall werden aus der Katode Elektronen gelöst. Die Elektronen gelangen von Dynode zu Dynode und lösen dort weitere Elektronen aus. Es entsteht ein Verstärkungseffekt. Die Elektronen gelangen schließlich zur Anode und lassen in dem äußeren Stromkreis einen Strom entstehen. Die SEV haben eine ähnliche Kennlinie wie die Fotodioden; daher ist auch ihre Wirkungsweise ähnlich. Mit ihnen lassen sich auch sehr schwache Signale demodulieren, bei denen Fotodioden bereits versagen.

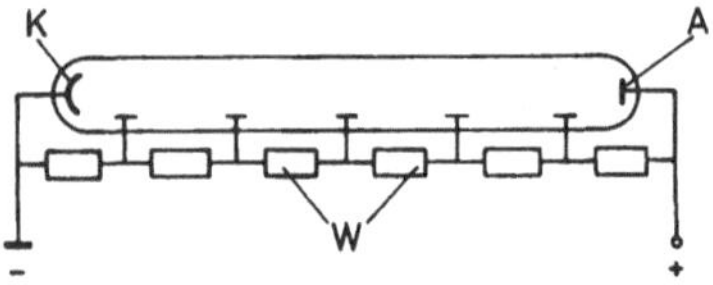

Abb. 2.14. Sekundärelektronenvervielfacher;
A: Anode, *D*: Dynode, *K*: Katode, *W*: Widerstände

Nachdem das Meßsignal den Weg zum Reflektor und von dort zurück zum Empfänger durchlaufen hat, mißt man seine Phasendifferenz gegenüber einem Referenzsignal. Man benutzt hierfür *analoge* und *digitale Phasenmesser*. Nach [2.1.2] berechnet man die endgültige Distanz durch mehrfaches Anwenden der Gleichung (2.7):

Beim *Analogverfahren* lassen sich auf den zur Modulation benutzten Hochfrequenzen von etwa 15 MHz die Phasendifferenzen meßtechnisch sehr schwer bestimmen. Deshalb wird in allen neueren Geräten die Hochfrequenz durch Überlagerung mit einer wenig davon verschiedenen Hilfsfrequenz in eine phasengleiche Niederfrequenz umgewandelt, die zwischen 1,5 und 150 kHz liegt. Auf dieser Niederfrequenz kommen als Phasenschieber insbesondere die auch als Resolver bezeichneten Drehmelder in Frage. Ein solcher Resolver ähnelt einem Wechselstrommotor. Er besitzt zwei feste, senkrecht zueinander angeordnete Statorspulen und eine drehbare Rotorspule. Die durch Verdrehen des Rotors erzeugte Phasenverschiebung ist dem Drehwinkel proportional oder technisch gesprochen *„analog“*. Der Drehwinkel wird über ein Zählwerk oder mit Leuchtziffern angezeigt. Die Genauigkeit der Phasenmessung mit Resolvern liegt bei 10^{-3} bis 10^{-4}. Daher wird der Phasenwinkel gewöhnlich mit 3 Ziffern angezeigt. Die Phasenmessung wird gemäß dem in [2.1.2] gegebenen Zahlenbeispiel so angeordnet, daß gleichzeitig die Mehrdeutigkeit verschwindet.

Für die Einstellung des Resolvers benötigt man einen „elektrischen Bezugspunkt“. Diesen liefert ein Phasendetektor mit einem Nullinstrument. Phasendetektoren zeigen eine Nullspannung an, wenn zwei ihm zugeführte Signale eine Phasendifferenz von 90° oder 270° haben. Für die Phasenmessung muß man daher den Resolver mit einem Phasendetektor koppeln (Abb. 2.15). Für

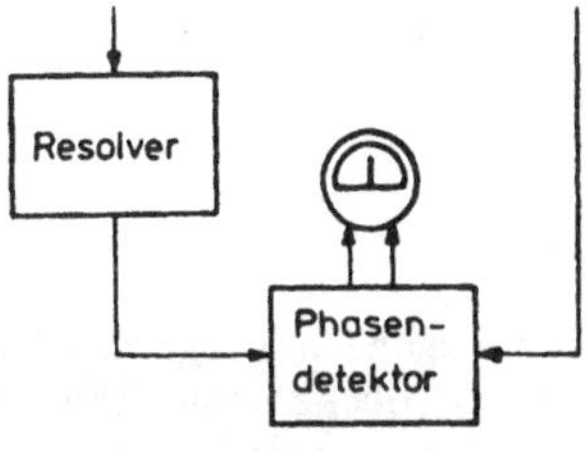

Abb. 2.15. Analoge Phasenmessung

den Phasenvergleich dreht man den Rotor so lange, bis das Anzeigeinstrument eine Nullspannung anzeigt. Die Phasendifferenz beträgt dann

$$\Delta\varphi' = 90° + \Delta\varphi \text{ oder} \tag{2.10}$$
$$\Delta\varphi'' = 270° + \Delta\varphi \tag{2.11}$$

Wichtig ist, daß man nur mit einer Gleichung, d. h. nur mit einem Bezugspunkt arbeitet. In der Regel werden bei analogen Geräten die Reststrecken *r* bei den Grobmessungen und der Feinmessung durch Differenzmessungen gebildet. Der konstante Anteil von 90° bzw. 270° wird dann eliminiert.

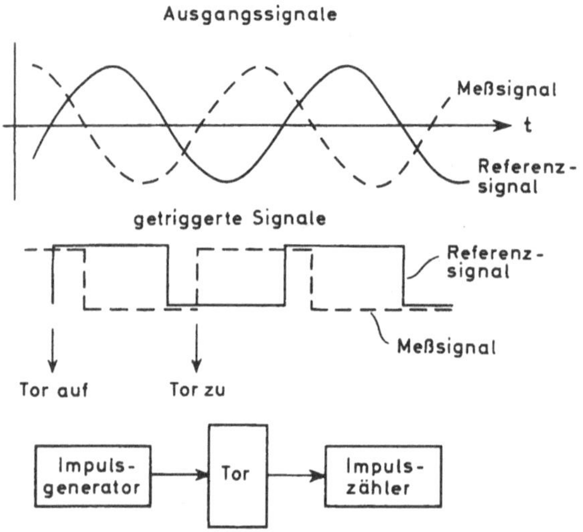

Abb. 2.16. Digitale Phasenmessung

Neuere Instrumente arbeiten vorwiegend mit *digitalen* Phasenmeßverfahren. Das auf der Niederfrequenz sinusförmig vorliegende Meßsignal und das Referenzsignal werden zunächst getriggert, d. h. in Rechtecksignale umgewandelt. Diese getriggerten Signale steuern das Tor zwischen einem Impulsgenerator, der Impulse in schneller Folge erzeugt, und einem Impulszähler. Die vordere Flanke des Referenzsignals öffnet das Tor, und die vordere Flanke des Meßsignals schließt es wieder. Die Zahl der zwischenzeitlich durch das Tor auf den Impulszähler gelangten Impulse ist ein Maß für den Phasenwinkel zwischen Referenz- und Meßsignal. Die Messung kann – beginnend an der nächsten Vorderflanke des Referenzsignals – beliebig oft wiederholt werden. Das Mittel aus vielen Messungen aber weist mit etwa 10^{-4} eine recht hohe Genauigkeit auf.

2.2 Instrumentelle Fehlerquellen; Kalibrierung

In der Regel gilt wie bei anderen Distanzmeßverfahren auch bei der elektromagnetischen Distanzmessung eine Gleichung von der Form $D = k_0 + k D^A$. Sie besagt, daß der abgelesene rohe Entfernungswert D^A mit einer Maßstabskonstanten k multipliziert und mit einer additiven Korrektur k_0 versehen werden muß, um die gewünschte schräge oder horizontale Distanz D zu erhalten. Die Modulationsfrequenz f_0 eines elektro-optischen Distanzmessers ist gewöhnlich so gewählt, daß die in (2.4) definierte Wellenlänge bei einem gewissen Durchschnittswert n_0 für den Brechungsindex ein rundes Maß (z. B. 20 m) annimmt. Unter diesen Normalbedingungen wäre die Maßstabskonstante k gleich 1. Weichen die aktuellen Werte für Lufttemperatur und Druck jedoch von den Normalwerten ab, so ist k von 1 verschieden, und es muß der rohe Wert D^A entsprechend korrigiert werden. Nun ist allerdings der Einfluß einer solchen Abweichung von den Normalbedingungen für elektrooptische Entfernungsmesser gering. Aus Kap. 2.3 (2.19) ist zu entnehmen, daß erst eine Temperaturabweichung von 10 K bzw. eine Druckabweichung von 34 mbar eine Änderung des Brechungsindexes und damit von k um $1 \cdot 10^{-5}$ hervorrufen, was einem Streckenfehler von 1 cm/km entspricht. Wie die gemessenen Distanzen zu korrigieren sind, wenn die Gerätekonstante n_0 von dem tatsächlich vorhandenen Brechungsindex abweicht, beschreibt Kap. 2.4.

Eine Abweichung der Maßstabskonstante k vom Wert 1 tritt auch dann auf, wenn die Modulationsfrequenz f nicht mit ihrem Sollwert f_0 übereinstimmt. Die Stabilität der Frequenzen ist gewöhnlich recht groß, doch sollte in gewissen Abständen eine Überprüfung an einem Frequenzprüfer vorgenommen werden. Die *Frequenzkorrektion*, die Korrektion wegen Abweichung von der Sollfrequenz, beträgt

$$k_f = D^A \cdot \frac{f_0 - f}{f_0} . \tag{2.12}$$

Neben der Maßstabskonstanten ist die *Nullpunktskorrektion* (2.9) zu überprüfen. Sie berücksichtigt instrumentenseitig den Unterschied zwischen dem elektrischen und dem mechanischen

Nullpunkt des Distanzmessers und reflektorseitig den Versatz der Reflexionsstelle gegenüber dem Zentrierpunkt sowie die Laufzeitverzögerungen im Glas. Während die reflektorseitigen Anteile für ein mit demselben Reflektor ausgerüstetes Instrument konstant bleiben, können bei den instrumentellen Anteilen Änderungen auftreten. Ursache hierfür sind vorwiegend Phaseninhomogenitäten der Strahlungssender und Fotodetektoren. Auch eine gegenseitige Beeinflussung der Signale aus dem Sende- und Empfangsteil, das sogenannte Übersprechen, ist hier zu nennen. Es führt, ebenso wie eventuelle Fehler des Phasenmessers, zu zyklischen Änderungen der Konstante k_0, die jedoch in den meisten Fällen hinreichend klein gehalten werden können.

Eine regelmäßige Überprüfung der Nullpunktskorrektion k_0 ist ratsam. In der Regel genügt dazu eine sehr einfache Anordnung:

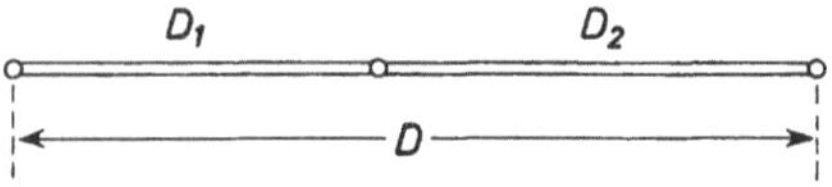

Abb. 2.17. Bestimmen der Nullpunktskorrektion

Wenn die Maßstabskonstante k gleich 1 gesetzt werden kann, gelten die Gleichungen

$$D = k_0 + D^A \quad \text{und} \quad D = D_1 + D_2 = k_0 + D_1^A + k_0 + D_2^A$$

woraus folgt:

$$k_0 = D^A - (D_1^A + D_2^A). \tag{2.13}$$

Eine *Neubestimmung der Nullpunktskorrektion* und ihres Genauigkeitsmaßes erfordert eine größere Anzahl von Kalibrierungsmessungen. Diese

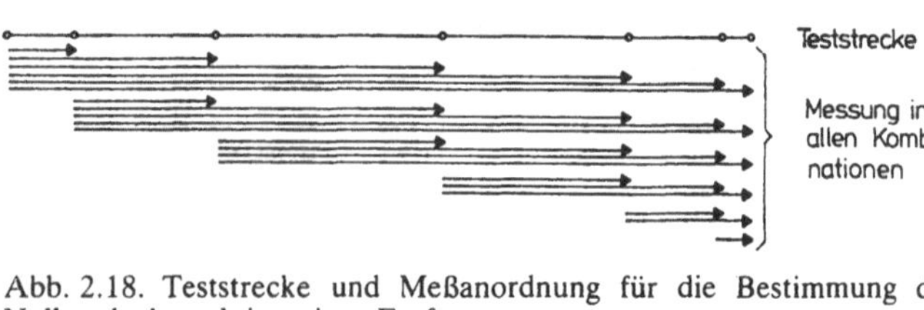

Abb. 2.18. Teststrecke und Meßanordnung für die Bestimmung der Nullpunktskorrektion eines Entfernungsmessers

lassen sich am einfachsten auf einer mehrfach unterteilten Teststrecke ausführen (Abb. 2.18). Die Teststrecke sollte folgenden Anforderungen genügen (*Kahmen* 1983):

- Die einzelnen Strecken sollten möglichst den gesamten in der Praxis vorkommenden Meßbereich gleichmäßig überdecken, um auch distanzabhängige Einflüsse einzubeziehen.
- Die Endmaße der Teilstrecken sollten über den Feinmaßstab des Gerätes gleichmäßig verteilt sein.
- Die Soll-Maße sind mit einem Entfernungsmesser höchster Genauigkeit zu bestimmen.

Normalerweise wird man allerdings wegen örtlicher Gegebenheiten und um den Einfluß eines fehlerhaft erfaßten Brechungsindexes gering zu halten, die Gesamtstrecke < 1 km wählen. In der Regel wird dabei die Kennlinie der Meßgeräte ausreichend genau erfaßt.

Zu einer größeren Anzahl von Vergleichsmessungen kommt man, wenn die Messungen in allen Kombinationen ausgeführt werden (Abb. 2.18). Die Auswertung der Meßergebnisse führt man geeignet in zwei Schritten durch:

(1) Graphische Darstellung der Differenzen ΔD (Soll-Wert minus Ist-Wert) in Abhängigkeit von der Distanz D.
(2) Bestimmung der Parameter der Kennlinie und der Genauigkeitsmaße durch ein Ausgleichungsverfahren.

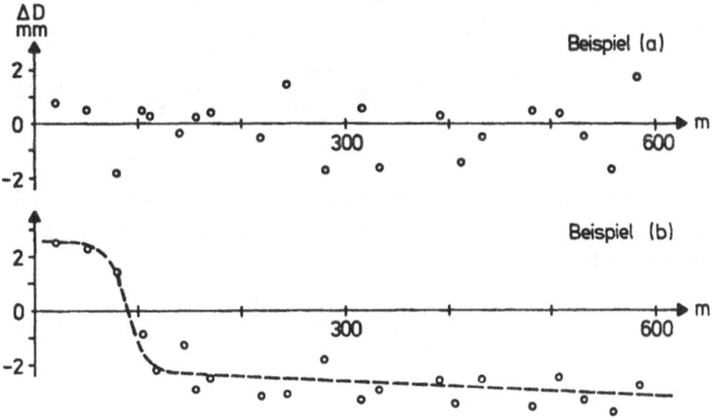

Abb. 2.19. Kennlinien unterschiedlicher Entfernungsmesser

Abb. 2.19 zeigt typische Untersuchungsergebnisse. In Beispiel (a) handelt es sich um einen sehr sorgfältig kalibrierten Entfernungsmesser. Seine Kennlinie verläuft horizontal und fällt mit der Nullinie zusammen. Im Fall (b) weist die Nullpunktskorrektion im Bereich von 100 m einen Sprung auf.

2.3 Brechungsindex und Refraktionskoeffizient

Die Ausbreitungsgeschwindigkeit und die Bahn der Licht- und Mikrowellen sind abhängig vom Zustand der Atmosphäre, und zwar die Ausbreitungsgeschwindigkeit insbesondere von den Brechungsindizes n_L und n_M und die Bahnkrümmung von den Refraktionskoeffizienten k_L und k_M.

Zur Berechnung des *Brechungsindex* für Mikrowellen hat man die Formel von Essen und Froome

$$N_M = (n_M - 1) \cdot 10^6 = \frac{77,62}{T}(p - e) + \frac{64,70}{T}\left(1 + \frac{5748}{T}\right)e. \quad (2.14)$$

Dabei bezeichnen: p den Luftdruck (mbar), e den Dampfdruck (mbar), T die Temperatur (K). Für den Gruppenbrechungsindex n_{Gr} des Lichtes in trockener Luft und Normalatmosphäre ($T = 273$ K, $P = 1013{,}25$ mbar, 0,03% CO_2 Gehalt) gilt die Formel von Barrel und Sears:

$$(n_{Gr} - 1)\,10^6 = 287{,}604 + 3 \cdot \frac{1{,}6288}{\lambda^2} + 5 \cdot \frac{0{,}0136}{\lambda^4}, \quad (2.15)$$

wobei λ in μm zu nehmen ist.

Dieser Wert ist noch umzurechnen auf den Luftzustand bei der Messung ($t°$ C Temperatur, p mbar Luftdruck, e mbar Dampfdruck) nach

$$(n_L - 1) = 98{,}7 \cdot 10^{-5}\,\frac{(n_{gr} - 1)}{(1 + \alpha t)}\,p - \frac{4{,}1 \cdot 10^{-8}}{1 + \alpha t}\,e; \quad \alpha = 0{,}003661. \quad (2.16)$$

mit

$$e = E' - D \cdot p(T - T'). \quad (2.17)$$

In (2.17) bezeichnen

D: eine Konstante (0,000662 bei Messungen über Wasser; 0,000583 bei Messungen über Eis),
E': den Sättigungsdampfdruck bei der Temperatur des feuchten Thermometers und
T': die Feuchttemperatur.

Für die Berechnung des Sättigungsdampfdruckes benutzt man normalerweise die Formel von Magnus-Tetens:

$$\log E' = \frac{\alpha t'}{t' + \beta} + \gamma. \tag{2.18}$$

Dabei sind: über Wasser $\alpha = 7{,}5$ und $\beta = 237{,}3$; über Eis ist $\alpha = 9{,}5$ und $\beta = 265{,}5$; γ beträgt stets 0,7857; t': Feuchttemp. in °C.

Abweichungen der errechneten Brechungsindizes n_M und n_L von der Gerätekonstanten n_0 erfordern Korrektionen, die in Kap. 2.4 genauer beschrieben sind.

Setzt man (2.17) in (2.14) und (2.16) ein, so erhält man nach Differentiation von (2.14) und (2.16) folgende Fehlerformeln für die Maßstabsfehler in ppm:

$$dn_L \cdot 10^6 = -1{,}00\, dT + 0{,}28\, dp, \tag{2.19}$$
$$dn_M \cdot 10^6 = -4{,}35\, dT + 6{,}67\, dT' + 0{,}26\, dp, \tag{2.20}$$

wenn $T = 288$ K ($t = 15$ °C), $T - T' = 4$ K, $p = 1000$ mbar (Durchschnittswerte).

Bei der Berechnung von n_L hat die Feuchttemperatur in der Regel nur untergeordnete Bedeutung. Bei Temperaturen $T = 303$ K ($t = 30$ °C) und einer relativen Feuchte 60% ist der Einfluß $1 \cdot 10^{-6}$. Die Trocken- und Feuchttemperaturen müssen bei Messungen mit Mikrowellen äußerst sorgfältig – etwa mit dem Aßmannschen Aspirationspsychrometer – bestimmt werden. Ein Fehler von 0,23 K des trockenen oder von 0,15 K des feuchten Thermometers verursachen durch die Verfälschung von e bereits einen Maßstabsfehler von 1 mm je km Strecke.

Der jeweilige *Refraktionskoeffizient* k ist, wenn unter R der Erdhalbmesser und unter α der Anstieg des Strahlenweges verstanden wird, definiert durch

$$k = \frac{R}{\varrho} = \frac{\text{Strahlkrümmung}}{\text{Erdkrümmung}} \text{ mit } 1/\varrho = -\frac{\operatorname{grad} n}{n} \cos\alpha \approx -\frac{dn}{dh},$$

$1/\varrho$ ist also genähert proportional dem mit zunehmender Höhe abnehmenden Wert des Refraktionskoeffizienten. k sollte daher richtiger als relative Strahlkrümmung bezeichnet werden.

Als Durchschnittswerte für die ungestörte Atmosphäre gelten $k_L = 0{,}13$ und $k_M = 0{,}25$. Also ist der Krümmungshalbmesser der Lichtkurve $\approx 8R$ und der der Mikrowellenkurve $\approx 4R$. Über feuchtem Grasland ist im Mittel in dem Bereich von 40–100 m über dem Boden

$k_M = 0{,}25$	tagsüber während des ganzen Jahres und in bedeckten Winternächten,	$k_L = 0{,}20$	tagsüber und in bedeckten Nächten während des ganzen Jahres,
0,50	nachts im Juni bis Oktober und in klaren Winternächten.	0,30	in klaren Nächten,
		0,13	tagsüber bei wolkenlosem Himmel.

2.4 Korrektionen wegen Ausbreitungsgeschwindigkeit

Es sei D^A die am Gerät abgelesene Distanz und n_0 ein bestimmter Festwert des Brechungsindexes, der der am Instrument angezeigten Entfernung zugrunde liegt; ferner sei n der für den ganzen Strahlenweg geltende Mittelwert. Für n erhält man einen Näherungswert, indem man das Mittel aus den an den beiden Enden der Strecke gemessenen meteorologischen Daten in (2.14) oder (2.16) einführt. Mit der Differenz $(n_0 - n)$ berechnet man dann eine 1. Geschwindigkeitskorrektion k_n. Da sich der Abstand zwischen der Erde und der Signalbahn nicht linear ändert, ist noch die 2. Geschwindigkeitskorrektion $k_{\Delta n}$ anzubringen, die vor allem den Einfluß des Refraktionskoeffizienten erkennen läßt. Die Korrektionen betragen dann

$$k_n = D^A \frac{n_0 - n}{n} \approx D^A (n_0 - n), \tag{2.21}$$

$$k_{\Delta n} = -(k - k^2)\frac{(D^A)^3}{12R^2}*, \tag{2.22}$$

Die *gemessene korrigierte Distanz* beträgt dann mit (2.12), (2.13), (2.21) und (2.22):

$$\boxed{D = D^A + k_0 + k_f + k_n + k_{\Delta n}}\ . \tag{2.23}$$

Bei langen Strecken im Hochgebirge oder über See berücksichtige man die dort herrschenden Refraktionsverhältnisse [2.6].

2.5 Geometrische Reduktionen

Der mit (2.23) erhaltene Wert D ist genau genug ein Kreisbogen mit dem Halbmesser ϱ zwischen den Endpunkten mit den Meereshöhen H_1 und H_2. Der Bogen ist schrittweise zu reduzieren (Abb. 2.20), und zwar: wegen der Bahnkrümmung mit r_K auf die – schräge – Sehne S^R; wegen der Neigung und Höhe über der Bezugsebene, mit r_H auf die Sehne S^0 des im Bezugshorizont verlaufenden Bogens der Erdoberfläche; schließlich wegen der Erdkrümmung mit r_E auf S. *Die endgültige Entfernung* ist dann, *wenn der Höhenunterschied* $H_2 - H_1 = \Delta H$ der Endpunkte bekannt ist:

$$\boxed{S = D + r_K + r_H + r_E} \tag{2.24}$$

mit

$$r_K = -k^2\frac{D^3}{24R^2}, \tag{2.25}$$

$$r_H = \left(\sqrt{\frac{1-\left(\dfrac{\Delta H}{S^R}\right)^2}{\left(1+\dfrac{H_1}{R}\right)\left(1+\dfrac{H_2}{R}\right)}} - 1\right)S^R, \qquad \text{vgl. (2.29)}$$

* (2.22) wird erst ab Strecken > 10 km angebracht.

wobei $S^R = D + r_K \approx D$

$$r_E = \frac{D^3}{24R^2}\,. \qquad (2.26)$$

Die Korrektionen $k_{\Delta n}$, und Reduktionen r_K und r_E können in der Regel bei Distanzen < 10 km vernachlässigt werden. Als Anhalt für die Größenordnung gibt Tab. 2.1 einen Überblick über die Summe

$$k_{\Delta n} + r_K + r_E = (1-k)^2 \frac{D^3}{24R^2}\,.$$

Tab. 2.1. Summe der $k_{\Delta n}$, r_K, r_E

	Streckenlänge in km				
k	20	40	60	80	100
0	0,008				
0,125	0,006	0,050	0,168	0,398	0,880
0,20	0,005	0,042	0,141	0,333	0,740
0,30	0,004	0,032	0,108	0,255	0,564
0,50	0,002	0,016	0,055	0,130	0,288
1,00	0,000				

Wie Abb. 2.21 zeigt, ist ΔH insbesondere bei kurzen Strecken und größeren Höhenunterschieden mit hoher Genauigkeit zu bestimmen.

Sind für die geometrische Reduktion Zenitwinkel z' gemessen, so gilt bei hohen Genauigkeitsanforderungen (Abb. 2.22)

$$S^0 \approx S = S^R \sin z' \left[1 + \frac{1}{R}\left(-H_1 - S^R \cos z' \left(1 - \frac{k}{2}\right)\right)\right] \qquad \text{vgl. (2.33)}$$

oder bei weniger hohen Genauigkeitsanforderungen und kürzeren Distanzen, s. Kap. 2.5.2:

$$S^0 \approx S = S^R \sin z' \left(1 - \frac{H_1}{R}\right)\,. \qquad \text{vgl. (2.34)}$$

Um den Einfluß der Refraktion klein zu halten, wird die Reduktion über Zenitwinkel normalerweise nur für Distanzen <3 km ausgeführt. Die Reduktionen (2.22), (2.25) und (2.26) entfallen dann. Weiter gilt

$$\boxed{S^R = D^A + k_0 + k_f + k_n} \quad . \tag{2.27}$$

Wie Abb. 2.23 zeigt, ist der Zenitwinkel bei zunehmendem Höhenunterschied mit größerer Genauigkeit zu messen. Abb. 2.24 gibt Aufschluß darüber, wann anstelle von (2.33) die vereinfachte Beziehung (2.34) eingesetzt werden kann.

2.5.1 Reduktionsformel bei bekanntem Höhenunterschied

Auf der Erde gemessene Distanzen sind Vertikalschnittbogen der Oberfläche des Bezugsellipsoids. Die gemessenen Distanzen sind normalerweise kleiner als 100 km. In diesem Entfernungsbereich kann man den Schnittbogen durch einen Kreisbogen annähern. In Abb. 2.20 bezeichnen

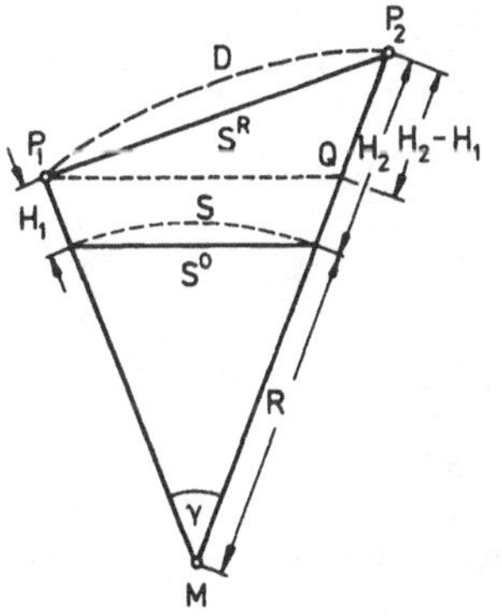

Abb. 2.20. Reduktion von Schrägstrecken mittels Höhenunterschied

P_1 undP_2 zwei Geländepunkte in der Höhe H_1 und H_2 über der Bezugskugel vom Radius R. In dem Dreieck P_1, P_2, M gilt nach dem Kosinussatz

$$(S^R)^2 = (R + H_1)^2 + (R + H_2)^2 - 2(R + H_1)(R + H_2)\cos\gamma. \tag{a}$$

Da

$$\cos \gamma = 1 - 2 \sin^2 \frac{\gamma}{2}$$

und

$$\sin \frac{\gamma}{2} = \frac{S^0}{2R}$$

wird

$$\cos \gamma = 1 - \frac{(S^0)^2}{2R^2}. \tag{b}$$

Setzt man (b) in (a) ein, so erhält man nach Quadrieren und Multiplizieren

$$(S^R)^2 = (H_2 - H_1)^2 + (S^0)^2 \left(1 + \frac{H_1 + H_2}{R} + \frac{H_1 H_2}{R^2}\right)$$

bzw.

$$(S^0)^2 = \frac{(S^R)^2 - (H_2 - H_1)^2}{1 + \frac{H_1 + H_2}{R} + \frac{H_1 H_2}{R^2}} = \frac{(S^R)^2 - \Delta H^2}{\left(1 + \frac{H_1}{R}\right)\left(1 + \frac{H_2}{R}\right)}$$

mit $\Delta H = H_2 - H_1$.

Schließlich beträgt S^0:

$$S^0 = \sqrt{\frac{(S^R)^2 - \Delta H^2}{\left(1 + \frac{H_1}{R}\right)\left(1 + \frac{H_2}{R}\right)}}. \tag{2.28}$$

Hieraus gewinnt man sehr einfach ein Korrekturglied für die Neigungs- und Höhenreduktion:

$$r_H = \left(\sqrt{\frac{1 - \left(\frac{\Delta H}{S^R}\right)^2}{\left(1 + \frac{H_1}{R}\right)\left(1 + \frac{H_2}{R}\right)}} - 1\right) S^R. \tag{2.29}$$

Für längere Strecken (> 10 km), bei denen das Ellipsoid als Bezugsfläche zu berücksichtigen ist, berechnet man den Krümmungsradius des Normalschnitts des Ellipsoides im Azimut A mit der Formel von *Euler* (*Torge* 1975, 1980):

$$\frac{1}{R} = \frac{\cos^2 A}{M} + \frac{\sin^2 A}{N}. \tag{2.30}$$

Dabei bezeichnen: M: Meridiankrümmungsradius, N: Querkrümmungsradius, A: Azimut. H: sind die Höhen über dem Bezugsellipsoid, berechnet aus H = Höhe über NN + Geoidhöhe.

Bei kürzeren Strecken kann für größere Bereiche ein Mittelwert für R eingesetzt werden.

Für bestimmte Aufgaben – z. B. bei der Absteckung von Bauwerken – müssen die Strecken auf einen Horizont reduziert werden, der in der Höhe H_r über der Bezugskugel liegt:

$$S^{Hr} = S^0 \frac{R + H_r}{R},$$

$$S^{Hr} = S^0 \left(1 + \frac{H_r}{R}\right),$$

$$S^{Hr} = \left(1 + \frac{H_r}{R}\right) \sqrt{\frac{(S^R)^2 - \Delta H^2}{\left(1 + \frac{H_1}{R}\right)\left(1 + \frac{H_2}{R}\right)}}, \tag{2.31}$$

Analysiert man (2.28) bzw. (2.31) mit Hilfe des Fehlerfortpflanzungsgesetzes, so gilt, wenn man die Erdkrümmung und Reduktion auf die Bezugskugel unberücksichtigt läßt.

$$\begin{aligned} (S^0)^2 &= (S^R)^2 - \Delta H^2, \\ 2 S^0 dS^0 &= -2 \Delta H \cdot d\Delta H \\ \lg S^0 &= \lg \Delta H + \lg d\Delta H - \lg dS^0. \end{aligned} \tag{2.32}$$

Mit (2.32) läßt sich ein Diagramm herstellen, das beschreibt, mit welcher Genauigkeit der Höhenunterschied zu bestimmen ist, wenn z. B. eine Reduktionsgenauigkeit von $dS^0 = 0{,}1$ mm verlangt ist (Abb. 2.21). Bei einer Reduktionsgenauigkeit von $dS^0 = 1$ mm werden die Zahlenangaben auf den Geraden um eine Zehnerpotenz größer. Bei steilen Sichten und kürzeren Distanzen muß ΔH mit hoher Genauigkeit bestimmt werden.

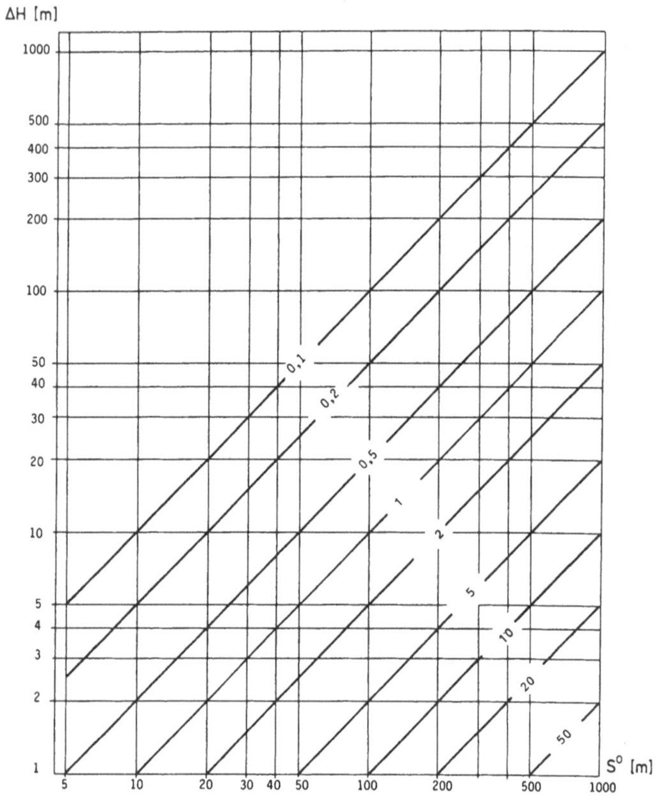

Abb. 2.21. Einzuhaltende Genauigkeit $d\Delta H$ (mm) des Höhenunterschiedes ΔH für eine Reduktionsgenauigkeit von $dS^0 = 0{,}1$ mm (*Schnädelbach* 1980). Beispiel: für $S^0 = 200$ m und $\Delta H = 10$ m ist der Höhenunterschied mit einer Genauigkeit von 2 mm zu bestimmen, wenn eine Reduktionsgenauigkeit $dS^0 = 0{,}1$ mm gefordert ist.

2.5.2 Reduktion der Schrägstrecke mittels Zenitwinkeln

Gegeben sind die Punkte P_1 und P_2 in der Höhe H_1 und H_2 über der Bezugskugel, die Distanz D und der um den Refraktionswinkel verfälschte

Zenitwinkel z'. Gesucht ist die Strecke S^{Hr} in einem beliebigen Horizont über der Bezugskugel und die Strecke S im Horizont der Bezugskugel.

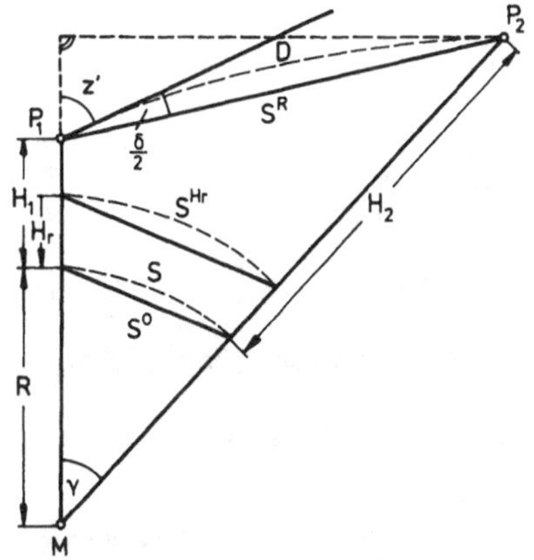

Abb. 2.22. Reduktion von Schrägstrecken mittels Zenitwinkel

$$\tan\gamma = \tan\frac{S^{Hr}}{R + H_r} = \frac{S^R \sin(z' + {}^{\delta}/_2)}{R + H_1 + S^R \cos(z' + {}^{\delta}/_2)}.$$

Da man die Reduktion der Schrägstrecken mittels Zenitwinkeln normalerweise auf Distanzen von maximal 3 km begrenzt, gilt

$$\frac{S^{Hr}}{R + H_r} = \frac{S^R \sin(z' + {}^{\delta}/_2)}{R + H_1 + S^R \cos(z' + {}^{\delta}/_2)}.$$

Mit Hilfe des Additionstheorems und durch Ausklammern findet man:

$$\frac{S^{Hr}}{R\left(1 + \frac{H_r}{R}\right)} = \frac{S^R(\sin z' \cos {}^{\delta}/_2 + \cos z' \sin {}^{\delta}/_2)}{R\left(1 + \frac{H_1}{R} + \frac{S^R}{R}\left(\cos z' \cos {}^{\delta}/_2 - \sin z' \sin {}^{\delta}/_2\right)\right)}.$$

Da $\cos {}^{\delta}/_2 \approx 1$, $\sin {}^{\delta}/_2 \approx {}^{\delta}/_2$ und $\sin z' \cdot \sin {}^{\delta}/_2$ vernachlässigbar klein ist, gilt:

$$S^{Hr} = \left(1 + \frac{H_r}{R}\right) S^R (\sin z' + {}^{\delta}/_2 \cos z') \left(1 - \frac{H_1}{R} - \frac{S^R}{R}\cos z'\right).$$

Nach Band III, Kap. 16.4 gilt für den Refraktionswinkel

$$\frac{\delta}{2} = \frac{S^R}{2R} k \sin z',$$

(k: Refraktionskoeffizient)

d. h.

$$S^{Hr} = \left(1 + \frac{H_r}{R}\right) S^R \sin z' \left(1 + \frac{1}{2}\frac{S^R}{R} k \cdot \cos z'\right)\left(1 - \frac{H_1}{R} - \frac{S^R}{R} \cos z'\right),$$

$$S^{Hr} = S^R \sin z' \left[1 + \frac{1}{R}\left(H_r - H_1 - S^R \cos z' \left(1 - \frac{k}{2}\right)\right)\right]. \qquad (2.33)$$

Für die Strecke im Horizont der Bezugskugel gilt $H_r = 0$, d. h.

$$S = S^R \sin z' \left[1 + \frac{1}{R}\left(- H - S^R \cos z' \left(1 - \frac{k}{2}\right)\right)\right]. \qquad (2.34)$$

Analysiert man (2.34) mit Hilfe des Fehlerfortpflanzungsgesetzes, so gilt, wenn man die Erdkrümmung, Refraktion und Reduktion auf die Bezugskugel unberücksichtigt läßt:

$$\begin{aligned} S &= S^R \sin z', \\ dS &= S^R \cos z' dz', \\ dS &= \Delta H dz', \quad (\Delta H = H_2 - H_1) \\ \lg dS &= \lg \Delta H + \lg dz'. \end{aligned} \qquad (2.35)$$

Mit (2.35) läßt sich ein Diagramm herstellen, das beschreibt, mit welcher Genauigkeit der Zenitwinkel zu bestimmen ist, wenn die Reduktionsgenauigkeit ΔS verlangt ist (Abb. 2.23). Bei zunehmendem Höhenunterschied ist der Zeitwinkel mit höherer Genauigkeit zu messen (*Schnädelbach* 1983).

Man erhält aus (2.34) die vereinfachte Beziehung

$$S = S^R \sin z' \left(1 - \frac{H_1}{R}\right), \qquad (2.36)$$

wenn der Einfluß der Erdkrümmung und Refraktion unberücksichtigt bleiben. Der Faktor $(1 - H_1/R)$ reduziert die im Horizont der Kippachse des Theodolits liegende horizontale Strecke in den Horizont der Bezugskugel. Setzt man den Refraktionskoeffizienten $k = 0$ und multipliziert man den Klammerausdruck in (2.34) aus, so erkennt man, daß der Ausdruck

$$|r_E| = \frac{(S^R)^2}{2R} \sin 2z'$$

den Einfluß der Erdkrümmung auf die Streckenreduktion berücksichtigt.

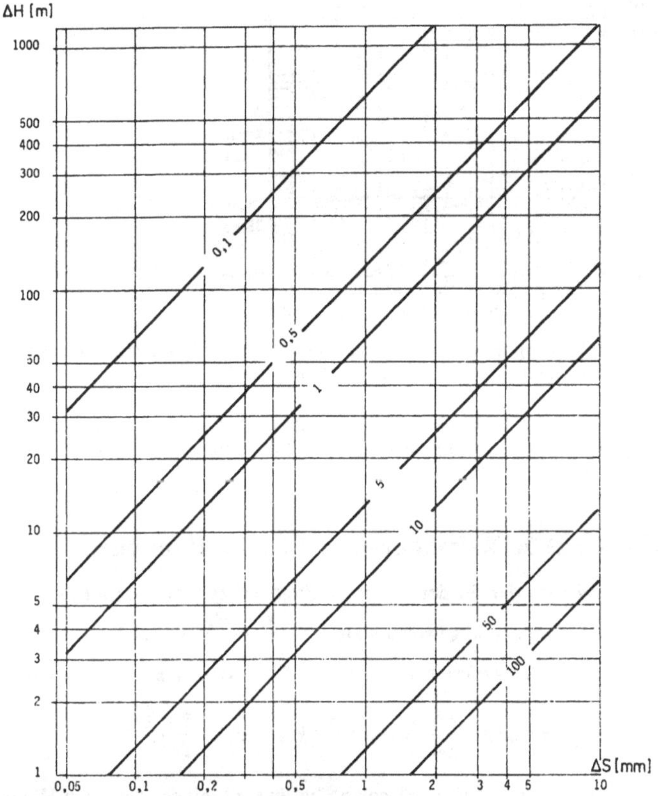

Abb. 2.23. Genauigkeit der Zenitwinkel in mgon für die Reduktion von Schrägstrecken; ΔS = Genauigkeit der Reduktion.
(Beispiel: Bei einem Höhenunterschied ΔH = 7 m und einer Reduktionsgenauigkeit ΔS = 1 mm ist der Zenitwinkel mit einer Genauigkeit von 10 mgon zu messen)

Der Reduktionsfehler nimmt mit dem Quadrat der Schrägstrecke zu und wächst zunehmend bei größer werdendem Zenitwinkel. Wie weit die vereinfachte Beziehung (2.36) anwendbar ist, kann man leicht der Abb. 2.24 entnehmen.

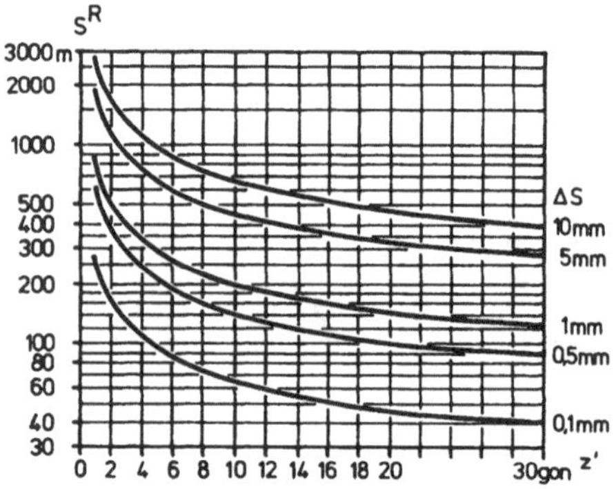

Abb. 2.24 Diagramm der Reduktionsfehler als Funktion von Strecke und Streckenneigung für die Näherungsformel (2.36)

Wie Abb. 2.24 erkennenn läßt, entsteht erst bei einer Zenitdistanz von 10 gon und einer Schrägstrecke S^R von 200 m ein Reduktionsfehler von 1 mm.

2.6 Spezielle Refraktionsmodelle für Mikrowellen

a) In 2.4 wird der für den gesamten Strahlenweg einzusetzende Mittelwert N der Brechzahl gewonnen als $N = \frac{N_1 + N_2}{2}$, wobei N_1 und N_2 an den Endpunkten ermittelt worden sind. Diese Berechnung setzt voraus:

$$\frac{\partial N}{\partial s} = \text{const}; \quad \frac{\partial N}{\partial h} = \text{const mit } k = -6{,}38 \frac{\partial N}{\partial h}.$$

In diesem Modell, das im Flachland bei überall mindestens 40 m Höhe des Wellenweges über Gelände meistens zutrifft, ist der Strahlenweg ein Kreisbogen. Die Nachrichtentechnik rechnet mit

$$\frac{\partial N}{\partial h} = -41{,}5\,\text{km}^{-1}; \text{ dem enstpricht für unseren Fall a) } k = 0{,}26.$$

b) Bei sehr großem Höhenunterschied der Endpunkte, insbesondere im Hochgebirge, kann Gladstones vielfach bestätigte Exponentialfunktion für den Brechungsindex benutzt werden (*Bean* u. a. 1962). Dieses Modell wird beschrieben durch

$$\frac{\partial N}{\partial s} = 0; \; N = N_0 e^{-aH} \sim 325\,\mathrm{e}^{-0{,}136H}$$

und führt auf die Formel (*Bretterbauer* 1965)

$$\lg N = \lg N_1 - \frac{1}{16900}\left(\frac{H_2 - H_1}{2} - 0{,}00981\, D^2\right).$$

H in Metern, *D* in Kilometern.

Für die Krümmungsreduktion wird *k* kurzerhand mit linearem Brechungsindexgradienten angesetzt

$$\frac{\partial N}{\partial h} = \frac{N_2 - N_1}{H_2 - H_1}; \qquad k = -\,6{,}38\,\frac{N_2 - N_1}{H_2 - \mathrm{H}_1}.$$

2.7 Elektrooptische Distanzmesser

2.7.1 Elektrooptische Distanzmesser des Nahbereichs und mittlerer Reichweite

Im Zusammenhang mit Aufgaben der Kataster-, Landes- und Ingenieurvermessung sind vorwiegend Distanzen kleiner als 10 bis 15 km zu messen. Am häufigsten sind Distanzen in dem Bereich von 0,01 km bis 1 km zu bestimmen. Für diese Entfernungsbereiche lassen sich die Meßsignale mit Halbleiterbauelementen erzeugen und demodulieren. Diese Bauelemente sind von geringem Volumen und leicht [2.1.6]. Auch ihre Spannungsversorgung ist unproblematisch und läßt sich mit kleinen und leichten Bauelementen verwirklichen. Für die oben beschriebenen Aufgaben entstand daher eine besondere Gruppe von Distanzmessern: die Nahbereichsdistanzmesser und Distanzmesser mittlerer Reichweite. Ihr Funktionsprinzip beschreibt Kapitel [2.1.4]. Diese Meßgeräte haben geringe Ausmaße und ein kleines Gewicht. Die Leistungsaufnahme ist niedrig. Bei neueren Geräten ist der *Meßvorgang* weitgehend *automatisiert.* Das Bedienen der Geräte besteht im wesentlichen aus Zielen und Auslösen der Messung. Das Ergebnis wird dann auf einer Anzeigeeinheit dargestellt. Über einen Wahlschalter oder eine Tastatur können bei einigen Distanzmessern unterschiedliche Parameter angezeigt werden: Horizontaldistanz, Höhenunterschied und Koordinatenunterschied zwischen Standpunkt und Zielpunkt. Den Höhen- und Koordinatenunterschied berechnet ein geräteinterner Mikroprozessor [1.4.2]. Die hierfür benötigten Zenitdistanzen mißt ein geräteinterner Zenitdistanz-Sensor oder der Beobachter gibt sie über eine Tastatur ein. Kurzfristige Strahlunterbrechungen haben bei vielen Instrumenten keinen Einfluß auf das Ergebnis. Bei diesen Geräten steuert der geräteinterne Mikroprozessor den Meßvorgang so, daß in aneinandergefügten Meßabschnitten die ursprünglich vorgesehene Anzahl von Einzelmessungen ausgeführt wird. In einigen Geräten wird automatisch die atmosphärische Korrektion [2.4] an den Meßwerten angebracht, nachdem der Beobachter entsprechende Parameter eingegeben hat.

Die *Reichweite* der Nahbereichsdistanzmesser beträgt in der Regel 2 bis 5 km, die der Entfernungsmesser mittlerer Reichweite bis zu etwa 15 km.

Bei der *Genauigkeit* kann man zwischen zwei Gerätegruppen unterscheiden. Eine große Gruppe von Meßgeräten hat eine Genauigkeit von $\pm 5 \ldots 10$ mm $\pm 1 \ldots 6 \cdot 10^{-6} \cdot D$, wobei D die Distanz (in km) bezeichnet. Diese Geräte eignen sich besonders für die Alltagsaufgaben des Vermessungsingenieurs wie: Polygonierung, Polaraufnahme, Absteckung von Bauwerken. Eine kleinere Gruppe weist Genauigkeiten im Bereich von $\pm 0{,}2 \ldots 2$ mm $\pm 1 \cdot 10^{-6} \cdot D$ auf. Diese Geräte eignen sich besonders für Präzisionsmessungen z. B. für Aufgaben der Ingenieurvermessung.

Im Hinblick auf den *äußeren Aufbau* und die Möglichkeiten der Verwendung bei den Feldarbeiten lassen sich die Distanzmesser unterteilen in Meßgeräte,

- die nur zur Entfernungsmessung bestimmt sind und dazu in einem U-förmigen Träger um ihre Vertikalachse gedreht und um ihre horizontale Kippachse gekippt werden können (Abb. 2.27),

- die als Ganzes mittels eines Adapters auf dem drehbaren Oberteil eines Theodolits befestigt werden können (Abb. 2.28),
- bei denen Theodolit und Distanzmesser eine vom Beobachter nicht zu trennende Einheit bilden (Abb. 2.29). Diese Geräte bezeichnet man auch als elektrooptische Tachymeter.

Wichtige *Zusatzeinrichtungen* für die Absteckung und das Aufsuchen von Punkten sind: die automatische Berechnung und Anzeige von Höhe, Horizontaldistanz und Koordinatenunterschieden, das Nachlaufen der gemessenen oder berechneten Werte (Tracking-Funktion) und ein Telemetrie-System, das Informationen an den Prismenträger übermittelt. Das Telemetrie-System kann z. B. aus einem geräteinternen Mikrofon und einem Lautsprecher am Prismenhalter bestehen Abb. 2.25. Sehr vorteilhaft ist ein System, bei dem die Daten des im Meßgerät arbeitenden Mikroprozessors unmittelbar auf eine Ziffernanzeigeeinheit des Prismas übertragen werden (Abb. 2.26). Das System *Kern* RD 10 überträgt beispielsweise folgende Informationen in der Tracking- und nicht Tracking-Funktion: Schrägdistanz, Horizontaldistanz, Höhenunterschied sowie Korrekturwerte in Richtung und senkrecht zum Zielstrahl, wenn ein Punkt nur näherungsweise aufgesucht

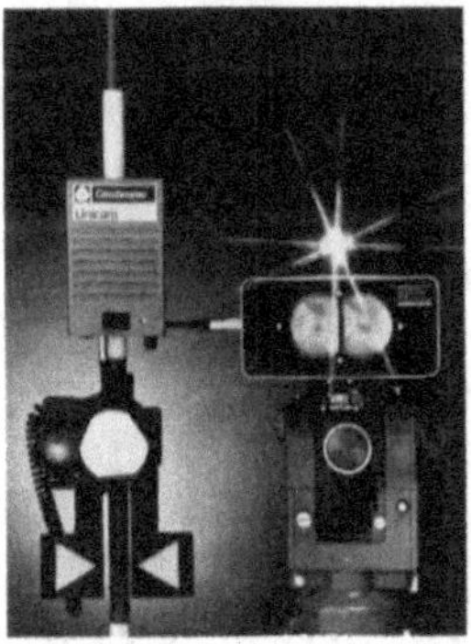

Abb. 2.25. Telemetrie-System aus Mikrofon und Lautsprecher des *AGA* Geodimeter 122

wurde. Hilfreich sind auch optische und akustische Signale, die anzeigen, ob sich der Reflektor in der optischen Achse des gesendeten Strahlenbüschels befindet. Bei umfangreichen Messungen

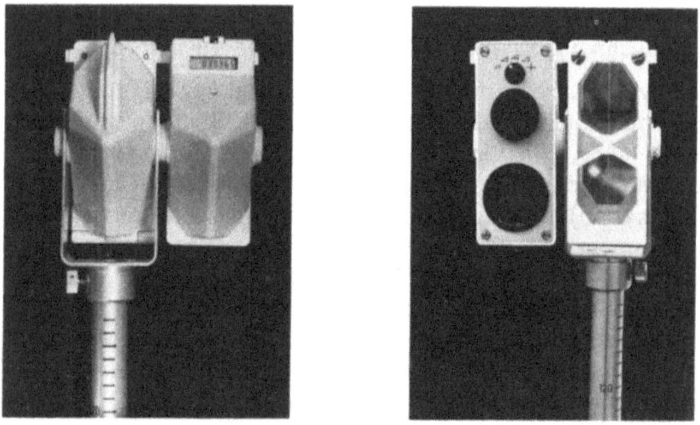

Abb. 2.26. Telemetrie-System mit Ziffernanzeigeeinheit *Kern* RD 10

Abb. 2.27. Distanzmesser für den Nahbereich als Soloinstrument (auch als Aufsatzgerät für Theodolite einsetzbar) *Zeiss* Eldi 2

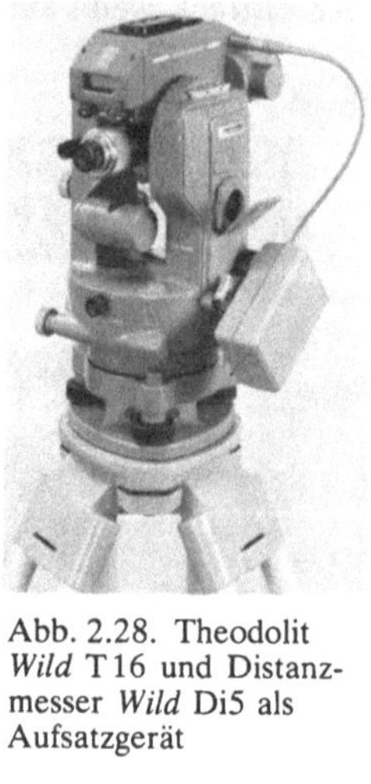

Abb. 2.28. Theodolit *Wild* T 16 und Distanzmesser *Wild* Di5 als Aufsatzgerät

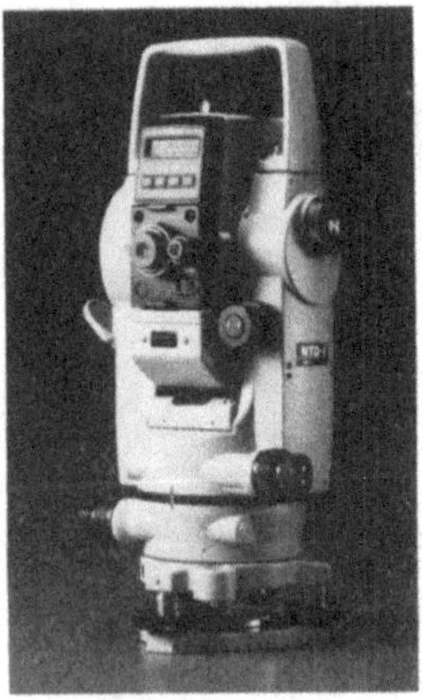

Abb. 2.29. Optischer Theodolit mit integriertem Distanzmesser
Nikon NTD-4

Abb. 2.30. Distanzmesser mit einem eingebauten Sensor für Zenitwinkel und automatischer Streckenreduktion
AGA Geodimeter 122

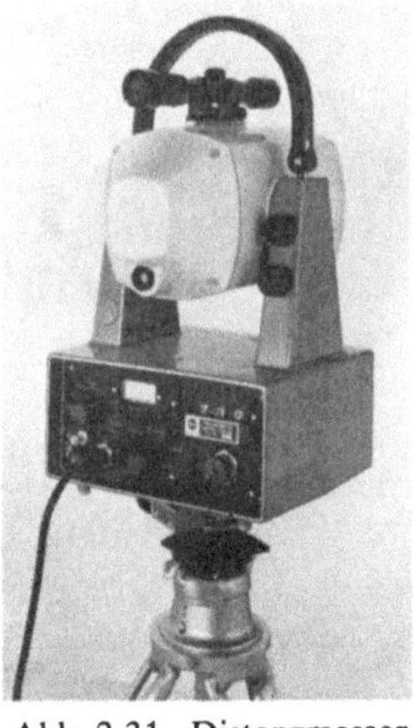

Abb. 2.31. Distanzmesser hoher Präzision
Tellurometer MA100

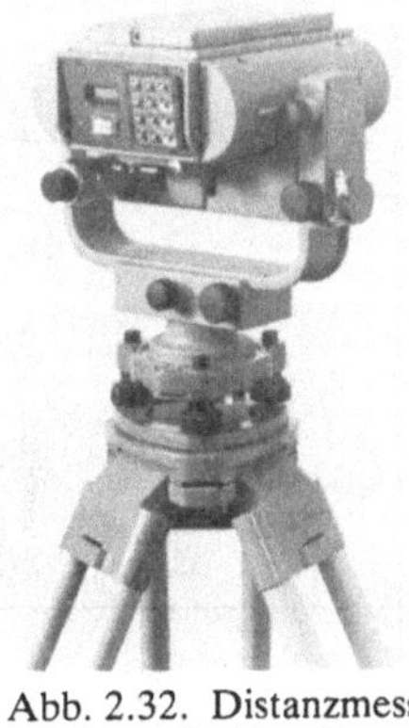

Abb. 2.32. Distanzmesser mittlerer Reichweite
Wild DI 20

Tab. 2.2. Distanzmesser des Nahbereichs und mittlerer Reichweite (Auswahl)

Hersteller, Land	Type	äußerer Aufbau*)	Reichweite Anzahl der Prismen	Standardabw. nach Firmenangaben		Instrumenten-gewicht	Tracking	Vertikalw. elektron. Standardabw.	Besonderheiten
			[m]	[mm]	[ppm]	[kg]	[s]	[gon] [mgon]	
AGA Schweden	Geodimeter 110	b.	2100 3	± 5	± 3	2,8	2,0		
„	Geodimeter 112	b.	3600 3	± 5	± 3	2,8	0,4		Datenausgang
„	Geodimeter 210	b.	4000 3	± 5	± 5	1,1	0,4		Tracklight Telemetrie
„	Geodimeter 220	b.	4000 3	± 3	± 3	1,3	0,4	± 20 ± 6	Tracklight, Datenausgang Telemetrie
„	Geodimeter 14 A	b.	8000 3	± 5	± 3	2,8			

Jenoptik DDR	EOT 2000	c.	700 3	± 10		11			Datenausgang Horizontal- und Vertikalwinkel optisch ± 0,2 mgon ⊿ ⊿ ⊿
Kern Schweiz	DM 102	b.	1700 3	± 5	± 5	1,7			
„	DM 503	b.	5000 5	± 3	± 2	1,6	2		
Keuffel & *Esser* USA	Autoranger A	b.	1600 3	± 1 . . . 2	± 3	2,4			Datenanschluß ⊿ ⊿ ⊿ u. Koordinatendiff. ⊿ ⊿ ⊿
„	Autoranger III	b.	4000 3	± 5	± 2	2,4			u. Koordinatendiff.
Nikon Japan	NTD-4	c.	1800 3	± 5	± 5	6,6	1,2	Hz-Winkel V-Winkel ± 0,5 mgon	⊿ ⊿ ⊿
Sokkisha Japan	RED Mini 2	a. b.	700 3	± 5	± 5	0,9			
„	RED 2L	a. b.	5000 3	± 5	± 3	2	0,5		⊿ ⊿ ⊿

* a. nur für Entfernungsmessung, b. auf Theodolit aufsetzbar, c. Entfernungsmesser und Theodolit integrierte Einheit

Tab. 2.2. Distanzmesser des Nahbereichs und mittlerer Reichweite (Auswahl) (Fortsetzung)

Hersteller, Land	Type	äußerer Aufbau*)	Reichweite Anzahl der Prismen	Standardabw. nach Firmenangaben		Instrumenten-gewicht	Tracking	Vertikalw. elektron. Standardabw.	Besonderheiten
			[m]	[mm]	[ppm]	[kg]	[s]	[gon] [mgon]	
Tellurometer Inc. England	MA 100	a.	2000 7	± 1,5 . . . 2	± 2	17			
Topcon Japan	DM-A2	b.	1000 3	± 5	± 5	2,2	0,5		
„	DM-C3	b.	2500 3	± 5	± 5	2,9			
Wild Schweiz	DI 1000	b.	800 3	± 5	± 5	0,6	0,3		
„	DI 5	b.	3500 3	± 3	± 2	1,9	2,5		
„	DI 20	b.	7000 3	± 5	± 1	3,7	1		

Wild Schweiz	DI 3000	b.	7000 3	± 5	± 1		0,8	
Zeiss Bundesrep. Deutschland	Eldi 1	a.	4000 3 } II*)	± 5 ... 10	± 2 } II	8,0	1	
		b.	3000 3 } I*)	± 10	± 2 } I			
„	Eldi 2	a.	2000 3 } II	± 5	± 2 } II	4,2	1	
			1600 3 } I	± 10	± 2 } I			
Com-Rad England u. *Kern* Schweiz	Mekometer ME 3000	a.	2500 3	± 0,2	± 1	18,7		Distanzmesser höchster Genauigkeit; indirekte Modulation
Com-Rad England	Geomensor CR 204	a.	5000 3	± 0,1	± 0,5			Distanzmesser höchster Genauigkeit

* II: Meßbereich II, I: Meßbereich I

beschleunigt ein extern anschließbarer Datenspeicher den Arbeitsfortschritt.

Die Abb. 2.27 bis 2.32 zeigen unterschiedliche Typen elektrooptischer Distanzmesser des Nahbereichs und mittlerer Reichweite. In der Tab. 2.2 findet man eine Zusammenstellung der technischen Daten einiger Distanzmesser. Eine genauere Beschreibung der einzelnen Distanzmesser findet man u.a. in (*Deumlich* 1980, *Kahmen* 1986, *Schlemmer* 1985, *Zetsche* 1979).

2.7.2 Elektrooptische Distanzmesser größerer Reichweite

Die Geschichte der elektromagnetischen Distanzmessung begann mit der Entwicklung elektrooptischer Distanzmesser größerer Reichweite. Die ersten Meßgeräte waren die Geodimeter (Geodetic Distance Meter), die von der schwedischen Firma *AGA* hergestellt wurden. Beeinflußt von Geräten für die Bestimmung der Lichtgeschwindigkeit hat im Jahre 1948 *E. Bergstrand,* Stockholm, das erste Prinzip angegeben.

Die Funktionsweise elektrooptischer Distanzmesser ist in [2.1.4] beschrieben. Das Streckensignal erzeugt ein Laser, der indirekt mit einem KDP-Modulator moduliert wird. Für die Demodulation des Streckensignals setzt man Sekundärelektronenvervielfacher ein. Die Spannungsversorgung dieser Bauelemente ist aufwendig, da hohe Arbeitsspannungen benötigt werden. Sender und Empfänger der Distanzmesser größerer Reichweite sind daher um ein Vielfaches größer und schwerer als die der Distanzmesser des Nahbereichs und mittlerer Reichweite. Auch für die Signalverarbeitung werden umfangreichere Schaltungen benötigt. Zusätzlich sind die optischen Bauteile größer und schwerer. Im Vergleich zu den in Kapitel [2.7.1] beschriebenen Geräten haben die Distanzmesser größerer Reichweite folglich ein größeres Gewicht und Volumen. Außerdem ist der Anschaffungspreis entschieden höher.

Mit diesen Geräten werden bei klarer Atmosphäre *Reichweiten* bis zu 60 km erzielt. Die Reichweite ist allgemein jedoch kaum größer als die Sichtweite. Organisatorisch bereitet daher der Einsatz dieser Geräte besondere Schwierigkeiten.

Für diese Instrumente wird in der Regel von den Firmen eine *Genauigkeit* von $\pm$ 5 mm $\pm 1 \cdot 10^{-6} \cdot D$ angegeben, wobei D die Distanz (in km) bezeichnet. Bei größeren Distanzen wird die Genauigkeit im wesentlichen durch die fehlerhafte Erfassung meteorologischer Parameter begrenzt. Unter günstigen äußeren Verhältnissen (Bewölkung, gut von Wind durchmischte Atmosphäre) erzielt man eine Maßstabsgenauigkeit von 1 bis $2 \cdot 10^{-6} = 1$ bis 2 ppm. Längs der Strecke ist dazu die Temperatur auf 1 bis 2° C und der Luftdruck auf 3 bis 6 mbar zu messen.

Die Geräte arbeiten mit *analogen* oder *digitalen Phasenmeßsystemen*. Bei Geräten mit analogen Phasenmeßsystemen ist der Meßvorgang nicht voll automatisiert. Das Meßergebnis erhält man durch stufenförmiges Aufschreiben und anschließende Auswertung [2.1.2]. Bei Geräten mit digitaler Phasenmessung ist der Meßvorgang weitgehend automatisiert. Der Meßvorgang besteht im wesentlichen aus: Zielen, Abstimmen der Signalintensitäten, Eingabe vom Maßstabsfaktor und Nullpunktskorrektur sowie Auslösen der Messung. Bei Signalunterbrechung sorgt eine automatische Steuerung dafür, daß in einzelnen aufeinanderfolgenden Meßgruppen schließlich die eigentlich vorgesehene Anzahl von

Abb. 2.33. Entfernungsmesser größerer Reichweite, Geodimeter *AGA* 600

Messungen erzielt wird. Dies ist besonders vorteilhaft, wenn z.B. bei böigen Winden das Trägersignal immer wieder aus dem Bereich des Reflektors herausgedrückt wird. Distanzmesser mit digitalem Phasenmesser ermöglichen außerdem eine automatische Datenregistrierung.

Distanzmesser mit analogen Phasenmeßsystemen werden von der Firma *AGA* (Schweden) hergestellt. Einen Distanzmesser dieses Typs mit einer Reichweite von 40 km zeigt Abb. 2.33.

Distanzmesser größerer Reichweite und mit digitalem Phasenmesser werden von der Firma *Keuffel & Esser* geliefert (Abb. 2.34). Der Meßvorgang dieser Geräte ist weitgehend automatisiert. Für Daten steht eine automatische Registriereinheit zur Verfügung. Weitere mit Lichtwellen arbeitende Distanzmesser werden in der UdSSR gebaut.

Abb. 2.34. Entfernungsmesser größerer Reichweite, *Keuffel & Esser,* Rangemaster III

Einen Überblick über die am häufigsten in der Praxis vertretenen Geräte gibt Tab. 2.3. Eine Beschreibung weiterer Geräte findet man u.a. in (*Deumlich* 1980, *Kahmen* 1986, *Schlemmer* 1985).

2.7.3 Reflektoren und sonstiges Zubehör

Die *Reflektoren* sind ein unentbehrlicher Bestandteil der Meßausrüstung. Sie haben die Aufgabe, das von der Sendestation eines elektrooptischen Distanzmessers ausgehende Licht am Streckenendpunkt zu reflektieren und in die Sendestation zurückzulenken. Ein einfacher Planspiegel ist dazu wenig geeignet, weil dieser sehr genau ausgerichtet werden müßte. Als Reflektoren werden daher vorwiegend sogenannte Tripelprismen verwendet, d.h. Glaskörper mit drei senkrecht aufeinander stehenden Flächen, die man sich als abgeschnittene Ecke eines Glaswürfels vorstellen kann. Ein auf ein Tripelprisma auftreffender Lichtstrahl aber wird von diesem streng parallel zu sich selbst zurückgeworfen, ohne daß die Achse des Prismas genauer in die Lichtrichtung gestellt zu werden braucht als auf 10–20 gon. Zur Messung kurzer Strecken (etwa 1 km) genügt bei den meisten Geräten ein einzelnes Pris-

Abb. 2.35. Einerprisma auf einem Reflektorträger im Dreifuß und Einerprisma auf einem Lotstock (*Wild*)

Tab. 2.3. Elektrooptische Distanzmesser größerer Reichweite (Auswahl)

Hersteller	Type	Reichweite	Strahlungsquelle Trägerwelle	Modulator	Feinmaßstab	Verfahren der Phasenmessung	Standardabweichung		Instr. Gewicht	Besonderheiten
		[km]			[m]		[mm]	[ppm]	[kg]	
AGA Schweden	8	60	HeNe-Laser 1 mW 0,6328 μm	KDP Kristall	5	Nullabgleich von Hand	±5	±1	23	
„	6 BL	20–25	HeNe-Laser 1 mW 0,6328 μm	KDP Kristall	5	Nullabgleich von Hand	±5	±1	16	
„	600	40	HeNe-Laser 1 mW 0,6328 μm	KDP Kristall	5	Nullabgleich von Hand	±5	±1	15	
Spectra-Physics USA	Geodolit 3 Gr	65–80	HeNe-Laser 10 mW 0,6328 μm		1 ft	digital automatisch	±1	±1	45	
UdSSR	Kvarts	30–50	HeNe-Laser 0,6328 μm		5	Nullabgleich	±10	±2	25	
Keuffel & Esser	Ranger V-A	25	HeNe-Laser 0,6328 μm	KDP Kristall	10	digital automatisch	±5	±2	16	Datenspeicher (Thermodrucker)
„	Rangemaster III	60	HeNe-Laser 0,6328 μm	KDP Kristall	10	digital automatisch	±5	±1	20	Datenspeicher (Thermodrucker)

ma. Für längere Strecken werden Reflektoren mit 3 oder noch mehr Prismen benötigt.

Die Reflektoren werden gewöhnlich auf Stative mit Dreifüßen gesetzt. Für die Aufnahme von Detailpunkten genügen vielfach einfache Lotstöcke, die am oberen Ende den Reflektor tragen und von Hand mit Hilfe einer Dosenlibelle senkrecht gehalten werden. Die Abb. 2.35 und 2.36 zeigen unterschiedliche Prismenträger und Prismenanordnungen.

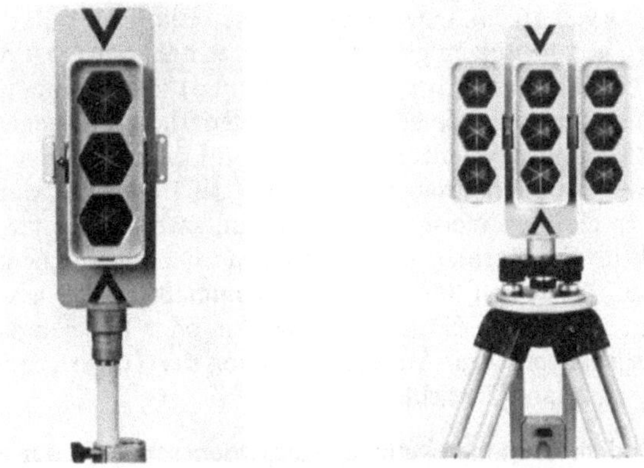

Abb. 2.36. Dreierprisma auf einem Lotstock und Neunerprisma auf einem Reflektorträger im Dreifuß (*Zeiss*)

2.8 Mikrowellendistanzmesser

2.8.1 Reichweite, Genauigkeit, Aufbau der Geräte

Als 1957 die ersten Mikrowellendistanzmesser Tellurometer MA 1/RA 1 fertiggestellt wurden, standen endlich für Aufgaben der Landesvermessung Instrumente zur Verfügung, die im Gegensatz zu elektrooptischen Distanzmessern auch große Distanzen nahezu unabhängig von der Witterung messen konnten. Geräte mit Reichweiten bis zu 200 km wurden entwickelt. Die Meßergebnisse sind allerdings im Vergleich zu denen der elektrooptischen Distanzmesser etwas ungenauer. Fehler bei der Ermittlung meteorologischer Daten, aus denen man den Brechungsindex berechnet, wirken sich empfindlicher aus [2.3]. Unter günstigen Voraussetzungen (bedeckter Himmel, gut durchmischte Atmosphäre durch Wind) läßt sich eine Maßstabsgenauigkeit von $3 \ldots 4 \cdot 10^{-6}$ erzielen.

Da die Mikrowellenträger weniger gebündelt sind, können auch Bodenreflexionen die Meßgenauigkeit beeinträchtigen. Die Träger der ersten Geräte hatten bei einer Frequenz von 3,5 GHz eine Wellenlänge von 10 cm. Um den ungünstigen Einfluß der Bodenreflexionen herabzusetzen ging man später zu höheren Trägerfrequenzen 10 GHz (3 cm) bzw. 35 GHz (8 mm) über. Bei einzelnen Geräten führt man die Feinmessung wiederholt mit leicht abgeänderten Trägerfrequenzen aus. Durch die Mittelung der Ergebnisse werden dann zusätzlich Einflüsse der Bodenreflexionen beseitigt. In gleicher Weise wirkt es sich aus, wenn statt der ursprünglich in den Geräten verwendeten Modulationsfrequenzen von 7,5 oder 15 MHz (20 m oder 10 m Feinmaßstab) für neuere Geräte auf solche von 75 bis 150 MHz (2 m oder 1 m Feinmaßstab) übergegangen wird. Auf eine Variation der Trägerfrequenzen kann man dann verzichten.

Auf die Bodenreflexionen kann man außerdem schon bei der Planung des Streckennetzes Einfluß nehmen. Die Streckenprofile sollten möglichst Gebiete starker Reflexionen (Wasser, Straße, Schnee, ...) vermeiden. In hügeligem und waldbedecktem Gelände treten normalerweise nur geringe Reflexionen auf.

Das Funktionsprinzip der Mikrowellendistanzmesser ist in [2.1.5] beschrieben. Während die ursprünglichen Geräte die Träger mit einem Klystron erzeugen, nutzen die neueren Modelle hierfür eine Gun-Diode. Das Klystron benötigt sehr hohe Versorgungsspannungen. Die Bauteile einschließlich der Spannungsversorgung sind von größerem Volumen und Gewicht. Bei den Gun-Dioden ist die Spannungsversorgung unproblematisch. Geräte mit diesen Generatoren können daher leichter und mit geringeren Abmessungen gebaut werden. Während bei älteren Instrumenten jeder einzelne Meßvorgang von Hand geschaltet werden mußte, läuft bei neueren Geräten der Meßvorgang, durch einen Mikroprozessor gesteuert, automatisch ab.

Bei neueren Geräten ist teilweise die Antenne vom Meßteil getrennt. Kabelverbindungen bis zu 30 m sind vorhanden. Die Antenne kann dann bei schlechten Sichtverbindungen mit einem ausfahrbaren Mast in größere Höhen gebracht werden. Aufwendiger Aufbau von Meßtürmen entfällt dann.

2.8.2 Ausgesuchte Mikrowellendistanzmeßgeräte

Das älteste der Mikrowelleninstrumente, das von *T. L. Wadley* im Südafrikanischen Forschungsinstitut of Electrical Engineers konstruierte *Tellurometer* MA 1/RA 1, benutzte als Träger eine Mikrowelle mit $\lambda = 10$ cm oder $f = 3$ GHz. Die Reichweite dieses Instruments überschritt 100 km, die unter günstigen Umständen auf wenige dm genau gemessen werden konnten.

Wegen der günstigeren Eigenschaften kürzerer Mikrowellen hat die *Telluromter Inc.* später die Typen MRA 3 mit 3-cm-Trägern (10 GHz), MRA 4 mit 8-mm-Trägern (35 GHz), MRA 5 mit 3-cm-Trägern (10 GHz) und MRA 6 mit 1,8-cm-Trägern (16 GHz) entwickelt. Bei dem Gerät MRA 5 kann die Antenne getrennt vom Meßteil mit einem 7 m oder 25 m langen Kabel auf einem Stativ oder Mast befestigt werden. Bei dem Modell 5 und 6 wird der Meßvorgang automatisch gesteuert.

Bei manchen Geräten der *Tellurometer Inc.* sind die Master- und Remotefunktionen in einem Instrument vereinigt. Jedes Instrument kann dann wahlweise auf Master oder auf Remote geschaltet werden.

Bei dem 1972 herausgebrachten preisgünstigen Modell CA 1000 ist dieser Gedanke aufgegeben. Haupt- und Nebenstation sind hier nicht identisch. Das Instrument selbst ist in Festkörpertechnik ausgeführt und hat daher recht kleine Abmessungen und geringes Gewicht. Die Reichweite ist etwas geringer als bei anderen Tellurometermodellen; jedoch können mit einer aufsteckbaren verlängerten Hornantenne bis zu 30 km gemessen werden. Verwendet man Parabolspiegel nach dem Cassegrain-Prinzip, so erzielt man Reichweiten bis zu 100 km. Die Modulationsfrequenz beträgt 10 GHz. Auf der Nebenstation wird die Trägerfrequenz automatisch abgestimmt. Die Stahldivergenz ist mit 20° sehr groß. Der Einfluß der Bodenreflexionen ist daher sorgfältig zu beobachten.

Das erste mit der 3-cm-Trägerwelle ausgestattete Mikrowellengerät war das *Electrotape DM 20* der *Cubic Corporation* in USA, das zwar nach gleichem Prinzip arbeitet, aber in der technischen Ausführung Unterschiede aufweist. Mit vergrößerten Parabolantennen konnte bei sehr günstigen meteorologischen Umständen die Reichweite auf 250 km ausgedehnt werden. Ihm folgten ähnliche Geräte verschiedener Hersteller, die in Deutschland aber kaum zur Anwendung gekommen sind.

Eine wichtige Fortentwicklung stellt der automatische Mikrowellen-Distanzmesser SIAL MD 60 dar, der von der Firma *Siemens-Albis* in Zürich hergestellt wird. Bei diesem ist die Modulationsfrequenz der Feinmessung 10fach vergrößert (150 MHz). Das verringert den Einfluß der Bodenreflexionen, so daß hier die sonst zur Verminderung dieses Einflusses erforderliche Variation der Trägerfrequenz nicht nötig ist. Nach Ausrichtung der Geräte läuft die Messung in ca. 30 sek. vollautomatisch ab. Die Reichweite wird mit 150 km, die Genauigkeit mit $\pm$ 1 cm $\pm$ 3 $\cdot$ 10^{-6} D angegeben.

Abb. 2.37. Distanzmesser Sial MD 60

Tab. 2.4. Mikrowellendistanzmesser (Auswahl)

Hersteller	Type	Reichweite	Trägerwelle	Anzeige	Antenne Durch-messer	Antenne Halbw.-breite	Standard-abweichung		Instr. Gewicht	Besonderheiten
		[km]			[cm]		[cm]	[ppm]	[kg]	
Tellurometer Ltd. England	MRA 101	0,1–50	~3 cm	digital	33 cm	6°	±1,5	±3	16	
	MRA 3	0,1–50	~3 cm	digital	33 cm	9°	±1,5	±3	17	
	CA 1000	0,1–30	~3 cm	digital	Hornantenne		±1,5	±3	3,6*	* mit Batterie
	MRA 5	0,1–50	~3 cm	digital		6°	±1,0	±5	12	
	MRA 6	0,1–50	~1,8 cm	digital			±1,0	±3	7	
„	MRB 201	0,1–30	~10 cm	digital	36 cm	6°	±1,5 m		30	für Hydrographie
Cubic Corp. USA	Electrotape DM 20	0,05–50	~3 cm	digital	33 cm	6°	±1,0	±3	11,5	
Siemens Albis u. *Wild* Schweiz	Sial MD 60	0,02–150	~3 cm	digital	35 cm	6°	±1,0	±3	13,5	
UdSSR	Luč	0,02–40	~3 cm	digital	38 cm	5°	±3,0	±3	14	
„	Volna	15					±0,3	±3	9	

Das Sial MD 60 wird in zwei Varianten geliefert. Bei dem Kompaktgerät Sial MD 60C ist der Reflektor fest eingebaut. Der Sial MD 60S ist ein zweiteiliges Gerät, bei dem Meßteil und Antenne durch ein Kabel bis zu 50 m Länge miteinander verbunden werden können.

In der UdSSR arbeitet man heute vielfach mit den Mikrowellendistanzmessern *Volna* und *Luč*.

Eine Zusammenstellung der technischen Daten für eine Auswahl von Mikrowellendistanzmessern findet man in Tab. 2.4.

2.9 Indirekte Streckenmessung mit Basislatte

2.9.1 Grundlagen

Bei der indirekten optischen Streckenmessung wird eine lange Strecke aus einer kurzen durch Messung eines parallaktischen Winkels abgeleitet. Zur Bestimmung der Strecke *SP* seien in einem gleichschenkligen Dreieck, in dem *SP* die Höhe ist, die Basis b und der ihr gegenüberliegende parallaktische Winkel γ gemessen. Dann ist

$$SP = s = \frac{b}{2} \cot \frac{\gamma}{2} . \tag{2.37}$$

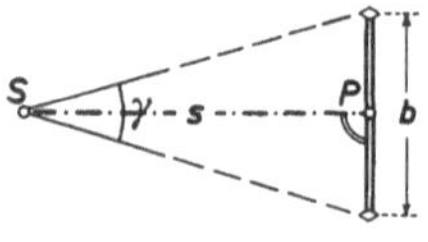

Abb. 2.38. Parallaktisches Dreieck

Zur fehlertheoretischen Untersuchung differenziere man (2.37) nach b und γ und dividiere auf beiden Seiten durch s. Man findet, wenn man unbedeutende Vernachlässigungen zuläßt und, um den ungünstigsten Fall zu berücksichtigen, die Fehleranteile addiert,

$$\frac{ds}{s} = \frac{db}{b} + \frac{d\gamma}{\gamma} , \tag{2.38}$$

in Worten: Der relative Fehler von s ist gleich der Summe der relativen Fehler von b und γ.

Um zu absoluten Zahlen zu kommen, werde angenommen, daß eine Strecke von 10 m aus einer Basis $b = 2$ m mit einem relativen Fehler von höchstens 1:5000, d.h. absolut auf höchstens 2 mm abzuleiten sei. Es liegt nahe, dann für jeden der beiden Ausdrücke in (2.38) die Genauigkeit 1:10000 vorzuschreiben. Bei $s = 10$ m ist $\gamma = 12{,}69$ gon. Also muß $db \leqq 0{,}2$ mm und $d\gamma \leqq 1{,}3$ mgon sein. Um den dafür erforderlichen Meßaufwand möglichst niedrig zu halten, sind instrumentelle Einrichtungen entwickelt worden, die entweder eine konstante Basis oder einen konstanten parallaktischen Winkel besitzen. Dann braucht im ersten Falle nur der Winkel, im zweiten nur die Basis gemessen zu werden.

2.9.2 Einrichtung und Aufstellung der Basislatte

Als konstante Basis wird vorwiegend eine 2 m lange Basislatte benutzt. Diese besteht aus einem leichten Metallrohr, das mittels eines Dreifußes auf einem Theodolitstativ in horizontaler Lage befestigt wird. An den Enden trägt die Latte zwei sorgfältig ausgebildete Zielmarken, deren Ab-

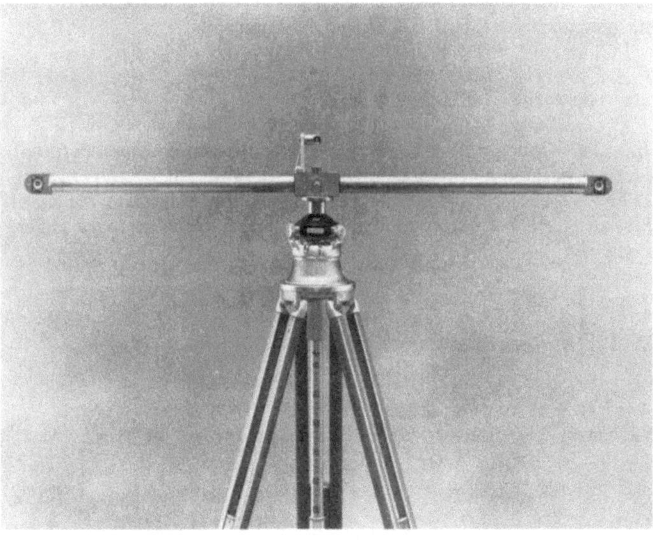

Abb. 2.39. 2 m-Basislatte von Kern.

stand mit Hilfe eines Invarbandes, eines Invarstabes oder einer sonstigen Einrichtung zur Temperaturkompensation auf möglichst genau 2 m gehalten wird. Eine Lattenlibelle dient zum Horizontieren der Latte; mit einem auf das Instrument einzurichtenden Lattendiopter wird die Latte normal zur Ziellinie gestellt. Für den Transport kann die Latte zusammengeklappt oder in zwei 1 m-Stücke zerlegt werden.

Um die Genauigkeit 1:10000, d.h. 0,2 mm für den Abstand der beiden Zielmarken, konstruktiv zu erreichen, müssen die Einrichtungen zum Zusammenklappen oder -schieben der Latte so gut funktionieren, daß weder ein Abstandsfehler noch ein Knick entsteht. Beim Aufstellen der Latte muß sodann, um die Genauigkeitsgrenze 1:10000 nicht zu gefährden, dafür gesorgt werden, daß die Latte nicht mehr als 0,3 gon aus der Horizontalen abweicht und höchstens 0,3 gon gegen die Zielrichtung verschwenkt ist.

2.9.3 Parallaktische Winkelmessung mit dem Theodolit

Die Winkel nach den Zielmarken können mit einem Feinmeßtheodolit oder mit einem Ingenieurtheodolit gemessen werden. Um dabei die Genauigkeitsforderung 1:10000 einzuhalten, muß für

$s =$	10	25	50 m
$d\gamma =$	1,3	0,52	0,26 mgon

sein. Ein Theodolit hoher Genauigkeit läßt für einen in beiden Fernrohrlagen beobachteten Winkel eine Unsicherheit von ± 0,3 mgon erwarten. Da hier wegen der kurzen Zielweiten hohe Anforderungen an die Zielsicherheit gestellt werden, muß man den Winkel in der Regel mehrfach beobachten.

2.9.4 Die Anordnung der Messung

2.9.4.1 Basis am Ende

Wählt man die Anordnung Abb. 2.38, so erhält man die Strecke aus

$$s = \frac{b}{2} \cot \frac{\gamma_1}{2}, \tag{2.39}$$

wenn γ_1 den parallaktischen Winkel bezeichnet.

Der aus der Winkelmessung folgende Fehleranteil ist wegen (2.38):

$$\sigma(s) = \frac{s^2}{b} \cdot \frac{\sigma(\gamma)}{\varrho} \tag{2.40}$$

Bei sehr sorgfältig ausgeführten Messungen lassen sich für Strecken von 3 bis 8 m relative Fehler von $4 \cdot 10^{-5}$, d.h. Genauigkeiten von 0,1 bis 0,2 mm erreichen und für Strecken bis 30 m ein solcher von 10^{-4} d.h. eine Genauigkeit von 1 bis 2 mm.

2.9.4.2 Basis in der Mitte

Bei dieser Anordnung wird die Basislatte rechtwinklig zur Strecke in deren Mitte aufgestellt und von den beiden Endpunkten angezielt. In diesem Falle ist

$$s = \frac{b}{2}\left(\cot\frac{\gamma_2}{2} + \cot\frac{\gamma_3}{2}\right). \tag{2.41}$$

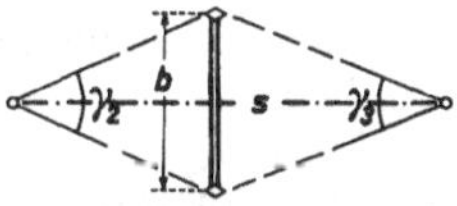

Abb. 2.40.

Die Fehlerrechnung ergibt unter der Annahme, daß γ_2 und γ_3 mit gleicher Genauigkeit gemessen werden, die Standardabweichung der Strecke

$$\sigma(s) = \frac{s^2}{2{,}8b} \cdot \frac{\sigma(\gamma)}{\varrho} \tag{2.42}$$

Also geht $\sigma(s)$, wie ein Vergleich mit (2.40) zeigt, beim Anordnen der Basis in der Mitte der Strecke auf nahezu 1/3 des ursprünglichen Betrages zurück.

Bei dieser Anordnung ist es günstig, wenn die Zielmarken von beiden Seiten aus sichtbar sind. Es entfällt dann der Nullpunktsfehler der Latte. Dieser Fehler entsteht, wenn die Verbindungslinie der Zielmarken nicht durch die Stehachse der Basislatte verläuft (*Leitz* 1983).

3. Elektronische Tachymeter

Elektronische Tachymeter sind Meßgeräte, die elektronisch Horizontalwinkel, Vertikalwinkel und Distanzen messen. In der Regel werden die Daten automatisch in Halbleitern gespeichert. Mit den elektronischen Tachymetern entstand erstmalig ein Meßgerät, mit dem sich ein automatischer Datenfluß von der Erzeugung der Meßdaten im Felde bis zur Herstellung von Karten und Registern herstellen läßt.

Die Entwicklung begann mit dem Bau von Code-Theodoliten. Die Firma *Fennel* baute zunächst ein Tachymeter nach dem Prinzip der 2 m-Basislatte, die Firma *Kern* ein weiteres nach dem Prinzip des Doppelbildtachymeters. Die Ablesung der Teilkreise ersetzte man durch eine fotografische Aufnahme. Für die Grobabtastung trugen die Teilkreise Codespuren. Für die Restauflösung bis herunter zu 0,0001 gon wurde zusätzlich als analoge Größe der Abstand diametraler Teilstriche fotografiert. Ein Filmumsetzgerät tastete die Bilder lichtelektrisch ab; das Ergebnis speicherte man auf Lochstreifen.

Die nächste Generation der elektronischen Tachymeter basierte dann schon auf dem Prinzip der elektronischen Winkel- und Distanzmessung [1.4], [2.1]. Die ersten Geräte dieser Art waren das Geodimeter 700 von *AGA* und das Reg Elta 14 von *Zeiss*.

3.1 Unterscheidungsmerkmale der elektronischen Tachymeter

Die elektronischen Tachymeter unterscheiden sich untereinander durch ihren Aufbau, die Art der Datenregistrierung, den Umfang des geräteinternen Anwenderprogramms, die Reichweite der Entfernungsmesser und die Genauigkeit der Strecken- und Winkelmessung.

Vom *Aufbau* her kann man im wesentlichen zwischen zwei Gerätetypen unterscheiden. Es gibt Geräte,

a) bei denen ein elektronischer Theodolit als Basisinstrument dient, der nach dem Baukastenprinzip durch einen elektronischen Entfernungsmesser und eine Registriereinheit zu einem elektronischen Tachymeter erweitert werden kann. Je nach Hersteller lassen sich zusätzlich ein Telemetrie-System und ein Rechner anschließen (Abb. 3.1 und 3.2),

b) bei denen das Entfernungs- und die Winkelmeßsysteme sowie die Registriereinheit und ein Rechner in einem Instrument integriert sind. Je nach Hersteller kann zusätzlich ein Telemetrie-System eingebaut sein (Abb. 3.3 und 3.4).

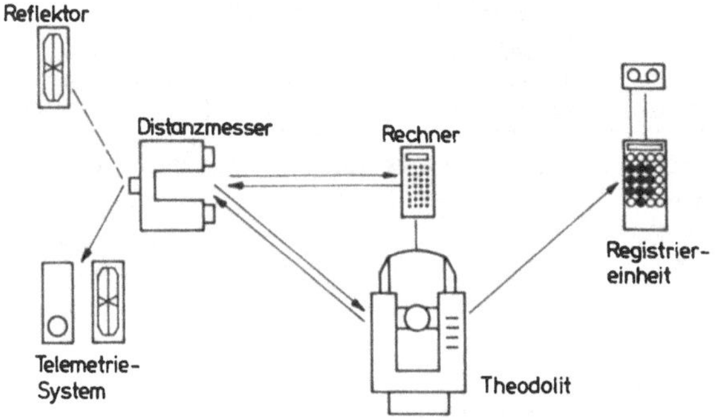

Abb. 3.1. Struktur eines nach dem Baukastenprinzip konzipierten Tachymeters (Beispiel: *Kern* DM 503/E 1)

Abb. 3.2. Nach dem Baukastenprinzip konzipiertes Tachymeter *Kern* DM 503/E 1

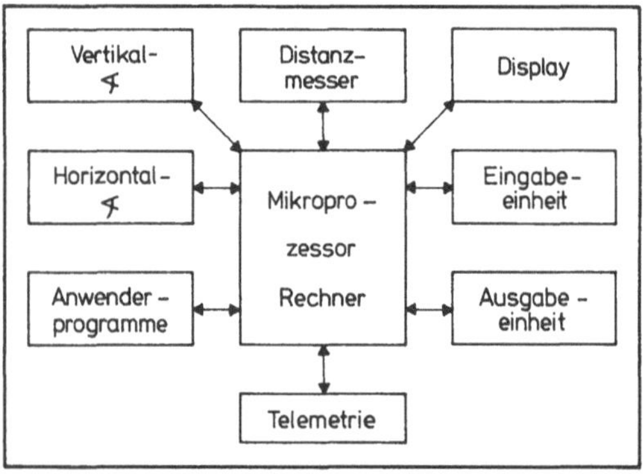

Abb. 3.3. Struktur eines elektronischen Tachymeters, das als integriertes System aufgebaut ist

Abb. 3.4. Elektronisches Tachymeter als integriertes System *Zeiss* Elta 2

Meßsysteme des Typs (a) haben den Vorteil, daß die einzelnen Module je für sich oder in unterschiedlichen Kombinationen sehr flexibel eingesetzt werden können. Auch in Geräten des Typs (b) können bestimmte Module austauschbar vorhanden sein. Sicherlich ist es vorteilhaft, wenn z.B. der Speicher für geräteinterne

Anwenderprogramme austauschbar ist, da diese dann umgestaltet und erweitert werden können.

Tachymeter mittlerer und hoher Genauigkeit haben vielfach einen Zweiachskompensator zur Erfassung der Stehachsenneigung in Ziel- und Kippachsenrichtung.

Mikroprozessoren übernehmen die *Steuerung und Kontrolle der elektronischen Tachymeter* [1.4.2]. Die Automatisierung der Meßabläufe umfaßt die Streckenmessung, Winkelmessung, Registrierung, Berechnung bestimmter Parameter (Horizontaldistanz, Koordinatendifferenzen zwischen Standpunkt und Zielpunkt, . . .) sowie die einmalige oder fortlaufende Anzeige von Meß- und Rechenwerten. Einbezogen in die Berechnungen sind häufig die automatischen Korrekturen der Kreisablesungen und Distanzen wegen Restjustierfehler des Theodolits und Distanzmessers. Der eigentliche Meßvorgang besteht dann nur noch aus: Orientieren der Kreise (nur bei inkrementalen Winkelmeßverfahren), optisch anzielen, Auslösen der Distanzmessung, Auslösen der Winkelmessung (bei Codeverfahren).

Eine *Registriereinheit* übernimmt die Daten in Form von Blöcken. Ein Block besteht aus Worten bestimmter Länge. Die Worte können Meßwerte und Zusatzinformationen für die Weiterverarbeitung enthalten. Zusatzinformationen sind zum Beispiel das Datum, Stationsnummern, Angaben über Punktarten, Punktnummer . . . Die Zusatzinformationen gibt man über eine Tastatur

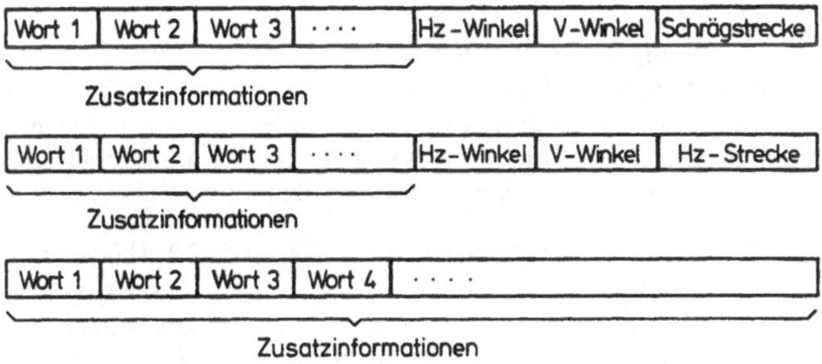

Abb. 3.5. Strukturen von Datenblöcken

ein; einige kann die Registriereinheit automatisch erzeugen. Abb. 3.5 zeigt typische Blockstrukturen.

Ein Block wird stets mit einem Registrierbefehl abgespeichert. Die einzelnen Hersteller definieren die Blöcke unterschiedlich; es entstehen daher Anpassungsschwierigkeiten, wenn nicht systemkonforme Software eingesetzt wird.

Die von einem Mikroprozessor gesteuerten Registriereinheiten können in der Regel bereits eine beschränkte Datenverarbeitung und Datenverwaltung vornehmen. Eine beschränkte Datenverwaltung kann folgende Vorgänge umfassen:

- Übernahme der Meßwerte vom Theodolit und Distanzmesser,
- Kontrolle der Datenübernahme,
- Beiordnung von Zusatzinformationen zum Meßwert,
- Sichtbarmachen der gespeicherten Daten,
- Speicherung eines Koordinatenverzeichnisses für die geräteinterne Berechnung von Absteckungselementen.

Die Registriereinheiten lassen sich über ein Interface an einen Computer anschließen. Die Datenübertragung auf den Rechner kann aber auch durch telefonische Übertragung mit einem Modem und Akustikkoppler erfolgen (Abb. 3.6).

Die *geräteinternen Anwenderprogramme* beziehen sich in der Regel auf zwei Aufgabenbereiche:

a) Berücksichtigung von Gerätekonstanten (Ziellinienverbesserung-Indexverbesserung, Maßstabsfaktor, Nullpunktskorrektur),
b) Berechnung von Parametern für die Absteckung und Aufnahme von Punkten (Koordinaten und Höhe des Gerätestandpunktes bei freier Stationierung, Orientieren von Richtungen, Polarkoordinaten für Absteckungen, Koordinatenunterschiede zwischen Standpunkt und Zielpunkt).

Das *Prinzip der Distanzmesser* ist in [2.1.2] und [2.1.4] beschrieben. Die Distanzmessung erfolgt wahlweise in Fuß oder Meter. Durchschnittlich werden *Reichweiten* von 2 . . . 5 km angegeben. Die *Genauigkeit* beträgt je nach Gerät $\pm 5 \ldots 10$ mm $\pm 1 \ldots 6 \cdot 10^{-6}\, D$ (D = Distanz in km).

Die *Winkelmessung* erfolgt nach dem Codeverfahren oder Inkrementalverfahren [1.4.3]. Das Ergebnis wird wahlweise in den Einheiten Gon oder °Grad angezeigt. Instrumente mit Codekreisen und einem zugeschalteten Interpolator erzielen eine *Richtungsauflösung* von 0,0001 . . . 0,0006 gon (0,3″ . . . 2″). Mit in-

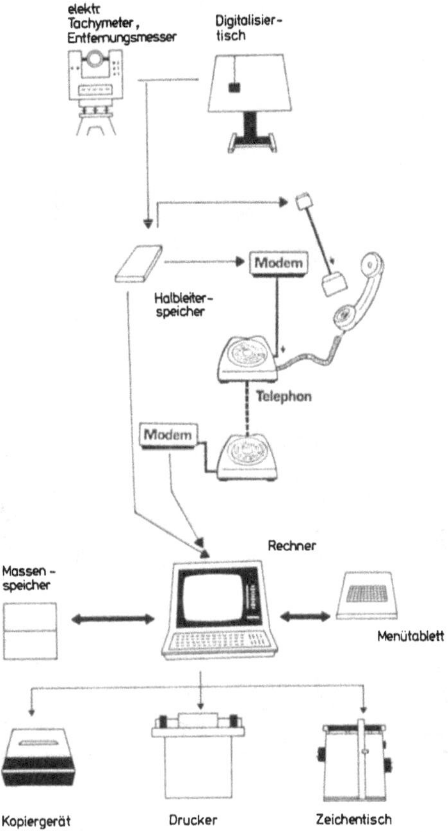

Abb. 3.6. Komponenten eines interaktiven Vermessungs- und Kartiersystems

Tab. 3.1. Elektronische Tachymeter (Auswahl)*

Hersteller	Type	äußerer Aufbau*	Reichweite Anzahl der Prismen	Standard-abweichung Distanz		Verfahren der Winkel-messung	Standard-abweichung Mess. i. 2 Lagen	Fernrohr: Vergrößerung Obj. Öffnung	Tracking	Gewicht	Besonder-heiten
			[m]	[mm]	[ppm]		[mgon]	[mm]	[s]	[kg]	
AGA Schweden	Geodimeter 136	b.	1400 3	±5	±5		H: ±1,0 V: ±1,0	30× 40	0,4	8,5	Telemetrie, Kompens. d. Steh-achse
„	Geodimeter 140	b.	3600 3	±5	±5		H: ±0,6 V: ±0,6	30× 40	0,4	9,6	Telemetrie, Kompens. d. Steh-achse
„	Geodimeter 142	b.	3600 3	±2	±3		H: ±0,6 V: ±0,6	30× 40	0,4	9,5	Telemetrie, Kompens. d. Steh-achse
Jenoptik DDR	RECOTA	b.	1500 3	±10		Code-Verfahren	H: ±0,5 V: ±0,5			12	

* Weitere Informationen siehe: (*Deumlich* 1980, *Kahmen* 1986, *Schlemmer* 1985)

Kern Schweiz	DM 503 E 1/E 2	a.	siehe Tab. 2.2	siehe Tab. 2.2		Inkrement.- Verfahren	H: ±0,6/0,15 V: ±0,6/0,15	32×/32× 45 /45		1,6 8,7/8,7	Telemetrie- System
Keuffel & *Esser*	Autoranger- Vectron	a.	4000 3	±5	±2	Inkrement.- Verfahren	H: ±0,6 V: ±0,6	30× 70		13	
Pentax Japan	PX-06D	b.	2000 3	±5	±5		H: ±0,5 V: ±0,5	30× 45	1	6	
Sokkisha	SET 2	b.	2000 3	±5	±3		H: ±0,5 V: ±0,5	30× 45	0,5	7,4	
Topcon Japan	ET-1	b.	2000 3	±5	±5		H: ±0,6 V: ±1,0	30× 40	0,5	7,5	
Wild Schweiz	DI 1000 DI 4 DI 3000 DI 5		siehe Tab. 2.2 siehe Tab. 2.2	siehe Tab. 2.2 siehe Tab. 2.2		Inkrement.- Verfahren	H: ±1,0 V: ±1,0	30× 42	siehe Tab. 2.2	siehe Tab. 2.2	
	Theomat T 1000								0,4 bis 0,8	4,5	
	DI 4 DI 5 DI 3000	a.	siehe Tab. 2.2	siehe Tab. 2.2					siehe Tab. 2.2	siehe Tab. 2.2	
	T 2000					Inkrement.- Verfahren	H: ±0,15 V: ±0,15	32× 42	0,3	8,9	

* a. Baukastensystem, b. integriertes System; ** II: Meßbereich II, I: Meßbereich I

Tab. 3.1. Elektronische Tachymeter (Auswahl)

Hersteller	Type	äußerer Aufbau*	Reichweite Anzahl der Prismen	Standardabweichung Distanz	Verfahren der Winkelmessung	Standardabweichung Mess. i. 2 Lagen	Fernrohr: Vergrößerung Obj. Öffnung	Tracking	Gewicht	Besonderheiten
			[m]	[mm] [ppm]		[mgon]	[mm]	[s]	[kg]	
Zeiss Bundesrepublik Deutschland	Elta 2	b.	2500 3 } II**	±10 ±2} II	Code-Verfahren	H: ±0,2 V: ±0,2	30× 60	1	13,5	
			2000 3 } I**	±5 ±2} I						
„	Elta 3	b.	1600 1	±3 ±2	Inkrement.-Verfahren	H: ±0,6 V: ±0,6	30× 45		5,5	Kompens. d. Stehachsenneigung
„	Elta 4	b.	1000 1	±3 ±2	Inkrement.-Verfahren	H: ±1,0 V: ±1,0	30× 45		5,3	
„	ETh 3	Theodol.	–	–	Inkrement.-Verfahren	H: ±0,6 V: ±0,6	30× 45		4,2	Kompens. d. Stehachsenneigung
	ETh 4	Theodol.	–	–	Inkrement.-Verfahren	H: ±2,0 V: ±2,0	30× 45		3,8	

* a. Baukastensystem, b. integriertes System; ** II: Meßbereich II, I: Meßbereich I

krementalen Systemen und zugeschalteten Interpolatoren erreicht man *Richtungsauflösungen* von 0,0001 ... 0,002 gon (0,5″ ... 6″). Eine ausführliche Beschreibung der Winkel- und Distanzmeßverfahren findet man u.a. in (*Kahmen* 1986).

Bei der Aufnahme und Absteckung von Punkten kann ein geräteinternes Telemetrie-System sehr hilfreich sein. Systeme dieser Art sind bereits in [2.7.1] beschrieben. Eine Zusammenstellung der technischen Daten für eine Auswahl von elektronischen Tachymetern findet man in Tab. 3.1. Weitere Informationen findet man in (*Deumlich* 1980, *Kahmen* 1986, *Schlemmer* 1985).

3.2 Elektronische Tachymeter und interaktive Vermessungs- und Kartiersysteme

Zentrale Einheit eines interaktiven Vermessungs- und Kartiersystems ist ein Rechner der mittleren Datentechnik (Abb. 3.6). Der Rechner muß einen umfangreichen Arbeitsspeicher und eine hohe Arbeitsgeschwindigkeit aufweisen, damit auch größere Ausgleichungsaufgaben gelöst werden können. Ein Softwarepaket ermöglicht Datenverwaltungsarbeiten, Berechnungen, graphische Arbeiten und einen interaktiven Dialog zwischen dem Operateur und dem Rechner über den Bildschirm. Der Operateur kann dann nach bestimmten Programmabschnitten in den Arbeitsablauf eingreifen. Der Massenspeicher des Rechners enthält außerdem Datenbanken: z.B. eine geodätische und eine kartographische Datenbank. Ein Menütablett kann den interaktiven Betrieb sehr unterstützen. Dieses besteht aus verschiedenen Eingabefeldern, denen ganz bestimmte Funktionen, wie z.B. Einzelbefehle oder Befehlsfolgen, zugeordnet werden können.

Automatischer Datenfluß ist gegeben, wenn die in dem Halbleiterspeicher gespeicherten Daten unmittelbar oder über zwei Telefone dem Rechner zugeführt werden.

4. Grundaufgaben der ebenen Koordinatenrechnung, Koordinatensysteme

Zu den Aufgaben einer Landesvermessung gehört es, *geographische* und *ebene geradlinige rechtwinklige (kartesische) Koordinaten* für ausgewählte Punkte der Erdoberfläche zu bestimmen [7]. In der Praxis arbeitet man wegen der einfacheren Handhabung vorwiegend mit ebenen Koordinaten. Die ebenen Koordinatensysteme entstehen aus ellipsoidischen durch eine mathematische Abbildung (geodätische Abbildung); hierfür gibt es unterschiedliche Lösungswege [4.3].

4.1 Rechtwinklige Koordinaten, Polarkoordinaten

Ein *ebenes geodätisches Koordinatensystem* ist ein kartesisches xy-System, in dem die positive x-Achse (die Abszissenachse) nach Norden und die positive y-Achse (die Ordinatenachse) nach Osten gerichtet ist. Die Lage eines Punktes ist durch seine rechtwinkligen Koordinaten – die Abszisse x und die Ordinate y – oder die Polarkoordinaten – den Winkel t und die Strecke s bestimmt (Abb. 4.1).

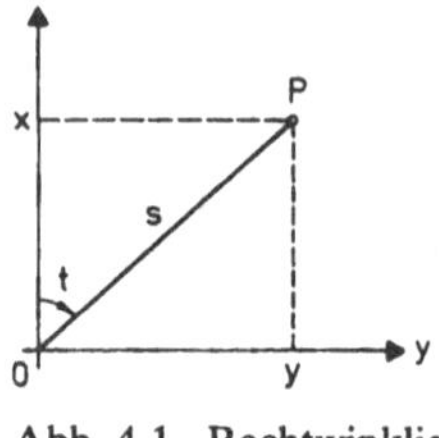

Abb. 4.1. Rechtwinkliges und polares Koordinatensystem

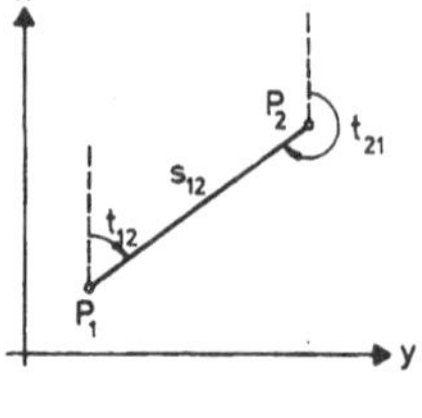

Abb. 4.2. Richtungswinkel

Die Lage des Nullpunktes 0 ergibt sich aus der Festlegung, die bei der jeweiligen geodätischen Abbildung getroffen wird.

Der Winkel, den eine Strecke P_1P_2 mit einer Parallelen zur Abszissenachse bildet, heißt der (geodätische) Richtungswinkel der Strecke (Abb. 4.2); er wird von dem nach Norden weisenden Ast der Parallelen an im Uhrzeigersinne gezählt und mit t_{12} bezeichnet. Entsprechend ist t_{21} der Richtungswinkel der Strecke P_2P_1 im Punkte P_2. In der Ebene ist

$$t_{21} = t_{12} \pm 200 \text{ gon}. \tag{4.1}$$

Ein Richtungswinkel kann alle Werte von 0 bis 400 gon annehmen. Die Regeln zur Ermittlung der trigonometrischen Funktionen von Winkeln, die größer als 100 gon sind, merkt man sich am einfachsten an einem Kreis mit dem Halbmesser 1:

a) Der Sinus eines Richtungswinkels t ist die Projektion seines freien Schenkels auf die Ordinatenachse, der Cosinus die Projektion auf die Abszissenachse. Die Vorzeichen der Funktionen ergeben sich aus den Richtungen der betroffenen Achsenabschnitte.

b) Ist α der die vollen Rechten übersteigende Teil des Winkels t, so ist der Absolutwert von $\sin t$ und $\cos t$ im I. und III. Quadranten gleich dem der entsprechenden Funktion von α, im II. und IV. Quadranten gleich dem der Cofunktion. Also ist

$t =$	α	100 gon + α	200 gon + α	300 gon + α
$\sin t =$	$+ \sin \alpha$	$+ \cos \alpha$	$- \sin \alpha$	$- \cos \alpha$
$\cos t =$	$+ \cos \alpha$	$- \sin \alpha$	$- \cos \alpha$	$+ \sin \alpha$

c) Die Vorzeichen und Funktionswerte von Tangens und Cotangens folgen aus tan = sin : cos, cot = cos : sin.

Für praktische Arbeiten wählt man häufig *örtliche Koordinatensysteme* (Abb. 4.3). In den örtlichen Systemen werden nachfolgend die rechtwinkligen Koordinaten mit x', y' oder ξ, η; und die Polarkoordinationen mit t', s' bzw. θ, σ bezeichnet.

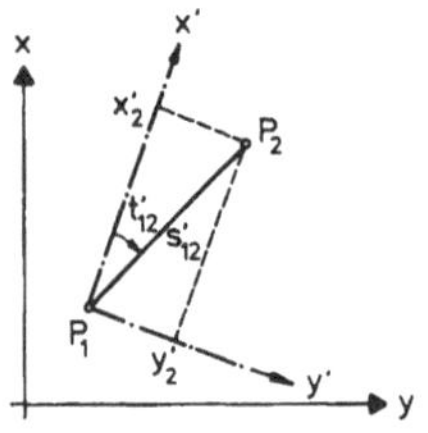

Abb. 4.3. Rechtwinklige- und Polarkoordinaten in örtlichen Systemen.

4.1.1 Berechnung rechtwinkliger Koordinaten aus Polarkoordinaten (Erste Grundaufgabe)

Gegeben x_1, y_1, s, t_{12}; gesucht x_2, y_2. Aus

$$\sin t_{12} = \frac{y_2 - y_1}{s} = \frac{\Delta y}{s}$$

$$\cos t_{12} = \frac{x_2 - x_1}{s} = \frac{\Delta x}{s} \text{ folgt}$$

$$x_2 = x_1 + s \cos t_{12} \tag{4.2}$$

$$y_2 = y_1 + s \sin t_{12} \tag{4.3}$$

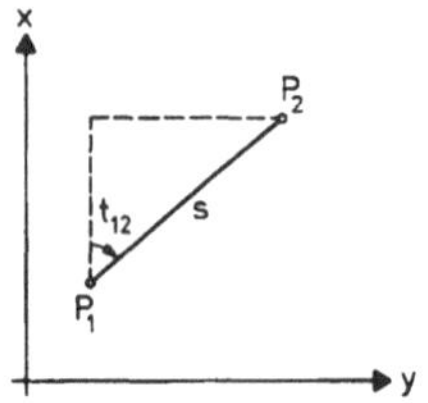

Abb. 4.4 Koordinatenübertragung

Diese Aufgabe heißt auch „*Übertragung der Koordinaten des Punktes* P_1 nach P_2“ oder „*Polares Anhängen des Punktes* P_2 an P_1“.

Zahlenbeispiel:

Gegeben: y_1, x_1, $s = 135{,}25$ m und $t_{1,2} = 32{,}9645$ gon

$\sin t_{1,2} =$	$+\ 0{,}49497$	$\cos t_{1,2} =$	$+\ 0{,}86891$
$\Delta y = s \sin t_{1,2} =$	$+\ 66{,}95$ m	$\Delta x = s \cos t_{1,2} =$	$+\ 117{,}52$ m
$y_1 =$	$713{,}64$ m	$x_1 =$	$496{,}72$ m
$y_2 =$	$780{,}59$ m	$x_2 =$	$614{,}24$ m

4.1.2 Berechnung von Polarkoordinaten aus rechtwinkligen Koordinaten (Zweite Grundaufgabe)

Gegeben x_1, y_1, x_2, y_2; gesucht t_{12}, s.

$$s = \sqrt{(x_2 - x_1)^2 + (y_2 - y_1)^2} = \sqrt{\Delta x^2 + \Delta y^2} \tag{4.4}$$

$$\cos t_{12} = \frac{x_2 - x_1}{s} = \frac{\Delta x}{s} \text{ oder} \tag{4.5a}$$

$$\sin t_{12} = \frac{y_2 - y_1}{s} = \frac{\Delta y}{s} \tag{4.5b}$$

Den genaueren Wert für t_{12} erhält man im Falle $\Delta x > \Delta y$ aus (4.5a) und im Falle $\Delta y > \Delta x$ aus (4.5b).

Zu beachten ist: für $\Delta y < 0$ liegt der Richtungswinkel im 3. oder 4. Quadranten.

Zahlenbeispiel:

Gegeben:	$y_2 =$	$795{,}17$	$x_2 =$	$525{,}10$
	$y_1 =$	$528{,}15$	$x_1 =$	$407{,}65$
	$\Delta y =$	$+267{,}02$	$\Delta x =$	$+117{,}45$

$$s = +\sqrt{267{,}02^2 + 117{,}45^2} = 291{,}71 \text{ m}$$

$$t_{12} = \text{arc cos} \frac{117{,}45}{291{,}71} = 73{,}6194 \text{ gon.}$$

Die Koordinatenübertragungen (rechtwinklig/polar und polar/rechtwinklig) lassen sich mit vielen neueren Taschenrechnern unmittelbar ausführen.

4.2 Koordinatentransformation

Häufig ist die Aufgabe gestellt, Punkte, die in dem einen System gegeben sind, in das Nachbarsystem zu überführen. Folgende Anwendungen stehen im Vordergrund:

- Transformation der Koordinaten eines lokalen Netzes in die eines übergeordneten Netzes, wobei die örtlichen Koordinaten aus neuen Messungen (Orthogonalaufnahme, Polaraufnahme) hervorgegangen sind,
- Transformation der Koordinaten eines übergeordneten Netzes in die eines lokalen Netzes, wobei diese als Absteckungselemente dienen sollen,
- Transformation übergeordneter Koordinaten in andere übergeordnete Koordinaten. Dieser Fall tritt beispielsweise an den Rändern zweier sich überlappender Koordinatensysteme auf.

Im allgemeinen sind die Voraussetzungen für eine *Ähnlichkeitstransformation* gegeben. Beide Koordinatensysteme können in dem Fall unterschiedliche Maßstabseinheiten haben; in den einzelnen Systemen muß dieser jedoch in beiden Koordinatenachsen übereinstimmen. Bei unterschiedlichen Maßstäben in den Koordinatenachsen und bei unterschiedlichen Winkeln zwischen den Koordinatenachsen verwendet man die *Affin-Transformation.*

4.2.1 Ähnlichkeitstransformation

Bei der Ähnlichkeitstransformation ist das zu transformierende Punktfeld (Abb. 4.5)

(1) in beiden Koordinatenrichtungen um x_0 und y_0 zu verschieben,
(2) um den Winkel φ zu drehen und

(3) durch Multiplikation der Maßstabseinheit mit dem Faktor q im Maßstab so zu ändern, daß dieser in beiden Systemen übereinstimmt.

Zur Unterscheidung seien die Koordinaten des ersten Systems mit ξ, η und die des zweiten mit x, y bezeichnet.

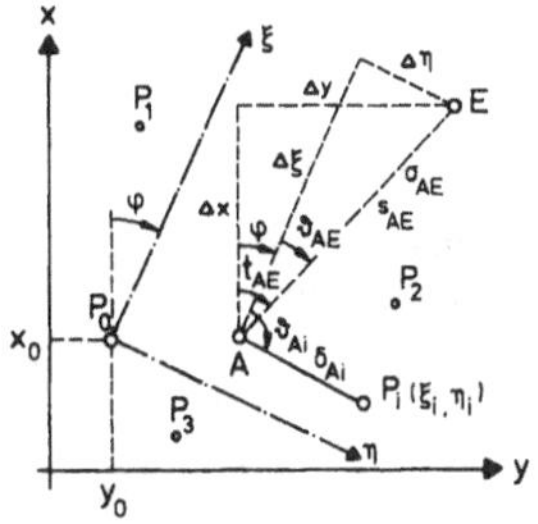

Abb. 4.5. Koordinatentransformation

(1) Eindeutige Lösung der Koordinatentransformation

Die Lösung ist eindeutig, wenn zwei Ausgangspunkte in beiden Systemen bekannt sind. Die Aufgabe lautet dann: Gegeben sind zwei identische Punkte A und E sowohl im $\xi\eta$-System wie im xy-System und die Punkte P_1, P_2 . . . P_i nur im $\xi\eta$-System. Gesucht sind die Punkte P_1, P_2 . . . P_i im xy-System.

Man überprüft zunächst die Identität der Punkte A und E, indem man in dem einen System die Strecke s_{AE}, in dem anderen die Strecke σ_{AE} rechnet und anschließend beide vergleicht. Danach berechnet man die Transformationsparameter. Den Maßstabsfaktor erhält man aus:

$$q = \frac{s}{\sigma} = \frac{\sqrt{\Delta x^2 + \Delta y^2}}{\sqrt{\Delta \xi^2 + \Delta \eta^2}} \tag{4.6}$$

mit

$$\xi_E - \xi_A = \Delta\xi; \; \eta_E - \eta_A = \Delta\eta$$
$$x_E - x_A = \Delta x; \; y_E - y_A = \Delta y$$

Der Drehwinkel φ ergibt sich aus der Differenz der Richtungswinkel t_{AE} und θ_{AE} der Strecke AE im xy- und $\xi\eta$-System:

$$\varphi = t_{AE} - \theta_{AE} = \operatorname{arc\,cos} \frac{\Delta x}{s_{AE}} - \operatorname{arc\,cos} \frac{\Delta \xi}{\sigma_{AE}}. \tag{4.7}$$

Dann ist nach Abb. 4.5

$$\begin{aligned} \Delta x &= q\sigma_{AE} \cos(\theta_{AE} + \varphi) \\ \Delta y &= q\sigma_{AE} \sin(\theta_{AE} + \varphi) \end{aligned} \tag{4.8}$$

Mit den Additionstheoremen findet man

$$\begin{aligned} \Delta x &= \sigma_{AE} \cos\theta_{AE} q \cos\varphi - \sigma_{AE} \sin\theta_{AE} q \sin\varphi \\ \Delta y &= \sigma_{AE} \cos\theta_{AE} q \sin\varphi + \sigma_{AE} \sin\theta_{AE} q \cos\varphi \end{aligned} \tag{4.9}$$

und mit

$$\sigma_{AE} \cos\theta_{AE} = \Delta\xi; \quad \sigma_{AE} \sin\theta_{AE} = \Delta\eta$$
$$q \sin\varphi = o; \qquad q\cos\varphi = a$$

$$\begin{aligned} \Delta x &= a\Delta\xi - o\Delta\eta \\ \Delta y &= o\Delta\xi + a\Delta\eta \end{aligned} \tag{4.10}$$

Die Punkte $P_1, P_2 \ldots P_i$ aus dem $\xi\eta$-System lassen sich nun mit (4.6), (4.7), (4.8) und (4.10) ausgehend von dem Drehpunkt A folgendermaßen in das xy-System übertragen:

a) wenn Polarkoordinaten (σ_{Ai}, θ_{Ai}) gegeben sind:

$$\begin{aligned} x_i &= x_A + q\sigma_{Ai} \cos(\theta_{Ai} + \varphi) \\ y_i &= y_A + q\sigma_{Ai} \sin(\theta_{Ai} + \varphi) \end{aligned} \tag{4.11}$$

b) wenn rechtwinklige Koordinaten (ξ_i, η_i) gegeben sind:

$$\begin{aligned} x_i &= x_A + a(\xi_i - \xi_A) - o(\eta_i - \eta_A) \\ y_i &= y_A + o(\xi_i - \xi_A) + a(\eta_i - \eta_A). \end{aligned} \tag{4.12}$$

legt man den Drehpunkt in den Anfangspunkt P_0 des örtlichen Koordinatensystems, so erhält man anstelle von (4.11) mit Abb. 4.6:

$$\begin{aligned} x_i &= x_0 + q\sigma_i \cos(\theta_i + \varphi) \\ y_i &= y_0 + q\sigma_i \sin(\theta_i + \varphi) \end{aligned} \tag{4.13a}$$

mit den Koordinaten des Drehpunktes

$$\begin{aligned} x_0 &= x_A - q\sigma_A \cos(\theta_A + \varphi) \\ y_0 &= y_A - q\sigma_A \sin(\theta_A + \varphi) \end{aligned} \tag{4.13b}$$

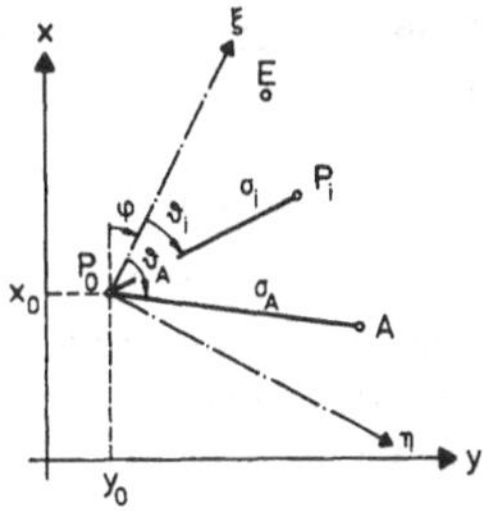

Abb. 4.6. Koordinatentransformation: Drehpunkt ist Ausgangspunkt des $\xi\eta$ Systems

und anstelle von (4.12)

$$\begin{aligned} x_i &= x_0 + a\xi_i - o\eta_i \\ y_i &= y_0 + o\xi_i + a\eta_i \end{aligned} \tag{4.14a}$$

mit den Koordinaten des Drehpunktes

$$\begin{aligned} x_0 &= x_A - a\xi_A + o\eta_A \\ y_0 &= y_A - o\xi_A - a\eta_A \end{aligned} \tag{4.14b}$$

Zahlenbeispiel: Das Beispiel behandelt die Transformation zwischen zwei Gauß-Krüger-Systemen [4.3]. Gegeben sind die Koordinaten von A und E im xy- und $\xi\eta$-System. Die in dem $\xi\eta$-System gegebenen Punkte P_1 und P_2 sind in das xy-System zu überführen. Man wählt zunächst im $\xi\eta$-System einen Drehpunkt – z. B. den Punkt A – und bestimmt nach (4.6) und (4.7) q und φ bzw. o und a. Die Transformation selbst wird dann nach (4.12) vorgenommen.

Pkt.	$\xi\eta$-System		xy-System		
Nr.	η_i	ξ_i	y_i	x_i	
A	97319,35	08802,06	96935,27	08922,55	A
E	98858,81	09717,54	98511,77	09772,69	E
$\Delta\eta$, $\Delta\xi$	+1539,46	+915,48	+1576,50	+850,14	Δy, Δx
θ, σ	65,8456	1791,100	68,5154	1791,114	t, s
o, a	+0,041925	+0,999129	2,6698	1,0000078	φ, q
P_1	98338,99	08586,69	97944,99	08664,62	P_1
P_2	97918,31	09538,01	97564,56	09632,75	P_2

Weitere Zahlenbeispiele für die Transformation von Punkten sind bereits in [Band I, 3.2.3] behandelt.

(2) Koordinatentransformation bei mehreren identischen Punkten (Helmerttransformation)

Die Helmerttransformation wendet man an, wenn für die Anzahl r der identischen Punkte gilt: $r > 2$. Die identischen Punkte sollen an den Rändern der umzuformenden Gebiete liegen und diese möglichst umschließen.

Die Aufgabe lautet dann: Gegeben sind die Punkte $P_1, P_2, \ldots P_r$ im $\xi\eta$-System wie im xy-System und die Punkte $P_{r+1}, \ldots P_n$ nur im $\xi\eta$-System. Gesucht sind die Punkte $P_{r+1} \ldots, P_n$ im xy-System.

Um numerisch günstige Gleichungen zu erhalten, ist es zweckmäßig, bei der Berechnung der Transformationsparameter die Koordinaten jeweils vom Schwerpunkt der identischen Punkte aus zu zählen, wobei

$$x_s = \frac{[x]}{n}, \quad y_s = \frac{[y]}{n}, \quad \xi_s = \frac{[\xi]}{n}, \quad \eta_s = \frac{[\eta]}{n}$$

ist. Die Transformationsparameter berechnen sich jetzt nach (*Wolf* 1975):

$$\begin{aligned} q\cos\varphi &= ([\Delta\xi\Delta x] + [\Delta\eta\Delta y])/[\Delta\xi^2 + \Delta\eta^2] = a \\ q\sin\varphi &= ([\Delta\xi\Delta y] - [\Delta\eta\Delta x])/[\Delta\xi^2 + \Delta\eta^2] = o \end{aligned} \tag{4.15}$$

mit $\Delta x_i = x_i - x_s$, $\Delta y_i = y_i - y_s$, $\Delta\xi_i = \xi_i - \xi_s$, $\Delta\eta_i = \eta_i - \eta_s$ $(i = 1 \ldots r)$ und den Proben: $[\Delta x] = [\Delta y] = [\Delta\xi] = [\Delta\eta] = 0$.

Den Drehwinkel φ und Maßstabsfaktor q erhält man mit (4.15) aus

$$q = \sqrt{o^2 + a^2} \tag{4.16}$$

$$\varphi = \operatorname{arc\,tan}\frac{o}{a} = \operatorname{arc\,cos}\frac{a}{q} \tag{4.17}$$

Die Punkte $P_{r+1}, \ldots, P_n$ transformiert man mit den Gleichungen (*Wolf* 1975):

$$\begin{aligned} x_i &= x_0 + a\xi_i - o\eta_i \qquad (i = r+1 \ldots n) \\ y_i &= y_0 + o\xi_i + a\eta_i . \end{aligned} \tag{4.18a}$$

mit den Koordinaten des Drehpunktes (Anfangspunkt des $\xi\eta$-Systems)

$$x_0 = x_s - a\xi_s + o\eta_s \qquad (4.18\text{b})$$
$$y_0 = y_s - o\xi_s - a\eta_s$$

Vorhandene Netzspannungen lassen sich mit den linearen Restabweichungen der identischen Punkte beurteilen:

$$dx_i = (x_s + a\Delta\xi_i - o\Delta\eta_i) - x_i \qquad (i = 1 \ldots r) \qquad (4.19)$$
$$dy_i = (y_s + o\Delta\xi_i + a\Delta\eta_i) - y_i.$$

Zur Kontrolle rechne man:

$$[dy_i] = [dx_i] = 0$$
$$[(dy_i)^2] + [(dx_i)^2] = [\Delta\xi_i^2 + \Delta\eta_i^2]\,(a^2 + o^2) + [\Delta y_i^2 + \Delta x_i^2].$$

4.2.2 5-Parameter-Transformation

Im Gegensatz zur Ähnlichkeitstransformation, die nur eine Maßstabsunbekannte aufweist, läßt die 5-Parameter-Transformation unterschiedliche Maßstäbe in x- und y-Richtung zu. Diese Transformation wendet man z. B. an, wenn Soldnersche Koordinaten [4.3.1] in Gauß-Krüger-Koordinaten [4.3.2] zu transformieren sind. Eine gewisse Bedeutung hat sie auch für die rechnerische Grenzfeststellung (*Helble* 1981).

4.3 Systeme rechtwinkliger Koordinaten

Systeme rechtwinkliger Koordinaten können nach verschiedenen Grundsätzen angeordnet werden. Die rechtwinkligen Koordinaten sollen nämlich nicht nur den Punkten des Lagefestpunktfeldes [7] einen festen Platz auf dem Ellipsoid anweisen, sondern sie sollen gleichzeitig die Grundlage für eine ebene Abbildung im Maßstab 1 : 1 sein, die dem ellipsoidischen Urbild so ähnlich wie möglich ist. Mathematische Ähnlichkeit oder gar Kongruenz ist nicht erreichbar, weil das Ellipsoid in der Ebene nicht ohne Verzerrungen abgebildet werden kann. Man muß daher zu Verfahren greifen, die die genannten Forderungen wenigstens genähert erfüllen. Als geeignet haben sich dabei vor allem zwei Systeme rechtwinkliger Koordinaten erwiesen: das System des bayerischen Astronomen *Soldner* und das des Göttinger Mathematikers *C. F. Gauß* (*Großmann* 1976; *Torge* 1975, 1980). Heute verwendet man, von Ausnahmen abgesehen, das Verfahren von *C. F. Gauß*.

4.3.1 Die Soldnerschen Koordinaten

Das *Soldnersche* System ist folgendermaßen definiert: Ein in der Mitte des Vermessungsgebiets liegender Hauptmeridian ist Abszissenachse, und ein ausgezeichneter Punkt auf der Abszissenachse ist Koordinatenanfangspunkt. Die Ordinate eines Punktes *P* ist das ellipsoidische Lot von *P* auf die Abszissenachse, und die Abszisse von *P* ist der Meridianbogen vom Koordinatenanfangspunkt bis zum Ordinatenfußpunkt. Für die Abszissen gilt als positive Richtung die Nordrichtung, für die Ordinaten die Richtung nach Osten.

Wie Abb. 4.7 verdeutlichen soll, konvergieren die Ordinaten mit zunehmender Entfernung vom Hauptmeridian. In der Nachbarschaft des Hauptmeridians ist die Konvergenz jedoch absolut betrachtet so gering, daß zwei Ordinatenlinien, die am Hauptmeridian 1 km voneinander entfernt sind, sich einander in 64 km Abstand vom Hauptmeridian erst um 5 cm genähert haben.

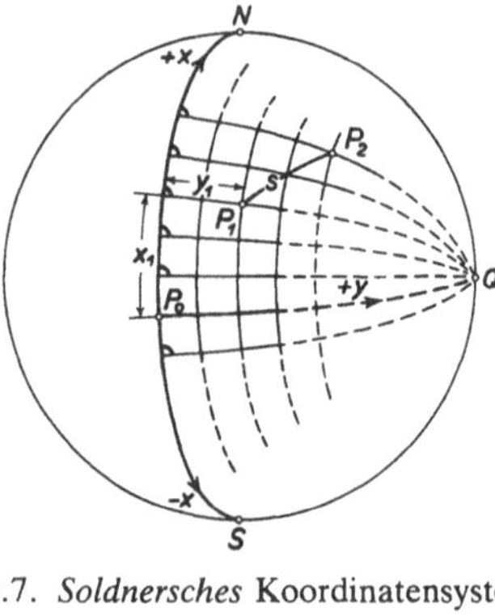

Abb. 4.7. *Soldnersches* Koordinatensystem auf einer Kugel

Darauf gründet sich folgendes Abbildungsverfahren: Man bildet den ellipsoidischen Hauptmeridian unter Wahrung seiner Länge auf der Abszissenachse eines ebenen kartesischen Systems ab und trägt die ellipsoidischen Ordinaten in ihrer wahren Länge auf den ebenen Ordinaten ab. Dabei nimmt man in Kauf, daß die ellipsoidischen Abszissenunterschiede mit zunehmender Entfernung vom Hauptmeridian immer stärker gedehnt werden. Damit aber die Dehnung den Betrag von 5 cm je 1 km keinesfalls überschreitet, beschränkt man die *Soldnerschen* Systeme auf 64 km beiderseits des Hauptmeridians und ordnet bei größerer Ausdehnung des Vermessungsgebiets mehrere Systeme nebeneinander an.

Das *Soldnersche* Verfahren ist bei vielen der größtenteils noch aus dem 19. Jahrhundert stammenden deutschen Katastervermessungen zur Anwendung gelangt. Es hat den Vorteil großer Einfachheit. Nachteilig ist jedoch, daß als Folge der Dehnung an den Rändern der Systeme die Richtungen von 1 km langen Dreiecksseiten Verschwenkungen bis zu 5″ oder 1,5 mgon erleiden können. Da dieser Betrag größer ist als die Beobachtungsungenauigkeit, muß er bei der Triangulierung I. bis III. O. berücksichtigt werden. Störend ist ferner, daß infolge der geringen seitlichen Ausdehnung der Systeme an deren Rändern häufig Koordinatentransformationen [4.2] erforderlich werden.

4.3.2 Die Gaußschen Koordinaten

Um den soeben beschriebenen Verschwenkungen oder Verzerrungen in den Richtungen entgegenzuwirken, hat *C. F. Gauß* für die von ihm geleitete Hannoversche Landesvermessung

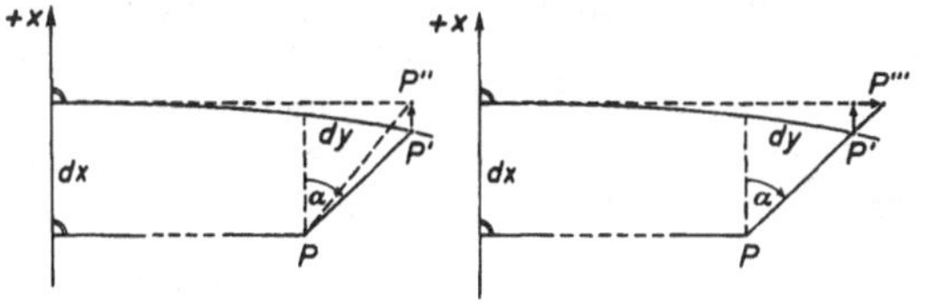

Abb. 4.8 Verzerrungen eines ellipsoidischen Differentialdreiecks bei der *Soldnerschen* und bei der *Gaußschen* Abbildung

(1822–1847) das nach ihm benannte Verfahren der konformen Abbildung entwickelt, bei dem nach seinen Worten das ebene Abbild dem ellipsoidischen Urbild „in den kleinsten Teilen“ – d. h. im Differentiellen – ähnlich ist. Da die Entwicklung der Abbildungsgleichungen zu weit führen würde (*Großmann* 1976), sei der Unterschied der Gaußschen gegenüber der Soldnerschen Abbildung an den beiden differentiellen Figuren der Abb. 4.8 erläutert.

Wie bei *Soldner* wird auch bei *Gauß* der Hauptmeridian, der gleichzeitig die ellipsoidische Abszissenachse ist, auf der Abszissenachse des ebenen kartesischen Systems in wahrer Länge abgebildet. Es ist also, wenn die Indizes *E, S* und *G* der Reihe nach ellipsoidische, *Soldnersche* und *Gaußsche* Größen bezeichnen,

$$x_E = x_S = x_G. \tag{4.20}$$

Die Abszissen stimmen demnach in beiden Abbildungen überein. Darüber hinaus werden auch bei *Gauß* die auf dem Ellipsoid konvergierenden Ordinaten unter Vernachlässigung der Konvergenz auf den Ordinatenlinien x = const. des ebenen kartesischen Systems abgebildet. Die Ordinaten erhalten aber infolge unterschiedlicher Abbildung des in den beiden Figuren der Abb. 4.8 auftretenden ellipsoidischen Differentialdreiecks mit dem Richtungswinkel α bei *Soldner* und *Gauß* verschiedene Werte:

Beim *Soldnerschen Verfahren* (Abb. 4.8 links) erhält der Punkt P' in der Abbildung die Lage P''; der dem ellipsoidischen Bogenelement PP' entsprechende ellipsoidische Ordinatenunterschied dy bleibt also seiner Größe nach erhalten. Der Abszissenunterschied – d.h. die dem Winkel α anliegende Kathete – aber wird, weil die Konvergenz der ellipsoidischen Ordinaten vernachlässigt wurde, gedehnt, so daß der ellipsoidische Richtungswinkel α verzerrt wird. Der Abszissendehnungsfaktor ist $(1 + y^2/2R^2)$, worin y die ellipsoidische Ordinate und R der Krümmungshalbmesser derjenigen Schmiegungskugel ist, die sich der Oberfläche des Bezugsellipsoids an der betreffenden Stelle anpaßt.

Beim *Gaußschen Verfahren* (Abb. 4.8 rechts) wird, um der Verzerrung des Richtungswinkels entgegenzuwirken, außer dem ellipsoidischen Abszissenunterschied auch der Ordinatenunterschied mit dem obigen Faktor gedehnt. Damit bekommt der Punkt P' in der Gaußschen Ebene die Lage P''', so daß der Richtungswinkel α des Bogenelements PP' erhalten bleibt. Da ferner die Katheten des ellipsoidischen Differentialdreiecks ebenso wie die seines Gaußschen Bildes rechte Winkel miteinander bilden, ist in beiden Differentialdreiecken ein zweiter Winkel identisch. Das Abbild ist also bei *Gauß* dem Urbild ähnlich.

Die Dehnung des Ordinatenunterschieds, durch die die Ähnlichkeit erreicht wurde, wiederholt sich nun in jedem der aufeinanderfolgenden Differentialdreiecke, die man sich längs der Ordinate zu denken hat. Zur Berechnung einer endlichen Gaußschen Ordinate y_G aus der ellipsoidischen bzw. der ihr längengleichen Soldnerschen Ordinate y_S muß daher über das Produkt $(1 + y^2/2R^2)\,dy$ integriert werden. Die Integration ergibt bei Verzicht auf Glieder von der Größenordnung $1/R^4$ als Abbildungsgleichung für die *Gaußschen* Ordinaten

$$y_G = y_S + \frac{y_S^3}{6R^2}\,. \tag{4.21}$$

Die auf die Gleichungen (4.20) und (4.21) gegründete Abbildung ist zwar dem Urbild im Differentiellen ähnlich und damit winkeltreu. Diese Eigenschaft konnte aber nur dadurch erreicht werden, daß das ebene Abbild gegenüber dem ellipsoidischen Urbild gedehnt wurde. Daraus folgen Verzerrungen, denen wir uns im folgenden Abschnitt zuwenden.

4.3.3 Reduktion gemessener Größen auf ihren Wert in der Gaußschen Abbildung

Das Verhältnis eines Bogenelements im Abbild zu seinem ellipsoidischen Urbild wird allgemein als *Vergrößerungsverhältnis* bezeichnet. Bei der *Gaußschen* Abbildung ist dieses, weil dabei die Bogenelemente der ellipsoidischen Abszissenunterschiede wie die der Ordinatenunterschiede mit dem gleichen Faktor $(1 + y^2/2R^2)$ gedehnt werden, vom Richtungswinkel unabhängig; das Vergrößerungsverhältnis hat demnach in allen Richtungen den gleichen Wert. Also werden auch die Bogenelemente beliebig gerichteter Strecken mit $(1 + y^2/2R^2)$ gedehnt.

Nun ist ein Bogenelement zwar theoretisch ein differentielles Bogenstück. In der geodätischen Praxis darf darunter jedoch auch eine mäßig ausgedehnte Strecke, z.B. eine kurze Dreiecksseite, eine längere Polygonseite oder auch die Länge eines Polygonzuges verstanden werden. Wenn also S eine solche Strecke im ellipsoidischen Urbild oder eine *gemessene* Strecke ist, und s die entsprechende Strecke im ebenen Abbild, so erhält man für ein S mit der Mittelordinate y_m den Wert s in der Gaußschen Abbildung mit Hilfe des Ansatzes

$$s = \left(1 + \frac{y_m^2}{2R_m^2}\right) S \quad \text{oder} \quad s - S = \frac{y_m^2}{2R_m^2} S. \tag{4.22}$$

Dabei darf in dem Ausdruck auf der rechten Seite der zweiten Gleichung die ellipsoidische Strecke S ohne Genauigkeitsverlust durch die ebene Strecke s ersetzt werden; R_m ist der Halbmesser der Gaußschen Schmiegungskugel im Ordinatenfußpunkt von y_m. Die Bedeutung der Formeln (4.21) und (4.22) für die Zahlenrechnung läßt Tab. 4.1 erkennen.

Tab. 4.1.

Soldner-Ordinate	Ordinatenzuschlag	$(s - S)$ auf 1 km
km	m	mm
10	0,00	1
20	0,03	5
30	0,11	11
40	0,26	20
50	0,51	31
60	0,88	44
70	1,40	60
80	2,10	79
90	2,98	99
100	4,09	123
150	13,81	276
200	32,75	491

Tab. 4.1 gibt in der 1. Spalte runde Soldnerordinaten und in der 2. Spalte die dem zweiten Glied auf der rechten Seite der Gleichung (4.21) entsprechenden *Ordinatenzuschläge,* durch die die Soldnerschen Ordinaten in Gaußsche überführt werden. Die 3. Spalte enthält die Beträge, um die entsprechend der zweiten Gleichung (4.22) eine 1 km lange ellipsoidische Strecke bei der Gaußschen Abbildung gedehnt wird, wenn ihre Mittelordinate die in der 1. Spalte angegebene Größe hat.

Nach der Tabelle wird eine Strecke in der Gaußschen Ebene um so mehr gedehnt, je weiter die betrachtete Stelle von der Abszissenachse entfernt ist. Infolgedessen werden in einer nach dem Gaußschen Verfahren abgebildeten Figur mit größerer Ost-West-Erstreckung die der Abszissenachse ferneren Figurenteile stärker gedehnt als die ihr näher liegenden Teile. Bei der Abbildung einer großen Fläche bleibt daher die bei der Gaußschen Abbildung einer *differentiellen* Figur erzielte Ähnlichkeit nicht voll erhalten; oder anders ausgedrückt: bei der Abbildung größerer Flächen werden außer den Strecken auch die Richtungen und damit die Winkel etwas verzerrt. Die beobachteten Strecken und Richtungen müssen daher, bevor sie in die Rechnung eingeführt werden, auf ihren Wert in der Gaußschen Abbildung reduziert werden.

Die *Richtungsverzerrung* ist bei der Gaußschen Abbildung im Gegensatz zur Soldnerschen so geringfügig, daß die Richtung einer 1 km langen Strecke selbst im Abstand von 200 km vom Hauptmeridian oder seinem Bilde, der Abszissenachse, bei *Gauß* nur um knapp 0,2 mgon verzerrt wird. Dieser Betrag kann in der Praxis fast immer vernachlässigt werden. Erst bei längeren Strecken nimmt die Richtungsverzerrung etwas zu. Wie dann zu verfahren ist, möge der Leser erforderlichenfalls in der Spezialliteratur nachlesen (*Großmann* 1976; *Torge* 1975, 1980).

Die *Streckenverzerrung* dagegen – also die Dehnung, die jede Strecke des Urbildes bei der Gaußschen Abbildung erfährt – wächst nach (4.22) mit dem *Quadrat* des Abstandes von der Abszissenachse; ihre Auswirkungen dürfen daher sogar bei manchen Aufgaben der einfachen Praxis nicht vernachlässigt werden. Der Betrag, um den die gemessenen Strecken vor Beginn der Rechnung auf ihren Wert in der Gaußschen Abbildung reduziert werden müssen, heißt die *Streckenreduktion.* Sie ist für 1 km lange Strecken nahezu identisch mit dem Dehnungsbetrag in Spalte 3 unserer obigen Tabelle. Das gilt streng jedoch nur für Strecken im Meereshorizont. Bei Messungen in höheren Lagen kommt noch eine weitere Reduktion hinzu.

Die Höhenreduktion. Wie in Band I, 1.2 erläutert ist, werden alle Lagemessungen auf die Oberfläche des Bezugsellipsoids projiziert. Die Oberfläche des Bezugsellipsoids aber fällt mit einer für Lagemessungen (nicht für Nivellements) ausreichenden Annäherung mit dem Landeshorizont zusammen. Also ist die auf den Landeshorizont projizierte Strecke das Urbild für die Gaußsche Abbildung. Mithin muß an den Ergebnissen von Streckenmessungen und Flächenbestimmungen, die auf der physischen Erdoberfläche in einer bestimmten Höhe H_r über dem durch den Meeresspiegel gegebenen Landeshorizont „Normal Null" vorgenommen werden, eine Reduktion angebracht werden, durch die das Messungsergebnis auf den Landeshorizont reduziert wird.

Zur Berechnung der Höhenreduktion betrachtet man eine in der Höhe H_r über dem Meere gemessene Strecke S^{Hr} und ihre Projektion S auf den Landeshorizont; dann ist nach Abb. 4.9

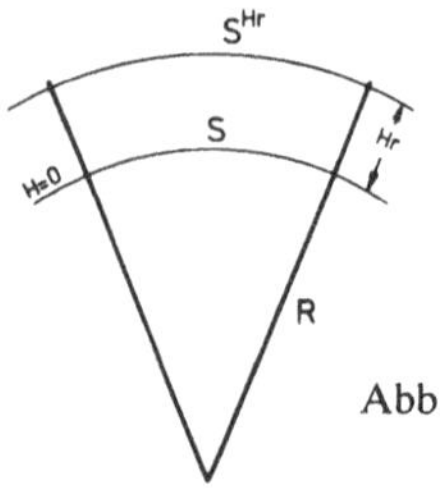

Abb. 4.9. Höhenreduktion

$$S = S^{Hr} \frac{R}{R + H_r} \approx S^{Hr} \left(1 - \frac{H_r}{R}\right) + \ldots$$

oder

$$S = S^{Hr} - \frac{H_r}{R} S^{Hr}. \tag{4.23}$$

Die Reduktion auf den Landeshorizont hat also eine Verkleinerung der gemessenen Strecke zur Folge; sie wirkt mithin der Dehnung durch die Gaußsche Abbildung entgegen. Zweckmäßig faßt man die Streckenreduktion und die Höhenreduktion zusammen und erhält dann für eine Strecke S_i in km als Gesamtreduktionsbetrag in mm

$$\Delta_i = S_i \left(- \frac{H_r}{R_m} + \frac{y_m^2}{2 R_m^2} \right) 10^{-6}, \qquad (4.24)$$

worin H_r die mittlere Meereshöhe und y_m die Mittelordinate der Strecke ist, und S_i ohne Genauigkeitsverlust durch s ersetzt werden kann. Aufgrund von (4.24) ist im Anhang von (*Jordan/Eggert/Kneißl* 1958/59) für $S = 1$ km eine Übersichtstafel berechnet, von der wir auf S. 174 einen Auszug bringen. Selbstverständlich ist in einem Gauß-Krüger-System unter y_m nicht etwa der Rechtswert [4.3.4] eines Punktes zu verstehen, sondern sein von der Kennziffer und der Konstanten 500000 befreiter Rechtswert; d.h. y_m ist der Abstand des betrachteten Punktes vom Hauptmeridian bzw. von seinem Bilde, der Abszissenachse.

Die Höhen- und Streckenreduktion ist insbesondere in folgenden Fällen anzubringen:

a) Zur Berechnung von Gaußschen Koordinaten aufgrund von Streckenmessungen; insbesondere ist beim einfachen und mehrfachen Bogenschnitt und bei Punktbestimmungen aus kombinierten Richtungs- und Streckenmessungen jede gemessene Strecke vor dem Eintritt in die Rechnung auf ihren Wert in der Gaußschen Abbildung zu reduzieren.

b) Auch beim Polygonzug empfiehlt es sich, die gemessenen Seiten zu reduzieren. Zwar werden durch das Verteilen des aus den Messungsungenauigkeiten *und* der Projektionsverzerrung herrührenden Koordinatenabschlußfehlers [5.8.2] die Streckenreduktion und die Höhenreduktion automatisch berücksichtigt; die Summe der Messungsungenauigkeiten und die Projektionsverzerrungen sind jedoch oftmals von der gleichen Größenordnung. Ohne Kenntnis des Betrages der Strecken- und Höhenreduktion läßt sich also nicht beurteilen, inwieweit die amtlichen Fehlergrenzen [5.8.4.2] innegehalten oder überschritten sind.

Tab. 4.2.

Reduktion einer in 50° Breite, in der mittl. Meereshöhe H_r und mit der Mittelordinate y_m gemessenen 1 km-Strecke auf ihren Wert in der Gaußschen Abbildung.

Reduktionsbetrag Δ in mm für 1 km

H_r in m	y_m in km										
	0	10	20	30	40	50	60	70	80	90	100
0	0	+ 1	+ 5	+11	+20	+31	+44	+60	+79	+100	+123
50	− 8	− 7	− 3	+ 3	+12	+23	+36	+52	+71	+92	+115
100	−16	−14	−11	− 5	+ 4	+15	+28	+44	+63	+83	+107
200	−31	−30	−26	−20	−12	− 1	+13	+29	+47	+68	+92
300	−47	−46	−42	−36	−27	−16	− 3	+13	+32	+52	+76
400	−63	−61	−58	−52	−43	−32	−18	− 2	+16	+37	+60
500	−78	−77	−73	−67	−59	−48	−34	−18	0	+21	+44
600	−94	−93	−89	−83	−74	−63	−50	−34	−15	+ 5	+29
700	−110	−108	−105	−99	−90	−79	−65	−50	−31	−10	+13
800	−125	−124	−120	−114	−106	−95	−81	−66	−47	−26	− 3
900	−141	−140	−136	−130	−121	−110	−97	−81	−62	−42	−18
1000	−157	−156	−152	−146	−137	−126	−112	−97	−78	−57	−34

Zusätze: 1. Für größere Werte gilt in Meereshöhe ($H = 0$) bei

y_m = 150 km 200 km 300 km
Δ = 276 mm 491 mm 1105 mm

2. Nach der obigen Tabelle kann eine 10 km lange ostwestlich verlaufende Strecke mit y_m = 100 km auf rund 1 cm genau reduziert werden. Den genauen Reduktionsbetrag für eine Strecke $P_1 P_2 = S$ liefert die Formel (*Großmann* 1976; *Torge* 1975, 1980)

$$s - S = \frac{S}{12 R_m^2} (y_1^2 + 4\, y_m^2 + y_2^2), \tag{4.25}$$

c) Beim Berechnen der Länge einer örtlichen Strecke aus den Gaußschen Koordinaten ihrer Endpunkte wird die Reduktion mit umgekehrten Vorzeichen angebracht. Das ist besonders bei Feinabsteckungen und sonstigen Ingenieurarbeiten vor allem dann zu beachten, wenn die Absteckungen in größerer Entfernung vom Hauptmeridian vorgenommen werden.

d) Das gleiche gilt für die Flächenberechnung aus Gaußschen Koordinaten. Ist *F* die Feldfläche, *f* die aus Gaußschen Koordinaten errechnete Bildfläche, so errechnet die Flächenreduktion sich genau genug aus

$$r_A = f - F = \frac{y_m^2}{R^2} f \qquad (4.26)$$

und die Feldfläche aus

$$F = f - (f - F). \qquad (4.27)$$

Die Formel reicht für die Reduktion der Fläche bis 10 km^2 in jedem Falle aus.

Gauß selbst hat über sein Abbildungsverfahren keine zusammenhängende Darstellung hinterlassen. Das hat zu Beginn dieses Jahrhunderts Prof. Dr. *L. Krüger*, Abteilungsvorsteher im Geodätischen Institut in Potsdam, nachgeholt (*Krüger* 1912). Ihm zu Ehren werden die Gaußschen Koordinaten in Deutschland als Gauß-Krüger-Koordinaten bezeichnet. Im Ausland heißen sie meistens Transversale Merkator-Koordinaten.

4.3.4 Die Gauß-Krügerschen Meridianstreifensysteme

Um von der Vielzahl der *Soldnerschen* Systeme loszukommen, werden die deutschen Landesvermessungen seit dem Jahre 1927 allmählich auf Gauß-Krüger umgestellt. Es wurden Systeme mit den Hauptmeridianen 6°, 9°, 12° und 15° östlich von Greenwich als Abszissenachsen eingerichtet. Jedes System hat nach einem Beschluß der Arbeitsgemeinschaft der Vermessungsverwaltungen (AdV) vom Jahre 1966 nach beiden Seiten eine Ausdehnung von 1° 40′ in Länge (rd. 100 km), so daß zwei benachbarte Systeme sich mit einem 20 Längenminuten, d.h. im Mittel rund 23 km

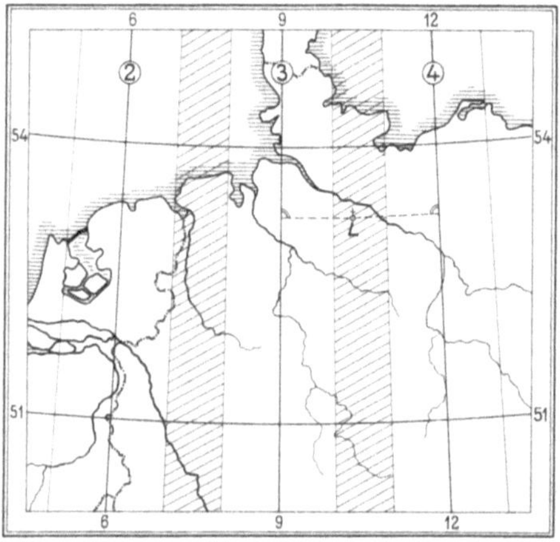

Abb. 4.10. *Gauß-Krügersche* Meridianstreifensysteme

breiten Streifen überdecken, in dem die Dreieckspunkte in beiden Systemen berechnet werden. Die Meridianstreifensysteme sind folgendermaßen eingerichtet: Die Gaußschen Ordinaten erhalten, damit negative Werte vermieden werden, einen Zuschlag von 500000 m, vor den als Kennziffer die durch 3 geteilte Längengradzahl des Hauptmeridians gesetzt wird. Diese vergrößerten Ordinaten heißen Rechtswerte. Die Abszissen werden auf dem Hauptmeridian vom Äquator an gezählt und als Hochwerte bezeichnet.

Mit diesen Bezeichnungen hat die Michaelis-Kirche in Lüneburg folgende Gauß-Krüger-Koordinaten:

Im System des 9. Längengrades

Hoch = 5902863,21 Rechts = 3593571,20.

Im System des 12. Längengrades

Hoch = 5903137,40 Rechts = 4393360,64.

Also ist im ersten System der Ordinatenfußpunkt 5902863,21 m vom Äquator entfernt; die Kirche selbst liegt ostwärts des 9. Längengrades, und ihre Gaußsche Ordinate ist + 93571,20 m lang. Im System des 12.

Längengrades liegt der Ordinatenfußpunkt 5 903 137,40 m nördlich des Äquators, und die Kirche selbst liegt westlich des 12. Längengrades mit der Gaußschen Ordinate – 106 639,36 m. Bei täglichem Gebrauch werden, solange Verwechslungen nicht zu befürchten sind, die beiden ersten Ziffern der Hoch- und Rechtswerte weggelassen.

Durch die Begrenzung der Meridianstreifensysteme auf praktisch rund 100 km beiderseits des Hauptmeridians wird die in [4.3.3] angegebene Streckenvergrößerung so gering gehalten (maximal 12 cm auf 1 km), daß sie in vielen praktischen Fällen nicht beachtet zu werden braucht. Bei Feinmessungen und Feinabsteckungen muß sie jedoch jedes Mal in Rechnung gestellt werden, wobei zu beachten ist, daß die aus *Gaußschen* Koordinaten errechnete Strecke immer länger ist als die auf dem Ellipsoid.

4.3.5 Das Universal Transverse Mercator Grid System (UTM-System)

Das Universal Transverse *Mercator* Grid System oder UTM-System der USA verwendet ebenfalls das Gaußsche Abbildungsverfahren. Es benutzt als Bezugsfläche das Internationale Erdellipsoid von 1924 und umspannt die Erde mit 60 je 6 Längengrade umfassenden Meridianstreifen, deren Mittelmeridiane ausgehend von dem 180. Längengrad Greenwicher Zählung und beginnend mit dem Streifen 180° bis 174° West – ostwärts fortschreitend – die Kennziffern 1, 2, 3 . . . 60 erhalten. Ferner werden, um dem Anwachsen des Vergrößerungsverhältnisses an den Rändern der Streifen entgegenzuwirken, die aus der Netzausgleichung hervorgegangenen Strecken vor dem Eingang in die Koordinatenberechnung durch Multiplikation mit dem Maßstabsverjüngungsfaktor 0,9996 verkleinert. Schließlich ist das UTM-System der Breite nach durch die Parallelkreise 80° *Nord* und 80° *Süd* begrenzt. Auf dieses System sind auch die Karten der Nato gegründet.

Die UdSSR hat ein ähnlich gegliedertes erdumspannendes System Gaußscher Koordinaten auf dem Ellipsoid von Krassowski eingerichtet.

5. Bestimmung von Lagepunkten

Ist die Lage einer Anzahl von Punkten durch ihre Koordinaten in einem rechtwinkligen Koordinatensystem gegeben, so kann man von ihnen ausgehend die Koordinaten weiterer Punkte bestimmen. Die gegebenen, bereits festliegenden Punkte bezeichnet man dabei als *Festpunkte*, die neu zu bestimmenden Punkte heißen *Neupunkte*.

Die meßtechnische Bestimmung von Neupunkten kann auf zwei Arten geschehen:

- durch *Messen von Richtungen, Winkeln, Strecken und Streckendifferenzen* zwischen Punkten auf der Erdoberfläche oder zwischen Punkten auf und außerhalb der Erdoberfläche (Satelliten, ...)
- durch *Messungen in Luftbildern*. Diesen Bereich behandelt die Photogrammetrie (vgl. u.a. bei *Schwidefsky/Ackermann* 1976).

Nachfolgend wird nur der erste Weg der Punktbestimmung behandelt.

5.1 Arten der Punktbestimmung

5.1.1 Arten der numerischen Punktbestimmung

Die numerische Bestimmung von Neupunkten geschieht in der Regel auf drei Arten: punktweise, linienweise und netzweise:

- bei der *punktweisen Bestimmung* wird jeder Punkt für sich,
- bei der *linienweisen Bestimmung* werden mehrere Punkte gemeinsam mit Hilfe eines gebrochenen Linienzuges und
- bei der *netzweisen Bestimmung* werden mehr als zwei Punkte gemeinsam mit Hilfe von Netzen aus Dreiecken und Vielecken festgelegt.

Mißt man zur Bestimmung von Neupunkten nur so viele Größen, wie zu ihrer in geometrischem Sinn eindeutigen Festlegung erforderlich sind, so liegt eine *eindeutige Punktbestimmung* vor. Werden mehr Größen gemessen, so hat man eine *überbestimmte Punktbestimmung*. Die so vorhandenen „überschüssigen Messungen“ rufen infolge der unvermeidlichen Messungsfehler „Widersprüche“ hervor, die einer „Ausgleichung“ bedürfen. Im folgenden wird in der Hauptsache von einfachen Punktbestimmungen die Rede sein. Da sich kleinere Aufgaben mit überbestimmten Beobachtungen inzwischen einfach mit etwas anspruchsvolleren Taschenrechnern lösen lassen, sind auch hierfür einzelne Lösungsbeispiele angefügt. Die Theorie dieser Lösungswege ist u. a. nachzulesen bei (*Gotthardt* 1978, *Höpcke* 1980, *Pelzer* 1980, *Wolf* 1975).

5.1.2 Arten der technischen Hilfsmittel

Als technisches Hilfsmittel für die netzweise Bestimmung von Punkten stehen verschiedene Verfahren zur Verfügung: Die Triangulation (vom lat. angulus = Winkel), die Trilateration (vom lat. Latus = Seite), kombinierte Verfahren und Satellitenverfahren.

Bei der *Triangulation,* die seit dem 17. Jahrhundert in größerem Umfang zum Einsatz kam, beobachtete man zur Bestimmung eines Dreiecksnetzes möglichst alle im Netzbild auftretenden Dreieckswinkel; es wird ferner – um den Maßstab der Figur festzulegen – mindestens eine Seite gemessen (Abb. 5.1). In der Vergangenheit bestimmte man diese über ein Basisvergrößerungsnetz [7.1] und heute durch elektronische Streckenmessung. Die Triangulation ist insbesondere bei größeren Punktabständen sehr aufwendig und wird daher für großräumige Neuvermessungen nur noch in Ausnahmefällen eingesetzt.

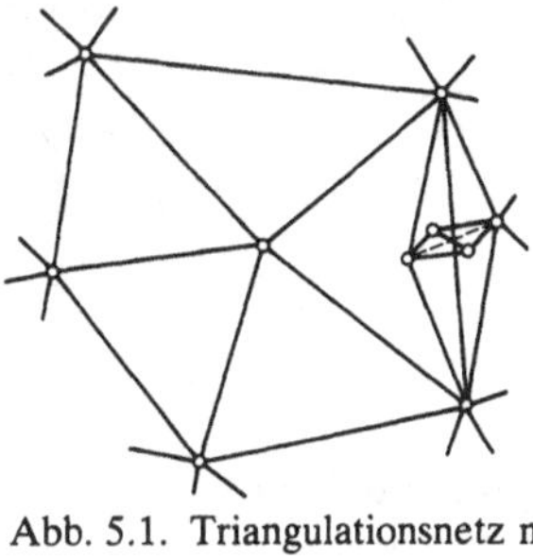

Abb. 5.1. Triangulationsnetz mit Basisvergrößerungsnetz

Die *Trilateration* ist erst seit 1956 durch das Aufkommen der elektronischen Entfernungsmesser wirtschaftlich geworden. Zusätzlich zu den Dreiecksseiten mißt man die Länge mehrerer Diagonalen, um überschüssige Beobachtungen zu bekommen (Abb. 5.2).

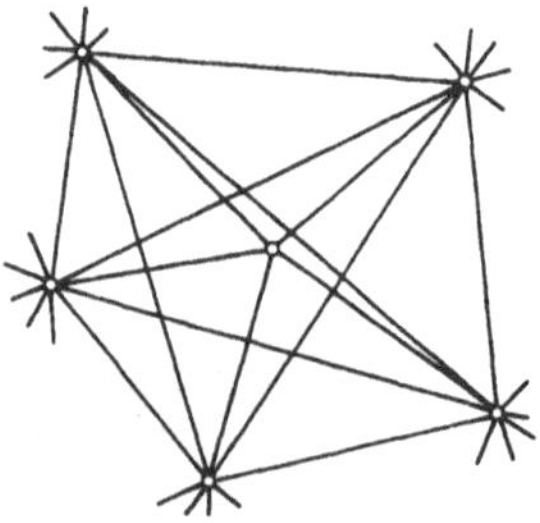

Abb. 5.2. Trilaterationsnetz

Bei den *kombinierten Verfahren* kommen die Strecken-, Richtungs-und Winkelmessung gemeinsam zum Einsatz. Geometrische Grundfiguren sind Dreiecke und Vielecke mit Diagonalen.

Satellitenverfahren nutzt man etwa seit 1970 für dreidimensionale Punktbestimmungen. Gemessen werden Distanzänderungen (Abb. 5.3 a) oder Distanzen (Abb. 5.3 b) zwischen Satelliten und Erdstationen, deren Koordinaten berechnet werden sollen.

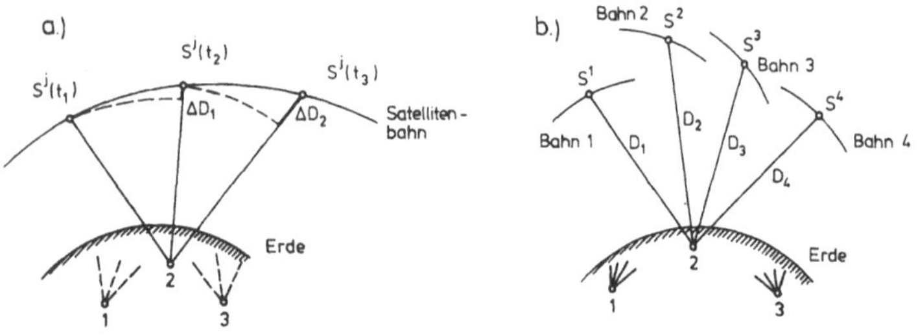

Abb. 5.3. Koordinatenbestimmung von Erdstationen durch Messen von Distanzänderungen (a) oder Distanzen (b); t_i: Zeit

Beim Aufbau eines Landesnetzes schafft man sich zunächst durch geschlossene Messungen und Berechnungen ein übergeordnetes *Grundnetz*. In diesem Grundnetz können die Punkte einen Abstand von 10 ... 20 km haben. Für sehr ausgedehnte Flächen wählt man größere Punktabstände. Das Grundnetz kann flächenfüllend sein (Abb. 7.1), oder die Form langgestreckter miteinander verknüpfter Ketten oder Linienzüge haben (Abb. 7.4). In dieses übergeordnete Grundnetz werden weitere Neupunkte durch punktweise, linienweise und netzweise Bestimmung eingepaßt. Aus fehlertheoretischen Gründen sind Neupunkte möglichst netzweise in das Grundnetz einzupassen. Das Messen von *Polygonnetzen* erweist sich als wirtschaftlich.

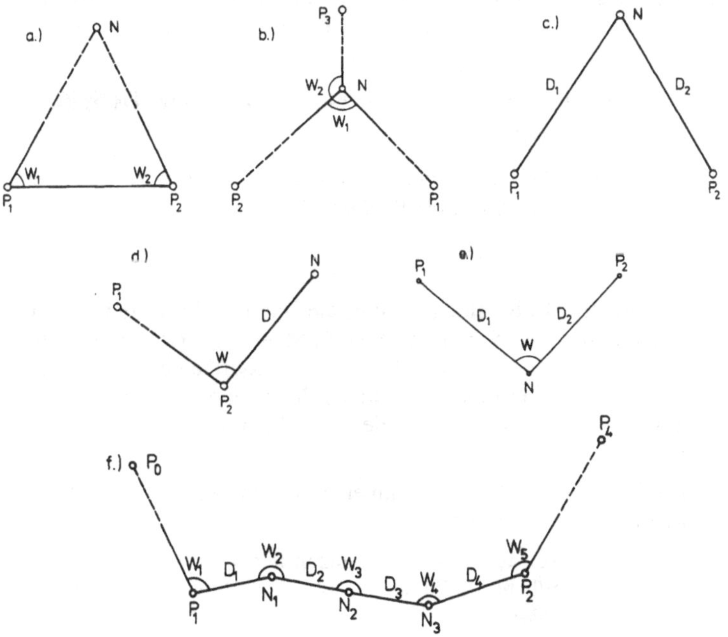

Abb. 5.4. Schematisierte Darstellung der Verfahren für das punkt- und linienweise Bestimmen von Neupunkten (P_i: Festpunkte, N_i: Neupunkte)

Die bekanntesten terrestrischen Verfahren der punkt-, linien- und netzweisen Bestimmung sind (Abb. 5.4, 5.38):

a) *Vorwärtseinschneiden* durch Messen der Winkel W_1 und W_2,
b) *Rückwärtseinschneiden* durch Messen der Winkel W_1 und W_2,
c) *Bogenschnitt* durch Messen der Distanzen D_1 und D_2,
d) *Polares Anhängen* durch Messen des Winkels W und der Distanz D,
e) *Kombiniertes Messen* von einem Winkel W und zwei Distanzen D_1 und D_2,
f) *Polygonzug* durch Messen der Distanzen D_i und der Winkel W_i,
g) Messen von *Polygonnetzen.*

Neben dem terrestrischen Verfahren setzt man für die Verdichtung der Grundnetze auch Satellitenverfahren ein.

5.2 Unsicherheiten bei der Bestimmung und Definition von Lagepunkten

Die Unsicherheit eines Punktes läßt sich nach Helmert durch die *Standardabweichung eines Punktes*

$$\sigma_p = \pm \sqrt{\sigma_a^2 + \sigma_b^2} \tag{5.1}$$

beschreiben. Dabei sind σ_a und σ_b die Standardabweichungen des Punktes in zwei senkrecht aufeinanderstehenden Richtungen. Die Richtungen können z.B. mit denen des Koordinatensystems zusammenfallen; anstelle von σ_a und σ_b hat man dann die Standardabweichungen $\sigma(x)$ und $\sigma(y)$ der x- und y-Koordinate des Punktes.

Ein Lagepunkt läßt sich nur mit einer begrenzten Genauigkeit definieren. Ursachen hierfür sind:

- kleine unvermeidbare Bewegungen der Vermarkung,
- unterschiedliche Auffassungen über das Punktzentrum und
- Zentrierfehler.

In der Regel kann man für die örtliche Definitionsunsicherheit in beiden Koordinatenrichtungen einen Betrag von 10 mm annehmen. Der Punkt ist dannn örtlich mit einer Unsicherheit von ± 15 mm definiert; (vgl. z. B. *Tegeler* 1983).

Lagepunkte lassen sich in Bezug auf Nachbarpunkte bei einer günstigen Netzkonfiguration etwa mit der Genauigkeit bestimmen, die auch für das Meßverfahren angegeben wird. Im allgemeinen wählt man die Meßverfahren so aus, daß die Unsicherheiten bei der Bestimmung und die Definitionsunsicherheit in einem ausgewogenen Verhältnis stehen.

Für die Lagebestimmung von Punkten benutzt man Strecken-, Richtungs- und Winkelmeßverfahren. Die Unsicherheit der Meßverfahren ist, abgesehen von elektronischen Distanzmessungen im Nahbereich, entfernungsabhängig; folglich ist auch die relative Punktgenauigkeit, je nach angewandtem Meßverfahren, entfernungsunabhängig oder entfernungsabhängig (Abb. 5.5).

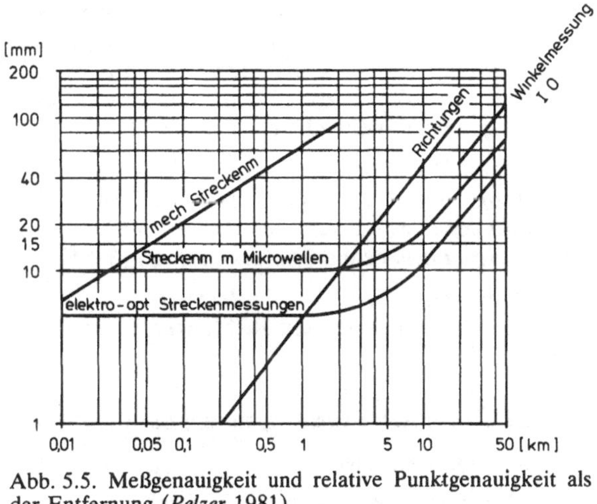

Abb. 5.5. Meßgenauigkeit und relative Punktgenauigkeit als Funktion der Entfernung (*Pelzer* 1981)

Bei der einfachen mechanischen Streckenmessung mit Meßbändern übersteigt die Meßunsicherheit schon bei Punktabständen von 50 m die Definitionsunsicherheit. Verfahren, bei denen die Richtungsmessung mit der elektronischen Entfernungsmessung kombiniert wird, eignen sich besonders für Entfernungsbereiche bis zu 3 km. Die Unsicherheiten der elektrooptischen Streckenmessung überschreiten erst bei Punktabständen größer als 15 km die Definitionsunsicherheit.

5.3 Vorbereitende Berechnungen

Bevor die eigentlichen Berechnungen beginnen, ist zu überprüfen, ob an die Meßwerte noch Korrektionen und Reduktionen anzubringen sind. Bei der Streckenmessung sind dies: die Nullpunktskorrektur, die Maßstabskorrektur und die geometrischen Reduktionen [2.2 bis 2.6].

Führt man die Winkel- oder Richtungsmessungen nur in einer Lage aus, so ist zu überprüfen, ob sich Zielachsen- oder Kippachsenfehler auf das Ergebnis auswirken; gegebenenfalls sind diese rechnerisch zu beseitigen [1.6]. Weitere Richtungs- oder Winkelkorrekturen können z.B. bei großräumigen Vermessungen und bei Berechnungen in speziellen Abbildungssystemen notwendig sein [4.3.3] (*Großmann* 1976; *Torge* 1975, 1980); diese entfallen jedoch bei den nachfolgend behandelten Aufgaben.

Oftmals ist es nicht möglich, den Theodoliten oder Entfernungsmesser im Zentrum der Beobachtungsstation und die Zielzeichen im Zentrum der Zielpunkte aufzustellen. In dem Fall hat man vorbereitende Zentrierungsrechnungen auszuführen [5.3.1].

Für bestimmte Aufgaben ist es notwendig, die mit einem Theodoliten gemessenen beliebig orientierten Richtungen vorbereitend zu orientieren [5.3.2].

5.3.1 Zentrieren beobachteter Richtungen und Strecken*

Folgende Fälle sind zu unterscheiden:

(1) Das Zentrum der Station ist zugänglich, aber die Sicht nach dem Zielpunkt ist nur von einem exzentrischen Standpunkt aus zu erhalten, von

* In Abweichung vom Symbolverzeichnis werden in Kap. 5.3.1 wegen der einfacheren Schreibweise die Strecken im Messungshorizont mit S bezeichnet.

dem aus die Zentrierungselemente – d.h. die Entfernung und die Richtung zum Zentrum – direkt gemessen werden können.

(2) Das Zentrum der Station ist unzugänglich (Turmspitze, Fahnenstange und dgl.); die Zentrierungselemente müssen daher durch eine Hilfskonstruktion indirekt ermittelt werden.

(3) Das Signal am Zielpunkt steht exzentrisch.

(4) Die Zentrierungen lassen sich mit Hilfe gebrochener Strahlen umgehen.

(1) Standpunktzentrierung

Es sei in Abb. 5.6 Z das Zentrum einer Station und B ein exzentrischer Beobachtungs- oder Standpunkt. Auf B seien die Richtungen $r_1', r_2' \ldots r_n'$ sowie die Richtung r_z' nach Z beobachtet; außerdem sei die Strecke $\overline{BZ} = e$ gemessen. Gesucht sind die auf Z reduzierten Richtungen $r_1, r_2 \ldots r_n$.

Zur Lösung denke man sich das auf B beobachtete Büschel $r_1', r_2' \ldots r_z' \ldots r_n'$ parallel nach Z verschoben, so daß der Strahl nach P_1 in die in Abb. 5.6 fein punktierte Lage kommt. Da der dadurch entstehende Winkel δ_1 auch bei P_1 auftritt, läßt r_1 sich folgendermaßen berechnen:

$$\varepsilon_1 = r_1' - r_z' \quad (5.2); \qquad \sin\delta_1 = \frac{e}{S_1} \sin\varepsilon_1 \quad (5.3); \qquad r_1 = r_1' + \delta_1. \quad (5.4)$$

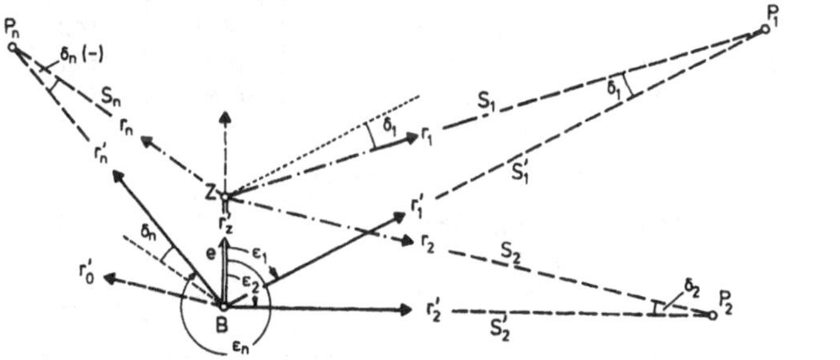

Abb. 5.6. Standpunktzentrierung

Entsprechend werden die Richtungen r_2' bis r_n' zentriert. Bei $\varepsilon_i > 200$ gon wird δ_i negativ.

Sind auf B gemessene und bereits horizontierte Strecken S_i' gegeben, so berechnen sich die zentrierten Strecken S_i nach:

$$S_i = \sqrt{(S_i')^2 + e^2 - 2S_i' e \cos \varepsilon_i}\,. \tag{5.5}$$

Werden keine Distanzen gemessen, so können in (5.3) näherungsweise – wie die nachfolgende Abschätzung zeigt – aus Koordinaten berechnete Strecken s_i eingeführt werden.

Zur *Abschätzung der Genauigkeit,* mit der e und S beobachtet werden müssen, findet man aufgrund einer Differentiation von (5.3) für den ungünstigsten Fall

$$\frac{d\delta}{\delta} = \frac{de}{e} + \frac{dS}{S}\,; \tag{5.6}$$

e und S werden also zweckmäßig mit der gleichen relativen Genauigkeit ermittelt. Dazu hat man e auf mm und S bei kürzeren Entfernungen auf dm, bei längeren Entfernungen auf m zu bestimmen.

Zahlenbeispiel: Zentrierung von $n = 3$ Richtungen

	r_i' / r_z'	$\varepsilon_i = r_i' - r_z'$	S_i / e	δ_i	$r_i = r_i' + \delta_i$
1	2	3	4	5	6
	gon	gon	m	gon	gon
P_1	94,1090	58,8570	2353,2	+0,2918	94,4008
P_2	155,1759	119,9239	1346,8	+0,6077	155,7836
P_3	281,4529	246,2009	1592,9	−0,3584	281,0945
Z	35,2520		13,512		
	565,9898	424,9818		+0,5411	531,2789
	$4r_z'$	141,0080			−0,5411
					35,2520
		565,9898			565,9898

$$\text{Probe: } [r_i'] + r_z' = [\varepsilon_i] + (n+1)\,r_z' = [r_i] - [\delta_i] + r_z'$$

Die Summenprobe sichert nur die 3. und 6. Spalte, während die 5. Spalte nicht geprüft ist. Die δ_i kann man durch zweimaliges Rechnen proben.

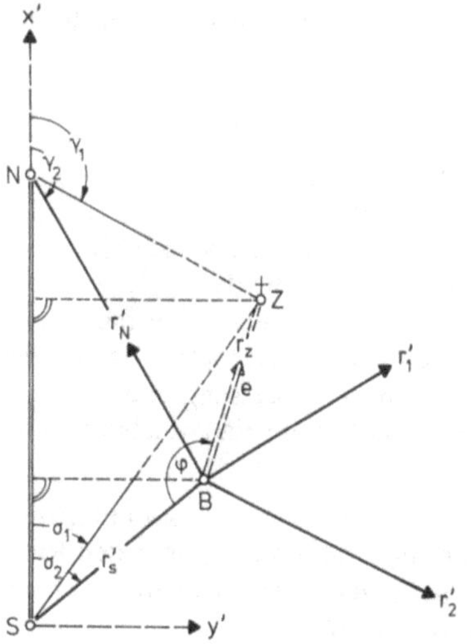

Abb. 5.7. Bestimmung der Zentrierungselemente

(2) Indirekte Bestimmung der Zentrierungselemente

Wenn die Zentrierungselemente nicht unmittelbar beobachtet werden können – z.B. weil Z eine Kirchturmspitze ist, B aber sich im Schalloch befindet –, so müssen e und r'_z indirekt bestimmt werden. Oft gelingt das wie in Abb. 5.7 mittels einer Hilfsbasis SN am Fuß des Turmes. Da die Visuren oftmals sehr steil sind, stelle man die Stehachse des Theodolits streng lotrecht. Man beobachte in B: die Richtungen $r'_1, r'_2 \ldots, r'_S, r'_N$; in S die Winkel σ_1, σ_2; in N: die Winkel ν_1, ν_2. Die Winkel im Dreieck $S\,N\,B$ stelle man zusammen und verteile den Widerspruch; die Hilfsbasis messe man auf mm.

Der übersichtlichste Rechenweg zur Ermittlung von e und r'_z ergibt sich, wenn man die Basis SN als Abszissenachse eines örtlichen Koordinatensystems betrachtet und folgendes rechnet:

a) Rechtwinklige Koordinaten von B und Z in Beziehung auf SN als Abszissenachse durch trigonometrische Auflösung der Dreiecke oder durch Vorwärtseinschneiden [5.4.1];

b) daraus $\overline{BZ} = e$ und den Richtungswinkel t'_{BZ} nach [4.1.2];

c) $\varphi = t'_{BZ} - t'_{BS} = t'_{BZ} - \sigma_2 \pm 200$ gon;

d) $r'_z = r'_s + \varphi$.

Da die örtlichen Verhältnisse sehr unterschiedlich sind, lassen sich feste Regeln nicht aufstellen. Wenn z. B. der Standpunkt B zu ebener Erde liegt, läßt man die Hilfsbasis nach Möglichkeit unmittelbar von B ausgehen und verfährt dann wie beim Herablegen [5.8.5.1]. In jedem Falle fertige man eine die Verhältnisse richtig wiedergebende Lageskizze an und wähle danach den günstigsten Weg. Zur Verprobung von Messung und Rechnung bestimme man die Zentrierungselemente ein zweites Mal von einer anderen Hilfsbasis aus.

Soll ein Exzentrum koordiniert werden, so bestimmt man im Anschluß an einen von B aus angezielten Festpunkt den Richtungswinkel t_{ZB} im Landessystem und kann dann mit t_{ZB} und e die Koordinaten von Z auf B übertragen.

Zahlenbeispiel: Es wurden beobachtet:

$r'_1 = 0{,}0000$ gon; $r'_S = 161{,}3819$ gon; $\nu_1 = 157{,}586$ gon; $\sigma_1 = 71{,}828$ gon
$SN = 94{,}376$ m; $r'_N = 244{,}7059$ gon; $\nu_2 = 158{,}768$ gon; $\sigma_2 = 75{,}442$ gon

Die Rechnung ergab:

$x'_B = 22{,}181$ m; $x'_Z = 25{,}616$ m; $t'_{BZ} = 389{,}6577$ gon
$y'_B = 54{,}619$ m; $y'_Z = 54{,}056$ m; $r'_z = 275{,}5971$ gon; $e = 3{,}481$ m.

(3) Zielpunktzentrierung

Es sei auf dem Beobachtungspunkt B an Stelle der Sollrichtung r nach dem Ziel P die Richtung r_t nach der bei P exzentrisch aufgestellten Signaltafel T beobachtet. Zur Reduktion auf das Zentrum

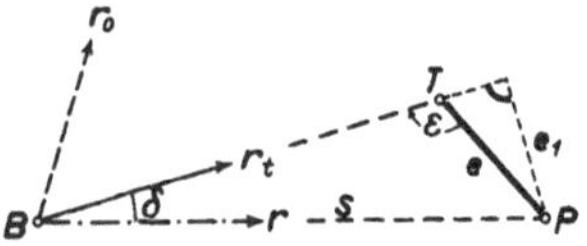

Abb. 5.8. Zielpunktzentrierung

von P seien in T der Winkel ε und die Tafelexzentrizität e bestimmt. Dann ist nach Abb. 5.8

$$\sin\delta = \frac{e}{s}\sin\varepsilon \text{ und } r = r_t + \delta. \tag{5.7}$$

Sehr häufig entsteht eine kleine Exzentrizität dadurch, daß die Spitze eines ursprünglich zentrisch errichteten Signals auswandert. In solchen Fällen befestigt man ein mit einer Kreisteilung versehenes Zeichenblatt 20 × 20 cm (Orientierungsspinne) auf einem dünnen Brett und legt es zentrisch auf die Punktmarke (Abb. 5.9). Lotet man dann die Signalspitze mit Hilfe des Theodolits in zwei rechtwinklig zueinander verlaufenden Richtungen auf die Spinne herunter, so kann e auf der Spinne in wahrer Größe abgegriffen werden. Schließlich reißt man auf der Spinne die Richtung nach dem Beobachtungspunkt B an; dann läßt sich $e_1 = e\sin\varepsilon$ unmittelbar abgreifen und $\delta = \frac{e_1}{s}\cdot\frac{200}{\pi}$ mit einem Taschenrechner berechnen. Diese Zentrierungsart heißt „Abloten".

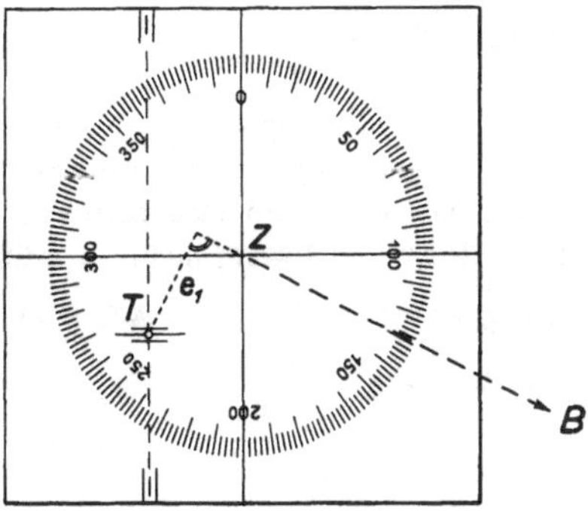

Abb. 5.9. Ablotungsspinne

Häufig sind Zentrierungen sowohl im Zielpunkt wie im Standpunkt vorzunehmen. Man berechnet dann zunächst die Zielpunktzentrierungen, streicht im Winkelbuch die beobachteten Richtungen durch, schreibt die reduzierten Richtungen rot darüber und hat damit die Standpunktzentrierungen durchgeführt. Eine Formel, die sowohl die Zielpunkt- wie die Standpunktzentrierung erfaßt, ist für die Praxis überflüssig.

(4) Gebrochene Strahlen

Wenn wie in Abb. 5.10 die Sicht $P_1 P_2$ versperrt ist, so beobachte man auf P_1 und P_2 die Richtung nach einem möglichst nahe der Sicht $P_1 P_2$ liegenden Hilfspunkt A, der von den Sollrichtungen um die Winkel δ_1 und δ_2 abweicht. Man messe ferner den Winkel $P_1 A P_2$ und hat dann nach Abb. 5.10 auch $\delta = \delta_1 + \delta_2$. Sind dann noch S_1 und S_2 bekannt, so lassen δ_1 und δ_2 sich nach dem Tangenssatz – sechsstellig – errechnen aus:

$$\tan \frac{1}{2} (\delta_2 - \delta_1) = \frac{S_1 - S_2}{S_1 + S_2} \tan \frac{1}{2} \delta . \tag{5.8}$$

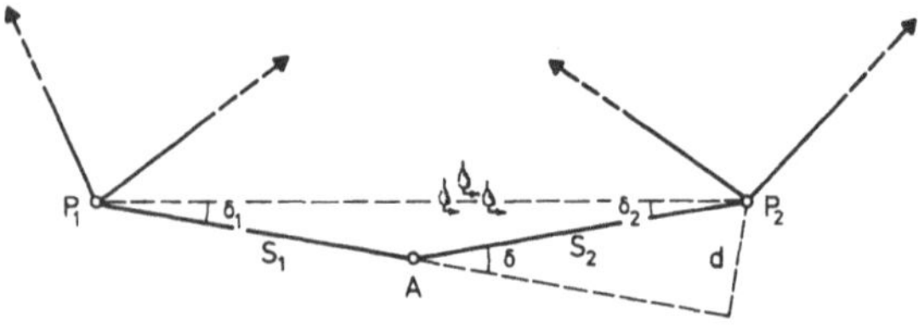

Abb. 5.10. Einfach gebrochener Strahl

Um hiernach δ_1 und δ_2 auf 0,5 mgon zu erhalten, muß $\delta \leqq 2{,}2$ gon und $s(\delta) \leqq 0{,}7$ mgon sein; S_1 und S_2 müssen der Bedingung $3/2 \geqq S_1/S_2 \geqq 2/3$ genügen, und ihre relativen Fehler dürfen $\pm 2{,}5 \cdot 10^{-4}$, d. h. 10 cm auf 400 m, nicht übersteigen.

Bei $\delta < 2$ cgon folgt mit genähertem S_1 und S_2 aus Abb. 5.10

$$\delta_1 (S_1 + S_2) \approx (\delta_1 + \delta_2) S_2 = d$$

$$\delta_1 = \delta \frac{S_1}{S_1 + S_2} ; \qquad \delta_2 = \delta \frac{S_1}{S_1 + S_2} . \tag{5.9}$$

A kann auch in der ungefähren Verlängerung von $P_1 P_2$ liegen (rückwärts gebrochener Strahl). Dann ist nach Abb. 5.11 $\delta = \delta_2 - \delta_1$ zu messen. Damit werden δ_1 und δ_2 unter den bei (5.9) verwendeten Voraussetzungen erhalten aus:

$$\tan \frac{1}{2} (\delta_1 + \delta_2) = \frac{S_1 + S_2}{S_1 - S_2} \tan \frac{1}{2} \delta . \tag{5.10}$$

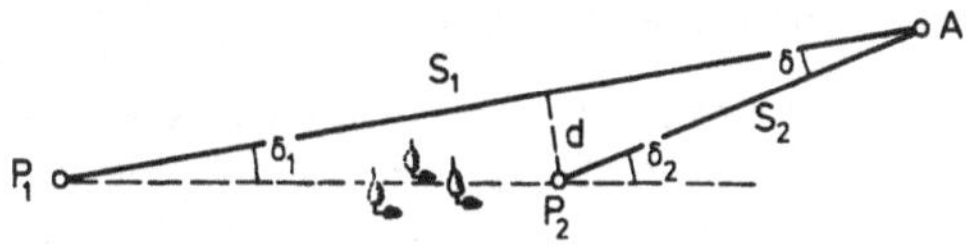

Abb. 5.11. Rückwärts gebrochener Strahl

Bei $\delta < 2$ cgon ist nach Abb. 5.11:

$$\delta_1(S_1 - S_2) \approx \delta S_2 = d$$

$$\delta_1 = \delta \frac{S_2}{S_1 - S_2}\,; \qquad \delta_2 = \delta \frac{S_1}{S_1 - S_2}\,. \tag{5.11}$$

Ist der Strahl mehrfach gebrochen (Abb. 5.12), so berechnet man ihn als freien Polygonzug [5.8.2.3] mit der Seite P_1A als x'-Achse und findet daraus nach [4.1.2]

$$\delta_1 = t'_{12}\,; \; \delta_2 = t'_{21} - t'_{2C}. \tag{5.12}$$

In jedem Falle müssen Theodolit und Signale äußerst scharf – möglichst mit Zwang [1.5.4] – zentriert werden.

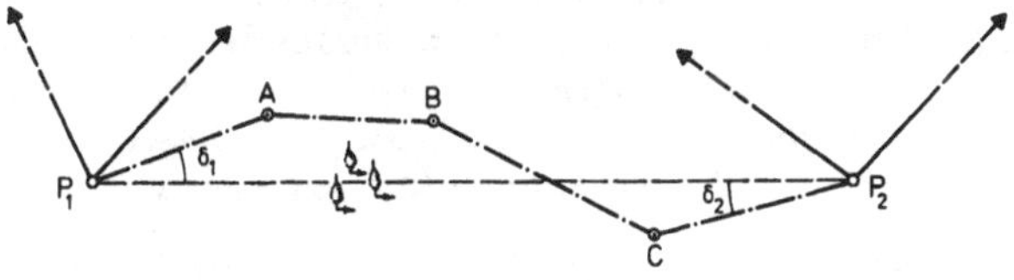

Abb. 5.12. Mehrfach gebrochener Strahl

Der gebrochene Strahl ist ein ausgezeichnetes Hilfsmittel zum Umgehen von Hindernissen, das meistens schneller zum Ziele führt als größere Exzentrizitäten.

5.3.2 Orientieren beobachteter Richtungen

Die mit einem Theodoliten beobachteten Richtungen sind zunächst willkürlich orientiert (Abb. 5.13). Die Orientierung der Richtungen r_i eines Richtungsbüschels ist gegeben, wenn seine Nullrichtung in die Abszissenrichtung des für die Berechnungen verwendeten Koordinatensystems gedreht wird. Nullrichtung kann die Anfangsrichtung reduzierter Richtungen [1.7.3] oder die des Teilkreises sein. Für beide Fälle stimmen die Lösungswege überein.

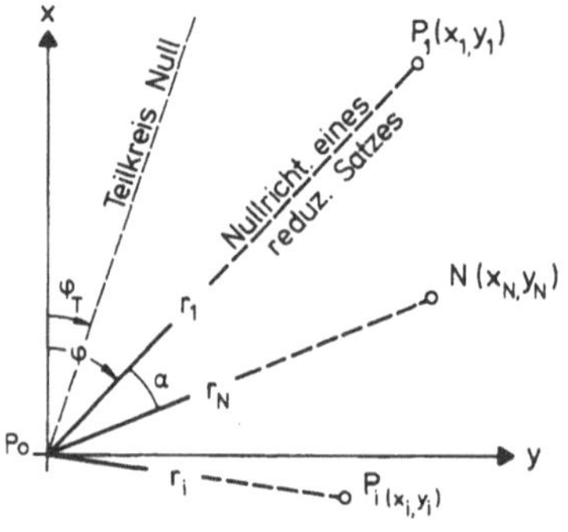

Abb. 5.13. Orientieren von Richtungen

Führt man nachfolgend die Berechnungen mit reduzierten Richtungen r_i aus, so erhält man die *Orientierungsunbekannte* (bzw. den Drehwinkel) φ *eines reduzierten Richtungsbüschels;* orientiert man die unmittelbar gemessenen Richtungen R_i, so erhält man die *Orientierungsunbekannte* φ^T *des Teilkreises*. Nachfolgend wird der Lösungsweg anhand reduzierter Richtungen aufgezeigt.

(1) Orientieren mit Hilfe eines Anschlußpunktes

Gegeben sind die Festpunkte P_0 und P_1 und die Richtungen r_1, r_N von P_0 zu den Festpunkten P_1 und N (Abb. 5.13). Gesucht ist die zum Neupunkt N weisende orientierte Richtung r_N^0.

$$r_N^0 = t_1 + \alpha_1 . \tag{5.13}$$

t_1 berechnet man nach [4.1.2] und $\alpha_1 = r_N - r_1$. r_N^0 ergibt sich auch aus:

$$r_N^0 = r_N + \varphi \tag{5.14}$$

mit

$$\varphi = t_1 - r_1. \tag{5.15}$$

(2) Orientieren mit mehreren Anschlußpunkten

Gegeben sind die Koordinaten der Festpunkte $P_0, P_1, \ldots P_n$, und die auf dem Punkt P_0 beobachteten Richtungen r_i. Gesucht ist die zum Neupunkt N weisende orientierte Richtung r_N^0 (Abb. 5.13). Sind n Festpunkte beobachtet, so kann man die Orientierungsunbekannt n-mal rechnen. Aufgrund von Netzspannungen und Beobachtungsfehlern werden die Einzelwerte voneinander abweichen. Ein geeigneter endgültiger Wert ist das arithmetische Mittel [Band I,1.4]:

$$\varphi_i = t_i - r_i,$$

$$\varphi = \frac{[t - r]}{n}. \tag{5.16}$$

Schließlich erhält man die orientierte Richtung zum Neupunkt aus:

$$r_N^0 = r_N + \varphi. \tag{5.17}$$

Probe und Fehlerrechnung:

Zwischen den orientierten Richtungen r_i^0 und Richtungswinkeln t_i bestehen die Widersprüche:

$$v_i = t_i - r_i^0.$$

Zur Probe rechne man:

$$[v] = 0.$$

Die Unsicherheit der Messungen und die vorhandenen Netzspannungen lassen sich durch die Standardabweichung einer orientierten Richtung

$$\sigma(r^0) = \sqrt{\frac{[vv]}{n(n-1)}}, \tag{5.18}$$

und die seitlichen Querabweichungen der Richtungen beschreiben:

$$Q = v \cdot s. \tag{5.19}$$

Dabei bezeichnet s die Zielweiten.

Zahlenbeispiel: Orientierung von Richtungen

	Richtungs-winkel t_i	Gemessene Richtungen R_i	$t_i - R_i$ φ_i^T	Orient. R. $R_i + \varphi^T$ R_i^0	$t_i - R_i^0$ v_i
	gon	gon	gon	gon	mgon
1	46,4917	12,1346	34,3571	46,4920	−0,3
2	192,1544	157,7978	,3566	192,1552	−0,8
N	(256,2553)	221,8973		256,2547	(−0,6)
3	324,6356	290,2772	,3584	324,6346	+1,0
Σ	–	282,1069	,0721	19,5365	
	$n \cdot \varphi^T =$	137,4296	34,3574 = φ^T		
		19,5365			

$$s(R^0) = \sqrt{[vv]:(n \cdot (n-1))} = \sqrt{1{,}73:(3 \cdot 2)} = 0{,}54 \text{ mgon}$$

(3) Unterschiedliche Zielpunktabstände

Bei stärker abweichenden Zielweiten ist zu berücksichtigen, daß auf Netzspannungen beruhende Koordinatenfehler und beim Aufstellen der Geräte und Zielmarken auftretende Zentrierfehler entfernungsabhängig wirken. Im Einzelfall ist zu prüfen, ob diese Einflüsse durch einen Gewichtsansatz – z. B. $p = \text{const.} \cdot s$ – zu berücksichtigen sind. Anstelle von (5.16) verwende man dann das gewogene Mittel [Band I, 1.4.6.2].

5.4 Punktbestimmung durch Richtungsmessungen

Grundsätzlich unterscheidet man zwei Verfahren: das *Vorwärtseinschneiden*, wenn Richtungen auf Festpunkten gemessen werden (Abb. 5.14) und das *Rückwärtseinschneiden*, wenn Richtungen auf einem Neupunkt bestimmt werden (Abb. 5.19).

Die Verfahren des Punkteinschneidens werden heute vorwiegend dann angewendet, wenn die Zielpunkte nicht oder nur unter Schwierigkeiten zugänglich sind. In der Vergangenheit setzte man sie fast ausschließlich für die Netzverdichtung ein.

Die Anwendungsmöglichkeiten dieser Verfahren sind beschränkt. Die Genauigkeit der Punktbestimmung ist abhängig von der Geometrie der Bestimmungsfigur; für manche Anordnungen versagen die Verfahren.

5.4.1 Vorwärtseinschneiden

Um einen Neupunkt N zu bestimmen, mißt man auf zwei oder mehr Festpunkten P_i Richtungen nach Festpunkten P' und dem Neupunkt (Abb. 5.14). Die Lösung ist eindeutig, wenn auf zwei Festpunkten je ein Winkel zwischen einem Festpunkt und N bestimmt ist (Abb. 5.15).

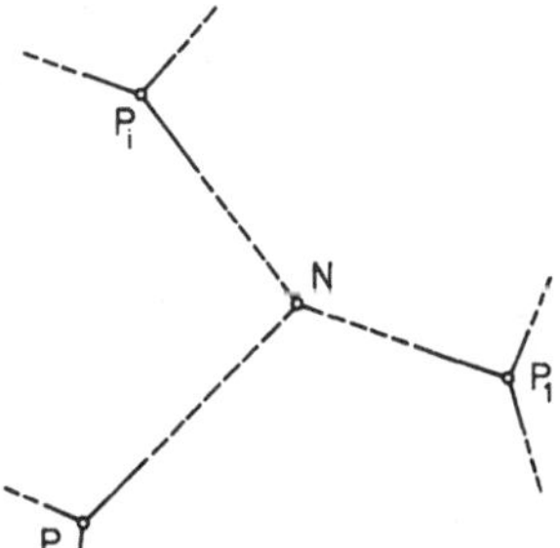

Abb. 5.14. Vorwärtseinschneiden, allgemeiner Fall

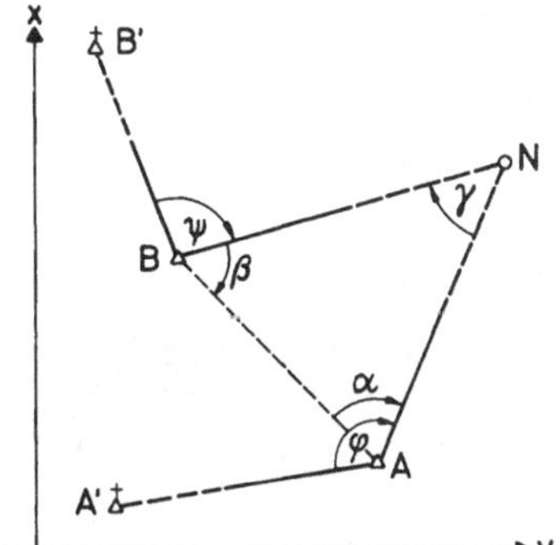

Abb. 5.15. Vorwärtseinschneiden mit zwei Winkeln

5.4.2 Vorwärtseinschneiden durch polares Anhängen und Geradenschnitt

(1) Eindeutige Lösung durch polares Anhängen

Gegeben sind die Koordinaten von zwei Standpunkten A und B sowie von zwei Anschlußpunkten A' und B'. Gemessen ist auf A

der Winkel φ und auf B der Winkel ψ. Gesucht sind die Koordinaten des Neupunktes N (Abb. 5.15).

Eine Lösung findet man durch polares Anhängen:

$$\begin{aligned} x &= x_A + \overline{AN}\cos(AN) = x_B + \overline{BN}\cos(BN) \\ y &= y_A + \overline{AN}\sin(AN) = y_B + \overline{BN}\sin(BN) \\ &\qquad\qquad\qquad\qquad \text{Probe}\,. \end{aligned} \tag{5.20}$$

Vorbereitend sind die polaren Bestimmungsstücke zu berechnen. Die orientierten Richtungen (AN) und (BN) berechnet man nach [5.3.2]:

$$(AN) = t_{AA'} + \varphi;\ (BN) = t_{BB'} + \psi\,. \tag{5.21}$$

Die Strecken $\overline{AN}$ und $\overline{BN}$ erhält man durch Auflösen des Dreiecks ABN:

$$\overline{AN} = \overline{AB}\,\frac{\sin\beta}{\sin\gamma};\ \overline{BN} = \overline{AB}\,\frac{\sin\alpha}{\sin\gamma}, \tag{5.22}$$

dabei ist:

$$\begin{aligned} \overline{AB} &= \sqrt{(x_B - x_A)^2 + (y_B - y_A)^2}, \\ \alpha &= (AN) - t_{AB},\quad \beta = t_{BA} - (BN), \\ t_{AB} &= \arccos\frac{x_B - x_A}{\overline{AB}},\quad t_{BA} = t_{AB} \pm 200\ \text{gon}, \\ \gamma &= 200\ \text{gon} - (\alpha + \beta)\,. \end{aligned} \tag{5.23}$$

Zusätze: a) Wenn die Zielungen von A nach B und B nach A möglich sind, kann auf die Visuren nach A' und B' verzichtet werden. An die Stelle von (5.21) tritt dann:

$$(AN) = (AB) + \alpha;\ (BN) = (BA) - \beta\,. \tag{5.20a}$$

b) Sind an Stelle der Winkel φ und ψ die Winkel φ und γ beobachtet, so ist

$$(AN) = (AA') + \varphi;\ (BN) = (AN) + \gamma\,. \tag{5.20b}$$

Dieser Fall heißt Seitwärtseinschneiden.

c) Sind an Stelle der Winkel φ und ψ auf A und B Richtungen r_i zu mehreren Festpunkten gemessen, so berechnet man die orientierten Richtungen nach [5.3.2] Gl. (5.16).

(2) Eindeutige Lösung durch Geradenschnitt

Eine weitere Lösung erhält man, wenn man den Neupunkt als Schnittpunkt zweier Geraden betrachtet [Band I, 3.2.5]

$$y - y_A = \tan(AN)(x - x_A) \text{ und } y - y_B = \tan(BN)(x - x_B). \quad (5.24)$$

Nachdem (AN) und (BN) gemäß (5.21) bestimmt sind, hat man lediglich die beiden Gleichungen

$$x - x_A = \frac{(y_B - y_A) - (x_B - x_A)\tan(BN)}{\tan(AN) - \tan(BN)}, \quad (5.25)$$

$$y - y_A = (x - x_A)\tan(AN)$$

aufzulösen. Zur Kontrolle hat man

$$x - x_B = \frac{(y_B - y_A) - (x_B - x_A)\tan(AN)}{\tan(AN) - \tan(BN)}, \quad (5.26)$$

$$y - y_B = (x - x_B)\tan(BN).$$

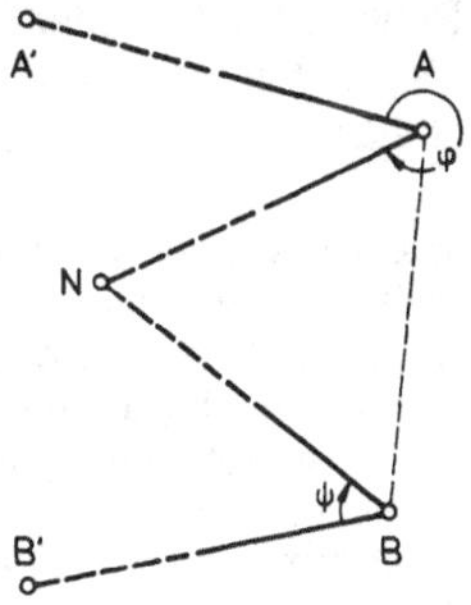

Abb. 5.16. Skizze zum Zahlenbeispiel Vorwärtseinschneiden

Zahlenbeispiel: Vorwärtseinschneiden durch Geradenschnitt

	Pkt. Nr.	Rechts y	Hoch x
Gegeben	A	24681,92	90831,87
	A'	23231,58	91422,92
	B	24877,72	89251,09
	B'	22526,65	89150,52

Aus Koord.:	$(AA') = +324{,}6356$ gon	$(BB') = 297{,}2785$ gon
Beobachtet:	$+\varphi = 331{,}6174$ gon	$+\psi = 60{,}7510$ gon
	$(AN) = 256{,}2530$ gon	$(BN) = 358{,}0295$ gon
	$\tan(AN) = +1{,}218621$	$\tan(BN) = -0{,}774937$

$$\tan(AN) - \tan(BN) = +1{,}993558$$

$y - y_a = -\ 629{,}13$	$x - x_a = -\ 516{,}27$
$y = 24052{,}79$	$x = 90315{,}60$

5.4.3 Mehrfaches Vorwärtseinschneiden durch eine Ausgleichung*

Neu bestimmte Koordinaten sollten möglichst durch Meß- und Rechenproben kontrolliert werden. Gegen Beobachtungsfehler, wie z. B. das Anzielen eines falschen Ziels oder Irrtümer bei der Entnahme der Ausgangsdaten, z. B. beim Abschreiben der Koordinaten, sichern nur überschüssige Beobachtungen. Man beobachtet daher wenigstens eine überschüssige Richtung, vgl. [5.4.2]. Die Koordinaten des Neupunktes sind dann durch eine Ausglei-

* Mit den nachfolgenden Formeln kann man die Koordinaten des Neupunktes auch dann berechnen, wenn keine Überbestimmungen vorhanden sind. Es entfallen dann allerdings die Fehlerrechnungen. Die Näherungswerte kann man z. B. einer maßstäblichen Zeichnung entnehmen. Bei groben Näherungswerten wird die erstmalige Anwendung des Verfahrens die gesuchten Werte noch nicht mit der gewünschten Genauigkeit ergeben; man hat dann das Verfahren zu wiederholen. Ein Vergleich der neuen und zuvor berechneten Koordinaten läßt schließlich beurteilen, ob die Genauigkeit ausreicht.

chung zu berechnen (vgl. Anhang B). Die einzelnen Schritte des Verfahrens, das mit modernen Taschenrechnern einfach nach einem vorgegebenen Schema durchgeführt werden kann, werden anhand eines Beispiels erläutert. Da inzwischen auch kleinere Taschenrechner Programme für Matrizenalgebra enthalten, wird nachfolgend die Matrizenrechnung verwendet.

Als *Beispiel* diene die Berechnung des Neupunktes N in Abb. 5.17. Er ist durch Richtungsmessungen von 4 Festpunkten aus bestimmt. Gegeben seien die Koordinaten der Festpunkte und die auf den Festpunkten gemessenen und nach [5.3.2] orientierten Richtungen $(r_N^0)_i$.

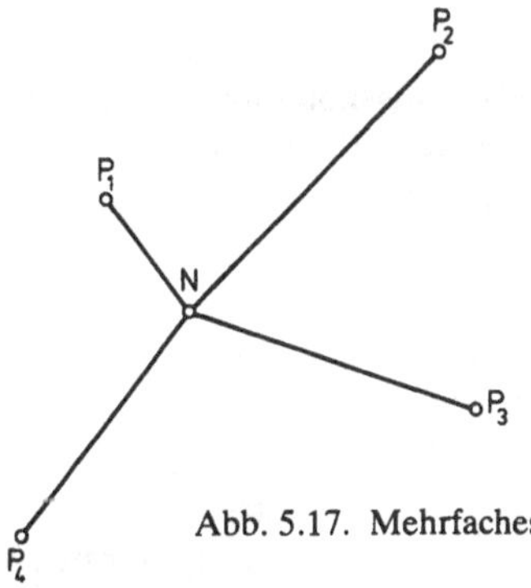

Abb. 5.17. Mehrfaches Vorwärtseinschneiden

Tab. 5.1.

Punkt Nr.	Rechts y	Hoch x	$(r_N^0)_i$
	[m]	[m]	[gon]
1	48 177,62	06 531,28	156,2469
2	49 600,15	07 185,19	247,3104
3	49 830,93	05 670,69	318,9507
4	47 863,91	05 077,24	39,4912
N	48 565,2 $= y_0$	06 059,0 $= x_0$	

Für jede orientierte Richtung erhält man eine Fehlergleichung (siehe Anhang B, Gleichung B 16):

$$v_i = a_{i1}\,dy + a_{i2}\,dx - l_i$$

mit

$$a_{i1} = \frac{x_0 - x_i}{(s_i^0)^2} \cdot \frac{200}{\pi}\,; \quad a_{i2} = -\,\frac{y_0 - y_i}{(s_i^0)^2} \cdot \frac{200}{\pi}\,,$$

$$(s_i^0)^2 = (x_0 - x_i)^2 + (y_0 - y_i)^2,$$

$$l_i = (r_N^0)_i - t_i^0,$$

$$t_i^0 = \arctan \frac{y_0 - y_i}{x_0 - x_i}\,.$$

Man berechne zunächst Näherungskoordinaten x_0, y_0 für den Neupunkt (s. Tab. 5.1), sowie die Koeffizienten a_{ij} und Absolutglieder l_i der Fehlergleichungen.

	$y_0 - y_i$	$x_0 - x_i$	s_i^0	t_i^0	a_{i1}	a_{i2}	l_i
	[m]	[m]	[m]	[gon]			[gon]
P_1N	387,58	– 472,28	610,956	156,2508	–0,08055	–0,06610	–0,0039
P_2N	–1034,95	–1126,19	1529,518	247,3139	–0,03065	0,02816	–0,0035
P_3N	–1265,73	388,31	1323,955	318,9504	0,01410	0,04597	0,0003
P_4N	701,29	981,76	1206,508	39,4877	0,04294	–0,03067	0,0035

Damit sind die Fehlergleichungen $\mathbf{v} = \mathbf{A}\mathbf{x} - \mathbf{l}$

$$\begin{array}{ccccc} & \mathbf{A} & \cdot \quad \mathbf{x} & - & \mathbf{l} \end{array}$$

$$\mathbf{v} = \begin{bmatrix} -0{,}08055 & -0{,}06610 \\ -0{,}03065 & 0{,}02816 \\ 0{,}01410 & 0{,}04597 \\ 0{,}04294 & -0{,}03067 \end{bmatrix} \begin{bmatrix} dy \\ dx \end{bmatrix} - \begin{bmatrix} -0{,}0039 \\ -0{,}0035 \\ 0{,}0003 \\ 0{,}0035 \end{bmatrix}$$

gegeben. Danach berechnet man

$$\mathbf{A}^T\mathbf{A} = \mathbf{N} = \begin{bmatrix} 0{,}00947 & 0{,}00379 \\ & 0{,}00822 \end{bmatrix}, \quad \mathbf{A}^T\mathbf{l} = \mathbf{n} = \begin{bmatrix} 0{,}00058 \\ -0{,}00007 \end{bmatrix},$$

$$\mathbf{N}^{-1} = \begin{bmatrix} 129{,}491 & -59{,}704 \\ & 149{,}182 \end{bmatrix}, \quad \mathbf{x} = \mathbf{N}^{-1}\mathbf{n} = \begin{bmatrix} +0{,}071 \\ -0{,}024 \end{bmatrix}.$$

Nachdem die Verbesserungen

$$\mathbf{v} = \begin{bmatrix} -0{,}0002 \\ 0{,}0006 \\ -0{,}0004 \\ 0{,}0003 \end{bmatrix}$$

gebildet sind, kann man die Ausgleichungsprobe

$$\mathbf{v}^T\mathbf{v} = 0{,}0000006$$
$$-\mathbf{l}^T\mathbf{v} = 0{,}0000004,$$

die empirische Varianz

$$s_0^2 = \frac{\mathbf{v}^T\mathbf{v}}{n-u} = \frac{0{,}000\,000\,650}{4-2} = 3{,}25 \cdot 10^{-7}$$
(Varianz einer Richtung: gon^2)*,

die Standardabweichung der Unbekannten

$$s(y) = \sqrt{129{,}491 \cdot 3{,}25 \cdot 10^{-7}} = \pm\, 0{,}007 \text{ m}$$
$$s(x) = \sqrt{149{,}182 \cdot 3{,}25 \cdot 10^{-7}} = \pm\, 0{,}007 \text{ m}$$

und die Standardabweichung $\sigma_p = 0{,}096$ m berechnen. n beschreibt die Anzahl der Beobachtungen u die der Unbekannten. Für den Neupunkt erhält man schließlich die ausgeglichenen Koordinaten:

$$\hat{y} = y_0 + dy = 48\,565{,}271 \text{ m}, \quad \hat{x} = x_0 + dx = 06\,058{,}976 \text{ m}.$$

---

* Wegen der geringen Anzahl der Überbestimmungen ist s_0^2 statistisch unsicher. Bei $(n - u) < 5$ ist s_0^2 gegebenenfalls durch praktische Erfahrungswerte zu ersetzen. Die Angaben in Tab. 1.1 können hierfür hilfreich sein.

5.4.4 Genauigkeit des Vorwärtseinschneidens

Die Genauigkeit des Vorwärtseinschneidens ist abhängig von der Genauigkeit der Richtungsmessungen und von der Gestalt des Dreiecks *ABN* (Abb. 5.18). Als Kriterium für die Güte der Punktbestimmung gelte die Standardabweichung eines Punktes [5.2]. Wie in (*Jordan/Eggert/Kneißl,* Band II, 1963) gezeigt wird, läßt diese sich aus der Standardabweichung $\sigma(r^0)$ der orientierten Richtungen [5.3.2] abschätzen:

$$\sigma_p = \frac{1}{\sin\gamma}\sqrt{a^2 + b^2}\,\sigma(r^0). \tag{5.27}$$

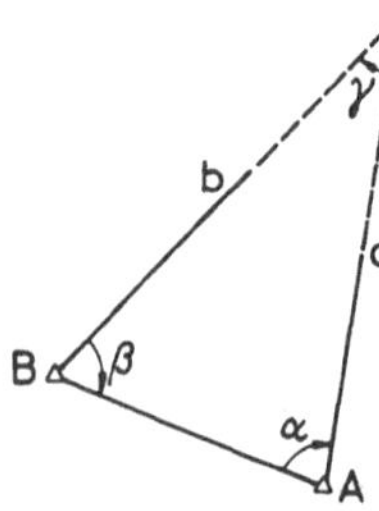

Abb. 5.18.

In (5.27) ist vorausgesetzt, daß die Standardabweichung für die beiden orientierten Richtungen gleich groß ist und die Koordinaten der Festpunkte fehlerfrei sind. Für $a = \beta$ wird σ_p zum Minimum, wenn der Schnittwinkel γ der Bestimmungsstrahlen 121 gon beträgt. Bei $\gamma \approx 0$ oder 200 gon wird die Lösung unbestimmt. Für ein tieferes Eindringen beachte man die Arbeiten von (*Grafarend* 1968, *Groten* 1969, *Hamacher* 1969).

5.4.5 Rückwärtseinschneiden als Schnitt von drei Geraden

Man mißt hierzu auf dem Neupunkt *N* Richtungen r_i zu Festpunkten P_i (Abb. 5.19). Der Neupunkt ist eindeutig festgelegt, wenn man in *N* drei Richtungen zu umliegenden Festpunkten beobachtet.

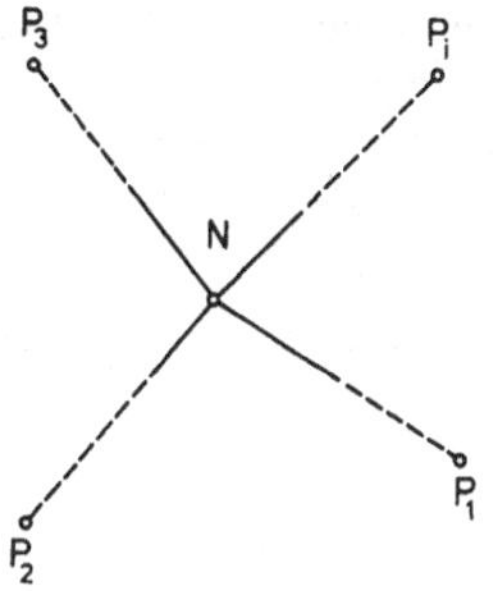

Abb. 5.19. Rückwärtseinschneiden, allgemeiner Fall

Gegeben sind in Abb. 5.20 die drei Festpunkte *M, A* und *B*. Um den Neupunkt zu bestimmen, sind auf *N* die Richtungen r_M, r_A, und r_B gemessen. Gesucht sind die Koordinaten von *N*. Die Lösung wird auf den Schnitt dreier Geraden zurückgeführt:

$$\begin{aligned} y = y_M + (x - x_M) \tan (MN) &= y_A + (x - x_A) \tan (AN) \\ &= y_B + (x - x_B) \tan (BN). \end{aligned} \tag{5.28}$$

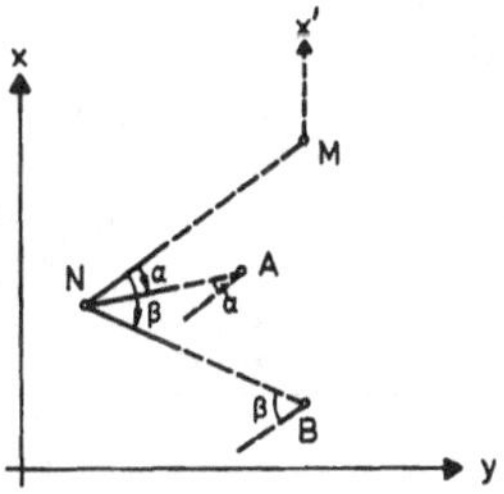

Abb. 5.20. Rückwärtseinschneiden mit zwei Winkeln

Zur Vereinfachung werden relative Richtungen und Koordinaten in Bezug auf *M* definiert:

$$\begin{aligned} &r_A - r_M = r'_A = \alpha;\ r_B - r_M = r'_B = \beta;\ y_i - y_M = y'_i;\ x_i - x_M = x'_i \\ &(AN) = (MN) + \alpha;\ (BN) = (MN) + \beta. \end{aligned}$$

Anstelle von (5.28) erhält man dann in dem örtlichen System:

$$\begin{aligned} y' = x' \tan(MN) &= y'_A + (x' - x'_A)\tan((MN) + \alpha) \\ &= y'_B + (x' - x'_B)\tan((MN) + \beta). \end{aligned} \tag{5.29}$$

Durch Gleichsetzen zweier Gleichungen von (5.29) ergibt sich für x':

$$x' = \frac{y'_A - x'_A \tan((MN) + \alpha)}{\tan(MN) - \tan((MN) + \alpha)} \tag{5.30}$$

oder

$$x' = \frac{y'_B - x'_B \tan((MN) + \beta)}{\tan(MN) - \tan((MN) + \beta)}. \tag{5.31}$$

Da

$$\tan((MN) + \alpha) = \frac{\tan(MN) + \tan\alpha}{1 - \tan(MN)\tan\alpha} \tag{5.32}$$

und

$$\tan((MN) + \beta) = \frac{\tan(MN) + \tan\beta}{1 - \tan(MN)\tan\beta} \tag{5.33}$$

wird nach Einsetzen von (5.32) bzw. (5.33) in (5.30) bzw. (5.31)

$$x' = \frac{(y'_A + x'_A \cot\alpha)\tan(MN) + (x'_A - y'_A \cot\alpha)}{1 + \tan^2(MN)} \tag{5.34}$$

bzw.

$$x' = \frac{(y'_B + x'_B \cot\beta)\tan(MN) + (x'_B - y'_B \cot\beta)}{1 + \tan^2(MN)}. \tag{5.35}$$

Unbekannt ist noch $\tan(MN)$. Man erhält $\tan(MN)$ durch Gleichsetzen der Zähler von (5.34) und (5.35):

$$\tan(MN) = \frac{y'_A \cot\alpha - y'_B \cot\beta + (x'_B - x'_A)}{x'_A \cot\alpha - x'_B \cot\beta - (y'_B - y'_A)}\,. \tag{5.36}$$

Schließlich erhält man die Koordinaten des Neupunktes aus

$$y_N = y' + y_M; \; x_N = x' + x_M.$$

Zahlenbeispiel für Rückwärtseinschneiden:

Gegeben: $r_A = 66{,}8117$ gon;
$r_B = 294{,}7845$ gon;
$r_M = 362{,}8516$ gon;

Punkt Nr.	Rechts y [m]	Hoch x [m]
A	46867,94	05 537,00
B	51293,86	06 365,89
M	49666,56	04 448,58

Auf M reduzierte Werte:

$$r'_A = \alpha = 103{,}9601 \text{ gon}; \quad y'_A = -2798{,}62; \quad x'_A = +1088{,}42$$
$$r'_B = \beta = 331{,}9329 \text{ gon}; \quad y'_B = +1627{,}30; \quad x'_B = +1917{,}31$$

$$\tan(MN) = \frac{y'_A \cdot \cot\alpha - y'_B \cdot \cot\beta + (x'_B - x'_A)}{x'_A \cdot \cot\alpha - x'_B \cdot \cot\beta - (y'_B - y'_A)} = -0{,}5506757$$

$$x' = \frac{(y'_A + x'_A \cdot \cot\alpha) \cdot \tan(MN) + (x'_A - y'_A \cdot \cot\alpha)}{1 + \tan^2(MN)} = +1912{,}590$$

$$\left(x' = \frac{(y'_B + x'_B \cdot \cot\beta) \cdot \tan(MN) + (x'_B - y'_B \cdot \cot\beta)}{1 + \tan^2(MN)} = +1912{,}590\right)$$

$$y' = x' \cdot \tan(MN) = -1053{,}217$$

$$\underline{\underline{y_N = y' + y_M = 48613{,}34; \; x_M = x' + x_M = 06361{,}17}}$$

5.4.6 Mehrfaches Rückwärtseinschneiden durch Ausgleichung*

Die Berechnung der Neupunktskoordinaten erfolgt durch eine Ausgleichung, wenn mehr als 3 Richtungen beobachtet sind vgl. [5.4.5]. Der Rechengang soll anhand eines Beispiels erläutert werden.

Als *Beispiel* diene wie in 5.4.3 die Berechnung des Neupunktes N in Abb. 5.17. Es seien auf N die Richtungen r_i zu den Festpunkten P_1, P_2, P_3, P_4 gemessen; außerdem seien die Koordinaten der Festpunkte gegeben und Näherungskoordinaten des Neupunktes berechnet.

Tab. 5.2.

Punkt Nr.	Rechts y	Hoch x	r_i
	[m]	[m]	[gon]
1	48 177,62	06 531,28	356,2465
2	49 600,15	07 185,19	47,3114
3	49 830,93	05 670,69	118,9497
4	47 863,91	05 077,24	239,4920
N	48 565,2 $= y_0$	06 059,0 $= x_0$	

Für jede gemessene Richtung erhält man eine Fehlergleichung (s. Anhang B, Gleichung B 18):

$$v_i = a_{i1}\,dy + a_{i2}\,dx - l_i \qquad \text{(Gewicht: } p = 1\text{)}$$

mit

$$a_{i1} = -\frac{x_0 - x_i}{(s_i^0)^2} \cdot \frac{200}{\pi}\,; \quad a_{i2} = \frac{y_0 - y_i}{(s_i^0)^2} \cdot \frac{200}{\pi}$$

$$l_i = r_i - t_i^0$$

* s. Fußnote S. 204.

$$t_i^0 = \text{arc tan}\,\frac{y_0 - y_i}{x_0 - x_i} \pm 200\ \text{gon}$$

$$(s_i^0)^2 = (x_0 - x_i)^2 + (y_0 - y_i)^2$$

Zusätzlich muß eine fingierte Gleichung (s. Anhang B 19) eingeführt werden:

$$v_{n+1} = [a_{i1}]_1^n\,dy + [a_{i2}]_1^n\,dx - [l_i] \qquad \left(\text{Gewicht: } p_{n+1} = -\frac{1}{[p_i]_1^n}\right).$$

Man berechne zunächst nach [5.4.5] Näherungskoordinaten x_0, y_0 für den Neupunkt, sowie die Koeffizienten a_{ij} und Absolutglieder l_i der Fehlergleichungen und fingierten Gleichung.

	$y_0 - y_i$	$x_0 - x_i$	s_i^0	r_i	t_i^0	a_{i1}	a_{i2}	l_i
	[m]	[m]	[m]	[gon]	[gon]			[gon]
NP_1	+ 387,58	− 472,28	610,956	356,2465	,2508	−0,08055	−0,06610	−0,0043
NP_2	−1034,95	−1126,19	1529,518	47,3114	,3139	−0,03065	0,02816	−0,0025
NP_3	−1265,73	+ 388,31	1323,955	118,9497	,9504	0,01410	0,04597	−0,0007
NP_4	+ 701,29	+ 981,76	1206,508	239,4920	,4877	0,04294	−0,03067	+0,0043
						−0,05416 $= [a_{i1}]_1^4$	−0,02264 $= [a_{i2}]_1^4$	−0,0032 $= [l_i]_1^4$

Damit sind die Fehlergleichungen $\mathbf{v} = \mathbf{Ax} - \mathbf{l}$

$$\mathbf{v} = \overset{\mathbf{A}}{\begin{bmatrix} -0{,}08055 & -0{,}06610 \\ -0{,}03065 & 0{,}02816 \\ 0{,}01410 & 0{,}04597 \\ 0{,}04294 & -0{,}03067 \\ -0{,}05416 & -0{,}02264 \end{bmatrix}} \cdot \overset{\mathbf{x}}{\begin{bmatrix} dy \\ dx \end{bmatrix}} - \overset{\mathbf{l}}{\begin{bmatrix} -0{,}0043 \\ -0{,}0025 \\ -0{,}0007 \\ 0{,}0043 \\ -0{,}0032 \end{bmatrix}}; \quad \mathbf{P} = \begin{bmatrix} 1 & & & & \\ & 1 & & & \\ & & 1 & & \\ & & & 1 & \\ & & & & -\frac{1}{4} \end{bmatrix}$$

gegeben.

Danach berechnet man

$$\mathbf{A}^T\mathbf{P}\mathbf{A} = \mathbf{N} = \begin{bmatrix} 0{,}00874 & 0{,}00349 \\ & 0{,}00809 \end{bmatrix} \; ; \quad \mathbf{A}^T\mathbf{P}\mathbf{l} = \mathbf{n} = \begin{bmatrix} 0{,}00055 \\ 0{,}00003 \end{bmatrix} \; ;$$

$$\mathbf{N}^{-1} = \begin{bmatrix} 138{,}228 & -59{,}631 \\ & 149{,}334 \end{bmatrix} \; ; \quad \mathbf{x} = \mathbf{N}^{-1}\mathbf{n} = \begin{bmatrix} 0{,}074 \\ -0{,}028 \end{bmatrix} .$$

Nachdem die Verbesserungen

$$\mathbf{v} = \begin{bmatrix} 0{,}0002 \\ -0{,}0006 \\ 0{,}0004 \\ -0{,}0002 \\ 0{,}0000 \end{bmatrix}$$

gebildet sind, kann man die Ausgleichungsprobe

$$\mathbf{v}^T\mathbf{P}\mathbf{v} = 0{,}0000006$$
$$-\mathbf{l}^T\mathbf{P}\mathbf{v} = 0{,}0000008,$$

die empirische Varianz

$$s_0^2 = \frac{\mathbf{v}^T\mathbf{P}\mathbf{v}}{n-u} = \frac{0{,}000\,000\,642}{4-3} = 6{,}4 \cdot 10^{-7}$$

(Varianz einer Richtung: gon^2)*

die Standardabweichung der Unbekannten

$$s(y) = \sqrt{138{,}228 \cdot 6{,}4 \cdot 10^{-7}} = 0{,}010 \text{ m}$$
$$s(x) = \sqrt{149{,}334 \cdot 6{,}4 \cdot 10^{-7}} = 0{,}009 \text{ m},$$

und die Standardabweichung

$$\sigma_p = \pm 0{,}014 \text{ m}$$

berechnen. n bezeichnet die Anzahl der Beobachtungen, u die der Unbekannten.

---

* s. Fußnote s. 198.

Für den Neupunkt erhält man schließlich die ausgeglichenen Koordinaten:

$$\hat{y} = y_0 + dy = 48\,565{,}274 \text{ m}; \quad \hat{x} = x_0 + dx = 06\,058{,}972 .$$

5.4.7 Genauigkeit des Rückwärtseinschneidens

Geometrisch ist der Neupunkt *N* als Schnittpunkt zweier Kreise bestimmt. Ein Kreis verläuft durch die Punkte *B, M, N* der andere durch *M, A, N* (Abb. 5.21). Wenn der Neupunkt *N* auf dem durch die drei Festpunkte *A, M, B* gegebenen Kreis liegt, wird die Lösung unbestimmt. Man erkennt das sehr leicht: die beiden Hilfskreise fallen dann zusammen. Der Kreis durch *M, A* und *B* wird daher als der gefährliche Kreis bezeichnet: denn die Lösung wird bereits ungenau, wenn der Punkt *N* in der Nähe des gefährlichen Kreises liegt. Um das zu vermeiden, gehe man möglichst auf die in Abb. 5.22 skizzierten Punktlagen aus.

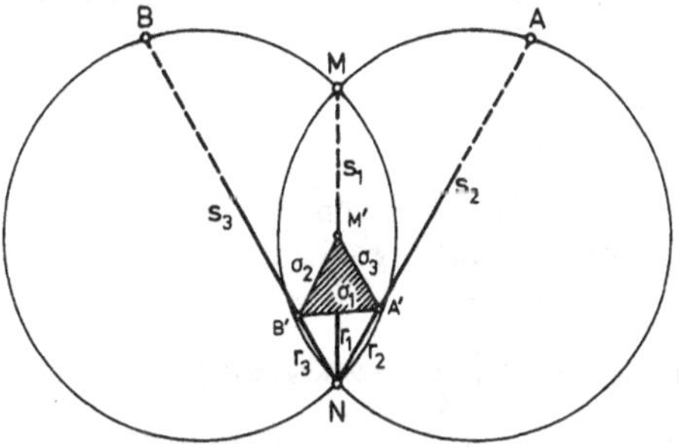

Abb. 5.21. Rückwärtseinschneiden geometrisch und das reziproke Hilfsdreieck

Als Maß für die Genauigkeit eines Rückwärtseinschnitts diene die in [5.2] definierte Standardabweichung eines Punktes. Unter Verzicht auf die fehlertheoretische Herleitung wird hier nur das Ergebnis mitgeteilt:

Man trage in einer maßstäblichen Zeichnung (Abb. 5.21) auf den Bestimmungsstrahlen von *N* aus die reziproken Längen der drei

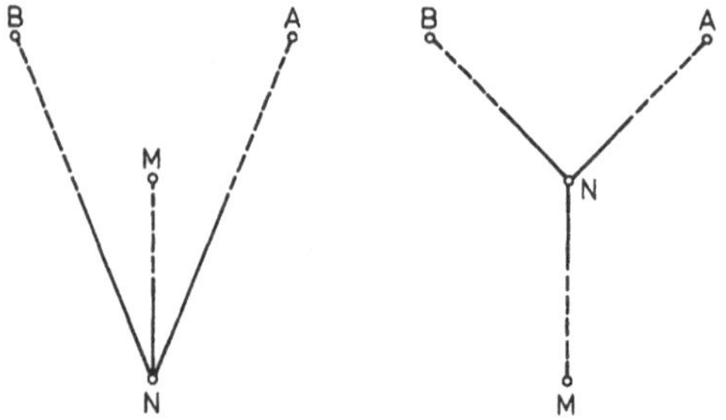

Abb. 5.22. Günstigste Lagen beim Rückwärtseinschneiden

Bestimmungsstrahlen $1/s_1 = r_1$, $1/s_2 = r_2$, $1/s_3 = r_3$ in beliebigem Maßstab ab, so daß das Reziproken-Hilfsdreieck $M'A'B'$ entsteht. Bezeichnet man dessen Seiten mit $\sigma_1, \sigma_2, \sigma_3$ und seinen Flächeninhalt mit Δ, so erhält man unter der Voraussetzung, daß im Neupunkt N Richtungen (nicht Winkel) gemessen sind, deren Standardabweichung gleich dem in [1.7.3] errechneten $s(\hat{r})$ ist, für die Standardabweichung des Neupunktes den Ausdruck

$$\sigma_p = \sqrt{\frac{\sigma_1^2 + \sigma_2^2 + \sigma_3^2}{4\Delta^2}} \cdot \frac{s(\hat{r})}{200/\pi}. \tag{5.37}$$

Am günstigsten ist also eine Punktbestimmung, bei der die σ_i möglichst klein sind, Δ aber möglichst groß ist.

5.5 Punktbestimmung durch Distanzmessungen

Zur Bestimmung des Neupunktes N werden zwischen ihm und mehreren Festpunkten P_i die Strecken s_i bestimmt (Abb. 5.23). N ist geometrisch festgelegt durch den Bogenschnitt zweier Kreise mit den Mittelpunkten P_1 und P_2 und den Radien s_1 und s_2.

Die Lösung der Aufgabe ist daher eindeutig, wenn zwei Strecken bestimmt sind. Bei nur zwei Beobachtungen kann man allerdings nicht überprüfen, ob sich der Maßstab der gemessenen Strecken von dem des Festpunktfeldes unterscheidet. Die Koordinaten des Neupunktes und der Maßstabsfaktor q lassen sich berechnen, wenn mindestens eine Strecke zwischen Festpunkten bestimmt ist [5.5.1] oder wenn weitere Strecken zwischen dem Neupunkt und den Festpunkten gegeben sind [5.5.3]. Mit

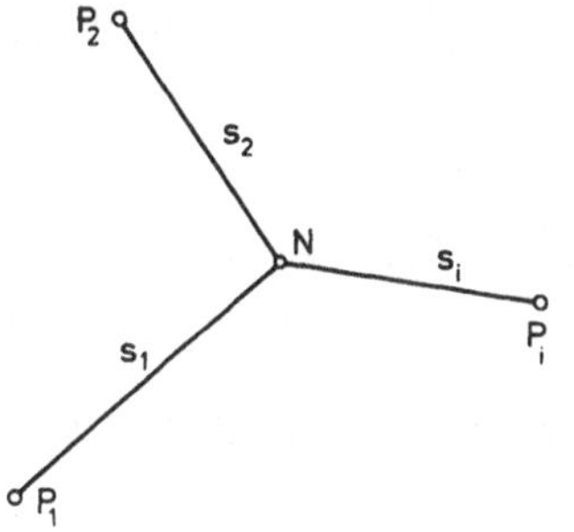

Abb. 5.23. Punktbestimmung durch Bogenschnitt

der letzten Lösung lassen sich umfassender die Maßstabsverhältnisse des umliegenden Festpunktfeldes berücksichtigen.

Der einfache Bogenschnitt ist – ähnlich wie das Vorwärts- und Rückwärtseinschneiden – nur begrenzt anwendbar. Es gibt Bereiche, in denen die Bestimmung sehr unsicher wird oder gar versagt.

5.5.1 Einfacher Bogenschnitt

Gegeben sind die Koordinaten von zwei Festpunkten P_1 und P_2 sowie die gemessenen und bereits in das Abbildungssystem reduzierten Strecken s_1, s_2. Gesucht sind die Koordinaten des Neupunktes N (Abb. 5.24).

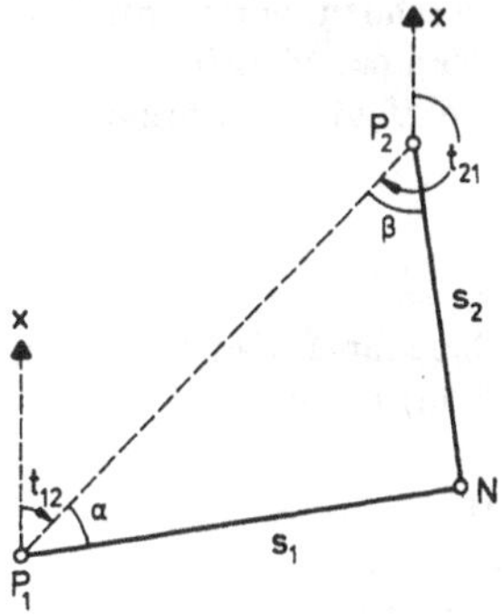

Abb. 5.24. Einfacher Bogenschnitt

Die Koordinaten des Neupunktes lassen sich z. B. durch polares Anhängen bestimmen:

$$x = x_1 + s_1 \cos t_{1N} = x_2 + s_2 \cos t_{2N}, \qquad (5.38)$$

$$y = y_1 + s_1 \sin t_{1N} = \underbrace{y_2 + s_2 \sin t_{2N}.}_{\text{Probe}}$$

Dabei berechnet man zunächst nach [4.1.2] die Strecke $\overset{*}{s}_{12}$ und den Richtungswinkel t_{12}:

$$\overset{*}{s}_{12} = \sqrt{(x_2 - x_1)^2 + (y_2 - y_1)^2}; \quad t_{12} = \operatorname{arc} \cos \frac{x_2 - x_1}{\overset{*}{s}_{12}}.$$

Weiter ist

$$t_{1N} = t_{12} + \alpha; \quad t_{2N} = t_{21} - \beta; \quad t_{21} = t_{12} \pm 200 \text{ gon};$$

$$\alpha = \operatorname{arc} \cos (s_1^2 + \overset{*}{s}{}_{12}^2 - s_2^2)/2 s_1 \overset{*}{s}_{12};$$

$$\beta = \operatorname{arc} \cos (s_2^2 + \overset{*}{s}{}_{12}^2 - s_1^2)/2 s_2 \overset{*}{s}_{12}.$$

Das Vorzeichen von α und β kehrt sich um, wenn N auf der gegenüberliegenden Seite der Linie $P_1 P_2$ liegt.

Hat man zusätzlich die aus Messungen reduzierte Strecke s_{12}, so läßt sich der Maßstabsfaktor q berechnen, der eventuell vorhandene Maßstabsunterschiede zwischen der Maßeinheit des Entfernungsmessers und der des Festpunktfeldes beschreibt:

$$q = \frac{\overset{*}{s}_{12}}{s_{12}}.$$

Bei einem Maßstabsunterschied berechnet man die Koordinaten des Neupunktes an Stelle von (5.38) nach:

$$x = x_1 + q s_1 \cos t_{1N} = x_2 + q s_2 \cos t_{2N}, \qquad (5.39)$$

$$y = y_1 + q s_1 \sin t_{1N} = \underbrace{y_2 + q s_2 \sin t_{2N}.}_{\textit{Probe}}$$

Zahlenbeispiel zum einfachen Bogenschnitt:
Gegeben:

Punkt Nr.	Rechts y [m]	Hoch x [m]
P_1	328,76	1 207,85
P_2	925,04	954,33

Gemessen:
$s_1 = 294{,}33$ m, $s_2 = 506{,}42$ m, $s_{12} = 648{,}08$ m

1) $s_{12}^* = \sqrt{(+596{,}28)^2 + (-253{,}52)^2} = 647{,}937$ m; $t_{12} = 125{,}5930$ gon
$q = 647{,}937 : 648{,}08 = 0{,}999\,779$
2) $\alpha = \arccos\{(294{,}33^2 + 648{,}08^2 - 506{,}42^2) : (2 \cdot 294{,}33 \cdot 648{,}08)\}$
$= 54{,}4686$ gon
$\beta = \arccos\{(506{,}42^2 + 648{,}08^2 - 294{,}33^2) : (2 \cdot 506{,}42 \cdot 648{,}08)\}$
$= 28{,}9178$ gon
$t_{1N} = 125{,}5930 + 54{,}4686 = 180{,}0616$ gon; $t_{N2} = 125{,}5930 - 28{,}9178$
$= 96{,}6752$ gon
3) $y = 328{,}76 + q \cdot s_1 \cdot \sin t_{1N} = 328{,}76 + 90{,}66 = +419{,}42$
$x = 1207{,}86 + q \cdot s_1 \cdot \cos t_{1N} = 1207{,}85 - 279{,}95 = +927{,}90$
4) *Probe:* $y_2 = y + q \cdot s_2 \cdot \sin t_{N2} = 419{,}42 + 505{,}62 = 925{,}04$
$x_2 = y + q \cdot s_2 \cdot \cos t_{N2} = 927{,}90 + 26{,}43 = 954{,}33$

5.5.2 Mehrfacher Bogenschnitt durch eine Ausgleichung*

Beim Bogenschnitt läßt sich eine bessere Kontrolle der Messungen und Berechnungen sowie eine Genauigkeitssteigerung für die neu berechneten Koordinaten erzielen, wenn mehrere überschüssige Strecken beobachtet und verwertet werden. Werden n Strekken von bekannten Festpunkten P_i zum Neupunkt N gemessen und sind $m = 3$ Unbekannte – 2 Neupunktskoordinaten, ein Maßstabsfaktor – zu berechnen, so liegen $(n - m)$ Überbestim-

* s. Fußnote S. 198.

mungen vor. Ihre Widersprüche sind durch Ausgleichung nach der Methode der kleinsten Quadrate zu beseitigen (vgl. Anhang B). Die Strecken mißt man mit elektronischen Distanzmessern [2]. Dabei können, weil die Genauigkeit der elektromagnetisch gemessenen Strecken von ihrer Länge kaum beeinflußt wird, alle gemessenen Strecken mit dem Gewicht 1 in die Rechnung eingeführt werden. Der Rechengang soll anhand eines Beispiels erläutert werden.

Als *Beispiel* diene die Berechnung des Neupunktes N in Abb. 5.17. Zum Bestimmen der Gauß-Krüger-Koordinaten [4.3.2] des Neupunktes N seien in einem rd. 100 m über dem Meere liegenden Gebiet die Distanzen von 4 bekannten Festpunkten P_i nach N gemessen.

a) *Zum Vorbereiten der Ausgleichung* werden die Distanzen D_i^A mit Korrektionen [2.2, 2.3, 2.4] versehen und geometrisch reduziert [2.5]. Anschließend werden die Strecken S_i mit Hilfe der Gleichung (4.22) oder (4.25) auf ihren Wert s_i in der Gaußschen Abbildung reduziert, und es wird mit zwei von diesen Strecken nach [5.5.1] für den Neupunkt N eine vorläufige Punktlage N_0 ermittelt.

Ausgangswerte zum Beispiel Abb. 5.17:

Tab. 5.3.

Punkt Nr.	Rechts y [m]	Hoch x [m]	s_i [m]
1	48 177,62	06 531,28	611,023
2	49 600,15	07 185,19	1 529,482
3	49 830,93	05 670,69	1 323,884
4	47 863,91	05 077,24	1 206,524
N	48 565,2 $= y_0$	06 059,0 $= x_0$	

b) *Ermittlung der günstigsten Punktkoordinaten.* Für jede Strecke s_i erhält man eine Fehlergleichung (s. Anhang B, Gleichung B 14):

$$v_i = a_{i1}\,dy + a_{i2}\,dx + a_{i3}\,dq - l_i$$

mit

$$a_{i1} = q_0 \frac{y_0 - y_i}{s_i^0}\,;\quad a_{i2} = q_0 \frac{x_0 - x_i}{s_i^0}\,;\quad a_{i3} = s_i^0,$$

$$q = q_0 + dq \text{ (Maßstabsfaktor)},$$
$$q_0 = 1 \text{ (Näherungswert)},$$
$$l_i = s_i - s_i^0,$$
$$s_i^0 = \sqrt{(y_0 - y_i)^2 + (x_0 - x_i)^2}.$$

Man berechne zunächst nach [5.5.1] Näherungskoordinaten x_0, y_0 für den Neupunkt sowie die Koeffizienten a_{ij} und Absolutglieder l_i der Fehlergleichungen.

	$y_0 - y_i$ [m]	$x_0 - x_i$ [m]	s_i [m]	s_i [m]	a_{i1}	a_{i2}	a_{i3}*	l_i [m]
NP_1	387,58	− 472,28	610,956	611,023	0,63438	−0,77302	0,610956	0,067
NP_2	−1034,95	−1126,19	1529,518	1529,482	−0,67665	−0,73630	1,529518	−0,036
NP_3	−1265,73	388,31	1323,955	1323,884	−0,95602	0,29330	1,323955	−0,071
NP_4	701,29	981,76	1206,508	1206,524	0,58126	0,81372	1,206508	−0,016

Damit sind die Fehlergleichungen $\mathbf{v} = \mathbf{Ax} - \mathbf{l}$

$$v = \begin{bmatrix} 0{,}63438 & -0{,}77302 & 0{,}610956 \\ -0{,}67665 & -0{,}73630 & 1{,}529518 \\ -0{,}95602 & 0{,}29330 & 1{,}323955 \\ 0{,}58126 & 0{,}81372 & 1{,}206508 \end{bmatrix} \cdot \begin{bmatrix} dy \\ dx \\ dq \end{bmatrix} - \begin{bmatrix} 0{,}067 \\ -0{,}036 \\ -0{,}071 \\ 0{,}016 \end{bmatrix}$$

gegeben.

* die Koeffizienten a_{i3} wurden mit dem Faktor $f = 0{,}001$ multipliziert, damit alle Elemente der Matrix **A** etwa gleich groß sind. Die Normalgleichungsmatrix **N** ist dann homogen und die Inversc $\mathbf{N}^{-1}$ numerisch stabil. Die Unbekannte dq und deren Standardabweichung $s(q)$ müssen dann ebenfalls mit $f = 0{,}001$ multipliziert werden.

Danach berechnet man

$$\mathbf{A}^T\mathbf{A}=\mathbf{N}=\begin{bmatrix} 2,11213 & 0,20041 & -1,21181 \\ & 1,88786 & -0,22839 \\ & & 5,92124 \end{bmatrix}; \quad \mathbf{A}^T\mathbf{l}=\mathbf{n}=\begin{bmatrix} 0,14404 \\ -0,03309 \\ -0,08883 \end{bmatrix};$$

$$\mathbf{N}^{-1}=\begin{bmatrix} 0,54009 & -0,04417 & 0,10883 \\ & 0,53580 & 0,01163 \\ & & 0,19160 \end{bmatrix}; \mathbf{x}=\mathbf{N}^{-1}\mathbf{n}=\begin{bmatrix} 0,070 \\ -0,025 \\ -0,002 \end{bmatrix}.$$

Nachdem die Verbesserungen

$$\mathbf{v}=\begin{bmatrix} -0,004 \\ 0,004 \\ -0,006 \\ 0,002 \end{bmatrix}$$

gebildet sind, berechne man: die Ausgleichungsprobe

$$\mathbf{v}^T\mathbf{v} = 0,00007$$
$$-\mathbf{l}^T\mathbf{v} = 0,00005,$$

die empirische Varianz

$$s_0^2 = \frac{\mathbf{v}^T\mathbf{v}}{n-u} = \frac{0,00007}{4-3} = 7,06 \cdot 10^{-5}\,{**},$$

die Standardabweichung der Unbekannten

$$s(y) = \sqrt{7,06 \cdot 10^{-5} \cdot 0,540} = \pm\, 0,006 \text{ m}$$
$$s(x) = \sqrt{7,06 \cdot 10^{-5} \cdot 0,535} = \pm\, 0,006 \text{ m}$$
$$s(q) = \sqrt{7,06 \cdot 10^{-5} \cdot 0,129 \cdot 10^{-3}}\,{*} = 3 \cdot 10^{-6},$$

---

* s. Fußnote S. 215.

** Wegen der geringen Anzahl der Überbestimmungen ist s_0^2 statistisch unsicher. Bei $(n - u) < 5$ ist s_0^2 gegebenenfalls durch praktische Erfahrungswerte zu ersetzen. Die Angaben in Tab. 2.2 können hierfür hilfreich sein.

die Standardabweichung des Punktes

$$\sigma_p = 0.009 \text{ m},$$

die ausgeglichenen Koordinaten und den Maßstabsfaktor

$$\hat{y} = y_0 + dy = 48\,565{,}270 \text{ m}; \quad \hat{x} = x_0 + dx = 06\,058{,}975 \text{ m};$$
$$q = q_0 + dq = 0{,}999998^*.$$

n beschreibt die Anzahl der Beobachtungen, u die der Unbekannten.

5.5.3 Genauigkeit des einfachen Bogenschnitts

Die Genauigkeit des einfachen Bogenschnitts ist abhängig von der Standardabweichung $\sigma(s)$ der gemessenen Strecken und von der Gestalt des Bestimmungsdreiecks $P_1\ P_2\ N$ (Abb. 5.25). Beschreibt man die Güte der Punktbestimmung mit der Standardabweichung eines Punktes [5.2], so gilt:

$$\sigma_p = \frac{1}{\sin\gamma}\sqrt{2}\,\sigma(s), \tag{5.40}$$

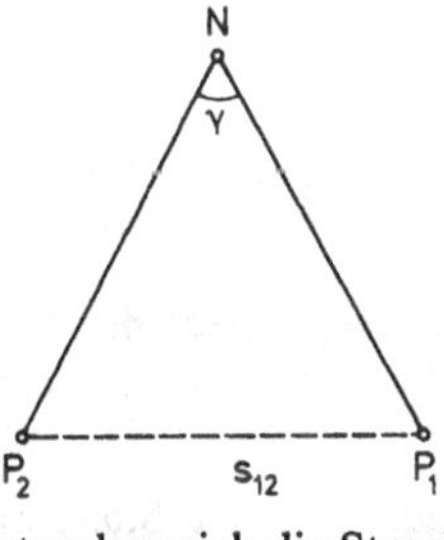

Abb. 5.25.

wenn γ den Winkel bezeichnet unter dem sich die Strecken treffen und die Standardabweichung der Strecken $\sigma(s)$ entfernungsunabhängig ist.

Die Genauigkeitsverhältnisse kann man sehr anschaulich mit Linien gleicher Standardabweichungen

$$\sigma_p = \text{const} \tag{5.41}$$

---

* s. Fußnote S. 215.

darstellen (*Beuchle* 1981). Es sei hier nur das Ergebnis anhand der Abb. 5.26 mitgeteilt. Die Abbildung zeigt Linien gleicher Standardabweichungen σ_p bezogen auf die Einheitsgröße s_{12} als Abstand der beiden Festpunkte.

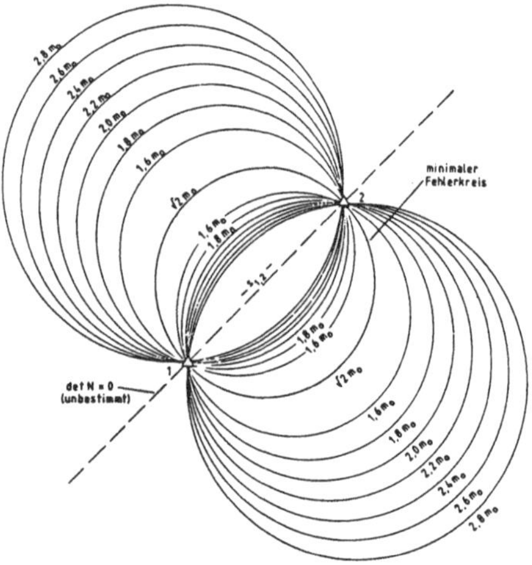

Abb. 5.26. Linien gleicher Standardabweichungen σ_p für den einfachen Bogenschnitt mit $\sigma(s) = m_0 = \text{const.}$ (*Beuchle* 1981)

Den Berechnungen liegt die Annahme zugrunde, daß die Standardabweichung der Strecken $\sigma(s) = m_0 = \text{const.}$ entfernungsunabhängig ist. Die Abb. 5.26 enthält folgende Aussagen:

- Die Linien gleicher Standardabweichungen σ_p sind Kreise, deren Mittelpunkte auf der Mittelsenkrechten der Verbindungslinien $\overline{12}$ liegen.
- Der minimale Fehlerkreis mit $\sigma_p = \sqrt{2}\, m_0$ ist ein Kreis um den Schwerpunkt der Punkte 1 und 2 mit dem Radius $R_{min} = s_{12}/2$. Dies ist der Thaleskreis, als geometrischer Ort all der Punkte, in denen sich die Strecken unter $\gamma = 100$ gon schneiden.
- Das Verfahren versagt, wenn der Neupunkt auf der Verbindungslinie der Punkte 1 und 2 liegt.

5.6 Punktbestimmung durch kombinierte Richtungs- und Distanzmessungen

Diese Verfahren kommen zur Anwendung, wenn elektronische Entfernungsmesser gemeinsam mit optischen oder elektronischen Theodoliten eingesetzt werden. Im Vergleich zu den bisher behandelten Verfahren, die für die Berechnungen nur Strecken oder Richtungen nutzen, sind die kombinierten Verfahren von der geometrischen Form der Bestimmungsfiguren weniger abhängig. Es gibt keine Bereiche, in denen sie versagen.

Bestimmt man von einem Neupunkt aus Richtungen r_i und Strecken s_i zu mehreren Festpunkten P_i (Abb. 5.27), so treten beim Berechnen der Neupunktskoordinaten 4 unbekannte Größen auf:

- die zwei Koordinaten x, y des Neupunktes
- ein Maßstabsfaktor q, der eventuell vorhandene Maßstabsunterschiede zwischen den neu bestimmten Strecken und dem Festpunktfeld beschreibt und
- eine Orientierungsunbekannte φ der Richtungsbeobachtungen.

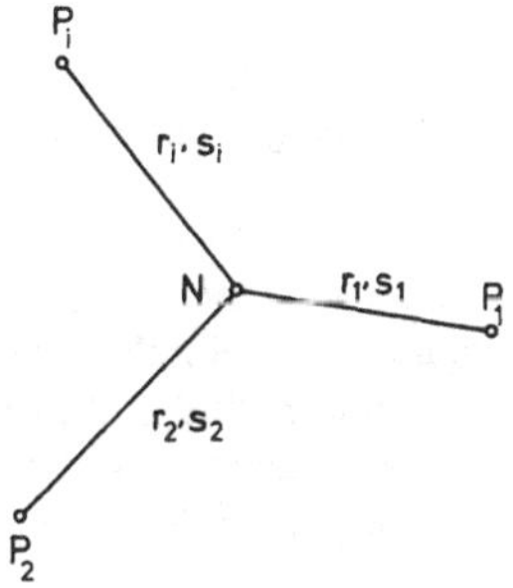

Abb. 5.27. Punktbestimmung durch Beobachten von Richtungen und Strecken auf einem Neupunkt

Eine eindeutige Lösung der Punktbestimmung ist gegeben, wenn mindestens Richtungen und Strecken zu zwei Festpunkten bestimmt sind.

Die Messungen sollte man möglichst so ausführen, daß die Richtungs- und Streckenmessungen gleich genau sind; d.h.:

$$\sigma_0 = \sigma(r) \cdot s = \sigma(s). \tag{5.42}$$

Dabei bezeichnen: $\sigma(r)$ Standardabweichung der Richtungen; $\sigma(s)$ Standardabweichung der Strecken; s die Strecken.

5.6.1 Eindeutige Punktbestimmung mit Hilfe der Ähnlichkeitstransformation

Gegeben sind zwei Festpunkte A und E, die auf einem Neupunkt bestimmten Richtungen r_A, r_E und die Strecken s_A, s_E (Abb. 5.28). Die Strecken sind bereits in das Abbildungssystem reduziert. Gesucht sind die Koordinaten des Neupunktes N.

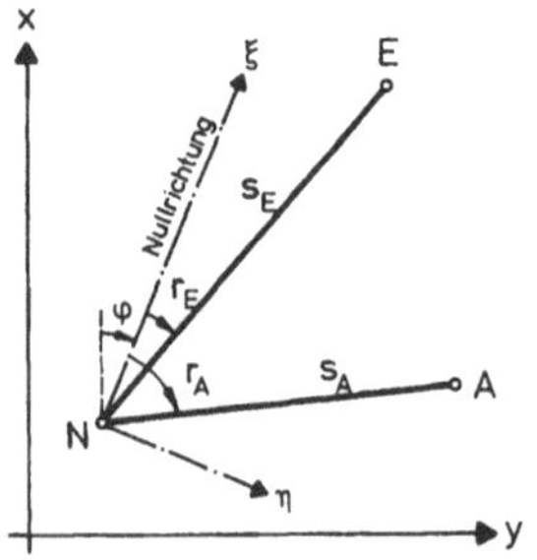

Abb. 5.28. Punktbestimmung mit Richtungen und Strecken

Man betrachte den Neupunkt als Zentrum eines örtlichen $\xi\eta$-Koordinatensystems, dessen ξ-Achse mit der Nullrichtung der reduzierten Richtungen zusammenfällt. A und E sind in dem $\xi\eta$-System durch Polarkoordinaten (r_i, s_i) und in dem xy System durch rechtwinklige Koordinaten (x, y) festgelegt und damit identische Punkte. Die Koordinaten des Neupunktes (bzw. des Ursprungs des örtlichen Koordinatensystems) findet man daher mit Hilfe der Transformationsgleichungen der Ähnlichkeitstransformation.

Nach Abb. 5.28 und nach [4.2.1] Gleichung (4.13b) gilt

$$\begin{aligned} x &= x_A - q s_A \cos(r_A + \varphi) = x_E - q s_E \cos(r_E + \varphi) \\ y &= y_A - q s_A \sin(r_A + \varphi) = \underbrace{y_E - q s_E \sin(r_E + \varphi)}_{\text{Probe}}, \end{aligned} \qquad (5.43)$$

wenn

$$\theta_A = r_A, \quad \theta_E = r_E, \quad \sigma_A = s_A, \quad \sigma_E = s_E.$$

Berechnet man für die Festpunkte A und E rechtwinklige Koordinaten:

$$\begin{aligned} \xi_A &= s_A \cos r_A; \quad \eta_A = s_A \sin r_A \\ \xi_E &= s_E \cos r_E; \quad \eta_E = s_E \sin r_E, \end{aligned} \tag{5.44}$$

so kann man die Transformationsparameter q und φ nach [4.2.1] Gl. (4.6) und (4.7) berechnen.

Zahlenbeispiel zu [5.6.1] (siehe Zahlenbeispiel zu [5.6.2]):

Pkt. Nr.	r [gon]	s [m]	η [m]	ξ [m]	y [m]	x [m]
1 = A	0,465	116,42	+ 0,85	+ 116,42	17520,66	06410,71
3 = E	190,432	148,12	+ 22,18	− 146,45	17258,15	06435,37
$E - A$	189,967	–	+ 21,33	− 262,87	− 262,51	+ 24,66

$\sigma_{AE} = 263{,}734$ m; $s_{AE} = 263{,}667$ m; $q = s_{AE} : \sigma_{AE} = 0{,}999746$
$\theta_{AE} = 194{,}8456$ gon; $t_{AE} = 305{,}9629$ gon; $\varphi = t_{AE} - \theta_{AE} = 111{,}117$ gon
$y = 17\,520{,}66 - q \cdot 116{,}42 \cdot \sin 111{,}582 = \underline{17\,406{,}19}$
$x = 06\,410{,}71 - q \cdot 116{,}42 \cdot \cos 111{,}582 = \underline{06\,431{,}77}$

5.6.2 Punktbestimmung mit Hilfe der Helmerttransformation

Sind von einem Neupunkt aus zu r Festpunkten P_i Richtungen r_i und Strecken s_i bestimmt, so berechnet man die Koordinaten des Neupunktes durch ein Ausgleichungsverfahren.

Einen einfachen Lösungsweg bietet die Helmerttransformation. Dieser Weg hat den Vorteil, daß

- keine Näherungskoordinaten zu berechnen sind
- keine Matrizenoperationen erforderlich sind
- auch bei kapazitätsarmen Rechnern keine Beschränkung bei der Anzahl der angemessenen Punkte gegeben ist.

Nachteilig ist, daß zu jedem Festpunkt immer Strecken und Richtungen zu bestimmen sind. Das alleinige Messen von Richtungen – z.B. zu unzugänglichen Punkten – läßt sich nicht nutzen. Einzelne Strecken oder einzelne Richtungen lassen sich zusätzlich verwerten, wenn für die Auswertung die allgemeine Lösung mit den Fehlergleichungen des Anhangs B gewählt wird; der Beobachter kann dann vielseitiger arbeiten. Nachfolgend wird nur der erste Lösungsweg beschrieben; für den zweiten sei auf Literatur verwiesen wie (*Gotthardt* 1978, *Wolf* 1975).

Zweckmäßig betrachtet man – wie in dem vorhergehenden Kapitel 5.6.1 – den Neupunkt als Ursprung eines örtlichen $\xi\eta$-Koordinatensystems, und die Nullrichtung der Richtungsmessung läßt man mit der Richtung der ξ-Achse zusammenfallen (Abb. 5.29).

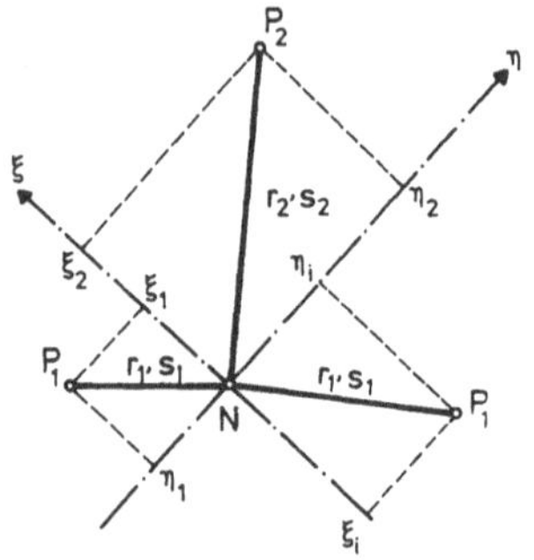

Abb. 5.29. Örtliches Koordinatensystem bei der Bestimmung des Neupunktes

Die Punkte $P_1 \ldots P_r$ sind in dem xy-System und $\xi\eta$-System Festpunkte und damit identische Punkte. Koordinaten des Neupunktes findet man daher mit Hilfe von Transformationsgleichungen der Helmerttransformation.

Vorbereitend berechnet man für polar angemessene Punkte $P_1 \ldots P_r$ *in dem* $\xi\eta$-System rechtwinklige Koordinaten:

$$\xi_i = s_i \cos r_i; \quad \eta_i = s_i \sin r_i \qquad (i = 1 \ldots r) \tag{5.45}$$

Nach [4.2.1] Gl. (4.18b) gilt dann für die Koordinaten des Neupunktes (bzw. des Koordinatenursprungs des örtlichen Systems)

$$x = \frac{[x]}{n} - a\frac{[\xi]}{n} + o\frac{[\eta]}{n} = x_s - a\xi_s + o\eta_s$$
$$y = \frac{[y]}{n} - o\frac{[\xi]}{n} - a\frac{[\eta]}{n} = y_s - o\xi_s - a\eta_s. \tag{5.46}$$

Die Transformationsparameter a und o sind in [4.2.1] Gl. (4.15) definiert.

Zahlenbeispiel zu [5.6.2]

Pkt. Nr.	Gemessen		örtl. System		Gegebene Festpkt.-Koord.	
	r	s	η	ξ	y	x
	[gon]	[m]	[m]	[m]	[m]	[m]
1	0,465	116,42	+ 0,85	+116,42	17520,66	06410,71
2	82,789	52,79	+ 50,87	+ 14,10	17411,28	06379,22
3	190,432	148,12	+ 22,18	−146,45	17258,15	06435,37
4	361,963	209,65	−117,94	+173,33	17597,31	06517,78
Σ	235,649	526,98	− 44,04	+157,40	69787,40	25743,08
Schwerpunkt *SP*			− 11,01	+ 39,35	17446,85	06435,77

	$\Delta\eta$	$\Delta\xi$	Δy	Δx	
					$[\Delta\eta^2 + \Delta\xi^2] = 75\,555{,}02$
1	+ 11,86	+ 77,07	+ 73,81	−25,06	$[\Delta\eta \cdot \Delta y] = -23\,677{,}33$
2	+ 61,88	− 25,25	− 35,57	−56,55	$[\Delta\eta \cdot \Delta x] = -12\,579{,}13$
3	+ 33,19	−185,80	−188,70	− 0,40	$[\Delta\xi \cdot \Delta y] = +61\,805{,}77$
4	−106,93	+133,98	+150,46	+82,01	$[\Delta\xi \cdot \Delta x] = +10\,558{,}53$

$o = (61\,805{,}77 + 12\,579{,}13) : 75\,555{,}02 = +0{,}984\,513\,0$

$a = (10\,558{,}53 - 23\,677{,}33) : 75\,555{,}02 = +0{,}173\,632\,4$

($q = \sqrt{o^2 + a^2} = 0{,}999\,707$; $\varphi = \text{arc}\cos(a : q) = 111{,}1134$ gon)

$y = 17\,446{,}85 - o \cdot 39{,}35 + a \cdot 11{,}01 = \underline{17\,406{,}20}$

$x = 06\,435{,}77 - a \cdot 39{,}35 - o \cdot 11{,}01 = \underline{06\,431{,}76}$

5.6.3 Genauigkeit der mit Richtungen und Strecken berechneten Punkte

Legt man den Neupunkt N – wie bei den vorausgehenden Ableitungen [5.6.1, 5.6.2] – in den Ursprung des örtlichen Koordinatensystems, so entsprechen die Standardabweichungen der transformierten Neupunktskoordinaten den Standardabweichungen der beiden Verschiebungskomponenten (Translationsparameter). Damit erhält man nach (*Wolf* 1966) für die Genauigkeit der durch eine Helmerttransformation bestimmten Standpunktskoordinaten:

$$\sigma_p^2 = 2\sigma_0^2 \left(\frac{1}{n} + \frac{y_N^2 + x_N^2}{[y_i^2 + x_i^2]} \right) = 2\sigma_0^2 \left(\frac{1}{n} + \frac{\eta_s^2 + \xi_s^2}{[\Delta\eta^2 + \Delta\xi^2]} \right) \quad (5.47)$$

wobei

$$\sigma_0 = \sigma(r) \cdot s = \sigma(s). \quad (5.48)$$

Dabei bezeichnen: $\sigma(r)$ die Standardabweichung der beobachteten Richtungen; $\sigma(s)$ die der Strecken; s die Strecken; x_N, y_N die Koordinaten des Neupunktes; x_i, y_i die Koordinaten der Festpunkte.

Die Genauigkeit der Neupunktsbestimmung kann man anschaulich mit Linien gleicher Standardabweichungen σ_p darstellen

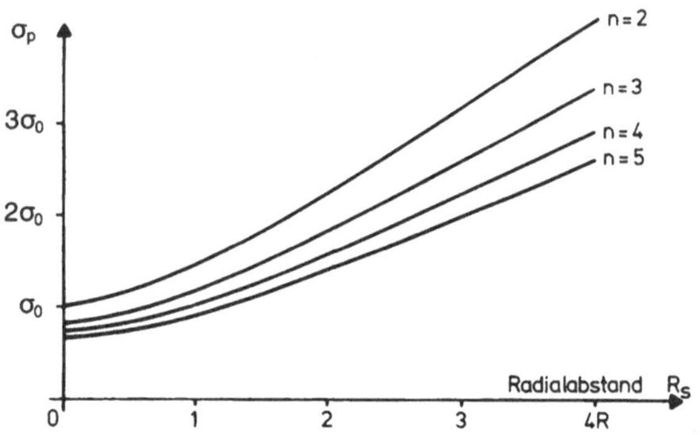

Abb. 5.30. Radiale Zunahme der Standardabweichungen σ_p eines aus kombinierten Richtungen und Strecken bestimmten Neupunktes

(*Beuchle* 1981). Diese Linien sind Kreise um den Schwerpunkt der Festpunkte. Der minimale Punktfehler $\sigma_{p\min} = \sqrt{\frac{2}{n}} \cdot \sigma_0$ tritt im Schwerpunkt der Festpunkte auf. Er ist nur abhängig von der Anzahl der Festpunkte, nicht jedoch von ihrer Lage. Die radiale Zunahme der Standardabweichung eines Punktes zeigt Abb. 5.30. Die Darstellung berücksichtigt einige Fälle mit $n = 2, 3, 4, 5$ regelmäßig verteilten Festpunkten (Abb. 5.31), wobei alle Festpunkte auf einem Kreis um den Schwerpunkt mit dem Radius $R = 1$ liegen. Für die dargestellten Festpunktanordnungen liefert Abb. 5.30 σ_p als Funktion des Abstandes R_s in Einheiten der Standardabweichung der Gewichtseinheit σ_0.

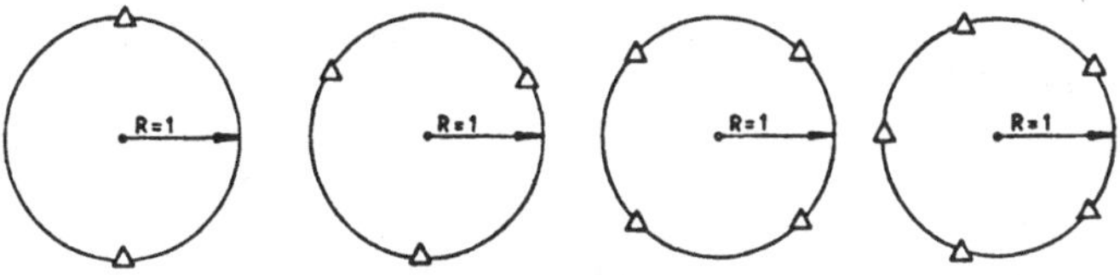

Abb. 5.31. Festpunktanordnungen mit $n = 2, 3, 4, 5$ Festpunkten für die Darstellung der Standardabweichung σ_p

Abb. 5.30 zeigt, daß die Messungen zu einem 5. Punkt nur noch unwesentlich zur Genauigkeitssteigerung beitragen.

5.7 Polare Aufnahme von Objektpunkten

Neben dem in [Band I, 3.1] beschriebenen Rechtwinkel- und Einbindeverfahren verwendet man für die Aufnahme von *Objektpunkten* – Hausecken, Grenzpunkten, . . . – die polare Aufnahme. Bei der *Polaraufnahme* werden die Neupunkte durch Winkel α_i gegenüber einer bekannten Ausgangsrichtung und Strecken s_i nach Polarkoordinaten bestimmt (Abb. 5.32). Die Polarkoordinaten verwendet man unmittelbar – z.B. zur Kartierung von Häusern, Grenzpunkten, . . . oder man rechnet sie um in rechtwinklige Koordinaten und stellt sie dann für die vielseitigen Aufgaben des Vermessungswesens zur Verfügung.

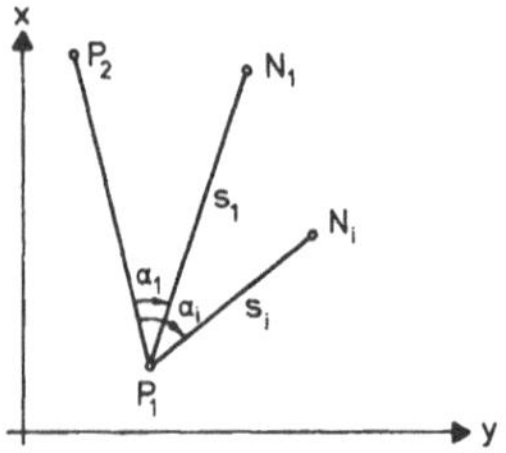

Abb. 5.32. Die Polaraufnahme

Für die Messungen benutzt man Tachymeter: optische oder elektronische Theodolite in Kombination mit einem Entfernungsmesser [2], [3]. Mißt man nur mit elektronischen Geräten, so ist das Verfahren besonders automationsfreundlich; von der Aufnahme der Punkte im Feld bis zur Herstellung von Karten und Registern läßt sich ein *automatischer Datenfluß* erzeugen [3.2].

Aus wirtschaftlichen Gründen führt man die *Richtungsmessungen* in der Regel *nur in einer Fernrohrlage* aus. Vor Meßeinsätzen sind dann die Zielachsen-, Kippachsen- und Höhenindexfehler zu bestimmen, damit man sie rechnerisch berücksichtigen kann [1.6.1], [Band III, 1.3.2].

Wenn ausreichende Sichtverbindungen gegeben sind, wählt man bei großflächigen Aufnahmen die *Tachymeterstandpunkte in Abständen von* 200 bis 700 m. Der Einfluß der Refraktion auf die Genauigkeit der Richtungsmessungen ist dann normalerweise noch vernachlässigbar. In wenig einsichtigem Gelände – z. B. bei dichtem Bewuchs und dichter Bebauung – ist der Abstand wesentlich kleiner. Tachymeterstandpunkte können Festpunkte oder frei wählbare nicht koordinierte Stationen sein. Im letzteren Fall spricht man von *freier Stationierung*. Besonders wenn die freie Stationierung angewendet wird, ist das Polarverfahren wesentlich weniger schematisch und daher beweglicher als die Orthogonalmethode.

In der Regel können, anders als beim Orthogonalverfahren, nicht alle Messungselemente durch *unmittelbar im Felde wirksame Kontrollen* verprobt werden; doch sollten die Tachymeterstandpunkte sowie wichtige Grenz- und Absteckungspunkte schon bei der Aufnahme in irgendeiner Weise gesichert sein. Die zweimalige Bestimmung der Messungselemente vom gleichen Standpunkt aus ist bekanntlich nur für die Richtungsmessung einigermaßen wirksam. Zur Sicherung der Streckenmessung kommen Steinbreiten und Spannmaße in Frage, und erst wenn diese entfallen, sollte die Strecke ein zweites Mal beobachtet werden. Besser nimmt man den zu sichernden Punkt von zwei benachbarten Standpunkten auf. Ein etwaiger Aufnahmefehler zeigt sich dann allerdings erst bei der Koordinatenberechnung.

Gegenüber dem in [Band I, 3.1] beschriebenen Rechtwinkel- und Einbindeverfahren weist die polare Aufnahme folgende Vorteile auf (*Haupt* 1979; *Tegeler* 1983):

- Es entfallen die durch ein starres Liniennetz vorgegebenen Zwangsbedingungen.
- Man benötigt in der Regel für die Aufnahme von Objektpunkten nur etwa 5 ... 20 Festpunkte/km². Die Dichte richtet sich nach den Sichthindernissen, der Dichte der Objektpunkte und der Häufigkeit der Benutzung; im einzelnen sind anzustreben:
  - in Ortslagen 100 ... 200 m
  - am Ortsrand 200 ... 400 m
  - in Feldlagen 400 ... 500 m.
- Aufgrund der Automationsfreundlichkeit ergibt sich eine hohe Wirtschaftlichkeit.
- Da man an Stelle des Rechtwinkelprismas und Meßbandes [Band I, 3.1] einen Theodoliten in Kombination mit einem elektronischen Entfernungsmesser einsetzt, erhält man ohne besonderen Aufwand eine höhere Lagegenauigkeit.

5.7.1 Polare Aufnahme von einem Festpunkt aus

Gegeben sind die Festpunkte A und E, sowie die auf A und E bestimmten Richtungen r_E, r_i und die Strecken s_E, s_i (Abb. 5.33).

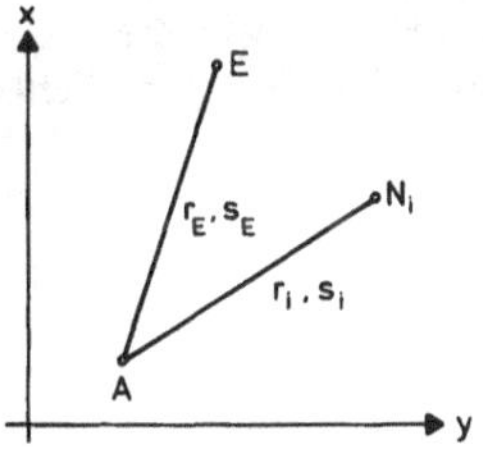

Abb. 5.33. Polaraufnahme auf einem Festpunkt

Die Koordinaten der Neupunkte N_i lassen sich folgendermaßen berechnen:

$$x_i = s_i \cos (r_i + \varphi) \qquad (5.49)$$
$$y_i = s_i \sin (r_i + \varphi).$$

Vorbereitend hat man die Orientierungsunbekannte des Richtungsbüschels zu bestimmen [5.3.2]:

$$\varphi = t_{AE} - r_E. \tag{5.50}$$

Bei genaueren Punktbestimmungen ist zu überprüfen, ob der Maßstab der aus Messungen abgeleiteten Strecken s_i mit dem des Festpunktfeldes übereinstimmt. Man bestimmt dann mindestens eine Strecke zwischen Festpunkten – z. B. s_{AE} – und berechnet den Maßstabsfaktor:

$$q = \frac{s_{AE}^*}{s_{AE}} \tag{5.51}$$

mit

$$s_{AE}^* = \sqrt{(x_E - x_A)^2 + (y_E - y_A)^2}.$$

Liegt ein wirksamer Maßstabsunterschied vor, so berechnet man die Koordinaten des Neupunktes an Stelle von (5.49) durch:

$$\begin{aligned} x_i &= q s_i \cos(r_i + \varphi) \\ y_i &= q s_i \sin(r_i + \varphi). \end{aligned} \tag{5.52}$$

5.7.2 Polare Aufnahme bei freier Stationierung und zwei angemessenen Festpunkten

Gegeben seien zwei Festpunkte A und E sowie die auf einem nicht koordinierten Gerätestandpunkt S bestimmten Richtungen r_A, r_E, r_i und Strecken s_A, s_E, s_i.

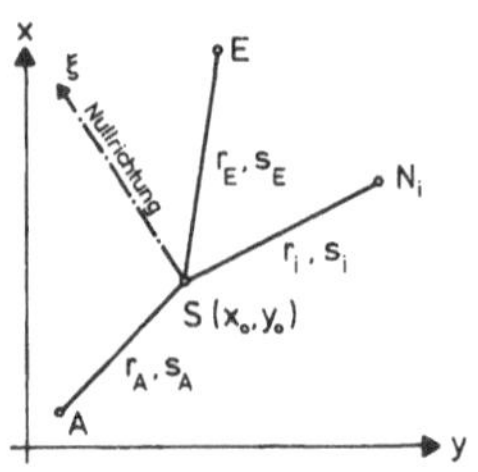

Abb. 5.34. Freie Stationierung bei zwei angemessenen Festpunkten

Man betrachte den Standpunkt als Zentrum eines örtlichen $\xi\eta$-Koordinatensystems, dessen ξ-Achse mit der Nullrichtung der gemessenen Richtungen zusammenfällt. A und E sind in dem $\xi\eta$-System durch Polarkoordinaten $(r_i s_i)$ und in dem xy-System durch rechtwinklige Koordinaten (x, y) festgelegt und damit identische Punkte. Die Neupunkte N_i lassen sich daher durch eine Ähnlichkeitstransformation berechnen – [4.2.1] Gl. (4.13a und b):

$$x_i = x_0 + q s_i \cos(r_i + \varphi) \qquad (5.53)$$
$$y_i = y_0 + q s_i \sin(r_i + \varphi),$$

mit

$$x_0 = x_A - q s_A \cos(r_A + \varphi) \qquad (5.54)$$
$$y_0 = y_A - q s_A \sin(r_A + \varphi),$$

wobei

$$\theta \triangleq r \text{ und } \sigma \triangleq s.$$

Berechnet man für die Festpunkte A und E rechtwinklige Koordinaten:

$$\xi_A = s_A \cos r_A; \quad \eta_A = s_A \sin r_A \qquad (5.55)$$
$$\xi_E = s_E \cos r_E; \quad \eta_E = s_E \sin r_E,$$

so kann man die Transformationsparameter q und φ nach [4.2.1] Gl. (4.6) und (4.7) berechnen (Zahlenbeispiel s. [4.2.1]).

5.7.3 Polare Aufnahme bei freier Stationierung und mehr als zwei angemessenen Festpunkten

Gegeben seien mehrere Festpunkte $P_1 \ldots P_r$ sowie die auf einem nicht koordinierten Gerätestandpunkt S bestimmten Richtungen $r_1 \ldots r_r$ und Strecken $s_1 \ldots s_r$; außerdem sind auf S Richtungen r_i und Strecken s_i zu Neupunkten bestimmt (Abb. 5.35).

Wie in [5.7.2] betrachte man den Standpunkt als Ursprung eines örtlichen $\xi\eta$-Koordinatensystems, dessen ξ-Achse mit der Nullrichtung der Richtungsmessung zusammenfällt. Vorbereitend berechne man für die polar angemessenen Punkte $P_1 \ldots P_r$ in dem $\xi\eta$-System rechtwinklige Koordinaten.

$$\xi_i = s_i \cos r_i \quad \eta_i = s_i \sin r_i \quad (i = 1 \ldots n) \qquad (5.56)$$
$$\vdots$$

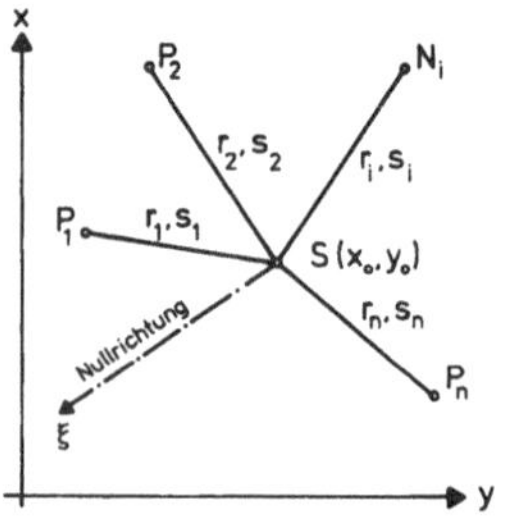

Abb. 5.35. Freie Stationierung bei mehr als zwei angemessenen Festpunkten

Die Punkte $P_1 \ldots P_r$ sind in dem xy-System und $\xi\eta$-System durch rechtwinklige Koordinaten festgelegt und damit identische Punkte. Die Koordinaten der Neupunkte findet man daher mit Hilfe der Helmerttransformation.

Nach [4.2.1] Gl. (4.18a) berechnen sich die Koordinaten der Neupunkte nach:

$$x_i = x_0 + a\xi_i, - o\eta_i \quad (i = r + 1 \ldots n) \qquad (5.57)$$
$$y_i = y_0 + o\xi_i, + a\eta_i$$

Zahlenbeispiel: (Transformationsparameter sind dem Zahlenbeispiel in [5.6.2] entnommen:

Pkt. Nr.	φ r	q s	r^0	sq	y	x
	[gon]	[m]	[gon]	[m]	[m]	[m]
S	φ=111,113	q=0,999707	–	–	17406,20	06431,76
P_1	0,465	116,42	111,578	116,386	17520,67	06410,71
P_2	82,789	52,79	193,902	52,775	411,25	379,23
P_3	190,432	148,12	301,545	148,077	258,17	435,35
P_4	361,963	209,65	73,076	209,589	597,32	517,78
P_5	71,542	83,15	182,655	83,126	428,57	351,70
...	...	...	...	...	...	...
P_n	312,219	114,61	23,332	114,576	17447,26	06538,73

mit

$$x_0 = \frac{[x_i]}{n} - a\frac{[\xi_i]}{n} + o\frac{[\eta_i]}{n} \quad (i = 1 \ldots r) \tag{5.58}$$
$$y_0 = \frac{[y_i]}{n} - o\frac{[\xi_i]}{n} - a\frac{[\eta_i]}{n}$$

Die Transformationsparameter a und o sind in [4.2.1] Gl. (4.15), q und φ in [4.2.1] Gl. (4.16) u. (4.17) definiert.

5.7.4 Genauigkeit der polar aufgenommenen Punkte

Die Standardabweichung [5.2] eines von einem Festpunkt aus bestimmten Polarpunktes beträgt:

$$\sigma_p = \sqrt{(s \cdot \sigma(r^0))^2 + \sigma^2(s)} \tag{5.59}$$

Dabei bezeichnen: $\sigma(r^0)$ Standardabweichung der orientierten Richtungen [5.3.2]; $\sigma(s)$ Standardabweichung der Strecken; s neu bestimmte Strecken. $s \cdot \sigma(r^0)$ beschreibt die Standardabweichung des Neupunktes senkrecht zum Bestimmungsstrahl und $\sigma(s)$ diese in Richtung des Bestimmungsstrahls. In der Regel sorgt man dafür, daß die Richtungs- und Streckenmeßgenauigkeit gleich ist; d. h.

$$s \cdot \sigma(r^0) = \sigma(s) = \sigma_0 . \tag{5.60}$$

Die Standardabweichung des Neupunktes beträgt dann

$$\sigma_p = \sqrt{2}\sigma_0 \tag{5.61}$$

Bei freier Stationswahl gilt unter der Voraussetzung der in (5.60) beschriebenen Fehlerannahmen (*Ruopp* 1971):

- Die Genauigkeit eines Polarpunktes ist von der Lage des Gerätestandpunktes unabhängig; entscheidend ist allein die Lage des Polarpunktes innerhalb der Festpunkte.
- Die Linien gleicher Standardabweichungen der Koordinaten sind Kreise um den Schwerpunkt der Festpunkte.
- Die minimale Standardabweichung tritt im Schwerpunkt der Festpunkte auf.

Von weiterem Interesse ist die radiale Zunahme der Koordinatenfehler (Abb.5.36). Für die Anordnung der Festpunkte soll Abb. 5.31 gelten. Betrachtet man zunächst die Festpunkte als fehlerfrei und in einer weiteren Analyse als fehlerbehaftet, so erhält man die in Abb. 5.36 und 5.37 wiedergegebenen Ergebnisse (*Beuchle* 1981):

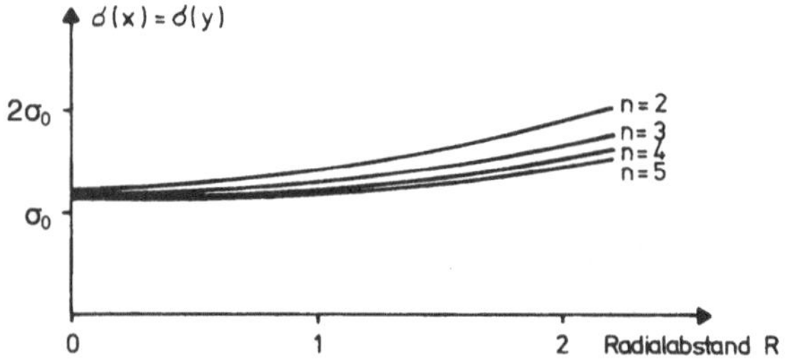

Abb. 5.36. Standardabweichungen $\sigma(x)$ und $\sigma(y)$ der Koordinaten der Polarpunkte bei fehlerfreien Festpunkten und freier Stationierung (für $\sigma(r) \cdot s = \sigma(s) = \sigma_0$)

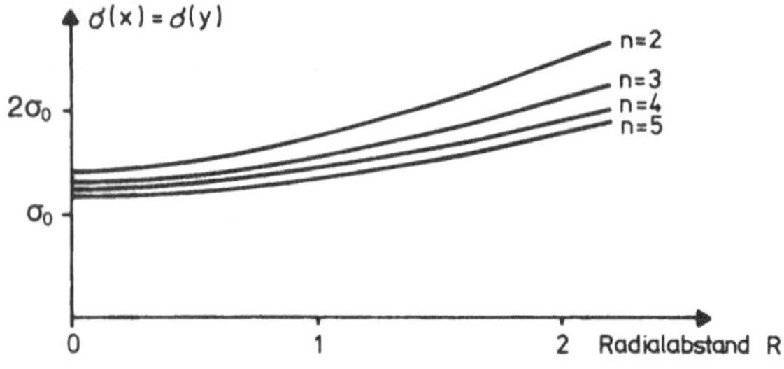

Abb. 5.37. Standardabweichungen $\sigma(x)$ und $\sigma(y)$ der Koordinaten der Polarpunkte bei fehlerhaften Festpunkten und freier Stationierung (für $\sigma(r) \cdot s = \sigma(s) = \sigma_0$ und die Standardabweichungen der Festpunktkoordinaten $\sigma(\bar{x}) = \sigma(\bar{y}) = \sigma_0$)

Die Abbildungen zeigen:

– die Genauigkeitssteigerung durch Hinzunahme weiterer Festpunkte ist gering,

- die aufzunehmenden Polarpunkte sollen möglichst innerhalb des um den Schwerpunkt durch die Festpunkte gezogenen Kreises mit $R = 1$ liegen.

5.8 Polygonometrische Punktbestimmung

Die Polygonierung, die etwa seit 1830 Eingang in die Vermessungspraxis fand, galt bis 1960 als ein Verfahren, das der Triangulation sowohl hinsichtlich ihres Aufbaus als auch genauigkeitsmäßig nachstand. Sie diente daher nur zur Bestimmung der Festpunkte der „5. Ordnung", der *Aufnahmepunkte*, für die Objektvermessung. Inzwischen hatte die Genauigkeit der Winkelmessung durch den Einsatz der Zwangszentrierung [1.5.4] und die der Distanzmessung durch die elektronischen Verfahren [2] in einem so hohen Maße zugenommen, daß die Genauigkeitsverhältnisse sich geradezu umkehrten. Darüber hinaus gibt es eine Vielzahl weiterer Vorteile:

- Der Netzaufbau läßt sich den örtlichen Gegebenheiten besser anpassen.
- Der Signalbau, der bei der Triangulierung unentbehrlich und kostensteigernd ist, entfällt normalerweise.
- Der Arbeitsfortschritt ist in der Regel sehr günstig.

Die polygonometrische Punktbestimmung läßt sich aus den zuvor genannten Gründen sehr vielseitig einsetzen. Hauptsächlich wendet man sie an bei:

- dem großräumigen Aufbau von Lagefestpunktfeldern [7],
- der Verdichtung von trigonometrischen Netzen der III. und IV. Ordnung [7],
- der Bestimmung von Festpunkten (Aufnahmepunkten) für die Objektvermessung [Band I, 3.1],
- der Bestimmung von Aufnahmepunkten für die topographische Vermessung kleinerer Gebiete [Band III, 4.2], (*Hake* 1982),
- den Absteckungsarbeiten [Band III, 6.4].

Die Seitenlängen können sehr unterschiedlich sein. So hat man z. B. beim Aufbau von Grundlagennetzen Seiten bis zu 50 km, bei der Verdichtung trigonometrischer Festpunktfelder von 0,4 ... 2,5 km und beim Bestimmen von Aufnahmepunkten von ca. 0,05 ... 1 km.

5.8.1 Anlage und Messen von Polygonnetzen

5.8.1.1 Ringpolygone, Polygonzüge, Polygonnetze

Bei der polygonometrischen Punktbestimmung ist der Aufnahmerahmen ein unregelmäßiges Vieleck oder Polygon (griech. polys = viel; gony = Knie, Ecke), in dem auf den Eckpunkten Winkel und zwischen benachbarten Punkten Strecken bestimmt werden (Abb. 5.38). Die Messungen ordnet man so an, daß sich für alle Punkte rechtwinklige Koordinaten berechnen lassen. Je nach Aufgabenstellung legt man ein Ringpolygon, einen Polygonzug oder ein Polygonnetz an.

Ein *Ringpolygon* oder geschlossenes Polygon ist ein Vieleck, in dem die letzte Seite an die erste anschließt. Ein Beispiel dafür ist in Abb. 5.38 das Polygon 1 2 3 4 5 6. Das Ringpolygon ist ein geeigneter Rahmen für die Aufnahme eines abgeschlossenen Bezirks, z. B. eines Baublocks, einer Dorflage, eines Parks u. dgl.

Ein *Polygonzug* ist ein gebrochener Linienzug, der verschiedenartig angeordnet werden kann.

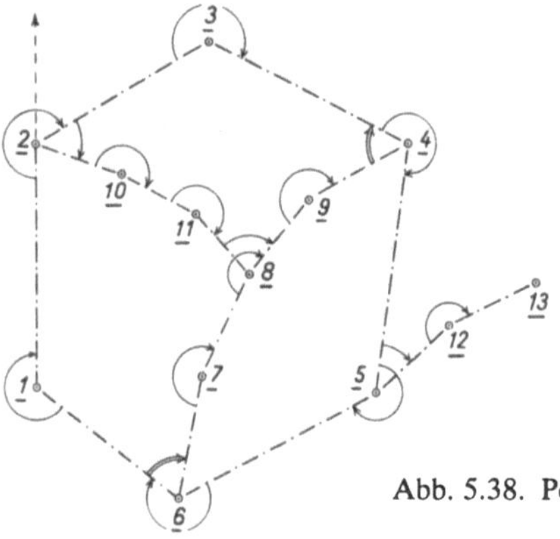

Abb. 5.38. Polygonnetz

Man unterscheidet folgende Arten:

- Der *angeschlossene Polygonzug* beginnt und endet (wie in Abb. 5.38 der Zug 6 7 8 9 4) auf einem bereits vorher bestimmten Festpunkt; in ihm werden außer den Seiten und den Brechungswinkeln die in Abb. 5.38 mit einem Doppelpfeil bezeichneten Anschlußwinkel beobachtet.

- Ein *toter Polygonzug* ist, wie in Abb 5.38 der Zug 5 12 13, nur einseitig angeschlossen. Solche Züge weisen eine sehr ungünstige Fehlerfortpflanzung auf [5.8.4.1]. Man kann sie aber zur Aufnahme von Innenhöfen und Sackgassen, für die Absteckung von Tunnels u. dgl. nicht entbehren.
- Ein *freier Polygonzug* hat keinerlei Anschlüsse; man braucht ihn zur Absteckung von Geraden, deren Endpunkte gegenseitig nicht sichtbar sind, zur Aufnahme und Absteckung von Verkehrslinien usw. Vgl. Band III, 6.4.

Ein *Polygonnetz* besteht aus mehreren Polygonzügen. Damit kann praktisch jedes noch so unübersichtliche Aufnahmegebiet erschlossen werden. Bei der Berechnung der Koordinaten führt die Ausgleichung von Polygonnetzen zu fehlertheoretisch günstigsten Ergebnissen (*Gründig/Joeckel* 1983).

5.8.1.2 Auswahl der Neupunkte

Die Auswahl der Neupunkte hängt von der jeweiligen Aufgabenstellung ab. Bei der *polygonometrischen Verdichtung der Trigonometrischen Netze III. und IV. Ordnung* erkundet man die Polygonpunkte so, daß die Wetterabhängigkeit – im Hinblick auf Reichweite und Genauigkeit bei der Richtungs- und Streckenmessung – gering ist und der kostspielige Signalaufbau vermieden wird. Diese Vorteile erzielt man, wenn die Zugseiten durchschnittlich 0,8 . . . 1 km lang sind (*Augath* 1976). Nicht alle Polygonpunkte sind bei dieser Meßanordnung Punkte des Lagefestpunktfeldes; einige Punkte benutzt man nur vorübergehend bei den Messungen und Berechnungen (Abb. 7.6). Die trigonometrischen Punkte sind in der Regel so zu erkunden, daß möglichst eine gleichmäßige Verteilung und eine gute Verbindung zu Nachbarpunkten gegeben ist.

Bei der *Objektvermessung* folgen die Polygonzüge im allgemeinen den Verkehrswegen, Wasserläufen und Eigentumsgrenzen. Zweckmäßig legt man sie so, daß von den Polygonpunkten aus möglichst viele Einzelheiten aufgenommen werden können. Für die Polygonpunkte sucht man geschützte Standorte aus, auf denen sich der Theodolit sicher aufstellen läßt.

Die Länge der Zugseiten hängt von der Dichte der aufzunehmenden Objekte und den topographischen Verhältnissen ab.

Alle Punkte werden fest vermarkt – z. B. durch Rohre oder Bolzen – und zum leichten Auffinden durch Zusatzmessungen in geometrische Verbindung mit benachbarten Hausecken, Masten u. dgl. gebracht.

5.8.1.3 Messen der Seiten und Winkel

Am schnellsten und genauesten bestimmt man die *Polygonseiten* mit den in [2.7.1] beschriebenen elektronischen Entfernungsmessern. In Ausnahmefällen verwendet man gespannte Meßbänder [Band I, 2.4] oder die 2 m-Basislatte [2.9].

Für die *Richtungsmessungen* nimmt man je nach Aufgabenstellung Theodolite niederer, mittlerer oder hoher Genauigkeit [1.3, 1.4].

Häufig setzt man Tachymeter ein; Theodolit und Entfernungsmesser sind dann fest miteinander verbunden [3].

Je nach Aufgabenstellung gibt es unterschiedliche Genauigkeitsforderungen. So fordert man z. B. in dicht besiedelten, hochentwickelten Ländern im Zusammenhang mit der polygonometrischen Verdichtung der trigonometrischen Netze III. und IV. Ordnung eine

- Standardabweichung der Strecken von $\sigma(s) = 5$ mm
- Standardabweichung der Richtungen von $\sigma(r) = 0{,}5$ mgon*

und bei der Objektvermessung eine

- Standardabweichung der Strecken von $\sigma(s) = 1 \ldots 2$ cm
- Standardabweichung der Richtungen von $\sigma(r) = 1 \ldots 2$ mgon**.

---

* In der Regel mißt man 3 Sätze mit einem Theodoliten hoher Genauigkeit

** In der Regel mißt man 2 Sätze mit einem Theodoliten mittlerer Genauigkeit

Die Richtungs- und Streckenmessungen sollen möglichst gleich genau sein, d. h. die durch die Unsicherheiten der Richtungsmessungen hervorgerufenen Querabweichungen $s \cdot \sigma(r)$ sollen etwa gleich groß sein wie die durch die Unsicherheiten der Distanzmessung hervorgerufenen Längsabweichungen $\sigma(s)$:

$$\sigma_0 = \sigma(s) = s \cdot \sigma(r).$$

Die für die polygonometrische Punktbestimmung erforderliche Genauigkeit erreicht man in erster Linie durch genauere Zentrierung. Beim Zentrieren des Instruments und beim Einloten der Zielstäbe mit bloßem Auge kann leicht ein Zentrierfehler von 0,5 cm entstehen. Dieser verschwenkt, wenn er rechtwinklig zur Zielrichtung verläuft, nach der Formel $d = (b/r)\,(200/\pi)$ eine Seite von 150 m Länge um 2,1 mgon. Also verfälschen drei Zentrierfehler dieser Größe, wenn zufällig die in Abb. 5.39 angenommene Fehlerhäufung eintritt, einen gestreckten Winkel um 8,4 mgon. Die Auswirkungen der Zentrierfehler übersteigen daher bei weitem die Ungenauigkeiten bei der Ablesung am Instrument.

Abb. 5.39. Zentrierungsfehler

Eine spürbare Verbesserung läßt sich erzielen, wenn man die Zwangszentrierung einsetzt [1.5.4].

5.8.2 Berechnen der Polygone

Man bestimmt zunächst die orientierten Richtungen r_i^0 und die in das Abbildungssystem reduzierten Längen der Polygonseiten s_i [2.4, 2.5, 4.3.3]. Anschließend berechnet man – von einem Festpunkt ausgehend – durch polares Anhängen [4.1.1] von Punkt zu Punkt fortschreitend die Koordinaten der Neupunkte.

5.8.2.1 Beidseitig angeschlossene Polygonzüge

Als Beispiel wird der in Abb. 5.40 dargestellte Polygonzug berechnet.

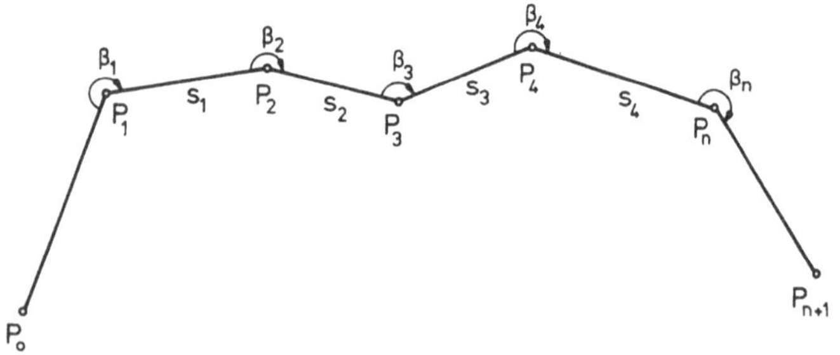

Abb. 5.40. Beidseitig angeschlossener Polygonzug
Gegeben sind: $x_0, y_0, x_1, y_1, x_n, y_n, x_{n+1}, y_{n+1}$.
Gemessen sind: $s_1 \ldots s_4, \beta_1 \ldots \beta_n$.
Gesucht sind: $x_2, y_2 \ldots x_4, y_4$.

Die Neupunkte P_2, P_3, P_4 kann man bei fehlerfreien Messungen mit den Winkeln β_1, β_2, β_3 und den Strecken s_1, s_2, s_3 eindeutig festlegen. Mit der Strecke s_4 und den Winkeln β_4 und β_n sind drei überschüssige Messungen gegeben. Als Folge treten im Zuge der Berechnungen Abweichungen auf; diese lassen sich auf unterschiedlichen Wegen beseitigen:

(1) Man rechnet den Zug von einem Endpunkt aus als einseitig angeschlossenen Zug [5.8.1] näherungsweise durch und paßt ihn schließlich mit Hilfe einer Ähnlichkeitstransformation [4.2] zwischen den beiden Anschlußpunkten ein.

(2) Man verteilt zunächst die Winkelabweichung auf die gemessenen Brechungswinkel, rechnet den Zug näherungsweise durch, verteilt anschließend die verbleibenden Koordinatenabweichungen proportional zu den gemessenen Strecken und berechnet schließlich die endgültigen Koordinaten.

Das erste Verfahren stellt keine besonderen Anforderungen an die geometrische Form des Zuges, solange gewährleistet ist, daß die Winkel- und Streckenmessungen gleich genau sind. Die Züge können gebogen sein und lassen sich daher optimal an die aufzunehmenden Objekte anpassen. Zweckmäßig benutzt man diese Methode dann, wenn der neu bestimmte Zug eine größere Genauigkeit aufweist als das vorhandene Festpunktfeld. Die Form des Zuges wird dann von den Unsicherheiten der Koordinaten der Anschlußpunkte nicht beeinflußt. Nachteilig ist, daß bei diesem Verfahren der Winkel β_n nur für die Kontrolle der Brechungswinkel β_i, nicht jedoch für die Berechnungen genutzt wird.

Das zweite Verfahren sollte man nur auf nahezu geradlinig gestreckte Züge anwenden. Diese Methode bevorzugte man in der Vergangenheit, als noch keine elektronischen Entfernungsmesser zur Verfügung standen und die mit Meßbändern ausgeführten Streckenmessungen ungenauer als die Winkelmessungen waren. Der nachfolgend beschriebene 2. Lösungsweg entspricht einem strengen Ausgleichungsverfahren [5.8.4.1].

1. Lösungsweg

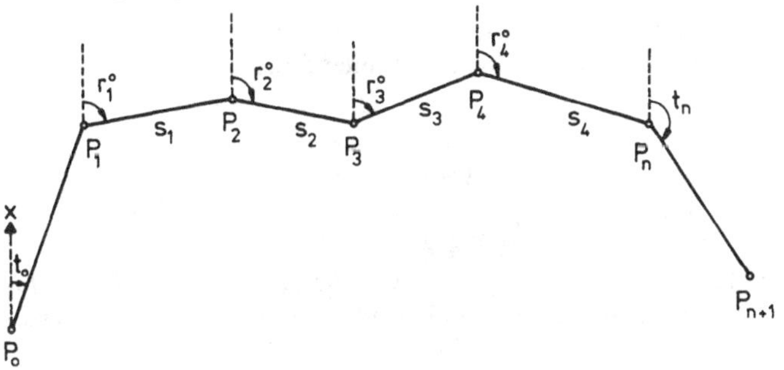

Abb. 5.41. Polare Bestimmungselemente des Polygonzuges

Vorbereitend berechnet man die Richtungswinkel t_0 und t_n nach [4.1.2]. Danach verlaufen die Berechnungen folgendermaßen:

1. Schritt: Man überprüft zunächst die gemessenen Winkel β_i. Hierzu bildet man die Summe $t_0 + [\beta] + n \cdot 200$ gon, die bis auf ein Vielfaches a von 400 gon gleich dem errechneten Richtungswinkel t_n sein sollte. Infolge der Unsicherheiten der Meßwerte und Anschlußkoordinaten erhält man jedoch die Winkelabweichung:

$$w_\beta = (t_n - t_0) - \{[\beta] + n \cdot 200 \text{ gon} - a \cdot 400 \text{ gon}\}. \tag{5.62}$$

Ist diese kleiner als eine vorgegebene Fehlergrenze – vgl. z. B. [5.8.4.2] –, so kann man den Polygonzug vorläufig berechnen.

2. Schritt: Man rechnet nun in einem $x'y'$-System mit den Anfangskoordinaten $x_1' = 0$, $y_1' = 0$ den Zug durch. Vorbereitend orientiert man von Punkt zu Punkt fortschreitend die Richtungen der Polygonseiten, indem man zu dem berechneten Richtungswinkel t_0 die Brechungswinkel $\beta_i + 200$ gon folgendermaßen hinzuzählt:

$$\begin{aligned} r_1^0 &= t_0 + \beta_1 + 200 \text{ gon} \\ r_2^0 &= r_1^0 + \beta_2 + 200 \text{ gon} \\ &\dots \quad \dots \end{aligned} \tag{5.63}$$

Probe:

$$t_n = r_4^0 + \beta_n + 200 \text{ gon}.$$

Mit den orientierten Richtungen r_i^0 und den Strecken s_i berechnet man von Punkt zu Punkt fortschreitend die örtlichen Koordinaten:

$$\begin{aligned} x_2' &= x_1' + s_1 \cos r_1^0; \; y_2' = y_1' + s_1 \sin r_1^0 \\ x_3' &= x_2' + s_2 \cos r_2^0; \; y_3' = y_2' + s_2 \sin r_2^0 \\ &\dots \dots \\ x_n' &= x_4' + s_4 \cos r_4^0; \; y_n' = y_4' + s_4 \sin r_4^0. \end{aligned} \tag{5.64}$$

Bei fehlerfreien Messungen müßten die Punkte P_n und P_n' zusammenfallen. Statt dessen erhält man die Quer- und Längsabweichung Q und L (Abb. 5.42):

$$\begin{aligned} L &\approx s_{1n} - s_{1n}' \\ Q &\approx \frac{\varphi \cdot \pi}{200} \cdot s_{1n} \end{aligned} \tag{5.65}$$

mit

$$s_{1n} = \sqrt{(x_n - x_1)^2 + (y_n - y_1)^2}; \; s'_{1n} = \sqrt{(x'_n)^2 + (y'_n)^2} \tag{5.66}$$

$$\varphi = t_{1n} - t_{1n'} = \text{arc cos} \frac{x_n - x_1}{s_{1n}} - \text{arc cos} \frac{x'_n}{s'_{1n}} \tag{5.67}$$

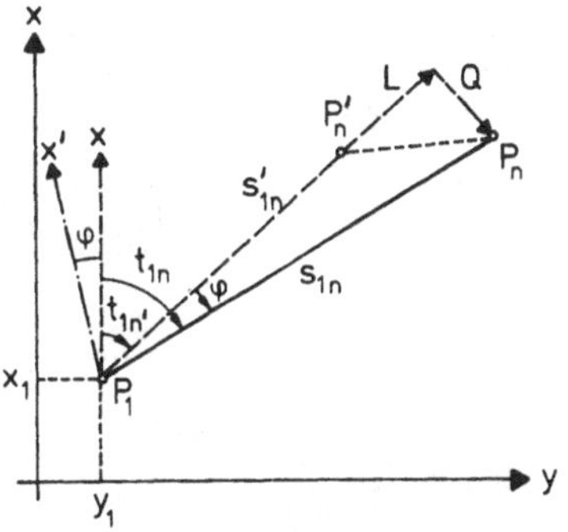

Abb. 5.42. Quer- und Längsabweichung des Polygonzuges

Sind für Q und L vorgegebene Fehlergrenze – vgl. z. B. [5.8.4.2] – eingehalten, so kann man den Zug endgültig berechnen.

3. Schritt: Die Anschlußpunkte P_1, P_n bzw. P_n' kann man als identische Punkte zweier Koordinatensysteme betrachten, die um den Winkel φ gegeneinander gedreht sind, unterschiedliche Maßeinheiten haben und um x_1 und y_1 gegeneinander verschoben sind.

Die Koordinaten der Neupunkte lassen sich folglich durch eine Ähnlichkeitstransformation berechnen. Betrachtet man P_1 als Drehpunkt, so gilt nach [4.2.1] Gl. (4.14a), wenn an Stelle von $x_0 = x_1$, $y_0 = y_1$, $\xi_i = x_i'$, $\eta_i = y_i'$ gesetzt wird:

$$\begin{aligned} x_2 &= x_1 + a x_2' - o y_2'; \quad y_2 = y_1 + o x_2' + a y_2' \\ x_3 &= x_1 + a x_3' - o y_3'; \quad y_3 = y_1 + o x_3' + a y_3' \\ &\dots \quad \dots \qquad\qquad \dots \quad \dots \end{aligned} \tag{5.68}$$

mit

$$o = q \cdot \sin\varphi; \quad a = q\cos\varphi.$$

$$q = \frac{s_{1n}}{s_{1n}'} \text{ und } \varphi \text{ vgl. (5.67).}$$

Zahlenbeispiel: Beiderseits angeschlossener Polygonzug (1. Lösungsweg):

	t [gon]	s [m]	Δy / y [m]	Δx / x [m]	Pkt. Nr.
			35 84 099,32	55 36 105,52	P_0
t_0	14,9730				
			84 292,22	36 910,51	P_1
t_{1n}, s_{1n}	278,5802	1 120,010	− 1 057,21	− 369,77	
			83 235,01	36 540,74	P_n
t_n	129,6971				
$t_n - t_0$	114,7241		35 84 099,32	55 36 105,52	P_{n+1}

	r^0 / β	s	y' / y	x' / x	Pkt. Nr.
t_0	*14,9730*	–	0,000	0,000	
			84 292,22	*36 910,51*	P_1
β_1	41,0195				
r_1^0, s_1	255,9925	234,995	− 181,049	− 149,813	
			84 111,19	36 760,73	2
	228,1020				
	284,0945	242,206	− 415,735	− 209,699	
			83 876,55	36 700,87	3
	162,4195				
	246,5140	248,266	− 581,414	− 394,594	
			83 710,88	36 516,02	4
	250,5375				
	297,0515	269,017	− 850,143	− 407,049	
			83 442,20	36 503,58	5
	214,2430				
r_{n-1}, s_{n-1}	311,2945	210,534	− 1 057,372	− 369,893	
β_n	18,4100	–	*83 235,01*	*36 540,74*	$P_6 = P_n$
{ }*	114,7315				
w_β	− 0,0074		$Q = +0{,}062$	$L = -0{,}194$	Q, L
$t_{1n'}$, s'_{1n}	278,5767	1 120,204			
φ, q	+ 0,0035	0,999 826 8	+ 0,000 055 0	+ 0,999 826 8	o, a

* $\{[\beta] + n \cdot 200 \text{ gon} - a \cdot 400 \text{ gon}\}$

2. Lösungsweg:

1. Schritt: Man berechnet die Winkelabweichung w_β wie in dem ersten Lösungsweg. Falls diese kleiner als eine vorgegebene Fehlergrenze – vgl. z. B. [5.8.4.2] – ist, verteilt man sie zu gleichen Teilen auf die Brechungswinkel $\beta_1 \dots \beta_n$.

2. Schritt: Nun berechnet man vorläufige Koordinatenunterschiede und Koordinatenabweichungen. Vorbereitend orientiert man von Punkt zu Punkt fortschreitend die Richtungen der Polygonseiten, indem man zu dem berechneten Richtungswinkel t_0 die *verbesserten* Brechungswinkel $\left(\beta_i + \frac{w_\beta}{n}\right)$ und 200 gon folgendermaßen hinzuzählt:

$$
\begin{aligned}
r_1^0 &= t_0 + \beta_1 + \frac{w_\beta}{n} + 200\,\text{gon} \\
r_2^0 &= r_1^0 + \beta_2 + \frac{w_\beta}{n} + 200\,\text{gon} \\
&\dots \quad \dots
\end{aligned}
\tag{5.69}
$$

Probe:

$$t_n = r_4^0 + \beta_n + \frac{w_\beta}{n} + 200\,\text{gon}.$$

Mit den orientierten Richtungen r_i^0 und den Strecken s_i rechnet man von Punkt zu Punkt fortschreitend:

$$
\begin{aligned}
\Delta x_1 &= s_1 \cos r_1^0; & \Delta y_1 &= s_1 \sin r_1^0 \\
\Delta x_2 &= s_2 \cos r_2^0; & \Delta y_2 &= s_2 \sin r_2^0 \\
\dots & \dots & \dots & \dots \\
\Delta x_4 &= s_4 \cos r_4^0; & \Delta y_4 &= s_4 \sin r_4^0
\end{aligned}
\tag{5.70}
$$

Dann bildet man die Koordinatenabweichungen

$$w_x = (x_n - x_1) - [s \cdot \cos r^0]; \quad w_y = (y_n - y_1) - [s \cdot \sin r^0] \tag{5.71}$$

und mit diesen die Quer- und Längsabweichung Q, L des Zuges (Abb. 5.43):

$$L = \frac{w_y[s \cdot \sin r^0] + w_x[s \cdot \cos r^0]}{\sqrt{[s \cdot \sin r^0]^2 + [s \cdot \cos r^0]^2}}; \quad Q = \frac{w_y[s \cdot \cos r^0] - w_x[s \cdot \sin r^0]}{\sqrt{[s \cdot \sin r^0]^2 + [s \cdot \cos r^0]^2}} \tag{5.72}$$

Zahlenbeispiel: Berechnung eines beiderseits angeschlossenen Polygonzugs (2. Lösungsweg)

Pkt.	β r^0 [gon]	s [m]	y $\Delta y = s \sin r^0$ [m]	x $\Delta x = s \cos r^0$ [m]
1	2	3	4	5
P_0			0,00	500,00
	143,8018 −10			
P_1	*71,1530*		179,20	352,69
	14,9538 −11	148,11	−3 + 34,47	−1 + 144,04
P_2	*218,0123*		213,64	496,72
	32,9650 −10	*135,25*	−2 + 66,95	+ 117,52
P_3	*211,5327*		280,57	614,24
	44,4967 −11	*121,17*	−2 + 77,96	+ 92,76
P_4	*212,3319*		358,51	707,00
	56,8275 −10	*138,28*	−2 + 107,68	−0 + 86,75
P_5	*73,1133*		466,17	793,75
	329,9398			
P_6			223,81	916,95
Ist =	186,1432		+ 287,06	+ 441,07
Soll =	186,1380		+ 286,97	+ 441,06
w_β =	− 0,0052		− 0,09 $= w_y$	− 0,01 $= w_x$

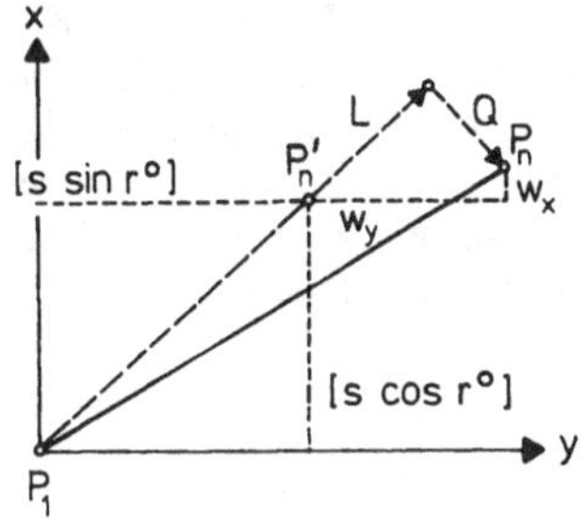

Abb. 5.43. Längs- und Querabweichung

Sind für Q und L vorgegebene Fehlergrenzen – vgl. z.B. [5.8.4.2] – eingehalten, so verteilt man die Koordinatenabweichungen proportional der s_i auf die Δx_i und Δy_i.

3. *Schritt:* Ausgehend von x_1 und y_1 werden schließlich durch schrittweises Addieren der verbesserten Koordinatenunterschiede die Koordinaten der Polygonpunkte erhalten, wobei nach Hinzählen der letzten Koordinatenunterschiede die Werte x_n und y_n herauskommen müssen.

$$
\begin{aligned}
x_2 &= x_1 + s_1 \cdot \cos r_1^0 + \frac{w_x}{[s]} \cdot s_1; \quad & y_2 &= y_1 + s_1 \cdot \sin r_1^0 + \frac{w_y}{[s]} \cdot s_1 \\
x_3 &= x_2 + s_2 \cdot \cos r_2^0 + \frac{w_x}{[s]} \cdot s_2; \quad & y_3 &= y_2 + s_2 \cdot \sin r_2^0 + \frac{w_y}{[s]} \cdot s_2 \\
&\dots \quad \dots & &\dots \quad \dots
\end{aligned}
\tag{5.73}
$$

5.8.2.2 *Berechnung eines Ringpolygons*

Das Ringpolygon 1 2 3 4 5 6 (Abb. 5.44), in dem alle Seiten und Winkel gemessen sind, habe keinerlei Anschlüsse an ein festes Koordinatensystem. Man führt daher ein örtliches System ein, in dem man etwa als Abszissenachse die Polygonseite 1-2 und als Koordinatenanfangspunkt den Punkt 1 wählt. Doch setze man, um negative Abszissen zu vermeiden, $x_1' = 500$ m.

Wenn man das Ringpolygon mit Maßstab und Transporteur aufträgt, erkennt man, daß zur eindeutigen Bestimmung der Figur auf die Beobachtung der Winkel auf 6 und 1, sowie auf die Messung der Seite 6–1 hätte verzichtet werden können. Als Folge der 3 überschüssigen Messungen und der Messungsungenauigkeiten werden also im Zuge der Rechnung – wie bei dem beiderseits angeschlossenen Zug – 3 Abweichungen auftreten: eine Winkelabweichung und zwei Koordinatenabweichungen.

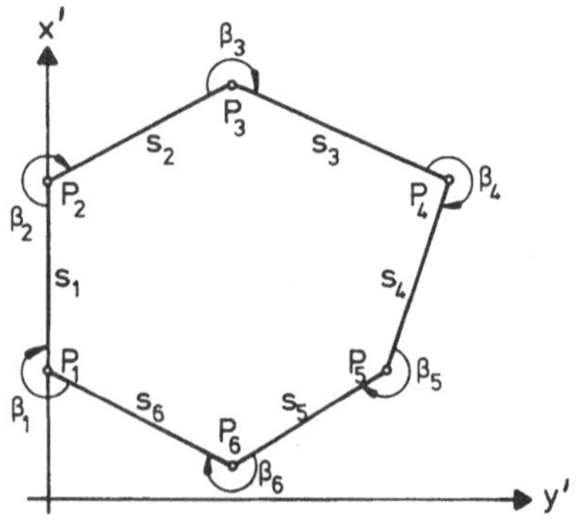

Abb. 5.44. Ringpolygon

Die Berechnungen folgen dem 2. Lösungsweg in [5.8.2.1]. Da $t_0 = t_n = r_1^0 = 0$ lassen sich die Formeln vereinfacht darstellen.

1. Schritt:

$$w_\beta = (n + 2) \cdot 200 \text{ gon} - [\beta] - a \cdot 400 \text{ gon}.$$

Fehlergrenzen s. z.B. [5.8.4.2].

2. Schritt:

$$r_i^0 = r_{i-1}^0 + \beta_i + \frac{w_\beta}{n} + 200 \text{ gon},$$

$$\Delta x' = s_i \cos r_i^0; \quad \Delta y_i' = s_i \sin r_i^0,$$

$$w_{x'} = 0 - [s_i \cos r_i^0]; \quad w_{y'} = 0 - [s_i \sin r_i^0],$$

$$w_s = \sqrt{w_{x'}^2 + w_{y'}^2}$$

Zahlenbeispiel: Berechnung eines Ringpolygons

Pkt.	β r^0	s	y' $\Delta y' = s \sin r^0$	x' $\Delta x' = s \cos r^0$
	[gon]	[m]	[m]	[m]
1	2	3	4	5
1			0,00	500,00
			+4	−3
	0,0000	*294,13*	0,00	+ 294,13
	+4			
2	*268,0269*		0,04	794,10
			+4	−3
	68,0273	*255,25*	+ 223,73	+ 122,88
	+4			
3	*261,9111*		223,81	916,95
			+4	−3
	129,9388	*271,84*	+ 242,32	− 123,17
	+4			
4	*278,1518*		466,17	793,75
			+5	−4
	208,0910	*308,14*	− 39,07	− 305,64
	+4			
5	*260,1032*		427,15	488,07
			+4	−3
	268,1946	*282,51*	− 247,99	− 135,35
	+4			
6	*275,6066*		179,20	352,69
			+4	−3
	343,8016	*232,03*	− 179,24	+ 147,34
	+4			
1	*256,1980*		0,00	500,00
		Ist =	− 0,25	+ 0,19
2	0,0000	Soll =	0,00	0,00
Ist =	399,9976	w_s = 0,31	$w_{y'}$ = 0,25	$w_{x'}$ = −0,19
w_β =	+ 0,0024			

Wenn $w_{x'}$, $w_{y'}$ und w_s bestimmte vorgegebene Fehlergrenzen nicht überschreiten, berechne man die endgültigen Koordinaten.

3. Schritt:

$$x_i' = x_{i-1}' + s_{i-1} \cos r_{i-1}^0 + \frac{w_{x'}}{[s]} \cdot s_{i-1};$$

$$y_i' = y_{i-1}' + s_{i-1} \sin r_{i-1}^0 + \frac{w_{y'}}{[s]} \cdot s_{i-1}.$$

5.8.2.3 Einseitig angeschlossene und freie Polygonzüge

Bei einem *einseitig angeschlossenen Polygonzug* (Abb. 5.38 Zug 5, 12, 13) wird am Anfangspunkt ein Richtungsanschluß beobachtet. Mit diesem kann der einseitig angeschlossene Zug ebenso gerechnet werden wie der beiderseits angeschlossene Zug; nur treten keine Abschlußfehler auf. Damit entfällt aber auch die durch die Abschlußfehler bewirkte Verprobung von Messung und Rechnung. Man wende also bei der Messung, besonders bei der Zentrierung, und bei der Rechnung doppelte Sorgfalt an [5.8.4.1].

Bei einem *freien Polygonzug* wählt man eine passende Polygonseite als Abszissenachse und rechnet im übrigen den Zug ebenso wie einen einseitig angeschlossenen Zug.

Der *Einrechnungszug* ist ein Polygonzug, bei dem zwar beiderseits Koordinatenanschlüsse vorliegen, jedoch keine Anschlußwinkel beobachtet sind. In solchen Fällen wird der Zug zunächst als freier Zug berechnet und dann durch Koordinatentransformation über die beiden Anschlußpunkte in das für die Anschlußpunkte maßgebliche System umgeformt (vgl. 1. Lösungsweg in [5.8.2]).

5.8.3 Auffinden grober Beobachtungsfehler

In geschlossenen Polygonen oder beiderseits angeschlossenen Polygonzügen werden grobe Winkelfehler sich im Winkelabschlußfehler, grobe Streckenfehler in den Koordinatenabschlußfehlern zeigen. In beiden Fällen ist es oftmals möglich, den Ort der Fehler durch Rechnung zu finden.

Um einen *groben Winkelfehler* zu finden, hat man den Zug, ohne den Abschlußfehler zu verteilen, zuerst vorwärts von A aus, dann rückwärts von E aus zu berechnen oder in einer großmaßstäbigen Karte mit Maßstab und Transporteur aufzutragen. Der Punkt, in dem der vorwärts- und der rückwärtsgerechnete Zug einander schneiden, ist, falls nur *ein* Winkel unrichtig ist, der Ort, auf dem der Winkel nachzumessen ist.

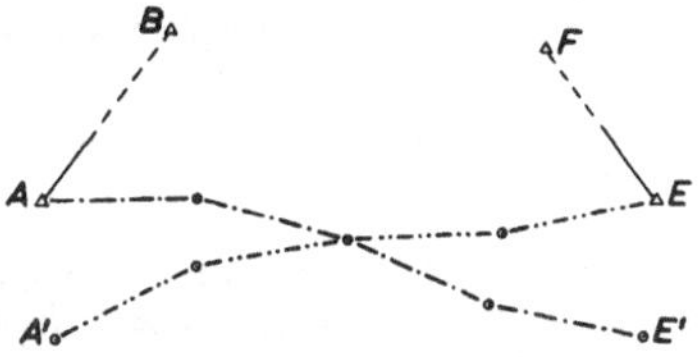

Abb. 5.45. Grober Winkelfehler

Wenn ein *grober Streckenfehler* unterlaufen ist, wird der Zugteil, der auf die Fehlerstelle folgt, in der Richtung der fehlerhaften Seite um den Fehlerbetrag verschoben, was einen Streckenabschlußfehler $w_s = \sqrt{w_x^2 + w_y^2} = L^2 + Q^2$ entsprechender Größe zur Folge hat. Man untersucht dann zunächst, ob w_s nahezu gleich einem runden Maß, etwa 5 m bzw. 20 m ist. Alsdann prüft man, ob der Richtungswinkel des Abschlußfehlers ungefähr der orientierten Richtung einer Polygonseite entspricht. Ist das der Fall, so wird der Fehler bei der Messung dieser Seite unterlaufen sein und damit durch Nachmessung dieser Seite beseitigt werden können. Das Kriterium versagt, wenn mehrere Strecken nahezu gleiche orientierte Richtungen aufweisen.

5.8.4 Die Genauigkeit der Polygonierung

Die Untersuchungen beziehen sich in der Hauptsache auf beiderseits angeschlossene Polygonzüge.

5.8.4.1 Die Fehlertheorie des gestreckten Zuges

Die Auswirkungen der Messungsungenauigkeiten sind beim Polygonzug schwer zu verfolgen, weil zahlreichen verschieden gearteten Messungselementen nur 3 überschüssige Beobachtungen gegenüberstehen. Zweckmäßig faßt man zunächst nur gestreckte Züge ins Auge, weil bei ihnen die Fehler der Längenmessung sich hauptsächlich in der Längsrichtung des Zuges, die der Winkelmessung in der Querrichtung bemerkbar machen (vgl. 2. Lösungsweg in [5.8.2.1]).

Als Grundlage für diese Untersuchung berechnet man nach (5.72) die Längs- und Querabweichung (Abb. 5.43). Oder man ermittelt sie graphisch. Dazu trägt man in einer Karte (etwa 1:5000) von P_1 aus $[s \sin r^0]$ und $[s \cos r^0]$ auf und erhält damit P_n. Von P_h aus werden w_x und w_y in 1:5 oder 1:10 abgetragen. Den so gefundenen Punkt P_n projiziert man auf die Gerade $P_1 P_n$ oder ihre Verlängerung und kann dann Q und L in dem vergrößerten Maßstab abgreifen.

In der *Längsabweichung* kommen in erster Linie die regelmäßigen und die unregelmäßigen Fehleranteile der Streckenmessung zum Ausdruck. Die regelmäßigen Fehleranteile sind den Längen der Seiten proportional, und zweifelsohne müssen die in den Abschlußfehlern enthaltenen regelmäßigen Fehleranteile proportional verteilt werden. Die unregelmäßigen Fehleranteile wachsen nach Band I [1.4.4.1] zwar mit der Wurzel aus der Strecke; falls aber, wie hier, die Endpunkte festliegen, müssen, wie eine strenge Ausgleichung ergibt, auch die unregelmäßigen Fehleranteile proportional den Strecken verteilt werden. Also gelten für die Verteilung der regelmäßigen und unregelmäßigen Fehleranteile der Längenmessung dieselben Grundsätze, womit sich eine Trennung dieser Anteile erübrigt.

Mithin entspricht die in [5.8.2.1] 3. Schritt vorgenommene Verteilung der Koordinatenabweichungen w_x und w_y proportional den Längen der Polygonseiten, sofern alle Polygonseiten mit denselben Meßwerkzeugen gemessen sind, der Theorie der Ausgleichungsrechnung.

Die *Querabweichung* ist bei gestreckten Zügen vor allem auf die Ungenauigkeiten bei den Winkelbeobachtungen zurückzuführen. Um dies verfolgen zu können, betrachte man zunächst einen gestreckten Polygonzug, der nur einseitig angeschlossen ist. Ein fehlerhafter Winkel verschwenkt in diesem Fall den gesamten darauffolgenden Restteil des Zuges. Infolgedessen sind Beobachtungsungenauigkeiten im Anfang eines Zuges besonders schädlich, während sie an seinem Ende nur noch wenig Einfluß haben.

Bei beiderseitigem Anschluß – also im Regelfall – wird der Winkelabschlußfehler vorweg gleichmäßig auf die beobachteten Winkel verteilt. Der Zug wird also zunächst so gerechnet, als wenn wohl ein Richtungsabschluß, aber kein Koordinatenabschluß vorhanden wäre. Aufgrund fehlertheoretischer Untersuchungen hat man dann am Ende eines gestreckten Zuges mit gleich langen Seiten eine *mittlere* Querabweichung m_q zu erwarten, die, wenn $\sigma(\beta)$ die Standardabweichung und n die Anzahl der Brechungswinkel ist, sich errechnet aus

$$m_q = [s]\,\sigma(\beta)\,\frac{\pi}{200}\,\sqrt{\frac{n(n+1)}{12(n-1)}}\,. \tag{5.74}$$

Dieser Ausdruck liefert die theoretische Grundlage zur Festsetzung einer Fehlergrenze für die Querabweichung [5.8.4.2].

Durch die Verteilung der Koordinatenabweichungen gemäß 5.8.2.1 wird neben der Längsabweichung auch die Querabweichung zum Verschwinden gebracht. Die dann in der Mitte des Zuges noch verbleibende mittlere Lageunsicherheit quer zur Zugrichtung beträgt überschlägig

$$m_{qm} = [s]\,\frac{\sigma(\beta)}{200/\pi}\,\sqrt{\frac{n}{192}}\,. \tag{5.75}$$

Das ist in Zahlen rund ein Viertel des aus (5.74) folgenden Betrages. Das in 5.8.2.1 gelehrte einfache Verfahren der Fehlerverteilung befindet sich also auch im Hinblick auf die Querabweichung in hinreichender Übereinstimmung mit der Fehlertheorie. Die Ergebnisse werden allerdings um so unsicherer, je mehr der Zug von der Idealform des gestreckten Zuges mit gleich langen Seiten abweicht und je größer die Abschlußfehler sind.

5.8.4.2 Die größten zulässigen Abweichungen (amtliche Fehlergrenzen)

Sie sollen dem Stand der Technik und den Bedürfnissen nach Rechtssicherheit entsprechen und müssen daher von Zeit zu Zeit neu festgestellt werden. Bei ihrer Konzeption werden selbstverständlich die mannigfachen praktischen Erfahrungen der Vermessungsdienststellen berücksichtigt. In der großen Linie aber entsprechen die Fehlergrenzen, wie es in Bd. I [1.4.9] theoretisch begründet wurde, dem dreifachen Betrag der zu erwartenden Standardabweichung; sie sollten daher im allgemeinen nur zu einem Drittel in Anspruch genommen werden.

Die Arbeitsgemeinschaft der Vermessungsverwaltungen der Länder der Bundesrepublik Deutschland (AdV) hat – als Rahmenordnung für die Bundesländer – am 8. und 9. Juni 1970 für Polygonzüge folgende Fehlergrenzen beschlossen:

I. Allgemeine Festsetzungen

a) Die früher übliche Unterscheidung zwischen günstigen, mittleren und ungünstigen äußeren Verhältnissen bei der Streckenmessung, sowie die Unterteilung in Haupt- und Nebenpolygonzüge wird aufgegeben.

b) Für bestimmte Gebiete (z. B. Großstädte) können die Fehlergrenzen auf $^2/_3$ oder $^1/_2$ der nachfolgenden Grenzwerte verengt werden.

c) In begründeten Einzelfällen können Abweichungen (nach oben) bis zum 1,5fachen Betrag zugelassen werden.

II. Spezielle Fehlergrenzformeln für Polygonzüge bis zu 2 km Länge

a) Fehlergrenzformel FW für die Winkelabweichung

$$FW \text{ in cgon} = 1{,}0 + 150/[s] \cdot (n-1)\sqrt{n}$$

mit $[s]$ = Summe der Polygonseitenlängen und n = Anzahl der Brechpunkte einschließlich Anfang- und Endpunkt. Im 1. Glied soll 1 cgon die untere und im 2. Glied 150 cgon die obere Grenze sein. Diese Abweichungen sollen zugelassen werden, um unterschiedliche Verhältnisse in den einzelnen Ländern berücksichtigen zu können.

b) Fehlergrenzformel FL für die Längsabweichung:

$$FL \text{ in m} = 0{,}06 + 0{,}00015\, s_{1n} + 0{,}004\sqrt{s_{1n}}$$

mit s_{1n} = Strecke zwischen Anfangs- und Endpunkt in m.

c) Fehlergrenzformel FQ für die lineare Querabweichung

$$FQ \text{ in m} = 0{,}06 + 0{,}00007\, s_{1n} + 0{,}007\, n\sqrt{n}\,.$$

5.8.5 Sonderfälle der Polygonierung

5.8.5.1 Anschluß an unzugängliche Punkte

Der Anfangspunkt P_1 eines Polygonzuges sei unzugänglich, so daß der Anschlußwinkel $P_0P_12 = \beta_1$ und die Polygonseite s_1 nicht gemessen werden können. Man hilft sich, indem man die Koordinaten des Punktes P_1 auf den Polygonpunkt 2 überträgt.

Diese Aufgabe wird, wenn der unzugängliche Punkt P_1 ein Hochpunkt ist, als *Herablegen* bezeichnet. Zur Lösung der Aufgabe wählt man einen Hilfspunkt H, mißt die Hilfsbasis b, beobachtet

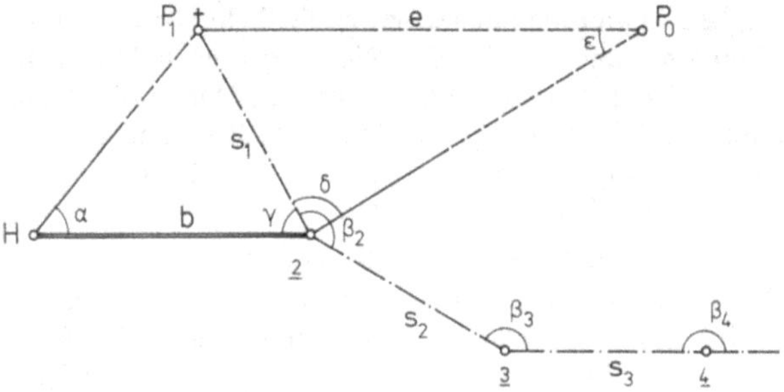

Abb. 5.46. Unzugänglicher Anschlußpunkt

auf H den Winkel α und auf Punkt 2 die Richtungen nach H, P_1, P_0 und 3, aus denen man die Winkel β_2, γ und δ ableitet. Mit diesen Messungen errechnet man zunächst die Strecke s_1

$$s_1 = b \frac{\sin \alpha}{\sin (\alpha + \gamma)} . \tag{5.76}$$

Dann bestimmt man, nachdem man nach 4.1.2 aus den Koordinaten von P_1 und P_0 die Strecke e und den Richtungswinkel $t_{01} - t_0$ abgeleitet hat, den Winkel ε bei P_0 aus

$$\sin \varepsilon = \frac{s_1}{e} \sin \delta \tag{5.77}$$

und erhält die orientierte Richtung r_1^0 aus

$$r_1^0 = t_0 - (\delta + \varepsilon) + 200 \text{ gon}. \tag{5.78}$$

Als Probe kann man die Koordinaten des Punktes 2 aus einem zweiten Hilfsdreieck ermitteln.

5.8.5.2 Ausschalten kurzer Seiten

Kurze Seiten beeinflussen die Winkelmessung sehr ungünstig, weil der Einfluß der gefährlichen Zentrierfehler mit abnehmender Seitenlänge wächst. Um im Bild 5.47 die kurze Seite 2–3 auszuschalten, beobachtet man daher, wenn die Sicht vorhanden ist, auf den Punkten 2 und 5 außer den Richtungen nach den Nachbarpunkten auch die Richtungen nach 5 bzw. 2. Man ermittelt aus dem Zugteil 2 3 4 5 die Länge der Hilfsseite 2–5 und rechnet dann zuerst den Zug 1 2 5 6 . . . durch. An diese Seite wird der Zug 2 3 4 5 nachträglich angeschlossen.

Ein weiteres Hilfsmittel zum Vermeiden von Zugverschwenkungen ist die *Zwischenorientierung*. Dazu ist in Abb. 5.47 in 2 und 3 ein nach Koordinaten bekannter weit entfernt liegender Festpunkt *F* angezielt. Man rechnet den Zug 1 2 3 4 5 6 . . . zunächst wie üblich durch. Daraus gewinnt man vorläufige Koordinaten für 2 und 3 und berechnet damit nach [4.1.2] die praktisch fehlerfreien Richtungswinkel $t_{2,F}$ und $t_{3,F}$. Hiervon ausgehend erhält man mit Hilfe der Winkel *F* 2 1 und *F* 3 4 orientierte Richtungen beider anschließenden Seiten und stimmt bei einer neuen Durchrechnung des Zuges die auf allen übrigen Punkten beobachteten Brechungswinkel auf diese Richtungswinkel ab. Dabei erhalten die orientierten Richtungen der beiden anschließenden Seiten zweite Verbesserungen, die in der Regel halb so groß sind wie die der anschließenden Brechungswinkel.

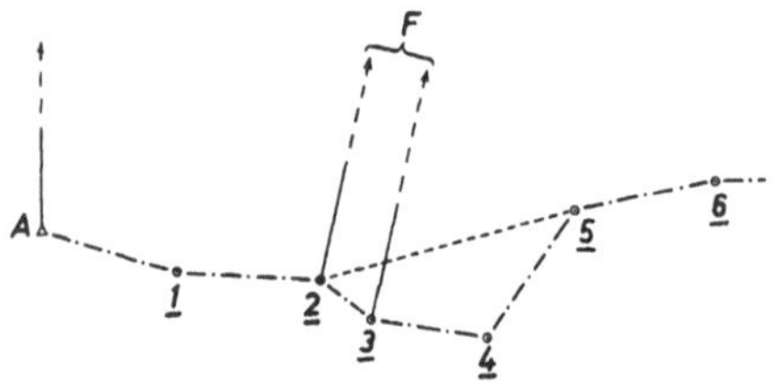

Abb. 5.4.7. Ausschalten kurzer Seiten

Werden die Winkel mit Zwangszentrierung beobachtet, so bringt man die obigen Hilfsmittel nur in ganz extremen Fällen zur Anwendung.

5.9 Punktbestimmung in Netzen

5.9.1 Gestaltung von Netzen

Bei der netzweisen Punktbestimmung werden die Punkte eines Punktfeldes durch Richtungsmessungen, Distanzmessungen oder kombinierte Verfahren miteinander verbunden. Für die Anlage eines Netzes können unterschiedliche Zielsetzungen bestehen: im Zusammenhang mit Ingenieurprojekten kann z. B. eine bestimmte Mindestgenauigkeit vorgegeben sein; in der Regel sollen die Arbeiten aber auch bestimmte finanzielle Grenzen nicht überschreiten. Für eine optimale Gestaltung der Netze bestehen dabei in der Regel zwei Forderungen: die *Genauigkeitsmaximierung* und die *Aufwandsminimierung*.

Von (*Grafarend* 1974) wurden *verschiedene Optimierungsansätze* geordnet, indem er ein Design 0.–3. Ordnung definierte. Das *Design* 0. O. behandelt die *Festlegung einer Netzgeometrie in einem Koordinatensystem*, z. B. durch Festhalten einer ausreichenden Anzahl von Punktkoordinaten. Unter dem *Design* 1. O. versteht man die *Lageoptimierung*. Durch sie wird die optimale Lage der Punkte bei vorgegebenem Beobachtungsplan und zu erwartender Meßgenauigkeit festgelegt. Das *Design* 2. O. umfaßt die *Gewichtsoptimierung*. In dem Fall sind die Punktlagen fest. Die Wiederholungszahlen der Beobachtungen sind veränderlich. Als *Design* 3. O. bezeichnet man die *Verbesserung bereits vorhandener Netze durch Hinzufügen zusätzlicher Punkte und Beobachtungen* und die Bestimmung ihrer optimalen Gewichte. Auf eine genauere Darstellung der verschiedenen Optimierungsansätze kann im Rahmen dieses Buches nicht eingegangen werden. Es sei aber auf Literatur verwiesen wie (*Grafarend* u. a. 1979, *Schmitt* 1979).

Für die Gestaltung von Netzen seien hier nur einige allgemeingültige Grundforderungen genannt:

a) Eine *homogene und möglichst hohe Punktgenauigkeit* erreicht man, wenn die Messungen gleichmäßig über den Horizont verteilt werden und ein geeignetes Meßverfahren gewählt wird [5.2]. Für großräumige Aufnahmen wähle man das Verfahren der Trilateration und für Lagefestpunktfelder mit geringem Punktabstand kombinierte Richtungs- und Streckenmeßverfahren.

b) Um das *Prinzip der Nachbarschaft* zu gewährleisten sind bei Distanz- und Richtungsmessungen die Nachbarpunkte miteinander zu verbinden.
c) Eine höhere *Zuverlässigkeit* ist gewährleistet, wenn überschüssige Beobachtungen vorliegen und übergreifende Richtungs- und Streckenmessungen auch über die Nachbarpunkte hinweg ausgeführt werden. Bei der Zuverlässigkeit unterscheidet man:
   - innere Zuverlässigkeit; Kontrollierbarkeit der Meßwerte auf grobe Fehler,
   - äußere Zuverlässigkeit; Auswirkung grober Fehler auf das Auswerteergebnis.

Auf die strenge Ausgleichung von Netzen wird im Rahmen dieses Buches nicht eingegangen. Es sei aber eine Auswahl der umfangreichen zur Verfügung stehenden Literatur gegeben (*Gotthardt* 1978, *Höpke* 1980, *Koch* 1980, *Pelzer* (Hrsg.) 1980, *Pelzer* (Hrsg.) 1985, *Wolf* 1975). Nachfolgend soll jedoch ein für viele Zwecke brauchbares Näherungsverfahren beschrieben werden.

5.9.2 Näherungsverfahren für die Berechnung kleinerer durch Richtungs- und Distanzmessungen bestimmter Netze

Strenge Netzausgleichungen lassen sich nur weitgehend geschlossen lösen. Schon bei einer geringen Anzahl von Punkten benötigt man aufwendigere Rechner. Kleine Rechner – Taschenrechner – kann man dagegen einsetzen, wenn zwischen den Punkten je Richtungen und Strecken gemessen wurden und man sich mit einem Näherungsverfahren zufrieden gibt.

Tachymeter [2.7.1] [3] lassen sich besonders wirtschaftlich einsetzen, wenn man den Standpunkt frei wählen kann. In [5.7] ist bereits beschrieben, wie man die Koordinaten eines Neupunktes bestimmen kann, wenn dieser von einem frei gewählten Standpunkt aus polar angemessen wurde. Nachfolgend wird nun gezeigt, wie sich ein Tachymeternetz näherungsweise durch *verkettete Helmerttransformationen* berechnen läßt, wenn von mehreren Standpunkten aus Richtungen und Distanzen zu weiteren Punkten gemessen sind. Die einzelnen örtlichen polaren Systeme müssen

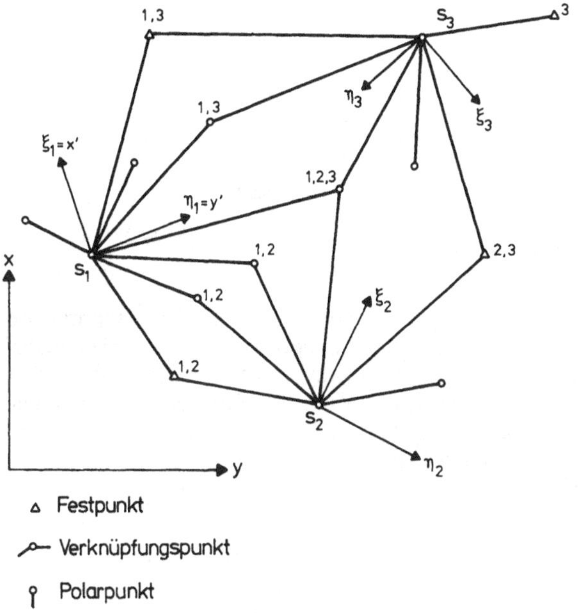

Abb. 5.48. Verkettete Helmerttransformation: Transformation mehrerer Standpunktsysteme (ξ, η) auf ein Einzelsystem (x', y') und anschließende Einpassung auf das xy-Festpunktfeld

über Verknüpfungspunkte miteinander verbunden sein (Abb. 5.48). Die einzelnen Aufnahmeeinheiten sind zunächst in Form von Polarkoordinaten in bezug auf den Standpunkt und eine willkürliche Nullrichtung festgelegt. Nicht alle polaren Systeme enthalten Festpunkte, da normalerweise nur wenige am Rande oder innerhalb des Aufnahmegebietes vorhanden sind.

Das Näherungsverfahren wurde erstmalig von *Ackermann* 1971 vorgestellt. Es umfaßt drei Schritte:

(1) Die Polarkoordinaten (r_i, s_i) der einzelnen örtlichen Systeme sind zunächst in rechtwinklige Koordinaten (ξ, η) umzurechnen (Abb. 5.49).

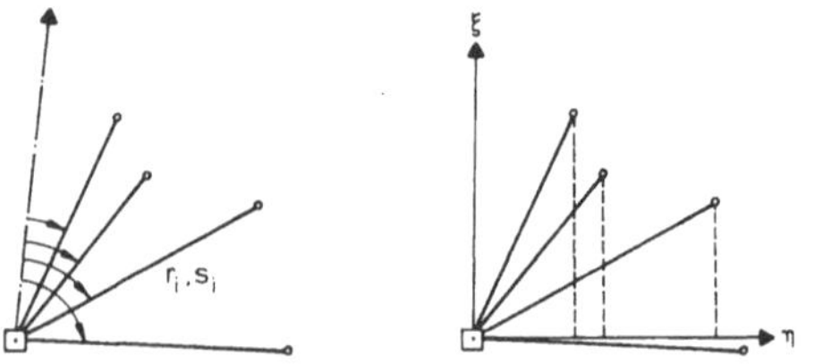

Abb. 5.49. Örtliches System in Polarkoordinaten (r_i, s_i) und in rechtwinkligen Koordinaten (ξ, η)

(2) Die einzelnen Elementarsysteme sind dann schrittweise durch Koordinatentransformationen [4.2] zu einem einheitlichen $x'y'$-Koordinatensystem zusammenzuschließen. Das gemeinsame örtliche $x'y'$-Koordinatensystem kann man beliebig wählen. Zweckmäßig hält man das Koordinatensystem eines Standpunktes fest.

(3) Abschließend sind nach [4.2] die $x'y'$-Koordinaten in das xy-Festpunktfeld zu transformieren.

Die Genauigkeit des Verfahrens ist wesentlich durch die Lage und Anzahl der Verknüpfungspunkte bestimmt. Für praktische Anwendungen merke man:

- Der Abstand der Verknüpfungspunkte ist möglichst groß zu wählen.
- Den Schwerpunkt der Verknüpfungspunkte lege man in die Mitte des gemeinsamen Randes zweier Aufnahmeeinheiten.
- Zusätzliche Verknüpfungspunkte in Schwerpunktnähe bringen keine wesentliche Verbesserung. Günstiger ist es, die Anzahl der äußeren Verknüpfungspunkte zu erhöhen.
- Gleichwertige Ergebnisse können sowohl mit Längs-, Quer- oder mit Kombinationen aus Längs- und Querverknüpfungen erzielt werden.

Ein abgewandeltes Verfahren ist die simultane Bestimmung verketteter Helmerttransformationen. Die Transformationen des 2. und 3. Schritts werden dann in einem Rechengang ausgeführt. Dieses Verfahren ist automationsfreundlicher, läßt sich jedoch mit kleineren Rechnern nicht mehr ausführen. Das zuerst beschriebene Verfahren hat den Vorteil, daß die Berechnungen der Transformationsparameter und die Transformationen in getrennten Rechengängen ausgeführt werden. Dabei ist jeweils nur ein geringer Speicherbedarf erforderlich. Die simultane Ausgleichung ist durch eine größere Anzahl von Unbekannten gekennzeichnet: 4 Transformationsparameter pro Standpunktsystem und zwei Koordinaten pro Neupunkt. Zur Ausgleichung tragen allerdings nur die Neupunkte bei, die gleichzeitig Verknüpfungspunkte sind. Polar angehängte Einzelpunkte laufen mit, ohne das System der Normalgleichungen zu belasten.

Bei den zuvor beschriebenen Lösungen handelt es sich um Näherungsverfahren, da alle Größen mit dem Gewicht 1 eingeführt werden und angenommen wird, daß sie unkorreliert sind. Zahlreiche Untersuchungen haben gezeigt, daß die Näherungsverfahren für viele Anwendungszwecke – z. B. Katasterfortführungsvermessungen – eine ausreichende Genauigkeit liefern. (*Ackermann* 1973, *Krack* 1977, *Beuchle* 1981). Ist für höhere Anforderungen ein strenges Ausgleichungsverfahren erforderlich (*Gründig* 1981), so bieten die zuvor beschriebenen Verfahren geeignete Lösungswege für die Berechnung der Näherungskoordinaten.

6. Punktbestimmung durch Satellitenverfahren

6.1 Bahnen künstlicher Erdsatelliten

Der Astronom *Johannes Kepler* entdeckte zu Beginn des 17. Jahrhunderts die nach ihm benannten Gesetze über die Planetenbewegung um die Sonne (Abb. 6.1):

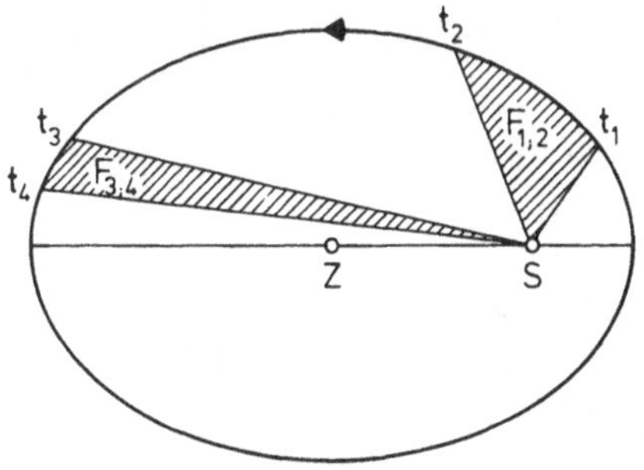

Abb. 6.1. Bahn eines Planeten um die Sonne S; t: Zeiten, F: Flächen

I. Planetenbahnen sind Ellipsen mit der Sonne in einem Brennpunkt
II. Der Radiusvektor (Sonne – Planet) überstreicht in gleichen Zeitspannen gleiche Flächen; d.h. wenn $t_2 - t_1 = t_4 - t_3$, dann $F_{1;2} = F_{3;4}$
III. Die Quadrate der Umlaufzeiten verhalten sich wie die dritten Potenzen der großen Bahnhalbachsen.

Nimmt man zunächst vereinfachend an, daß die Erde eine homogene Kugel ist, so gelten die *Keplerschen Gesetze* analog für ungestörte Bahnen künstlicher Erdsatelliten um die Erde als Gravitationszentrum.

Die Behandlung des Zweikörperproblems im Rahmen der Himmelsmechanik führt zu der Bewegungsgleichung:

$$\ddot{\boldsymbol{\varrho}} = -\frac{GM}{r^3}\boldsymbol{\varrho} \tag{6.1}$$

mit
M: Erdmasse,
G: Gravitationskonstante
$\boldsymbol{\varrho}$: Vektor zwischen den Zentren der Masse der Erde und des Satelliten.

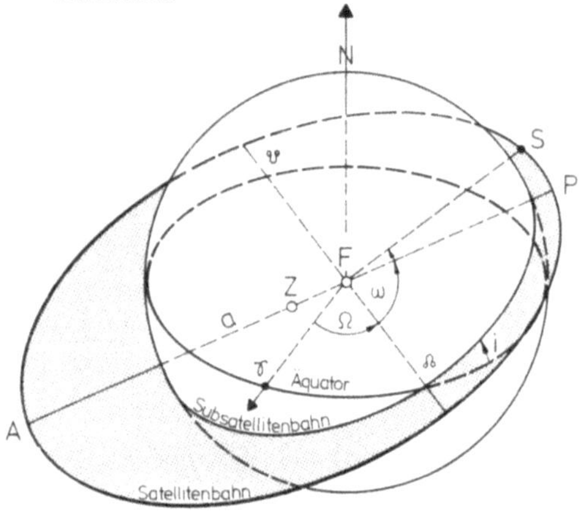

Abb. 6.2 Darstellung einer Satellitenbahn

Gleichung (6.1) ist eine vektorielle Differentialgleichung 2. Ordn. mit 6 Integrationskonstanten. Die Bewegung eines Himmelskörpers in bezug auf seinen Zentralkörper hat folglich sechs Freiheitsgrade und läßt sich daher durch *sechs Bahnparameter* festlegen.

Die Bahnparameter stellt man in einem äquatorialen Koordinatensystem dar (Abb. 6.2). In der Abbildung bedeuten:

♈ Frühlingspunkt: Richtung der Schnittlinie von Äquatorebene und Erdbahnebene.
☊☋ Knotenlinie: Schnittlinie von Bahnebene und Äquatorebene.
☊ Aufsteigender Knoten: Bahnpunkt, in dem der Satellit den Äquator nach Norden überquert.
☋ Absteigender Knoten: Bahnpunkt, in dem der Satellit den Äquator nach Süden überquert.
P Perigäum: erdnächster Punkt der Bahn.
A Apogäum: erdfernster Punkt der Bahn.

Der Erdmittelpunkt (Brennpunkt der Bahnellipse) ist mit *F*, der Ellipsenmittelpunkt mit *Z* und der Satellitenort mit *S* bezeichnet.

In dem zuvor beschriebenen *äquatorialen Koordinatensystem* ist der Ort (bzw. die Bahn) eines Satelliten durch folgende sechs Bahnparameter festgelegt:
a, b große/kleine Halbachsen der Bahnellipse.
e numerische Exzentrizität; $e^2 = (a^2 - b^2)/a^2$.
i Neigung der Bahnebene zum Äquator.
Ω Rektaszension* des aufsteigenden Knotens
ω Argument des Perigäums.
ν wahre Anomalie**.

---

* Rektaszension α und Deklination δ: geozentrische Richtungskoordination von Himmelskörpern. Grundkreis ist der Äquator, Bezugsrichtung für α (von 0° bis 360° gezählt) ist der Frühlingspunkt, δ wird vom Äquator nach den Polen von 0° bis 90° bzw −90° gezählt.

** ν ist nicht als geschlossene Funktion der Zeit darstellbar. Anstelle der wahren Anomalie wird oft die Durchgangszeit T des Satelliten durch das Perigäum P oder die mittlere Anomalie $M = 360° (t - T)/U$ verwendet. Dabei bedeuten t: Zeit, U: Umlaufzeit.

Abweichungen von der Form der Kugel, Masseninhomogenitäten und äußere auf den Satelliten einwirkende Kräfte rufen *Bahnstörungen* hervor, Die „Keplerellipsen“ gehen in nicht geschlossene ellipsenähnliche Raumkurven über. Durch Orts- und Geschwindigkeitsvektoren werden in jedem Bahnpunkt sogenannte instantane oder oskulierende Ellipsen definiert. Die wirkliche Satellitenbahn ist die einhüllende der oskulierenden Bahnen. Die Parameter sind folglich zeitabhängig und werden für praktische Anwendungen durch Reihenentwicklungen angegeben.

Den größten Störanteil ruft die ellipsoidartige Form der Erde (Abplattung an den Polen, Äquatorwulst) hervor. Die Formabweichungen erzeugen relativ große Änderungen von $\Delta\Omega$ und $\Delta\omega$, während die Parameter a, e und i verhältnismäßig stabil sind. Näherungsweise gilt:

$$\frac{\Delta\Omega}{\text{Tag}} = \frac{-9{,}96^\circ}{\left(\frac{a}{R}\right)^{7/2}(1-e^2)^2} \cos i \tag{6.2}$$

$$\frac{\Delta\omega}{\text{Tag}} = \frac{4{,}98^\circ}{\left(\frac{a}{R}\right)^{7/2}(1-e^2)^2} (5\cos^2 i - 1) \tag{6.3}$$

mit $R = 6378{,}14$ km Äquatorhalbmesser.

Bei der Positionsbestimmung erhält die Beobachtungsstation in der Regel Informationen über die Bahn, *Ephemeriden.* Dies sind: die Bahnparameter, Veränderungen der Parameter und Abweichungen von den Parametern (Korrekturwerte). Werden die Informationen unmittelbar vom Satelliten gesendet, so bezeichnet man sie als *Broadcast-Ephemeriden.*

Aus den Bahninformationen kann man die Positionen der Satelliten in Form rechtwinkliger Koordinaten berechnen. Dabei liegen die X- und Y-Achse in der Äquatorebene und die Z-Achse verläuft durch die Rotationsachse bzw. durch den Pol (Abb. 6.3). Die X-Achse durchstößt einen Meridian; hierfür kann man z. B. den Meridian von Greenwich wählen.

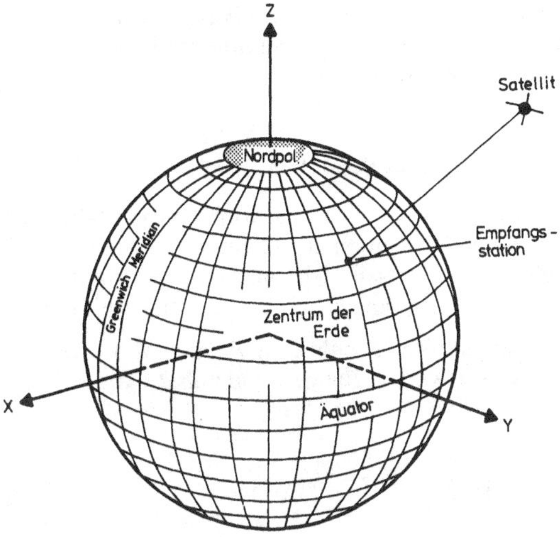

Abb. 6.3 Satelliten-Referenzsystem

Die Rotationsachse, der Äquator und der Meridian werden aufgrund besonderer Messungen und Mittelbildungen festgelegt. Man spricht daher auch von einer mittleren Rotationsachse, einem mittleren Pol, einem mittleren Äquator und einem mittleren Meridian.

6.2 Satellitensysteme für Positionsbestimmungen und Navigation

Seit etwa 1960 werden Satellitensysteme für Positionsbestimmungen und weltweite Navigation aufgebaut. Man mißt Distanzen oder Distanzänderungen zwischen Satelliten und Stationen auf der Erde. Die Stationen auf der Erde können bewegliche Objekte (Schiffe, Landfahrzeuge, ...) oder statische Punktfelder (geodätische Festpunkte, Objektpunkte, ...) sein. Aus den Distanzen oder Distanzänderungen kann man die dreidimensionalen Koordinaten der Bodenstationen berechnen. Satellitenbeobachtungen nutzt man auch noch für weitere Aufgaben der Geodäsie, wie z. B.: Geoidbestimmungen, Herleitung statischer und dynamischer Parameter der Erde.

6.2.1 Das Transit Navigation Satellite System

Das Transit Navigation Satellite-System wurde ursprünglich für Zwecke der weltweiten Navigation aufgebaut. Seit 1964 ist es für die U.S. Navy einsetzbar und seit 1970 nutzt man es aufgrund erheblicher Genauigkeitssteigerungen für geodätische Aufgaben.

Die Satelliten bewegen sich in polnahen *Bahnen* von ungefähr 1000 km Höhe (Abb. 6.4). Die Bahnen sind nahezu kreisförmig,

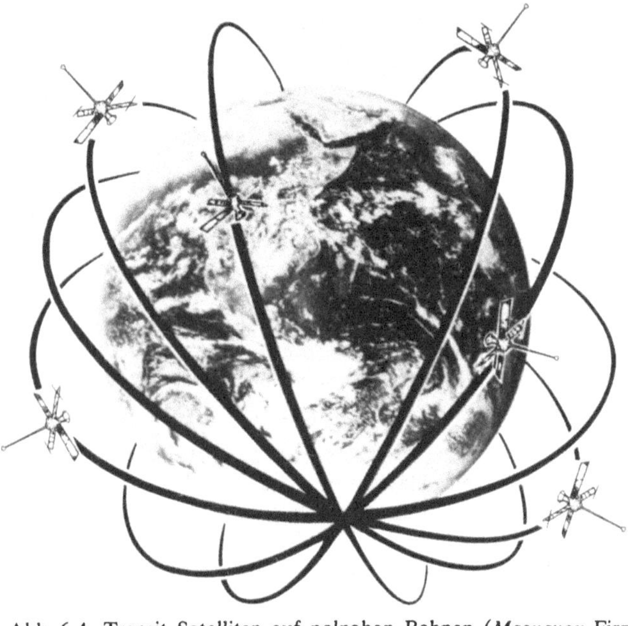

Abb. 6.4. Transit Satelliten auf polnahen Bahnen (*Magnavox* Firmenschrift)

gegenüber dem Äquator haben sie eine Inklination von $i = 90°$. Fünf Satelliten kann man zur Zeit für meßtechnische Zwecke nutzen. In mittleren Breiten lassen sich pro Tag etwa 40 bis 50 Durchgänge, in Äquatornähe 20 bis 30 beobachten. Man unterscheidet zwischen OSCAR-Satelliten und NOVA-Satelliten. Die OSCAR-Satelliten gehören zu einer älteren Serie. Die neueren NOVA-Satelliten verfügen über ein Kompensationssystem, das Oberflächenkräfte ausgleichen kann und damit eine wesentlich genauere Vorhersage der Bahnposition zuläßt.

Broadcast-Ephemeriden leitet man aus Beobachtungen von vier „Tracking Stationen" (Maine, Minnesota, California und Hawaii) ab. Sie werden aufgrund von 36stündigen Beobachtungen vorausberechnet und alle 12 Stunden in die Satelliten eingespeist.

Precise-Ephemeris berechnet man aus 48stündigen Beobachtungen auf 20 weltweit verteilten Stationen. Sie werden nachträglich einem eingeschränkten Kreis von Nutzern in Form von minütlichen rechtwinkligen Koordinaten und Geschwindigkeitskomponenten bereitgestellt.

Die Ephemeriden werden in einem speziellen äquatorialen Satelliten-Referenzsystem berechnet (Abb. 6.3). Für die Broadcast-Ephemeriden und präzisen Ephemeriden gibt es unterschiedliche Referenzsysteme.

Die Satelliten senden kontinuierlich zwei *Trägersignale* von 150 und 400 MHz. Die Träger dienen als Meßsignale und zur Übertragung der Zeit- und Bahninformationen. Diese sind ihnen durch Phasenmodulation aufmoduliert worden. Ein Empfänger auf der Bodenstation nimmt die Signale auf und wertet sie aus.

Die *Position der Bodenstation* berechnet man aus gemessenen Pseudoentfernungsdifferenzen [6.3.2]. Die Positionsbestimmung kann man grundsätzlich mit einem Signal ausführen. Mit dem zusätzlichen Signal läßt sich die Ausbreitungsgeschwindigkeit in der Ionosphäre ermitteln [6.3.3]

Die bei einem Satellitendurchgang auftretenden *Fehlereinflüsse* sind in Tab. 6.1 zusammengestellt.

Tab. 6.1. Fehlereinflüsse während eines Satellitendurchganges

(1) Fehler der Broadcast Ephemeriden	
– Unsicherheit des Erdschweremodells	± 5 m
– Unkorrekt modellierte Oberflächenkräfte	± 10–25 m[1])
(2) Refraktionsfehler	± 1–3 m[2])
– Ionosphärische Refraktion 3. Ordnung	
– Vernachlässigte troposphärische Effekte	± 1–5 m
(3) Empfängerfehler	
– Oszillator, „time jitter", Variation des Antennenphasenzentrums	± 1–6 m
	± 10–30 m

[1]) bei OSCAR-Satelliten, [2]) bei NOVA-Satelliten

In Abhängigkeit von dem jeweils gewählten Auswertemodell [6.4] üben diese Fehlerquellen unterschiedlichen Einfluß auf das Ergebnis aus:

– Bei der *Einzelpunktbestimmung* wirken alle in der Tab. 6.1 zusammengestellten Fehlerquellen auf das Ergebnis. Nach etwa 50 Satellitendurchgängen erzielt man mit den vorhergesagten Broadcast-Ephemeriden eine absolute Koordinatengenauigkeit von 3...5 m. Verwendet man präzise Ephemeriden, so erzielt man eine absolute Koordinatengenauigkeit von 0,5...1 m.
– Bei *relativen Punktbestimmungen* kann man durch weiter verfeinerte Modellbildungen und Differenzverfahren Relativkoordinaten (Koordinatendifferenzen) mit einer Genauigkeit von 0,2...0,5 m bestimmen. Dies gilt sowohl für die Verwendung von Broadcast Ephemeriden als auch von präzisen Ephemeriden. In der Regel, z. B. bei Aufgaben der Netzverdichtung, müssen die im jeweiligen Bezugssystem der Ephemeriden gegebenen Ergebnisse noch in ein lokales Bezugssystem transformiert werden [6.4].

Eine *Satellitenempfangsanlage* besteht aus einer Antenne, dem Empfänger, einer Datenregistriereinheit und einem Prozeßrechner, der die Daten verwaltet und vorläufige Koordinaten berech-

Abb. 6.5. Satellitenempfangsanlage für Dopplermessungen (Magnavox MX 1502)

net (Abb. 6.5). Von den zahlreichen Firmen, die Geräte anbieten, seien einige hier erwähnt. *Canadian Marconi*, Montreal; *JMR*, Kalifornien; *Magnavox*, Kalifornien. Neuere Geräte haben ein Mikroprozessorsystem, mit dem sich auch für längere Beobachtungszeiträume die Messungen vollautomatisch ausführen lassen.

6.2.2 Das Satellitensystem NAVSTAR/GPS*

(1) Das Weltraumsegment

Das Satellitensystem NAVSTAR/GPS wurde primär für militärische Zwecke entwickelt. Ende 1988 wird es aus 18 NAVSTAR Satelliten bestehen, deren *Bahnen* in sechs verschiedenen Bahnenebenen liegen. Die Bahnen sind nahezu kreisförmig, gegenüber

* **NAV**igation **S**ystem with **T**ime **A**nd **R**anging – **G**lobal **P**ositioning **S**ystem.

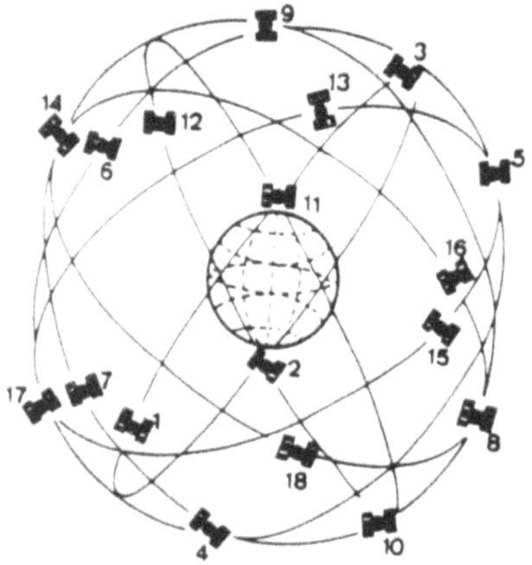

Abb. 6.6. GPS 18-Satellitenkonstellation

dem Äquator haben sie eine Inklination von $i = 55°$, ihre Höhe beträgt 20000 km und für einen Umlauf benötigen sie 12 Stunden (Abb. 6.6). Das System ist so aufgebaut, daß von jedem Punkt der Erde vier Satelliten gleichzeitig beobachtet werden können.

Das GPS System hat eine eigene *GPS-System-Zeit*, die sich geringfügig von der UTC (Universal Coordinated Time) unterscheidet. Der Zeitunterschied wird regelmäßig veröffentlicht.

Die Satelliten senden fortlaufend Signale mit einer speziellen *Signalstruktur* aus. Es handelt sich um zwei Signale L_1 und L_2 mit den Trägerfrequenzen

$$L_1 = 1575{,}42 \text{ MHz} = 154 \times 10{,}23 \text{ MHz}$$
$$L_2 = 1227{,}6 \text{ MHz} = 120 \times 10{,}23 \text{ MHz},$$

die je aus der Frequenz 10,23 MHz einer hochgenauen Atomuhr abgeleitet werden. Das L_1-Signal ist mit einem *P*- und C/A-Pseudo-Rausch-Binär-Code* (Pseudo-Range-Noise-Code, bzw.

* *P*-Code = Precise-Code; *C/A*-Code = Coarse/Acquisition-Code. Die Codes kann man durch Rechtecksignale beschreiben, deren Amplituden in zufälliger Folge Werte von 0 oder 1 annehmen. Die Kovarianzfunktion dieser Zufallsfolge ist eine Delta-Funktion.

PRN-Code) moduliert. Das L_2-Signal ist nur mit dem *P*-Code moduliert. Der C/A-Code wird auch *S*-Code genannt. Beiden Trägersignalen ist zusätzlich noch ein Datensignal aufgeprägt, ein binärer Datenstrom von 50 bps**.

Die Codes haben zwei Funktionen: (1) Identifikation des Satelliten; die Code-Muster sind einmalig für jeden Satelliten und können mit einem entsprechenden im Empfänger erzeugten Muster verglichen werden. (2) Ausmessen der Laufzeit, die die Signale zum Durchlaufen der Distanz vom Satelliten bis zum Empfänger benötigen.

Der *P-Code* ist für genauere Positionsbestimmungen. Er hat eine Wiederholungsrate von 267 Tagen und arbeitet mit 10,23 Mbps***, d. h. Übergänge zwischen 0 und 1 erfolgen mit einer Frequenz von 10,23 MHz. Jeder Satellit sendet allerdings nur ein spezielles 7 Tage dauerndes Teilsegment des gesamten Codes. Die Teilsegmente sind verschiedenen Zeitabschnitten des Gesamtmusters entnommen und unterscheiden sich daher. Sie werden jeden Samstag um Mitternacht neu gestartet. Zu diesem Zeitpunkt beginnt auch das Zählen der GPS-Zeit. Gezählt wird in Epochen (bezeichnet mit *Z*) von 1,5 *s*. Die Systemzeit der Woche wird alle 6 *s* in Form eines Übergabewortes HOW gesendet.

Der weniger genaue *C/A-Code* (auch *S*-Code genannt) hat eine Wiederholungsrate von 1 ms. Jeder Satellit hat sein eigenes Muster. Für den Empfänger ist es einfacher, den *C/A*-Code zu identifizieren, da er eine kürzere Wiederholungsrate hat. Nachdem die Identifikation erfolgt ist, kann der Übergang zum *P*-Code mit Hilfe des HOW-Wortes vorgenommen werden.

Das zusätzlich aufgeprägte *Datensignal* (Navigation Message) versorgt den Nutzer mit all den Zusatzdaten, die für die Ortung und Navigation benötigt werden. Dieses Signal ist in fünf Teilblöcke von je 6 *s* Dauer formatiert (Abb. 6.7). Jeder Teilblock besteht aus zehn 30-bit Worten. Das erste Wort in jedem Teilblock ist ein Telemetrie-Wort (TLM). Dieses erleichtert dem

** bps = bit pro Sekunde

*** Mbps = Megabit pro Sekunde

Nutzer den Zugang zum Datensignal und enthält weitere Informationen für die vier Kontrollstationen. Das zweite Wort in jedem Teilblock ist das HOW. Es enthält u. a. die Anzahl der inzwischen gezählten Epochen Z und erlaubt den Übergang vom C/A-Code auf den P-Code.

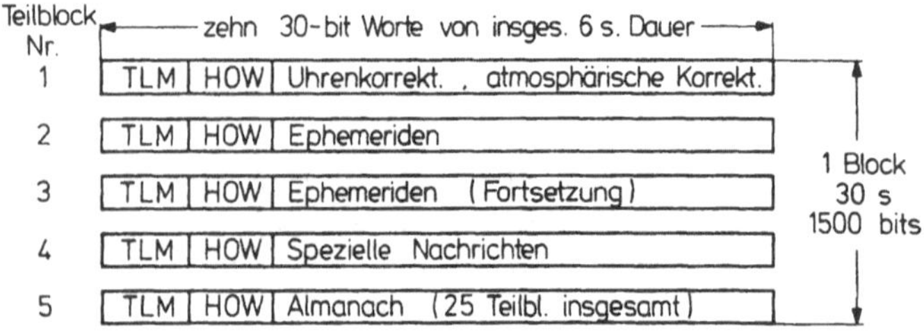

Abb. 6.7 Format des Datensignals

Teilblock 1 enthält Parameter für die Uhrenkorrektion und für die Berechnung von Laufzeitverzögerungen der Signale in der Atmosphäre. Teilblock 2 und 3 beinhalten u. a. Parameter für die Vorhersage der Ephemeriden. Teilblock 4 ist für spezielle Nachrichten reserviert. Teilblock 5 enthält die Almanach-Daten. Diese Daten schließen folgende Informationen ein: (1) Parameter über die Ephemeriden, Uhrenkorrektionen und atmosphärischen Korrektionen für alle 18 Satelliten und einen Ersatzsatelliten. (Diese Informationen entsprechen denen der Teilblöcke 1 bis 3, haben jedoch eine reduzierte Genauigkeit.) (2) Angaben über den Zustand der Satelliten. Insgesamt ermöglichen diese zuletzt genannten Informationen die schnelle Auswahl von Satelliten, die optimal für die Positionsbestimmung genutzt werden können. Mit den Almanach-Daten können außerdem näherungsweise Distanzen zu den Satelliten berechnet werden. Die dann bekannten Distanzen erleichtern es wiederum dem Empfänger, die von den Satelliten gesendeten Code-Signale zu identifizieren.

Für die gesamten Almanach-Daten werden 25 Teilblöcke benötigt. Mit jedem Block erscheint einer dieser Teilblöcke. Weitere

Informationen über die Signalstruktur findet man u. a. in *Van Dierendonck* u. a. 1978, *Spilker* 1978.

Die *Positionsbestimmung* erfolgt über das Messen von Pseudoentfernungsdifferenzen oder Pseudoentfernungen [6.3]. Für genaue geodätische Punktbestimmungen wendet man das letztere Verfahren nach der Methode der Phasenvergleichsmessungen an.

Die für die Auswertung zur Verfügung gestellten Satelliten-Ephemeriden bezogen sich bis 1985 auf das World Geodetic System WGS - 72. Seit 1986 benutzt man das WGS - 84.

In Abhängigkeit von dem jeweils gewählten Auswertemodell [6.4] üben die einzelnen Fehlerquellen – im Satellit, in der Atmosphäre, im Empfänger – unterschiedlichen Einfluß auf das Ergebnis aus:

- Die *Echtzeitgenauigkeit für die Positionsbestimmung eines bewegten Nutzers* liegt bei 10 m unter Verwendung des *P*-Codes und etwa bei 40...60 m für den *C/A*-Code.
- Nach Wiederholungsmessungen und Mittelbildungen kann man bei der *Einzelpunktbestimmung für eine feststehende Station* eine absolute Genauigkeit von 3–5 m für Koordinaten im Bezugssystem der Ephemeriden erzielen.
- Bei *relativen Punktbestimmungen* kann man durch weiter verfeinerte Modellbildungen und Differenzverfahren Relativkoordinaten (Koordinatendifferenzen) mit einer Genauigkeit von $\pm 0{,}5 \ldots 1$ cm $\pm\ 1 \cdot 10^{-6}$ bestimmen. Hierbei wird allerdings vorausgesetzt, daß Pseudoentfernungen über Phasenvergleichsmessungen mit den Trägersignalen ausgeführt und bei größeren Punktabständen (etwa > 5 km) die Effekte der Ionosphäre mit zwei Frequenzen ermittelt werden. In der Regel, z. B. bei Aufgaben der Netzverdichtung, müssen die im jeweiligen Bezugssystem der Ephemeriden gegebenen Ergebnisse noch in ein lokales Bezugssystem transformiert werden.

(2) Das Kontrollsegment

Überwacht wird das System von vier *Kontrollstationen* (Guam, Hawaii, Alaska, Vandenberg/Cal.). Jede Kontrollstation empfängt die Satellitensignale, berechnet daraus verbesserte Bahndaten und sendet die neuen Daten mit Uhrenkorrektionen zu den Satelliten, wo sie gespeichert werden. Diese laufend verbesserten Daten werden von den Satelliten fortwährend für die Anwender ausgestrahlt.

(3) Das Benutzersegment

Eine *Satellitenempfangsanlage* besteht aus einer Antenne und dem Empfänger. Beide Einheiten werden über ein Kabel miteinander verbunden. Sie sind leicht transportierbar. Von den zahlreichen Firmen, die Geräte anbieten seien einige hier erwähnt: *Texas Instruments,* USA (Gerät TI 4100), *Macrometrics,* USA (Gerät Macrometer), *Wild/Magnavox* (Gerät WM 101). Das Gerätesystem WM 101 zeigt Abb. 6.8.

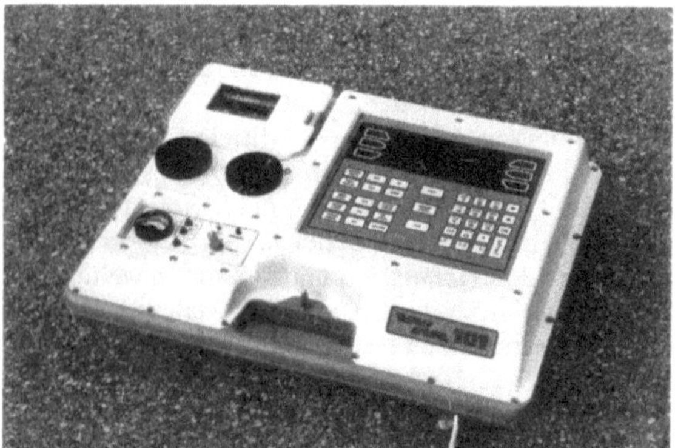

Abb. 6.8 GPS-Satellitenempfangssystem WM 101 (*Wild/Magnavox)*

6.3 Beobachtungsgleichungen für die Punktbestimmung

6.3.1 Punktbestimmung durch Pseudoentfernungsmessung zwischen Satelliten und Bodenstationen

In [5.5] wurde bereits gezeigt, daß in der Ebene die (x-, y-) Koordinaten eines Neupunktes eindeutig berechenbar sind, wenn zwischen zwei Festpunkten und diesem Neupunkt Distanzen gemessen werden. Aus gleichzeitigen Distanzmessungen zwischen einem Neupunkt N_i auf der Erde und drei Satelliten S^j ($j = 1, 2, 3$), deren Positionen $(X, Y, Z)^j$ bekannt sind, können entsprechend die Raumkoordinaten (X, Y, Z) dieser Station im Satelliten-Referenzsystem bestimmt werden (Abb. 6.9).

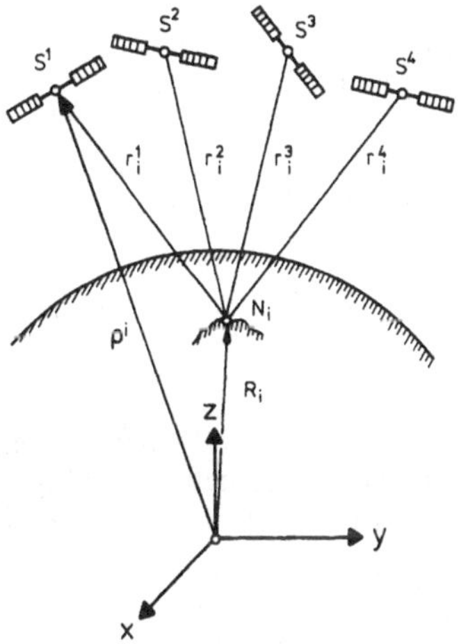

Abb. 6.9 Positionsbestimmung durch Pseudoentfernungsmessung im Satelliten-Referenzsystem X, Y, Z

Durch jede Distanz ist eine Kugel bestimmt, in deren Zentrum sich der entsprechende Satellit befindet. Drei Distanzen definieren schließlich drei Kugeln um drei Satelliten. Mit den drei Kugeln kann man die Position von N_i durch einen räumlichen Bogenschlag bestimmen: die Station liegt nämlich dort, wo die drei Kugeln sich in einem Punkt schneiden. Je zwei Kugeln schneiden sich in einer Schnittlinie. Die beiden Schnittlinien der zwei Kugelpaare schneiden sich dann in dem Stationspunkt.

Man verwendet Distanzmeßsysteme, bei denen Sender und Empfänger sich auf verschiedenen Stationen befinden [2.1]. Beide Stationen benötigen dann hochgenaue Uhren, die im Idealfall mit der Systemzeit des Satellitensystems synchronisiert sind. In jedem Satelliten werden synchron mit seiner Uhr PRN-Codes erzeugt, den Trägersignalen aufmoduliert und zu den Bodenstationen gesendet. Der Empfänger nimmt dort diese Signale auf und erzeugt synchron mit seiner Uhr PRN-Codes des gleichen Musters als Referenzsignal (Abb. 6.10).

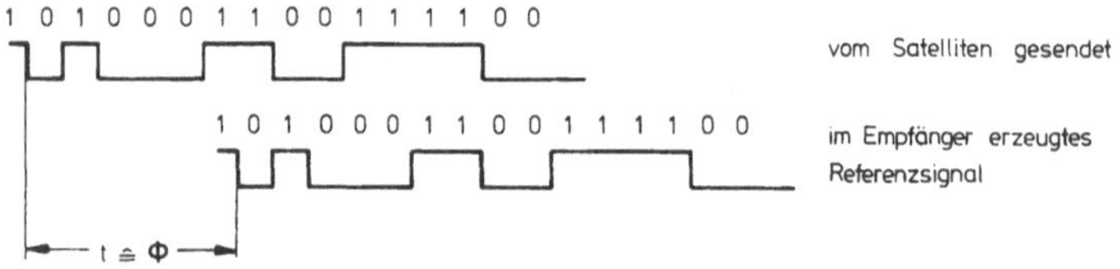

Abb. 6.10 Schematische Darstellung eines Ausschnittes des im Satelliten und Empfänger erzeugten PRN-Codes

Die vom Satelliten gesendeten *PRN*-Codes weisen aufgrund ihrer Laufzeit, die sie bis zur Bodenstation benötigen, eine entsprechende Zeit- bzw. Phasenverschiebung (t bzw. Φ) auf.

Distanzmessungen können jetzt mit Codes identischer Muster ausgeführt werden, z. B. mit dem *P*-Code oder dem *C/A*-Code. Im Empfänger werden dazu das Referenzsignal und das empfangene Signal in der Phase bzw. Zeit so gegeneinander verschoben, daß sie zur Deckung kommen*. Multipliziert man nun die Laufzeit t mit der Ausbreitungsgeschwindigkeit c der Trägersignale, so

* Der Empfänger kann dies z. B. mit der Kreuzkorrelationsfunktion beider Signale überprüfen. Diese ist dann von Null verschieden, wenn beide Signale zeitlich übereinstimmen, d. h. in Phase sind.

erhält man die Distanz zwischen dem j-ten Satelliten und der i-ten Bodenstation

$$r_i^j = t \cdot c. \tag{6.4}$$

Damit kann man jetzt folgende Beobachtungsgleichung** gewinnen (Abb. 6.9):

$$r_i^j = |\boldsymbol{\varrho}^j - \mathbf{R}_i| = \{(X^j - X_i)^2 + (Y^j - Y_i)^2 + (Z^j - Z_i)^2\}^{\frac{1}{2}} \tag{6.5}$$

wobei ϱ^j mit den Komponenten X^j, Y^j, Z^j den Positionsvektor des Satelliten und R_i mit den Komponenten X_i, Y_i, Z_i den Positionsvektor des Empfängers in dem gleichen Koordinatensystem wiedergibt. Unbekannt sind die drei Komponenten des Positionsvektors der Empfangsstation; diese lassen sich eindeutig bestimmen, wenn gleichzeitig Distanzmessungen zu drei Satelliten ausgeführt werden.

Das bisher beschriebene Verfahren setzt voraus, daß sich im Satelliten und im Empfäger hochgenaue Uhren befinden, die gegenüber der GPS-Systemzeit keine Abweichung aufweisen. Außerdem wird angenommen, daß die Ausbreitungsgeschwindigkeit c längs des gesamten Meßweges genau erfaßt werden kann. In Wirklichkeit weisen beide Uhren Abweichungen auf und die Laufzeit ist nur näherungsweise bekannt. Die Satellitenuhr ist eine sehr hochwertige Atomuhr und hat daher nur sehr geringe Zeitfehler. In den Empfängern verwendet man aus Kostengründen weniger aufwendige Uhren; ihre Abweichungen von der Systemzeit sind im allgemeinen größer. Diese Abweichungen wirken sich insgesamt als Laufzeitfehler Δt aus. Gleichung (6.5) ist daher durch ein additives Glied $k_0 = c \cdot \Delta t$ zu ergänzen; vgl. auch [2.1 Gl. (2.2)]:

$$r_i^j = |\boldsymbol{\varrho}^j - \mathbf{R}_i| + c \cdot \Delta t = \{(X^j - X_i)^2 + (Y^j - Y_i)^2 + (Z^j - Z_i)^2\}^{\frac{1}{2}} + c \cdot \Delta t_i \tag{6.6}$$

Der Parameter Δt ist jetzt eine weitere Unbekannte neben den drei Stationskoordinaten. Diese zusätzliche Unbekannte kann man durch eine weitere Distanzmessung zu einem zusätzlichen Satelliten bestimmen. Die Positionsbestimmung läßt sich folglich

** Vgl. auch Anhang B, Gleichung (B 13).

unter diesen vereinfachten Bedingungen eindeutig ausführen, wenn insgesamt simultan vier Distanzen zu vier Satelliten gemessen werden (Abb. 6.9). Da nicht unmittelbar die eigentlichen Entfernungen bestimmt werden, spricht man von Pseudoentfernungsmessungen.

Statt der Codemessungen können unmittelbar Phasenvergleichsmessungen mit dem Trägersignal ausgeführt werden. Wie in [2.1.2] bereits gezeigt, ist die Phasendifferenz des im Sender und Empfänger erzeugten Signals ein Maß für die Distanz zwischen Sender und Empfänger; dabei wird vorausgesetzt, daß beide Signale synchronisiert sind. Da die Wellenlänge der Trägersignale kleiner ist als die der Code-Signale, erzielt man eine mehr als hundertfach vergrößerte Auflösung für die Distanzmessung. Tatsächlich messen kann man die Phasendifferenz $\Delta\varphi$ des im Empfänger empfangenen und erzeugten Signals. Nach [2.1.2] Gl. (2.6) und unter Berücksichtigung der Uhren und Laufzeitfehler gilt, ähnlich wie in (6.6):

$$\Delta\varphi = \frac{2\pi}{\lambda} \{|\boldsymbol{\varrho}^j - \mathbf{R}_i| - a_i\lambda + c\Delta t_i\} \tag{6.7}$$

Mit dem Faktor $2\pi/\lambda$ werden Distanzen in Phasendifferenzen umgerechnet; a_i beschreibt das ganzzahlige Vielfache der Signalperioden, die in der Distanz Satellit–Empfänger auftreten. Die Konstante a ist eine zusätzliche Unbekannte. Diese kann durch zusätzliche Beobachtungen bestimmt werden. In der Regel tritt a bei jedem Satelliten während einer Beobachtungsphase nur einmal auf, auch wenn zu diesem mehrfach Distanzen bei unterschiedlichen Positionen gemessen werden. Jeder Empfänger besitzt in der Regel einen Zähler, der die ganzzahligen Veränderungen von a fortlaufend registriert.

Die durch (6.6) und (6.7) beschriebenen Verfahren wendet man bei der Positionsbestimmung mit dem Satellitensystem NAVSTAR/GPS an. Bei der simultanen Beobachtung von vier Satelliten zur Zeit t kann eine Position in Echtzeit bestimmt werden. Für geodätische Punktbestimmungen führt man in der Regel eine größere Anzahl von Beobachtungen über einen längeren Zeitraum aus. Die Koordinaten lassen sich dann mit Hilfe überbestimmter Beobachtungen in einem Ausgleichsverfahren berechnen.

6.3.2 Punktbestimmung durch Messen von Pseudoentfernungsdifferenzen (Doppler)

Da die Satelliten sich relativ zu einer Station N_i auf der Erde bewegen (Abb. 6.11), werden die Signale dort aufgrund des Dopplereffektes frequenzverschoben empfangen.

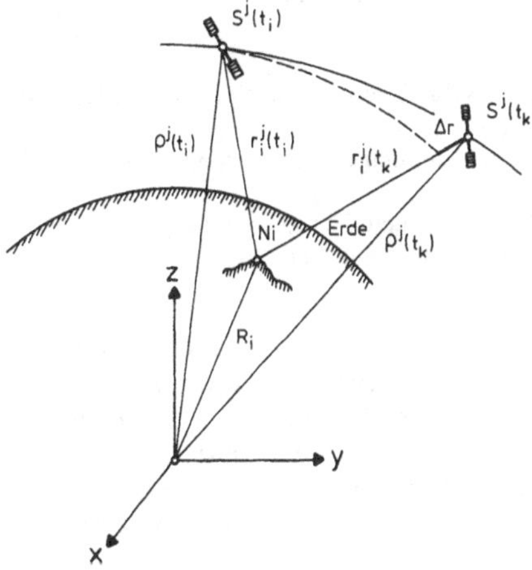

Abb. 6.11. Station auf der Erde und Satellitenbahn im Satelliten-Referenzsystem *X, Y, Z*

Der Empfänger auf der Station N_i bestimmt jedoch nicht die Frequenzverschiebung selbst, sondern das Integral über die Frequenzverschiebung für ein bestimmtes Zeitintervall, den sogenannten „Dopplercount" *N*. Der Dopplercount ist ein Maß für die Entfernungsdifferenz Δr zwischen zwei aufeinanderfolgenden Satellitenpositionen $S^j(t_i)$ und $S^j(t_k)$ zum Zeitpunkt t_i und t_k und der Beobachtungsstation N_i. Den Trägersignalen sind durch Phasenmodulation Informationen über die jeweiligen Bahnelemente (Broadcast-Ephemeriden) aufgeprägt, aus denen sich zeitabhängige Satellitenpositionen *X, Y, Z* in dem erdfesten geozentrischen Koordinatensystem rechnen lassen. Diese Informationen nimmt der Empfänger zusätzlich auf.

Aus der Gleichung

$$\Delta r = |\boldsymbol{\varrho}^j(t_k) - \mathbf{R}_i| - |\boldsymbol{\varrho}^j(t_i) - \mathbf{R}_i| = \frac{c}{f_0}\{N_{ik} - (f_0 - f_s)(t_k - t_i)\}$$

$$= \{(X^j(t_k) - X_i)^2 + (Y^j(t_k) - Y_i)^2 + (Z^j(t_k) - Z_i)^2\}^{\frac{1}{2}} \tag{6.8}$$

$$- \{X^j(t_i) - X_i)^2 + (Y^j(t_i) - Y_i)^2 + (Z^j(t_i) - Z_i)^2\}^{\frac{1}{2}}$$

mit

$\boldsymbol{\varrho}^j(t)$: Positionsvektor des Satelliten j zur Zeit t mit den Komponenten $X^j(t)$, $Y^j(t)$, $Z^j(t)$,
$\mathbf{R}_i$: Positionsvektor des Empfängers i mit den Komponenten X_i, Y_i, Z_i
f_0: eine im Empfänger erzeugte Bezugsfrequenz,
f_s: die vom Satelliten ausgestrahlte Frequenz,
N_{ik}: Dopplercount

lassen sich dann die Stationskoordinaten in einem erdfesten geozentrischen Koordinatensystem berechnen. Da die Frequenz f_s nur näherungsweise bekannt ist, ist die Differenz $(f_0 - f_s)$ neben den Stationskoordinaten eine weitere Unbekannte. In der Regel beobachtet man eine größere Anzahl von Dopplercounts und bestimmt dann die Unbekannten in einem Ausgleichungsverfahren.

Dieses Verfahren wendet man bei der Positionsbestimmung mit dem Satellitensystem NAVSTAR/GPS und dem Transit Navigation Satellite System an.

6.3.3 Ergänzungen zur Modellbildung

(1) Einfluß der Ionosphäre und Troposphäre

Die Satellitensignale durchlaufen auf ihrem Weg zum Empfänger die Ionosphäre und die Troposphäre. Die Troposphäre ist praktisch ein neutrales Gas mit sehr schwacher Ionisation* und einem nur sehr wenig von 1 abweichenden Brechungsindex, die Iono-

---

* Ionisation: Wegreißen eines Elektrons aus einem Atom oder Molekül. Es entstehen positive und negative Ladungsträger. Ursachen sind: Strahlung, hohe Temperatur, Elektronenstoß.

sphäre dagegen ist ein viel stärker ionisiertes Plasma äußerst geringen Drucks, wo Brechungsindex-Werte zwischen 0 und 1 auftreten können. Vereinfacht zeigt Abb. 6.12 den Aufbau der Atmosphärenschichten und das Signalverhalten; es treten unterschiedliche Ausbreitungsgeschwindigkeiten auf und die Signalwege sind verschieden gekrümmt.

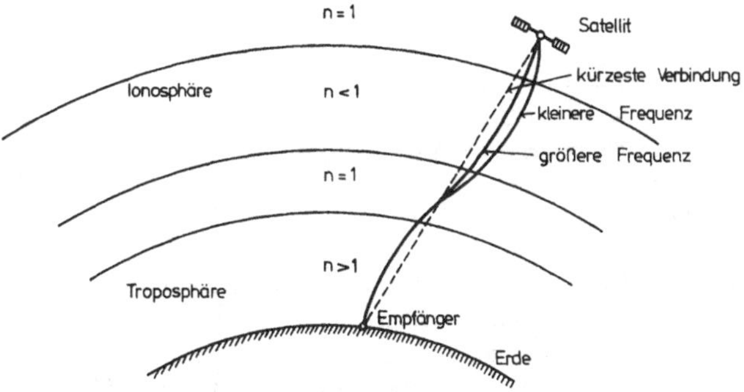

Abb. 6.12 Wellenausbreitung zweier Signale L_1 und L_2 unterschiedlicher Frequenzen

Der *Einfluß der Ionosphäre* auf die Ausbreitungsgeschwindigkeit hängt von dem Grad der Ionisation längs des Ausbreitungsweges ab. Signale verschiedener Frequenz werden unterschiedlich beeinflußt.

Bei Modellrechnungen berücksichtigt man ein vertikales Profil über die physikalischen Eigenschaften der Ionosphäre und den Höhenwinkel, unter dem der Satellit angezielt wird. Es ist außerdem eine starke Abhängigkeit von der Tages- und Jahreszeit zu beobachten. Die mittlere Verzögerung kann bei Beobachtungen in Richtung zum Zenit am Tage 10 *ns* und in der Nacht 50 *ns* betragen. Bei kleinen Höhenwinkeln können die Werte um den Faktor 3 größer werden. Wegen der sehr komplexen Vorgänge lassen sich durch das Entwickeln zeitabhängiger Korrektur-Modelle nur geringe Laufzeitverbesserungen erzielen.

Genauere Korrektionen erhält man, wenn Messungen mit zwei Signalen (z. B. L_1 und L_2) unterschiedlicher Frequenz ausgeführt werden. Man ermittelt dann zunächst die Differenz $\Delta\tau$ der Laufzeitverzögerungen beider Signale und kann daraus die Laufzeitverzögerung τ_{L_1} (oder τ_{L_2}) des L_1- (oder L_2-) Signals rechnen. Für das Signal L_1 gilt:

$$\tau_{L_1} = \Delta\tau \cdot k \tag{6.9}$$

mit

$$k = 1 : \left[\left(\frac{f_{L_1}}{f_{L_2}}\right)^2 - 1\right]$$

f_{L_1}: Trägerfrequenz des Signals L_1;
f_{L_2}: Trägerfrequenz des Signals L_2
$\Delta\tau = \tau_{L_2} - \tau_{L_1}$.

Der *Einfluß der Troposphäre* auf die Laufzeitverzögerung wird durch das Brechungsindexprofil in Abhängigkeit von der Höhe beeinflußt. Unterschiedliche Frequenzen wirken sich praktisch nicht aus. Abb. 6.13 zeigt Entfernungskorrektionen in Abhängigkeit von der NN-Höhe des Nutzers und dem Höhenwinkel, unter dem der Satellit angezielt wird.

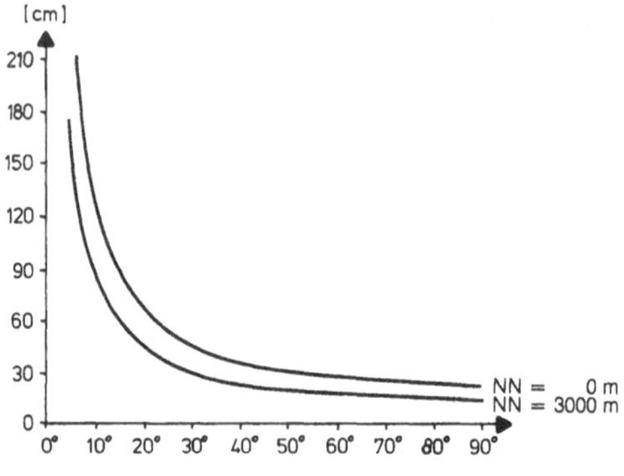

Abb. 6.13. Troposphärische Entfernungskorrektionen in Bezug auf eine Atmosphäre mit dem Brechungsindex $n = 1$

Für die Entfernungskorrektion werden folglich benötigt: das Profil des Brechungsindexes in Abhängigkeit von der Höhe über der Bodenstation, meteorologische Parameter des Brechungsindexes im Bereich der Bodenstation und der Höhenwinkel, unter dem der Satellit angezielt wurde (*Hopfield* 1979, *Black* 1978).

(2) Fehler der Satellitenuhr und der Empfängeruhr

Obwohl es sich bei den Satellitenuhren um hochwertige Atomuhren (Genauigkeitsklasse $10^{-12} \ldots 10^{-13}$) handelt, driften diese geringfügig. Abb. 6.14 zeigt an einem typischen Beispiel, wie sich die Zeit einer Satellitenuhr von der GPS-Systemzeit unterscheiden kann. Die Zeit einer Satellitenuhr läßt sich für hohe Genauigkeitsansprüche durch ein Polynom 2. oder höherer Ordnung erfassen. Die sich linear mit der Zeit ändernde GPS-Systemzeit gewinnt man durch Mittelbildung der Zeiten, die an einer Gruppe von Atomuhren abgelesen werden. Die Abweichungen der Empfängeruhr lassen sich ähnlich darstellen.

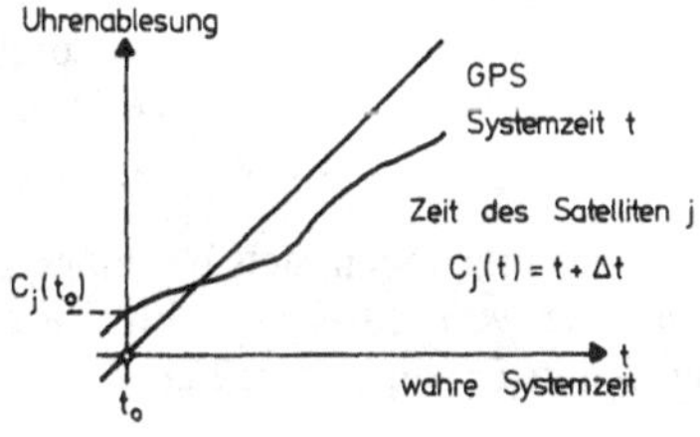

Abb. 6.14 Zeitabweichung einer Satellitenuhr gegenüber der GPS-Systemzeit

(3) Mehrwegausbreitung

Neben den Signalen, die auf direktem Wege zu der Empfangsantenne gelangen, können bei ungünstigen Bedingungen auch am Boden reflektierte Signale empfangen werden. Die Signale überlagern sich dann in der Antenne. Es entstehen Phasenfehler und damit Entfernungsfehler. Abhilfe schafft man durch speziell geformte Abschirmeinrichtungen unterhalb der Empfangsantenne.

(4) Relativistische Effekte

Geringe Frequenzabweichungen treten noch durch zwei relativistische Effekte auf: ein Effekt entsteht durch die unterschiedlichen Schwerebeschleunigungen im Bereich des Satelliten und des Nutzers, ein anderer durch unterschiedliche Geschwindigkeiten der Nutzer in Bezug auf das Satelliten-Referenzsystem. Beide Effekte sind von dem Standort des Nutzers abhängig.

(5) Bahnfehler

Bahnfehler werden im wesentlichen durch unkorrekt modulierte Oberflächenkräfte am Satelliten hervorgerufen. Dies sind: atmosphärische Reibung und Strahlungsdruck der Sonne. Die Einflüsse sind zeitabhängig und schwer vorhersagbar. Es überlagern sich außerdem Unsicherheiten des verwendeten Schweremodells und der Koordinaten der Bahnvorhersagestationen. Die Auswirkungen der Bahnfehler auf Basismessungen lassen sich durch eine Faustformel schätzen: Bahnfehler wirken sich im Verhältnis der Basislänge zur Satellitenhöhe auf die Basis aus.

Beispiel: Bahnfehler von 20 m übertragen sich bei einer 20 km Basis und einer Satellitenhöhe von 20000 km im Verhältnis 1 : 1000. d. h. sie erzeugen einen Fehler von ± 2 cm.

(6) Konfiguration

Die Genauigkeit der Positionsbestimmung hängt noch von der geometrischen Anordnung der Satelliten ab. Bei der Beobachtung von vier Satelliten ist z. B. eine optimale Konfiguration gegeben, wenn ein Satellit im Zenit steht, die übrigen drei um 120° auseinander liegen und dabei möglichst niedrig im Horizont stehen. Eine vertiefte Behandlung der Optimierung von Satellitenbeobachtungen findet man z. B. in *Wells* u. a. 1985.

6.4 Auswertemodelle für absolute und relative Punktbestimmungen

Man kann zwischen folgenden Auswertemodellen unterscheiden:
- der Einzelpunktbestimmung bzw. absoluten Punktbestimmung und
- der relativen Punktbestimmung.

In den einzelnen Auswertemodellen üben die einzelnen Fehlerquellen des Satelliten, der Atmosphäre und des Empfängers unterschiedliche Einflüsse auf das Ergebnis aus.

Handelt es sich um die *Positionsbestimmung eines beweglichen Punktes* (kinematische Positionierung), so kann man bei größeren Geschwindigkeiten jeweils für eine Positionsfestlegung nur einzelne oder eine begrenzte Anzahl von Messungen ausführen, da während der Meßzeit möglichst keine Positionsänderungen auftreten sollen. Die einzelnen Fehlerquellen wirken sich dann nahezu vollständig aus.

Bei der *Positionsbestimmung eines feststehenden Punktes* (statische Positionierung) kann man Wiederholungsmessungen über einen größeren Zeitraum ansammeln und durch Mittelbildungen Genauigkeitssteigerungen hervorrufen.

Genauigkeitssteigerungen erzielt man außerdem, wenn die in [6.3.3] beschriebenen Einflüsse durch *zusätzliche Parameter* in den Beobachtungsgleichungen berücksichtigt werden.

Hohe Genauigkeiten kann man erzielen, wenn *relative Punktbestimmungen* ausgeführt werden. Es befinden sich dabei mindestens zwei Empfänger im Einsatz. In die Berechnungen können dann Beobachtungsdifferenzen eingeführt werden. Diese sind frei von all den Fehlereinflüssen, die bei Einzelmessungen mit gleichem Vorzeichen und Betrag auftreten. Die Auswirkungen der Differenzbildungen kann man erkennen, wenn man die Beziehung (6.7) in folgende allgemeine Form bringt (*Wells* u. a. 1985):

$$\Delta\varphi = \frac{2\pi}{\lambda} \left| \varrho^j - \mathbf{R}_i \right| + \alpha_r + \beta^s + \gamma_r^s. \tag{6.10}$$

α erfaßt empfängerspezifische systematische Einflüsse wie: Fehler der Empfängeruhr, Refraktionsfehler in der Umgebung des Empfängers. Die Parameter dieser Einflüsse hängen von dem Index des Empfängers und der Beobachtungsepoche ab, nicht jedoch von dem Index des Satelliten.

β erfaßt satellitenspezifische systematische Einflüsse wie: Fehler der Satellitenuhr, Refraktionsfehler in der Umgebung des Satelliten. Die Parameter dieser Einflüsse hängen von dem Index des Satelliten und der Beobachtungsepoche ab, nicht jedoch vom Index des Empfängers.

γ erfaßt Satelliten/Empfänger-Paar spezifische systematische Einflüsse wie: die ganze Anzahl der vollen Wellenlängen, Refraktionseinflüsse. Die Parameter dieser Einflüsse hängen von dem Index des Empfängers und Satelliten ab, nicht jedoch von der Epoche.

Es können nun unterschiedliche Differenzbildungen vorgenommen werden: Diese sollen durch folgende Symbole gekennzeichnet werden:

∇ für Differenzen zwischen Messungen von einem Empfänger zu Satelliten,

$\triangle$ für Differenzen zwischen Messungen von Empfängern zu einem Satelliten,

δ für Differenzen zwischen Messungen verschiedener Epochen.

Es lassen sich drei Einfachdifferenzen, sechs Doppeldifferenzen und sechs Dreifachdifferenzen bilden. Die Operationen bei den Einfach- und Doppeldifferenzen und die jeweils eliminierten Einflüsse sind in Tab. 6.2 zusammengestellt (vgl. *Wells* u.a. 1985).

Das Bilden der Zweifachdifferenz $\triangle \nabla$ $(\Delta\varphi)$ soll anhand der Abb. 6.15 verdeutlicht werden. Insgesamt müssen von zwei Empfängern Messungen zu zwei Satelliten ausgeführt werden. In einem ersten Schritt werden für beide Stationen die Einfachdifferenzen ∇ $(\Delta\varphi)$ gebildet, wobei jeweils α eliminiert wird. In einem zweiten Schritt wird dann die Differenz der Einfachdifferenzen gebildet, wobei β eliminiert wird.

Tab. 6.2. Operationen für Einfach- und Doppeldifferenzen

Einfachdifferenzen	eliminierte Parameter
1 $\Delta\varphi \rightarrow \nabla (\Delta\varphi)$	α
1 $\Delta\varphi \rightarrow \triangle (\Delta\varphi)$	β
1 $\Delta\varphi \rightarrow \delta (\Delta\varphi)$	γ
Doppeldifferenzen	
1 $\Delta\varphi \rightarrow \nabla (\Delta\varphi) \rightarrow \triangle \nabla (\Delta\varphi)$	α, β
2 $\Delta\varphi \rightarrow \triangle (\Delta\varphi) \rightarrow \nabla \triangle (\Delta\varphi)$	α, β
3 $\Delta\varphi \rightarrow \nabla (\Delta\varphi) \rightarrow \delta \nabla (\Delta\varphi)$	α, γ
4 $\Delta\varphi \rightarrow \delta (\Delta\varphi) \rightarrow \nabla \delta (\Delta\varphi)$	α, γ
5 $\Delta\varphi \rightarrow \triangle (\Delta\varphi) \rightarrow \delta \triangle (\Delta\varphi)$	β, γ
6 $\Delta\varphi \rightarrow \delta (\Delta\varphi) \rightarrow \triangle \delta (\Delta\varphi)$	β, γ

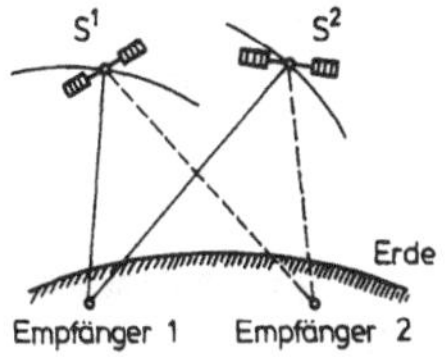

Abb. 6.15 Pseudoentfernungsmessungen für die Zweifachdifferenz $\triangle \nabla (\Delta\varphi)$

Beim Bilden der sechs möglichen Dreifachdifferenzen werden jeweils die Parameter α, β und γ eliminiert.

Ob man nun mit speziell gewählten Beobachtungsdifferenzen oder zusätzlichen Parametern oder gleichzeitig mit beiden Arten der Modellbildung arbeitet, muß von Fall zu Fall neu untersucht und entschieden werden (*Remondi* 1984; *Wells* u. a. 1985).

Die Auswerteergebnisse werden zunächst im Bezugssystem der jeweiligen Satelliten-Ephemeriden erhalten. In der Regel sind diese daher noch in das lokale Referenzsystem zu transformieren. Der Zusammenhang zwischen dem Satellitensystem und dem lokalen Referenzsystem ist durch ein geodätisches Datum gegeben.

Ein *geodätisches Datum* besteht aus einem Satz von Parametern, die Ursprung und Orientierung eines anderen Bezugssystems x, y, z im Verhältnis zu einem grundlegenden absoluten System X, Y, Z angeben. Im allgemeinen wird noch ein Referenzellipsoid eingeführt, das als Bezugsfläche für zweidimensionale Lagebestimmungen dient. Der Parametersatz wird dann um die Parameter große und kleine Halbachse a und b des Ellipsoides erweitert.

Die Koordinatensysteme aller verwendeten Bezugssysteme sind weitgehend parallel. Für die Transformation kann daher in der Regel folgende 7-Parameter-Transformation genutzt werden:

$$\begin{bmatrix} x \\ y \\ z \end{bmatrix} = \begin{bmatrix} X_0 \\ Y_0 \\ Z_0 \end{bmatrix} + (1 + \mu) \begin{bmatrix} 1 & \varepsilon_3 & -\varepsilon_2 \\ -\varepsilon_3 & 1 & \varepsilon_1 \\ \varepsilon_2 & -\varepsilon_1 & 1 \end{bmatrix} \begin{bmatrix} X \\ Y \\ Z \end{bmatrix}, \tag{6.11}$$

mit

X_0, Y_0, Z_0: Translationsparameter
$\varepsilon_1, \varepsilon_2, \varepsilon_3$: Rotationsparameter
μ : Maßstabsfaktor.

Für eine Neubestimmung der Parameter müssen daher wenigstens drei identische Punkte gegeben sein.

7. Grundlagen der Landesvermessung

Eine Landesvermessung [Band I, II] umfaßt die Bestimmung eines *Lagefestpunktfeldes,* eines *Höhenfestpunktfeldes,* die *Katastervermessung* und die *topographische Aufnahme* des Geländes. Die Anlage eines Höhenfestpunktfeldes ist in [Band I, 7.1 und 7.2], die einer Grundstücksvermessung in [Band I, 3.1] und [Band II, 5.7] erläutert. Die topographische Aufnahme ist in [Band III, 4] beschrieben.

Soll ein größerer Teil der Erdoberfläche – z.B. ein Staatsgebiet – zusammenhängend vermessen werden, so überdeckt man diesen in bestimmten Abständen mit Festpunkten, den *trigonometrischen Punkten.* In der Regel sind diese Festpunkte, soweit sie nicht mit Gebäudeteilen (Turmspitzen usw.) zusammenfallen, als

Bodenpunkte durch Steinpfeiler vermarkt [Band I, 2]. Eine Platte unter dem Pfeiler dient als Sicherung. Dieses Lagefestpunktfeld bildet zusammen mit einem Höhenfestpunktfeld die Grundlage für die topographische Landesaufnahme und die allgemeine Grundstücks – oder Katastervermessung. Die Arten der technischen Hilfsmittel [5.1.2] und der Aufbau der Lagefestpunktfelder haben sich mit der Zeit immer wieder gewandelt. Ein Lagefestpunktfeld wird in der Regel in mehreren Stufen angelegt, die „Ordnung" genannt werden.

7.1 Ältere Lagefestpunktfelder

Ältere Lagefestpunktfelder sind nach dem *Verfahren der Triangulation* aufgebaut und haben normalerweise vier Stufen. Die Grundlage bildet das Hauptdreiecksnetz oder das Netz der Dreiecke I. O. mit Seiten von 30–50 km Länge. Ihre Eckpunkte sind die Trigonometrischen Punkte I. O. oder *TP* (1). Als Standorte hierfür werden meistens Berge, Hügel oder Anhöhen, und wo solche fehlen, die Turmspitzen von öffentlichen Bauwerken gewählt, die jedoch zur Sicherung gegen etwaige Bewegungen des Baukörpers durch nahegelegene Bodenpunkte exzentrisch versichert werden. Die Hauptdreiecke wurden schrittweise verdichtet durch die *TP* II. O. oder *TP* (2) mit gegenseitigen Abständen von 10–20 km, die *TP* (3) mit Abständen von 3–10 km und durch *TP* (4) mit Abständen von 1–3 km. In die *TP* (3) oder *TP* (4) wurden als letzte Verdichtungsstufe Polygonzüge eingehängt.

Abb. 7.1 zeigt ein Beispiel für ein durch Triangulation entstandenes Netz I. O., das deutsche Hauptdreiecksnetz, das zwischen 1870 und 1950 aus dem Zusammenschluß einzelner Netzteile entstanden ist.

Bezugsfläche ist das 1841 von *Bessel* aus 10 Gradmessungen berechnete Ellipsoid (a = 6377397 m, f = 1:299,15). Fundamentalpunkt ist der Punkt Rauenberg mit der angenommenen Lotabweichung Null. Orientiert wird das Netz durch das astronomische Azimut der Dreiecksseite Rauenberg–Berlin, Marienkirche. Den Maßstab bestimmen fünf Grundlinien, die man in Basisvergrößerungsnetzen bestimmte (*Torge* 1975, 1980).

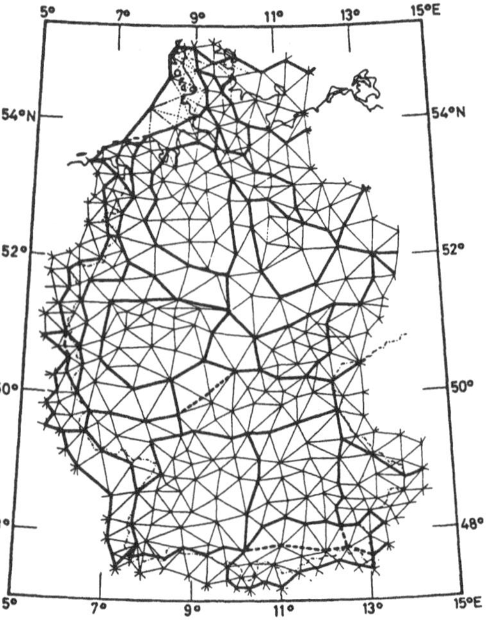

Abb. 7.1. Deutsches Hauptdreiecksnetz (Niedersächs. Minister des Inn. 1969)

Die *Winkel in den Hauptdreiecken* eines nach dem Verfahren der Triangulation aufgebauten Netzes wurden mit Theodoliten höchster Genauigkeit meistens mittels photographischer Registrierung auf Bruchteile einer Sekunde beobachtet. Als Stände für die Theodolite bei Turmbeobachtungen dienten Brüstungen oder aufgemauerte Pfeiler. Auf Bodenpunkten wurden hölzerne Vermessungstürme (Signale) oder Stahltürme nach Abb. 7.2 bis zu 30 m Höhe und mehr errichtet. Diese bestanden aus zwei ineinander geschachtelten Bauteilen, nämlich einem besonders festen inneren Turm, der für das Instrument bestimmt war, und einem etwas leichteren Turm, der den Beobachter und außerdem – für die Anzielungen von anderen Ständen aus – eine Zieltafel und einen Leuchtstand trug. Als Ziele dienten bei der Messung I. Ord-

Abb. 7.2. Stahlturm mit Windschutzplanen

nung allein die in den Leuchtständen der Nachbarpunkte aufgestellten künstlichen Lichter oder die sog. Heliotrope, die mit Hilfe eines Spiegelsystems das Sonnenlicht auf den Beobachter der Gegenstation lenkten. Die Winkel wurden entweder in allen Kombinationen oder nach der Sektorenmethode beobachtet [1.7.5]. Nachteiligen Auswirkungen der Refraktion suchte man dadurch entgegenzuwirken, daß die Beobachtungen jedes einzelnen Winkels auf mehrere Tage mit unterschiedlichem Wetter verteilt und mit Nachtbeobachtungen gemischt wurden. Wegen der häufig begrenzten Sichtweite dauerten die Beobachtungen auf einer Station durchschnittlich 6 Wochen (*Augath* 1976). Alle Beobachtungen unterwarf man einer Stationsausgleichung, die für jede Richtung den günstigsten Wert ergab.

Hauptdreiecksseiten sind in den Haupttriangulierungsnetzen bis etwa 1960 in Abständen von 100 bis 200 km in wochenlanger Arbeit durch Basismessungen bestimmt worden. Dazu wurde eine 5 bis 8 km lange Basis mittels Invardrähten zum Erzielen einer inneren Genauigkeit von 1:1000000 mehrere Male gemessen, und es wurde ihre Länge über einem ebenfalls mit höchster Genauigkeit auszumessenden Basisvergrößerungsnetz (Abb. 7.3) durch Winkelmessungen auf die Hauptdreiecksseite übertragen, deren Genauigkeit dann etwa auf 1:100000 veranschlagt werden konnte.

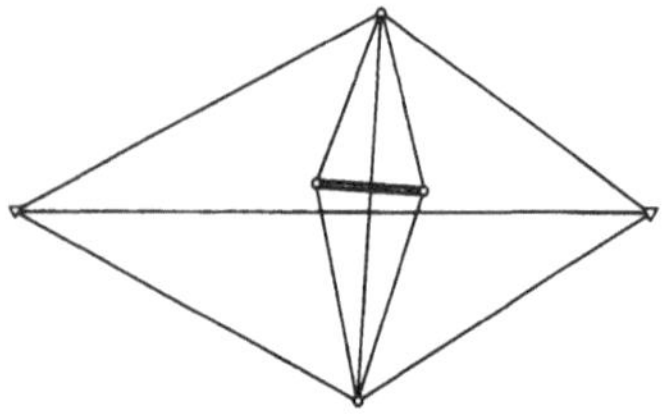

Abb. 7.3. Basisvergrößerungsnetz

Zur Orientierung des Hauptdreiecksnetzes auf dem Bezugsellipsoid mußten bei der Triangulation auf einigen ausgezeichneten Punkten des Netzes die geographische Breite, die geographische Länge und die Richtung des Meridians (Nordrichtung) durch astronomische Beobachtungen bestimmt werden.

Die Verdichtung des Hauptdreiecksnetzes durch die Punkte der II. bis IV. Ordnung sollte an sich der Gleichmäßigkeit und der leichteren Übersichtlichkeit halber nach dem gleichen Verfahren vorgenommen werden, wie der Aufbau des Hauptdreiecksnetzes. Dieser Gesichtspunkt hatte sich jedoch in der Praxis nicht durchgesetzt. Es wurde jeweils nach dem Verfahren verdichtet, das mit dem geringsten Aufwand zum Ziel führte. Man bestimmte einzelne Punkte oder kleine Punktgruppen.

Die *Berechnung der Dreiecke* begann mit der – meistens sehr umfangreichen – Ausgleichung der Messungswidersprüche in den Hauptdreiecken. Aus den ausgeglichenen Beobachtungen wurden, ausgehend von den astronomisch bestimmten Punkten, mittels ellipsoidischer Rechnungen die Längen und Richtungen der Dreiecksseiten ermittelt. Mit Hilfe dieser Stücke rechnete man für die Dreieckspunkte I. O. geographische Koordinaten. Aus den geographischen Koordinaten leitete man rechtwinklige Koordinaten ab [4.3]. Im System der rechtwinkligen Koordinaten wurden schließlich nacheinander die Punkte der II., der III. und der IV. O. nach der Methode des vereinten Vor- und Rückwärtseinschneidens und seit elektronische Distanzmesser zur Verfügung standen, durch Distanzmessungen oder kombinierte Richtungs- und Distanzmessungen eingeschaltet [5].

In den USA, der UdSSR und anderen sehr ausgedehnten Ländern hat man Triangulationsketten entlang der Meridiane und Breitengrade errichtet. Wo die Ketten zusammenstoßen wurden Laplace Azimute zur Richtungskontrolle und Basislinien für Maßstabskontrollen gemessen. Das Grundnetz der USA hat eine Maschenweite von etwa 500 km und das der UdSSR von ca. 200 bis 400 km. Die Genauigkeit der Netze beträgt einige ppm. Für die Verdichtung verwendete man je nach Entwicklung der Gebiete unterschiedliche Verfahren.

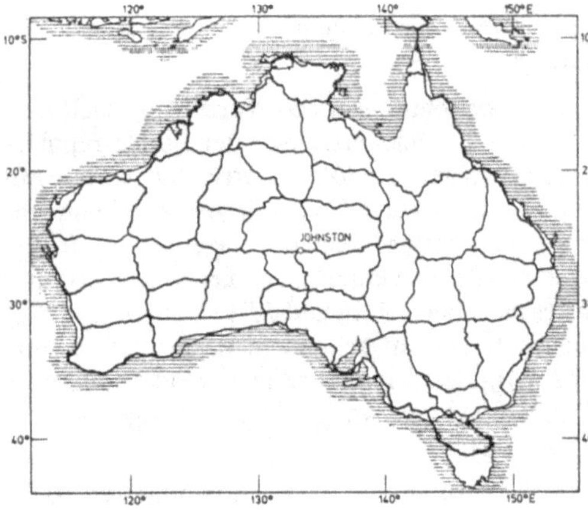

Abb. 7.4. Australisches Traversennetz (vereinfachte Darstellung) nach „National Report for Australia, I.U.G.G., XVI General Assembly 1975“

Das australische Grundnetz besteht vorwiegend aus Langstrekkenpolygonen (Abb. 7.4). Die Knotenpunkte haben einen Abstand von mehreren 100 km. Auf fast allen Beobachtungsstationen wurden Laplace Azimute beobachtet. In den Küstengebieten verdichtete man das Grundnetz mit Triangulations- und Polygonnetzen. In weniger dicht besiedelten Gebieten bestimmte man Festpunkte mit dem Aerodistverfahren.

7.2 Neuere Lagefestpunktfelder

Neuere Entwicklungen im Liegenschaftskataster fordern heute insbesondere in hochentwickelten dicht besiedelten Gebieten Lagefestpunktfelder hoher Genauigkeit. Fortschritte auf den Gebieten:

- elektronische Tachymetrie
- Distanzmessungen zwischen terrestrischen Stationen
- Distanzmessungen zwischen terrestrischen Stationen und Satelliten
- Distanzänderungsmessungen zwischen terrestrischen Stationen und Satelliten

ermöglichen Genauigkeitssteigerungen in Zusammenhang mit einem abgewandelten Netzaufbau.

Ein bemerkenswerter Fortschritt war das Verfahren, nach dem um 1980 in dem Bundesland Niedersachsen der Bundesrepublik Deutschland ein neues Lagefestpunktfeld errichtet wurde. Mit elektronischen Distanzmessern und Theodoliten konnte man sehr wirtschaftlich und genau arbeiten, wenn das Lagefestpunktfeld in zwei Stufen errichtet wurde. Die erste Stufe, das Grundnetz, umfaßt ein flächenhaftes Netz der *TP* (1) und *TP* (2). Die zweite Stufe, das Verdichtungsnetz besteht aus einem flächenhaften Netz der *TP* (3) und *TP* (4). Bei dem Grundnetz wendete man das Verfahren der Trilateration an, wobei Mikrowellengeräte zum Einsatz kamen (Abb. 7.5).

Das Verdichtungsnetz bestimmte man mit kombinierten Richtungs- und Streckenbeobachtungen in Form von Polygonnetzen (Abb. 7.6).

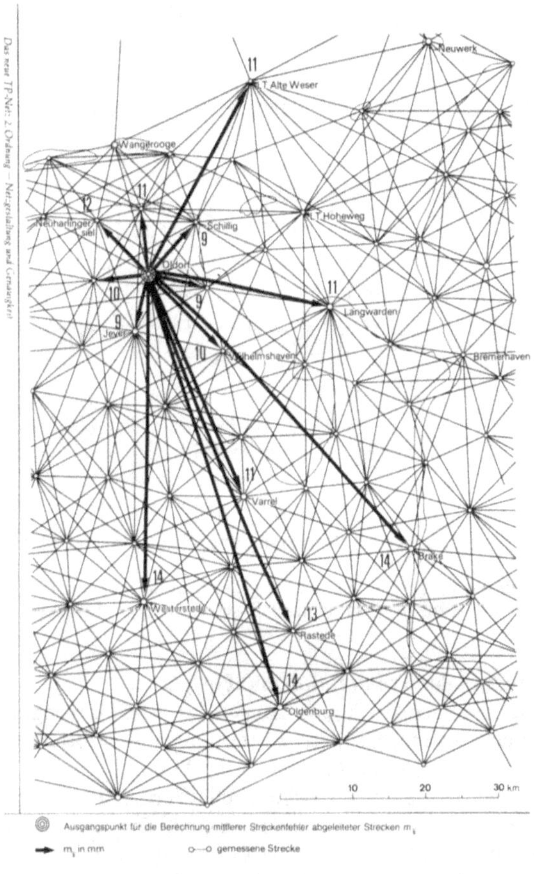

Abb. 7.5. Grundnetz der *TP* (1) und *TP* (2) Netzgestaltung und Genauigkeit (*Augath* 1976)
(◉ Ausgangspunkt für die Berechnung der Standardabweichungen $s(s)$ abgeleiteter Strecken →, $s(s)$ in mm, O—O gemessene Strecke)

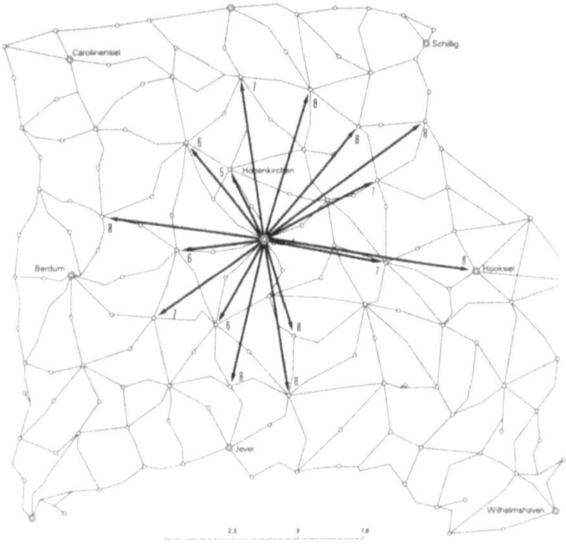

Abb. 7.6. Verdichtungsnetz, Netzgestaltung und Genauigkeit (*Augath* 1976)
(◉ Ausgangspunkt für die Berechnung der Standardabweichungen $s(s)$ abgeleiteter Strecken →, $s(s)$ in mm, O—O gemessene Strecke)

Den Verfahren der Trilateration und Polygonierung gab man den Vorzug, da sie auch bei hohen Genauigkeitsanforderungen sehr wirtschaftlich waren. Größere Entfernungen überbrückte man mit transportablen Beobachtungsleitern (Abb. 7.7), die nur einen Bruchteil der Kosten verursachten, die Vermessungstürme ursprünglich bei der Triangulation erzeugten. Die Verfahren sind außerdem weitgehend von der Witterung unabhängig. Bei der Trilateration lassen sich an einem Tag mehrere Stationen beobachten.

Die zuvor beschriebenen Verfahren werden zunehmend durch Satellitenverfahren abgelöst. Wesentliche Vorteile dieser Verfahren sind, daß die Meßeinsätze unabhängig von der Witterung sind und Sichtverbindungen zwischen den Punkten nicht benötigt wer-

Abb. 7.7. Beobachtungsleiter (Unterteil und Plattform)

den. Arbeiten im Grundnetz können schneller und wirtschaftlicher ausgeführt werden, da Beobachtungstürme überflüssig sind. Das Verdichtungsnetz kann größere Punktabstände haben oder ist eventuell sogar überflüssig, da Relativmessungen auch über größere Distanzen mit hoher Genauigkeit ausgeführt werden können. Bei der Vermarkung, Laufendhaltung und Verwaltung des Festpunktfeldes können dann zusätzlich erhebliche Kosten eingespart werden. Für die Detailvermessungen wird man Satellitenverfahren und terrestrische Verfahren (z. B. elektronische Tachymetrie) in Kombination anwenden.

Für die Orientierung der Festpunktfelder wählt man unterschiedliche Wege:

a) Ist bereits über ein Landesdatum (geodätisches Datum) [vgl. 6.4] verfügt, so wird man das neue Festpunktfeld über identische Punkte in das vorhandene Landesdatum transformieren.

b) In der Regel wird man jedoch zusätzlich Satellitenmessungen [6] nutzen, um den Maßstab, die Orientierung und die Geometrie in einer gemeinsamen Ausgleichung zu verbessern. Die dreidimensionalen durch Satellitenmessungen bestimmten Festpunkte lassen sich dann mit terrestrischen Messungen verknüpfen, wenn ellipsoidische Höhen zur Verfügung stehen, die sich z. B. aus Nivellements und Geoidbestimmungen herleiten lassen. Wenn für das Arbeitsgebiet keine genügend genauen Geoidinformationen vorliegen, wird man normalerweise die Kombination zweidimensional ausführen.

c) Ist über das Landesdatum noch nicht verfügt, so bietet es sich an, das Satellitendatum zur Grundlage des Festpunktfeldes zu machen. Die Ergebnisse bereits vorhandener terrestrischer Messungen können mit einer Transformation über identische Punkte eingepaßt werden.

Anhang

A. Kurze Einführung in die Matrizenrechnung

Eine Matrix **A** ist ein in Zeilen i und Spalten j geordnetes Schema von Elementen a_{ij}. Wesentlich sind der *Wert* und die *Stellung* eines Elementes a_{ij}. Eine Matrix ist *keine* Determinante, sondern ein Koeffizientenschema, das als eine selbständige mathematische Größe aufgefaßt wird, für die bestimmte Operationen definiert werden.

Die Elemente a_{ij} können komplexe Zahlen, Funktionen u.a. sein. Für die Ausgleichungsrechnung sind die Elemente ausschließlich natürliche Zahlen. Durch die Angabe der Zahl der Zeilen und Spalten wird der Typ der Matrix festgelegt. Wir bezeichnen die Matrizen mit fett gedruckten Buchstaben. Der 1. Index gibt die Zahl der Zeilen, der 2. Index die Zahl der Spalten an.

r

n | **A**nr | Matrix vom Typ nr

Besondere Typen:

(1) Quadratische Matrix mit $n = r$.

(2) Diagonalmatrizen mit $a_{ij} = 0$ für $i \neq j$. Sind die $a_{ij} = 1$ für $i = j$ erhält man die Einheitsmatrix **E**.

(3) Nullmatrix 0, wenn alle $a_{ij} = 0$.

(4) Spaltenmatrizen (Vektoren) mit $j = 1$.

Rechenregeln:

(1) **A** = **B** wenn a) Typ **A** = Typ **B**
b) Alle $a_{ij} = b_{ij}$.

(2) **A** + **B** = **S**
Voraussetzung: Typ **A** = Typ **B**.

Die entsprechenden Elemente sind zu summieren

$s_{ij} = a_{ij} + b_{ij}$.

$i = 1 \ldots\ldots n$

$j = 1 \ldots\ldots r$.

Unter diesen Voraussetzungen gilt das kommutative Gesetz

$\mathbf{A} + \mathbf{B} = \mathbf{B} + \mathbf{A}$

und das distributive Gesetz

$(\mathbf{A} + \mathbf{B}) + \mathbf{C} = \mathbf{A} + (\mathbf{B} + \mathbf{C}) = \mathbf{A} + \mathbf{B} + \mathbf{C}$.

Es ist

$\mathbf{A} + \mathbf{O} = \mathbf{O} + \mathbf{A} = \mathbf{A}$.

(3) $\mathbf{A} - \mathbf{B} = \mathbf{D}$

Voraussetzung

Typ $\mathbf{A}$ = Typ $\mathbf{B}$

$d_{ij} = a_{ij} - b_{ij}$.

$i = 1 \ldots\ldots n$

$r = 1 \ldots\ldots r$.

(4) Multiplikation mit einem konstanten Faktor λ

$\lambda \mathbf{A} = \mathbf{A} \lambda$.

Es wird jedes Element a_{ij} mit λ multipliziert.

(5) Multiplikation

$\mathbf{A} \cdot \mathbf{B} = \mathbf{P}$

Voraussetzung: Verkettete Matrizen, d.h. Spaltenzahl von $\mathbf{A}$ = Zeilenzahl von $\mathbf{B}$

Bildung der Elemente: $p_{ij} = a_{i1} b_{1j} + a_{i2} b_{2j} \ldots\ldots + a_{ir} b_{rj}$ d.h. die Elemente der Zeile i werden mit den Elementen der Spalte j multipliziert und aufsummiert.

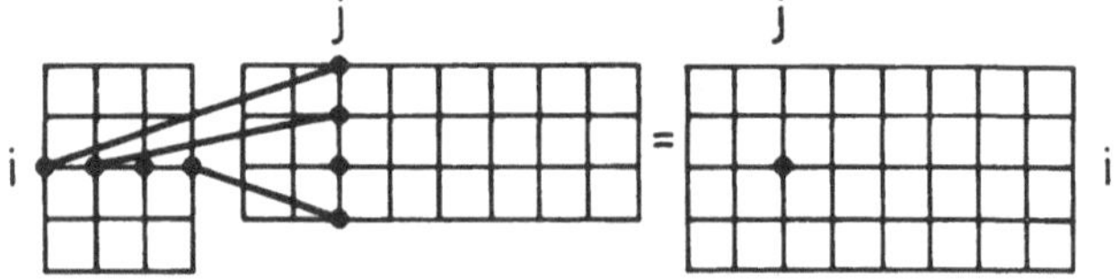

Bei der Multiplikation mit der Einheitsmatrix bleibt die Matrix unverändert

$\mathbf{AE} = \mathbf{EA} = \mathbf{A}$.

Es gilt das assoziative Gesetz

$$(\mathbf{AB})\mathbf{C} = \mathbf{A}(\mathbf{BC}) = \mathbf{ABC}.$$

Es gilt *nicht* das kommutative Gesetz (bis auf Sonderfälle)

$$\mathbf{AB} \neq \mathbf{BA}.$$

Es gilt das distributive Gesetz

$$(\mathbf{A} + \mathbf{B})\mathbf{C} = \mathbf{AC} + \mathbf{BC}.$$

(6) Multiplikation mit Diagonalmatrizen **D**

AD

d.h. Multiplikation von rechts, bedeutet Multiplikation aller Spalten mit den Diagonalelementen (Konstante Faktoren).

DA

d.h. Multiplikation von links, bedeutet Multiplikation aller Zeilen mit den Diagonalelementen (Konstante Faktoren).

(7) Die Reziproke oder inverse Matrix $\mathbf{A}^{-1}$ wird aus der Beziehung $\mathbf{AA}^{-1} = \mathbf{A}^{-1}\,\mathbf{A} = \mathbf{E}$ gewonnen.

Voraussetzungen: $\mathbf{A}$ = quadratisch

Det $A \neq 0$.

(8) Die transponierte Matrix $\mathbf{A}^T$ entsteht aus der Matrix $\mathbf{A}$ durch Vertauschung von Zeilen und Spalten.

$$a_{ij} = a_{ji}^T.$$

Daraus folgt $(\mathbf{A}^T)^T = \mathbf{A}$

Ist $\mathbf{A}^T = \mathbf{A}$ heißt die Matrix symmetrisch.

(9) Matrizen können unter Berücksichtigung der Verkettung in Untermatrizen aufgeteilt werden. Die Teilmatrizen werden wie normale Elemente behandelt.

Rechnen mit reziproken und transponierten Matrizen:

(1) $(\mathbf{A} + \mathbf{B})^T = \mathbf{A}^T + \mathbf{B}^T$

(2) $(\mathbf{AB})^T = \mathbf{B}^T\mathbf{A}^T$

(3) $(\mathbf{A}^T)^{-1} = (\mathbf{A}^{-1})^T$

(4) Ist $\mathbf{A}$ symmetrisch (d.h. $\mathbf{A} = \mathbf{A}^T$) und existiert $\mathbf{A}^{-1}$ (d.h. Det. $A \neq 0$), so ist auch $\mathbf{A}^{-1}$ symmetrisch.

(5) Wenn $\mathbf{A}^{-1}$ und $\mathbf{B}^{-1}$ existieren ist $(\mathbf{AB})^{-1} = \mathbf{B}^{-1}\mathbf{A}^{-1}$.

B. Ausgleichungsalgorithmus für vermittelnde Beobachtungen

Die Ausgleichung nach vermittelnden Beobachtungen wendet man an, wenn mehrere Unbekannte gemeinsam zu bestimmen sind und die Anzahl der Beobachtungen größer ist als die der Unbekannten. In vielen Fällen sind nicht die Unbekannten selbst beobachtet worden, sondern andere Größen, die mit ihnen in einem funktionalen Zusammenhang stehen. So werden z.B. beim trigonometrischen Einschneiden Winkel gemessen; als Unbekannte aber werden die Koordinaten des Neupunktes N bestimmt. Zur Lösung drückt man zunächst in den Fehlergleichungen die Beobachtungen durch die Unbekannten aus. Alsdann werden die dabei auftretenden Verbesserungen v aufgrund der Forderung $[vv]$ zum Minimum ausgeglichen.

Ein einfaches Beispiel für das Aufstellen von Fehlergleichungen ist bereits in Band I, Kapitel [1.4.5] gegeben. Nachfolgend soll ein Lösungsweg für die Bestimmung mehrerer Unbekannter beschrieben werden. Für jede Beobachtung L_i erhält man eine Fehlergleichung. Bei mehreren Unbekannten x, y, z haben diese, falls ein linearer Zusammenhang $L_i + v_i = f_i(x, y, z)$ gegeben ist, die Form:

$$\begin{aligned} L_1 + v_1 &= a_{11}x + a_{12}y + a_{13}z \\ L_2 + v_2 &= a_{21}x + a_{22}y + a_{23}z \\ &\;\vdots \\ L_m + v_m &= a_{m1}x + a_{m2}y + a_{m3}z, \end{aligned} \qquad \text{(B 1)}$$

wobei die a_{ij} die bekannten Koeffizienten (vgl. z.B. B 10) beschreiben. Der Index i bezeichnet die Beobachtungen, j die Unbekannten.

In Matrizenschreibweise hat (B 1) die Form

$$\mathbf{L} + \mathbf{v} = \mathbf{A}\mathbf{x}, \qquad \text{(B 2)}$$

$$\begin{bmatrix} L_1 \\ L_2 \\ \cdot \\ \cdot \\ \cdot \\ L_m \end{bmatrix} = \mathbf{L} \quad \begin{bmatrix} v_1 \\ v_2 \\ \cdot \\ \cdot \\ \cdot \\ v_m \end{bmatrix} = \mathbf{v} \quad \begin{bmatrix} x \\ y \\ z \end{bmatrix} = \mathbf{x} \quad \begin{bmatrix} a_{11} & a_{12} & a_{13} \\ a_{21} & a_{22} & a_{23} \\ a_{31} & a_{32} & a_{33} \\ \vdots & \vdots & \vdots \\ a_{m1} & a_{m2} & a_{m3} \end{bmatrix} = \mathbf{A}$$

Nach Anwenden der Methode der kleinsten Quadrate erhält man aus (B 2) für gleichgewichtige Beobachtungen die Normalgleichungen

$$\mathbf{A}^T\mathbf{A}\mathbf{x} - \mathbf{A}^T\mathbf{L} = \mathbf{0} \tag{B 3}$$

und daraus die Unbekannten

$$\hat{\mathbf{x}} = (\mathbf{A}^T\mathbf{A})^{-1}(\mathbf{A}^T\mathbf{L}). \tag{B 4}$$

(ˆ: Schätzwert)

Von besonderem Interesse in der Gleichung (B 4) ist die Kofaktormatrix $(\mathbf{A}^T\mathbf{A})^{-1}$. Mit dieser berechnet man die Varianz-Kovarianzmatrix der Unbekannten:

$$\begin{bmatrix} \sigma_x^2 & \sigma_{xy} & \sigma_{xz} \\ \sigma_{yx} & \sigma_y^2 & \sigma_{yz} \\ \sigma_{zx} & \sigma_{zy} & \sigma_{zz} \end{bmatrix} = \sigma_0^2\,(\mathbf{A}^T\mathbf{A})^{-1} \tag{B 5}$$

Die Größen in der Diagonalen sind die Varianzen der Unbekannten die seitwärts liegenden die Kovarianzen. Der Faktor σ_0^2 ist eine Konstante. Eine unverzerrte Schätzung für die Konstante ist die empirische Varianz

$$s_0^2 = \frac{\mathbf{v}^T\mathbf{v}}{n-u}, \tag{B 6}$$

wobei

n: Anzahl der Beobachtungen
u: Anzahl der Unbekannten ist.

Bei einer ausreichenden Anzahl von Überbestimmungen ($n = u > 5$) kann s_0^2 in (B 5) an Stelle von σ_0^2 verwendet werden.

Die Verbesserungen erhält man nach (B 2) aus

$$\mathbf{v} = \mathbf{A}\hat{\mathbf{x}} - \mathbf{L}. \tag{B 7}$$

Bei Beobachtungen mit unterschiedlichen Gewichten erhält man an Stelle von (B 3), (B 4), (B 5):

$$(\mathbf{A}^T\mathbf{P}\mathbf{A})^{-1}\mathbf{x} - \mathbf{A}^T\mathbf{P}\mathbf{L} = \mathbf{0}, \tag{B 3a}$$
$$\hat{\mathbf{x}} = (\mathbf{A}^T\mathbf{P}\mathbf{A})^{-1}\mathbf{A}^T\mathbf{P}\mathbf{L}, \tag{B 4a}$$

$$\begin{bmatrix} \sigma_x^2 & \sigma_{xy} & \sigma_{xz} \\ \sigma_{yx} & \sigma_y^2 & \sigma_{yz} \\ \sigma_{zy} & \sigma_{zy} & \sigma_z^2 \end{bmatrix} = \sigma_0^2(\mathbf{A}^T\mathbf{P}\mathbf{A})^{-1} = \mathbf{N}^{-1} \tag{B 5a}$$

mit

$$\begin{bmatrix} P_1 & & & & \\ & P_2 & & & \\ & & \cdot & & \\ & & & \cdot & \\ & & & & P_n \end{bmatrix} = \mathbf{P}$$

und

$$s_0^2 = \frac{\mathbf{v}^T\mathbf{P}\mathbf{v}}{n-u} \tag{B 6a}$$

Sind die ursprünglichen Fehlergleichungen (B 1)

$$L_i + v = f_i(x, y, z)$$

nicht linear, so werden sie – mit Hilfe der Taylorschen Reihe für mehrere Unbekannte – linear gemacht. Nach Einführen von Näherungswerten

$$x = x_0 + dx, \quad y = y_0 + dy, \quad z = z_0 + dz, \tag{B 8}$$

erhält an Stelle von (B 1) die linearisierten Fehlergleichungen:

$$L_i + v_i = f_i(x_0, y_0, z_0) + \left(\frac{\partial f_i}{\partial x}\right)_0 dx + \left(\frac{\partial f_i}{\partial y}\right)_0 dy + \left(\frac{\partial f_i}{\partial z}\right)_0 dz + \cdots \tag{B 9}$$

Setzt man

$$\left(\frac{\partial f_i}{\partial x}\right)_0 = a_{i1}, \left(\frac{\partial f_i}{\partial y}\right)_0 = a_{i2}, \left(\frac{\partial f_i}{\partial z}\right)_0 = a_{i3} \tag{B 10}$$

und

$$L_i - f_i(x_0, y_0, z_0) = l_i \tag{B 11}$$

so bekommen die umgeformten Fehlergleichungen die Form:

$$v_i = a_{i1}dx + a_{i2}dy + a_{i3}dz - l_i. \tag{B 12}$$

Beispiele:

a) Die ursprünglichen Fehlergleichungen für die von Festpunkten (x_i, y_i) zu einem Neupunkt (x, y) gemessenen Strecken lauten:

$$s_i + v_i = q\sqrt{(y - y_i)^2 + (x - x_i)^2} \qquad \text{(B 13)}$$

bzw. nach Einführen von Näherungskoordinaten für den Neupunkt N

$$s_i + v_i = q\sqrt{(y_0 - y_i + dy)^2 + (x_0 - x_i + dx)^2}.$$

q ist ein Maßstabsfaktor, q_0 ein Näherungswert.

Für die einzelnen Glieder von (B 12) erhält man dann

$$f_i(x_0, y_0) = q_0\sqrt{(y_0 - y_i)^2 + (x_0 - x_i)^2} = s_i^0$$

$$\left(\frac{\partial f_i}{\partial y}\right)_0 = a_{i1} = q_0\frac{y_0 - y_i}{s_i^0}\,; \quad \left(\frac{\partial f}{\partial x}\right)_0 = a_{i2} = q_0\frac{x_0 - x_i}{s_i^0}\,;$$

$$\left(\frac{\partial f_i}{\partial q}\right)_0 = a_{i3} = s_i^0,$$

so daß die umgeformten Fehlergleichungen lauten

$$v_i = q_0\frac{y_0 - y_i}{s_i^0}\,dy + q_0\frac{x_0 - x_i}{s_i^0}\,dx + s_i^0\,dq - (s_i - s_i^0). \qquad \text{(B 14)}$$

b) Bei Richtungsbeobachtungen von Festpunkten (x_i, y_i) zu einem Neupunkt (x, y) gelten die ursprünglichen Fehlergleichungen:

$$(r_N^0)_i + v_i = \arctan\frac{y - y_i}{x - x_i}, \qquad \text{(B 15)}$$

wobei $(r_N^0)_i$ die zum Neupunkt weisenden orientierten Richtungen sind [5.3.2]. Nach Einführen von Näherungswerten

$$y_i = y_0 + dy_i, \quad x_i = x_0 + dx_i$$

erhält man durch Linearisieren

$$(r_N^0)_i + v_i = \arctan \frac{y_0 - y_i}{x_0 - x_i} + \left(\frac{\partial \arctan g}{\partial y}\right)_0 dy + \left(\frac{\partial \arctan g}{\partial x}\right)_0 dx$$

mit

$$g = \frac{y_0 + dy - y_i}{x_0 + dx - x_i},$$

$$\left(\frac{\partial \arctan g}{\partial y}\right)_0 = a_{i1} = + \frac{x_0 - x_i}{(s_i^0)^2} \cdot \frac{200}{\pi},$$

$$\left(\frac{\partial \arctan g}{\partial x}\right)_0 = a_{i2} = - \frac{y_0 - y_i}{(s_i^0)^2} \cdot \frac{200}{\pi},$$

$$(s_i^0)^2 = (y_0 - y_i)^2 + (x_0 - x_i)^2.$$

Setzt man noch $\arctan \frac{y_0 - y_i}{x_0 - x_i} = t_i^0$, so gilt für die umgeformten Fehlergleichungen:

$$v_i = \frac{x_0 - x_i}{(s_i^0)^2} \cdot \frac{200}{\pi} dy - \frac{y_0 - y_i}{(s_i^0)^2} \cdot \frac{200}{\pi} dx - ((r_N^0)_i - t_i^0) \quad \text{(B 16)}$$

c) Sind auf einem Neupunkt (x, y) Richtungen r_i zu mehreren Festpunkten (x_i, y_i) gemessen, so gilt für die Richtung nach einem beliebigen Punkt:

$$r_i + v_i = - \varphi + \arctan \frac{y_i - y}{x_i - x}. \quad \text{(B 17)}$$

Die arctan Funktion unterscheidet sich von der in (B 15) auftretenden dadurch, daß im Zähler und Nenner des Quotienten die Vorzeichen vertauscht sind. Im Vergleich zu (B 16) haben daher auch die Koeffizienten der Fehlergleichungen ein umgekehrtes Vorzeichen; der Betrag der Koeffizienten bleibt erhalten. φ ist eine Orientierungsunbekannte. An Stelle von (B 16) erhält man:

$$v_i = - \frac{x_0 - x_i}{(s_i^0)^2} \cdot \frac{200}{\pi} dy + \frac{y_0 - y_i}{(s_i^0)^2} \cdot \frac{200}{\pi} dx - (r_i - t_i^0) \quad \text{(B 18)}$$

mit

$$t_i^0 = \text{arc tan} \frac{y_0 - y_i}{x_0 - x_i} \pm 200 \text{ gon}.$$

Beim Rückwärtseinschneiden sind nicht nur die Koordinaten des Neupunktes, sondern auch die Orientierung φ der gemessenen Richtungen unbekannt. Das System der Fehlergleichungen kann daher erst gelöst werden, wenn auch für die Unbekannte φ eine Fehlergleichung aufgestellt ist. Da hierfür keine Beobachtung vorliegt, muß eine fingierte Gleichung eingeführt werden. Diese lautet nach *Schreiber*:

$$v_{n+1} = [a_{i1}]_1^n \, dy + [a_{i2}]_1^n \, dx - [l_i]_1^n ; \text{ Gewicht: } p_{n+1} = -\frac{1}{[p_i]_1^n}, \qquad \text{(B 19)}$$

wobei

$$l_i = (r_i - t_i^0).$$

Einzelne Aufgaben kann man nach folgendem Rechenschema lösen: Bilde

(1)	Näherungskoordinaten	x_0, y_0
(2)	die linearen bzw. nichtlinearen Beziehungen zwischen den Beobachtungen und Unbekannten, d. h. stelle jede Beobachtung als Funktion der Unbekannten auf	$L_i + v_i = f_i(x, y, z)$
(3)	die Koeffizienten	$a_{i1}, a_{i2}, \ldots$
(4)	die Absolutglieder	$l_i = L_i - f_i(x_0, y_0, z_0)$
(5)	die Matrix der Koeffizienten	$\mathbf{A}$
(6)	die Matrix der Absolutglieder	$\mathbf{l}$
(7)	die Unbekannten	$\hat{\mathbf{x}} = (\mathbf{A}^T\mathbf{A})^{-1}(\mathbf{A}^T\mathbf{l}) = \mathbf{N}^{-1}\mathbf{n}$
(8)	die Verbesserung der Beobachtungen	$\mathbf{v} = \mathbf{A}\hat{\mathbf{x}} - \mathbf{l}$
(9)	die Ausgleichungsprobe	$\mathbf{v}^T\mathbf{v} = -\mathbf{l}^T\mathbf{v}$
(10)	die empirische Varianz	$s_0^2 = \mathbf{v}^T\mathbf{v}/(n-u)$
(11)	die Varianz der Unbekannten	$((\mathbf{A}^T\mathbf{A})^{-1})s_0^2$
(12)	das Endergebnis	$\hat{\mathbf{x}}$

Literaturverzeichnis

Hand- und Lehrbücher sind mit einem * vor dem Namen des Autors gekennzeichnet.

Abkürzungen:

AVN Allgemeine Vermessungsnachrichten
DGK Deutsche Geodätische Kommission
ZfV Zeitschrift für Vermessungswesen

Ackermann, F.: Neue Ziele und Methoden der automatischen Berechnung umfangreicher geodätischer Netze. In (Hrsg.) Draheim Sammlung Wichmann, Neue Folge, Heft 15. Karlsruhe 1971.

Ackermann, F.: Ergebnisse einer Programmentwicklung zur Blockausgleichung großräumiger Polaraufnahmen. In (Hrsg.) Draheim Sammlung Wichmann, Neue Folge, Heft 19. Karlsruhe 1973.

Aeschlimann, H.: Eine verbesserte Zwangszentrierung. Vermessungswesen, Photogrammetrie, Kulturtechnik, 1975.

Aeschlimann, H.: Messen der Kippachsneigung mit dem Kern DKM 2-AM. Vermessungstechnik. 1979.

Augath, W.: Untersuchungen zum Aufbau geodätischer Lagenetze. Wiss. Arb. der Lehrstühle für Geodäsie, Photogrammetrie und Kartographie an der Univ. Hannover. Hannover 1976.

Bean, B. R., L. Fehlhaber und J. Großkopf: Die Radiometeorologie und ihre Bedeutung für die Ausbreitung der m-, dm- und cm- Wellen auf große Entfernungen. NTZ 1962, Heft 1.

Beuchle, E.: Untersuchungen zur Anwendung der freien Stationierung in der Grundstücksvermessung. Dissertation an der Fakultät Bauingenieur- und Vermessungswesen der Univ. Stuttgart. Stuttgart 1981.

Black, H. D.: An easily implemented algorithm for the tropospheric range correction. Journ. Geophys. Res. 83 (B 4) 1978, S. 1825–1828.

**Borucki, L. und J. Dittmann:* Digitale Meßtechnik. 2. Aufl. Berlin–Heidelberg–New York 1971.

Bretterbauer, K.: The refractive index in the reduction of Tellurometer Data. Canad. Survey. 1965, S. 367.

**Deumlich, F.:* Instrumentenkunde der Vermessungstechnik. 7. Aufl. Berlin 1980.

**Fabeck, W. von:* Kreiselgeräte. Würzburg 1980.

**Gotthardt, E.:* Einführung in die Ausgleichungsrechnung. 2. Aufl. Karlsruhe 1978.

Grafarend, E.: Fehlertheoretisch günstigstes Vorwärtseinschneiden. ZfV 93 (1968), S. 414–419.

Grafarend, E.: Optimization of geodetic network. Bollentino di Geodesia a Sienze affini. 1974.

Grafarend, E., H. Heister, R. Kelm, H. Kropf und B. Schaffrin: Optimierung geodätischer Meßoperationen. Karlsruhe 1979.

**Großmann, W.:* Geodätische Rechnungen und Abbildungen in der Landesvermessung. 3. Aufl. Stuttgart 1976.

Groten, E.: Zur Definition des mittleren Punktfehlers. ZfV 94 (1969), S. 445–457.

Gründig, L.: Programmsystem TANA zur Tachymeternetzausgleichung. In (Hrsg.): *Conzett/Matthias/Schmid:* Ingenieurvermessung 80. Beiträge zum VIII. Internationalen Kurs für Ingenieurvermessung. Bonn 1981.

Gründig, L. und R. Joeckel: Vergleich der hierarchischen Polygonnetzberechnung mit der strengen Ausgleichung. AVN 90 (1983), S. 12–17.

**Hake, G.:* Kartographie I. 6. Aufl. Berlin–New York 1982.

Hallermann, L. und B. Witte: Ein neuerer Teilkreisprüfer der Firma Breithaupt. ZfV 92 (1967), S. 415–416.

Hamacher, W.: Zum fehlertheoretisch günstigsten Vorwärtseinschneiden. ZfV 94 (1969), S. 234–235.

Haupt, E.: Zukunftstendenzen des Liegenschaftskatasters. ZfV 104 (1979), S. 191–196.

Helble, W.: Rechnerische Grenzfeststellung mit 5-Parameter-Transformation. ZfV 106 (1981), S. 590–597.

Heuvelink, H. J.: Bestimmung des regelmäßigen und des mittleren zufälligen Durchmesser-Teilungsfehlers bei Kreisen von Theodoliten und Universalinstrumenten. ZfV 42 (1913), S. 441–452.

**Höpcke, W.:* Fehlerlehre und Ausgleichungsrechnung. Berlin–New York 1980.

Hopfield, H.: Improvements in the tropospheric refraction correction for range measurements. Proceedings of the Symposium on Satellite Doppler Tracking and its Geodetic Applications, The Royal Society of London, 1979.

**Jordan, W., O. Eggert und M. Kneißl:* Handbuch der Vermessungskunde. 10. Aufl. Metzlersche Verlagsbuchhandlung in Stuttgart.

a) Band II „Feld- und Landmessung, Absteckungsarbeiten" 1963.

b) Band III „Höhenmessung und Tachymetrie" 1956.

c) Band IV „Mathematische Geodäsie" 1958/59.

d) Band VI „Die Entfernungsmessung mit elektromagnetischen Wellen . . ." Bearbeitet von *K. Rinner* und *F. Benz,* 1966.

*_Kahmen, H.:_ Elektronische Meßverfahren in der Geodäsie. 2. Aufl. Karlsruhe 1986.

Kahmen, H.: Mikroprozessoren und elektronische Tachymeter. ZfV 104 (1979), S. 481–492.

Kahmen, H.: Grundlagen der elektronischen Tachymetrie. In (Hrsg.) _Draheim, H.:_ Datenfluß der elektronischen Tachymetrie, Sammlung Wichmann, Neue Folge. Karlsruhe 1981.

Koch, H. R.: Parameterschätzung und Hypothesentests in linearen Modellen. Bonn 1980.

Krack, K.: Die Blockausgleichung zur Berechnung umfangreicher tachymetrischer Aufnahmen. DGK, Reihe C, Heft 231. München 1977.

Krüger, L.: Konforme Abbildung des Erdellipsoids in der Ebene. Potsdam 1912.

Langley, R. B., J. D. McLaughlin, D. E. Wells: The potential engineering and land survey market for GPS. Conference on „Engineering Applications of Space Surveying Technology" Nashville, Tennessee 1982.

Leitz, H.: Computergestützte Koordinatenbestimmung durch räumlichen Vorwärtseinschnitt mit elektronischen Präzisionstheodoliten. VDI-Berichte 472. Düsseldorf 1983.

*_Magnus, K.:_ Kreisel, Theorie und Anwendungen. Berlin–Heidelberg 1971.

Matthias, H.: Umfassende Behandlung der Theodolitachsenfehler auf vektorieller Grundlage unter spezieller Berücksichtigung der Taumelfehler der Kippachse. Zürich 1961.

Münch, K. H.: Der elektronische Präzisions-Theodolit Kern E 2. Presented paper zum 17. FIG-Kongreß, Sofia, Bulgarien 1983.

Nieders. Min. d. Innern: Aufbau und Erhaltung des trigonometrischen Festpunktfeldes (TP-Erlaß). Hannover 1969.

*_Pelzer, H.:_ (Hrsg.) Geodätische Netze in Landes- und Ingenieurvermessung, Stuttgart 1980.

Pelzer, H.: Wandlungen in der geodätischen Aufnahme und Auswertetechnik. In Festschrift 100 Jahre Geodätische Lehre und Forschung in Hannover; Wisse. Arbeiten d. Fachrichtung Vermessungswesen d. Univ. Hannover. Nr. 100, S. 63–69. Hannover 1981.

Pollmann, H.: Vermessungskreisel. Vermessungstechnische Rundschau. Hefte 4/1969–11/1971.

*_Pelzer, H.:_ (Hrsg.) Geodätische Netze in Landes- und Ingenieurvermessung II, Stuttgart 1985.

Remondi, B. W.: Using the Global Positioning System (GPS) phase observable for relative geodesy: modelling, processing, ands results. Ph. D. Dissertation, Center of Space Research, The University of Texas at Austin, Austin, Texas 1984.

Roelofs, R.: Optimalisierung der Kreisteilungsuntersuchung. ZfV 90 (1965), S. 489–496.

Ruopp, M.: Genauigkeitsbetrachtungen zur polaren Punktbestimmung mit elektronischen Tachymetern bei freier Standpunktswahl. AVN 78 (1971), S. 289–299.

Scheel, G.: Über die Exzentrizität von Teilkreisen. DGK Reihe C Heft 15. Frankfurt 1955.

**Schlemmer, H.:* Aktuelle Instrumentenkunde. Sammlung Wichmann Neue Folge. Karlsruhe 1985.

Schmitt, G.: Zur Numerik der Gewichtsoptimierung in geodätischen Netzen. Habilitationsschrift. Karlsruhe 1980.

Schnädelbach, K.: Neuere Verfahren zur präzisen Längen- und Höhenmessung. AVN 87 (1980), S. 2–21.

Schnädelbach, K.: Vorlesungsmanuskript 1983.

**Schwidefsky, K. und F. Ackermann:* Photogrammetrie – Grundlagen, Anwendungen. 7. Aufl. Stuttgart 1976.

Seeber, G.: Satelliten – Dopplerverfahren. In: *Pelzer (Hrsg.):* Geodätische Netze in der Landes- und Ingenieurvermessung. Stuttgart 1980.

Soltau, G.: Die Vertikalkreisexzentrizität an Theodoliten mit einem Zeiger. ZfV 86 (1961), S. 392–394.

Spilker, J. J.: GPS Signal Structure and Performance Characteristics. Navigation 25, 242ff., 1978.

Tegeler, W.: Möglichkeiten für die Einrichtung eines koordinatenbezogenen Vermessungssystems im Liegenschaftskataster. ZJV 108 (1983), S. 351–359.

**Torge, W.:* Geodesy. Berlin–New York 1980. Geodäsie. Berlin–New York 1975.

Van Dierendonck, A. J., Russel, S. S., Kopiteke, E. R., Birnbaum, M.: The GPS Navigation Message, Navigation 25, No. 2. 1978.

Wells, D., P. Vanicek and D. Delikaraoglou: Application of NAVSTAR/GPS to Geodesy in Canada. Technical Report No. 76, Department of Surveying Engineering, University of New Brunswick. Fredericton 1981.

Wells, D., W. Lindlohr, B. Schaffrin and *E. Grafarend:* GPS design using undifferenced carrier beat phase observations. Technical Report, Department of Surveying Engineering, University of New Brunswick, Fredericktown 1985.

Wolf, H.: Die Genauigkeit der für eine Helmerttransformation berechneten Konstanten. ZfV 91 (1966), S. 33–34.

**Wolf, H.:* Ausgleichungsrechnung nach der Methode der kleinsten Quadrate. Bonn 1975.

**Zetsche, H.:* Elektronische Entfernungsmessung (EDM). Stuttgart 1979.

Sachverzeichnis

Ablesegenauigkeit von Teilkreisen 30–40, 46, 47
Ablesemikroskope 28–40
Abloteeinrichtungen 61–65
Abloten 61–65, 195
Abschlußfehler beim Polygonzug 244, 246, 249, 252
Achsen des Theodolits 14–19
AdV-Richtlinien 257
Ähnlichkeitstransformation 166–171, 226, 227, 230, 235, 236, 244, 247, 262
Amplitudenmodulation 100–101
Analog-Digital-Wandlung der Winkel 62–70
Analysator 107
Aufnahmeverfahren, polares 231–239
Aufsatzkreisel 85–94
Ausbreitungsgeschwindigkeit 96–101, 118–119
Ausgleichung bei Punktbestimmungen 204, 212, 219

Bahnkrümmung 117, 119, 121, 125, 285
Basislatte 148–151
Basisvergrößerungsnetz 185, 296
Bautheodolite 42, 46
Bogenschnitt 216–224, 279–282
Brechungsindex 97, 116–119, 128, 284–287
Brechungswinkel 244, 249
BUS 51, 52

Code 49, 274–275, 280
Codespuren 55
Code-Theodolit 152
Codeverfahren 52, 55, 156, 158–160

Datenbank 158
Datenblöcke 155
Datenfluß 158
Datenregistrierung 155
Datenverwaltung 156
Datum
–, geodätisches 292
–, Landes 301, 302
Distanzmesser des Nahbereichs 101
– mittlerer Reichweite 101
– größerer Reichweite 103, 104
Distanzmessung mit Basislatte 94, 148–151
– mit elektro-optischen Wellen 95, 101–104
– mit Mikrowellen 95, 101, 104–105
– mit Satelliten 279–282
Dopplerverfahren 283–284
Dreiecksnetz, Anlage 292–301
–, Beobachtung 292–301
–, Berechnung 292–302
–, Verdichtung 292–301

Einschneiden (trig.) 186, 202
Ephemeriden 268
–, Broadcast 268
Exzentrische Winkelmessung 190–204

Exzentrizität der Kreisteilung 41, 76, 79
-- Zielachse 77

Feinmeßtheodolite s. Theodolite hoher Genauigkeit
Flächenreduktion bei Gaußscher Abbildung 181
Freie Stationierung 234, 235
Frequenzkorrektion 113, 119, 121
Frequenzmodulation 101, 105

Ga-As-Diode 102, 105
Gauß-Krüger-Meridianstreifensystem 181-183
Gaußsche Abbildung 173, 177, 178
Gaußsche Koordinaten 173-175, 181, 182
Gebrochener Strahl 196-197
Gitter Nord 93

Hauptdreiecksnetz 293
-, Orientierung 296
-, Verdichtung 296
Hauptmeridian 172, 174
Heliotrop 295
Helmerttransformation 170, 227, 236, 262
HeNe-Gaslaser 107
Herablegen 194
Hochwerte 182
Höhenfestpunktfeld 292
Höhenkreis s. Vertikalkreis
Höhenreduktion 119-128, 178
Höhenwinkel 14
Horizontalkreis 14, 16, 17, 20, 28, 30, 32, 33, 37, 38, 46-47
Horizontalwinkel 14, 79-85, 90-93
Horizontieren 61-64

Impulsverfahren 95
Ingenieurtheodolit s. Theodolite mittlerer Genauigkeit
Inkrementalverfahren 52-60, 156, 158-160
Ionosphäre 284-286

Kalibrierung 92, 113
KDP-Kristall 103, 107
Kippachse 14, 18, 21, 69, 71, 79
Koinzidenzmikroskope 34-41
Kollimationsachse 69
Konforme (Gaußsche) Abbildung 173
Koordinaten, Gaußsche 173
-, Soldnersche 172
Koordinatensystem
-, äquatoriales 267
-, ebenes geodätisches 162
-, örtliches 163
Korrektion der Frequenz 113, 119, 121
- des Maßstabs 113, 117-119, 156, 189
- des Nullpunkts 96, 99, 113-116, 119, 121, 156
- wegen Ausbreitungsgeschwindigkeit 118-119, 121, 128
Kreisablesevorrichtungen 27
Kreisabtastvorrichtungen 48
Kreiselkompaß 85
Kreiselkompaßtheodolit 85
Kreisexzentrizität 54
Kreisteilungsfehler 78

Lagefestpunktfelder 292
-, ältere 293
-, neuere 298
Lagepunkte, Bestimmung der 184
-, Definition der 188
-, Unsicherheiten der 188

Libellen 14, 19
Lumineszenz-Diode 100–102

Mahlerklemme 25
Maßstäbe, Fein 99
–, Grob 99
Meridiankonvergenz 92
Meridianstreifensystem 181
Meridianweiser 85
Meßbänder u. -drähte 95
Meßfrequenz 97
Meßsignal 100, 102, 105, 113
Mikrometer 27, 31, 32, 36
Mikroprozessor 49ff., 55, 56, 100, 145–156, 273
Mikroskop 28
–, Koinzidenz 34
–, Skalen 31
–, Strich 30, 32
Mikrowellen 101, 104, 116, 128, 144
Mikrowellen-Geräte 104, 143, 145
Modulation, direkte 105
–, indirekte 107
Modulationsfrequenz 113
Modulator 104, 107

NAVSTAR/GPS 273–278, 282, 284
Netze, Berechnung 262
–, Gestaltung 261
Nordsuchender Kreisel 87
Nullpunktskorrektion 96, 99, 113–116, 119, 121, 189

Optimierungsansätze 261, 288
Ordinatenzuschlag 177
Orientierung von Richtungen 198–200, 202, 225, 234
– eines Festpunktfeldes 296, 301

Parallaktischer Winkel 148
Pendelkreisel 86–90
Phasenmessung, analoge 110
–, digitale 112
Phasenvergleichsverfahren 55, 58, 96–99, 102–105, 142, 282
Polare Bestimmung von Punkten 231–239
Polygonierung 187, 239, 298, 300
–, Auswahl der Punkte 241
–, Koordinierung 243
–, Polygonnetze 187, 240, 298
–, Polygonzüge 240, 254
–, Ringpolygone 240, 251
Positionswinkel 14
Prozeßrechner 50
Punktbestimmung 184
–, Genauigkeit der 188
– durch Ausgleichung 204, 212, 219
– – Distanzmessungen 216
– – kombinierte Verfahren 225
– – Richtungsmessungen 200
– – Satellitenverfahren 265ff.

Rechtswerte 182
Reduktion der Distanzen 119–128, 177–181, 189
Reduktionen, geometrische 119–128, 175, 178–181, 180, 189
Reflektor 95, 96, 97, 99, 131–132, 141, 143
Refraktion 116–119
Refraktionskoeffizient 116–118, 128
Refraktionsmodelle 117–118, 128
Registriereinheit 140, 155
Reichweite 134, 135–138
Repetitionstheodolit 43

Repetitionswinkelmessung 17, 26, 82–83
Resolver 110
Richtmoment 87
Richtungsmessung 13, 14, 79, 80, 198
Richtungsverzerrung 173, 178
Rückwärtseinschneiden 186, 209–216

Satelliten 265
– bahnen 265, 270, 273
– empfangsanlage 272, 278
– Referenzsystem 268, 271, 277
– systeme 270, 273
– verfahren 265–292
Seitwärtseinschneiden 202
Sektorenmethode 84
Sekundentheodolite s. Theodolite hoher Genauigkeit
Signalbau 294, 300
Soldnersche Koordinaten 172
Standardabweichung eines Punktes 188, 208, 216, 223, 230, 237
Stative 61, 63, 64
Stehachse 14–18, 19, 69, 74
Streckenmessung s. Distanzmessung
Streckennetze s. Trilateration

Tabelle 1.1: optische Theodolite 46–47
Tabelle 2.2: Distanzmesser des Nahbereichs und mittlerer Reichweite 134–137
Tabelle 2.3: Distanzmesser größerer Reichweite 142, 147
Tabelle 3.1: Elektronische Tachymeter 158–160
Tachymeter 131, 152, 228
–, elektronische 152 ff.
–, elektrooptische 131–137
Teilkreis 14, 20–23
Telemetrie 131, 153, 158
Theodolit, allgemein 14 ff.
–, Aufstellung 61–65
–, Klemme, Feintrieb, Kreistrieb 23
Theodolitachsen 15–19
Theodolite, elektronische 27, 48 ff.
–, optische 27 ff.
Träger 100, 271, 275
Transit-Navigation-Satellite System 270–273
Triangulation 185, 293 ff.
Trilateration 186, 298 ff.
Tripelprisma s. Reflektor
Troposphäre 284, 286

UTM-System 183

Vermessungskreisel 85–94
Vertikalachse s. Stehachse
Vertikalkreis 14, 18, 21, 28, 30, 32, 33, 38, 43, 44, 46–47
Vertikalwinkel 14, 21
Vorwärtseinschneiden 180, 195–203

Winkelmessung 79 ff.

Zentrieren mit optischem Lot 61–64
– – Schnurlot 61
– – starrem Lot 63
Zentrierung der Meßgeräte 60–69
– von Richtungen 190 ff.
Zielachse s. Ziellinie
Ziellinie 19
Zwangszentrierung 66–69
Zwischenorientierung 260